高等医学院校康复治疗学专业教材

Clinical Psychology in Rehabilitation Medicine

康复心理学

（第二版）

● 贺丹军　主编

图书在版编目(CIP)数据

康复心理学/贺丹军主编. —2版. —北京:华夏出版社,2012.2(2025.9重印)
高等医学院校康复治疗学专业教材
ISBN 978 – 7 – 5080 – 6831 – 2

Ⅰ.①康… Ⅱ.①贺… Ⅲ.①康复医学 – 精神疗法 – 医学院校 – 教材 Ⅳ.①R493

中国版本图书馆 CIP 数据核字(2012)第 007951 号

康复心理学

贺丹军　主编

出版发行	华夏出版社有限公司
	(北京市东直门外香河园北里4号　邮编:100028)
经　销	新华书店
印　刷	三河市少明印务有限公司
装　订	三河市少明印务有限公司
版　次	2012 年 2 月北京第 2 版
	2025 年 9 月北京第 10 次印刷
开　本	787×1092　1/16 开
印　张	17
字　数	403 千字
定　价	39.00 元

本版图书凡有印刷、装订错误,可及时向我社发行部调换

高等医学院校康复治疗学专业教材（第二版）组织委员会与编写委员会名单

组织委员会

顾　　问　吕兆丰
主任委员　李建军
常务副主任　董　浩　线福华
副主任委员　王晓民　高文柱　张　通　梁万年　励建安
委　　员　李义庭　付　丽　张凤仁　杨祖福　陆学一
　　　　　　马小蕊　刘　祯　李洪霞

编写委员会

学术顾问　卓大宏　周士枋　南登昆　吴宗耀
主　　审　纪树荣　王宁华
主　　编　李建军
副 主 编　董　浩　张　通　张凤仁
编　　委（以姓氏笔画为序）
　　　　　　江钟立　刘克敏　刘　璇　纪树荣　华桂茹
　　　　　　朱　平　乔志恒　李建军　李胜利　陈立嘉
　　　　　　陈小梅　陈之罡　张　琦　金　宁　赵辉三
　　　　　　恽晓平　贺丹军　桑德春　敖丽娟　付克礼

办公室主任　杨祖福　　**副主任**　李洪霞

《康复心理学》(第二版)编委会名单

主　编　贺丹军　南京医科大学第一附属医院
副主编　刘松怀　首都医科大学康复医学院
编　委(以姓氏笔画为序)
　　　　　王昊飞　南京医科大学第一附属医院
　　　　　刘松怀　首都医科大学康复医学院
　　　　　江钟立　南京医科大学第一附属医院
　　　　　李　勇　南京医科大学第一附属医院
　　　　　吴玉琴　南京医科大学第一附属医院
　　　　　林　枫　南京医科大学第一附属医院
　　　　　贺丹军　南京医科大学第一附属医院
　　　　　谢世平　南京医科大学附属南京脑科医院

高等医学院校康复治疗学专业教材
再版序言

　　高等医学院校康复治疗学专业教材第一版是由首都医科大学康复医学院和南京医科大学第一临床学院联合组织编写，一大批具有丰富临床和教学经验、有高度责任感、有开创精神的老教授和康复医学工作者参与了教材的创建工作。本套教材填补了我国这一领域的空白，满足了教与学的需要，为推动康复治疗学专业快速发展做出了巨大贡献。

　　经过自2002年以来的各届学生使用后，根据教学反馈信息、康复医学的发展趋势和教育教学改革的要求，首都医科大学康复医学院又组织在临床教学、科研、医疗第一线的中青年教授、学者，尤其以康复治疗学专业一线的专家为主，继承和发扬老一辈的优良传统，借鉴国内外康复医学教育教学的经验和成果，对本套教材进行修订和改编，力争使修订后的第二版教材瞄准未来康复医学发展方向，参照国际PT和OT教育标准，以培养高素质康复治疗专业人才为目标，以满足教与学的需求为基本点，在阐述康复治疗学理论知识和专业技能的同时，紧密结合临床实践，加强了教材建设改革和创新的力度，形成了具有中国特色的康复治疗学专业教材体系。

　　二版教材的修订和编写特点如下：

　　● 在对教师和学生广泛与深入调研的基础上，总结和汲取了第一版教材的编写经验和成果，尤其对一些不足之处进行了大量的修改和完善，充分体现了教材的科学性、权威性与创新性，并考虑其在全国范围的代表性与在本土的适用性。

　　● 第二版教材坚持了"三基（基本理论、基本知识、基本技能）、五性（思想性、科学性、启发性、先进性、适用性）和三特定（特定对象、特定要求、特定限制）"的原则，以"三基"为重心、以临床应用为重点、以创新能力为培养目标，在继承和发扬第一版教材优点的基础上，保留经典且注重知识的更新，删除了陈旧内容，增补了新理论、新知识和新技术。

　　● 第二版教材的内容抓住了关键，突出了重点，展示了学科发展和教育教学改革的最新成果，体现了培养高素质康复治疗学专业人才的目的。因其层次分明，逻辑性强，结构严谨，图文并茂，并且做到了五个准确——论点准确、概念准确、名词术语和单位符号准确、语言文字准确、数据准确且材料来源可靠，所以属于现阶段的精品教材。

　　● 第二版教材共计19种，根据康复治疗学专业要求，新增《职业关联活动学》1种。

1.《康复医学导论》由李建军教授主编,主要介绍康复与康复医学的基本概念、基础理论知识、康复医学的基本方法、康复医疗服务体系、康复专业人员教育和培养,以及残疾人康复事业等相关问题,是学习康复医学的入门教材。

2.《人体发育学》由江钟立教授主编,是国内第一部以新的视角论述人体发育与康复治疗理论的专著。

3.《运动学》由刘克敏主任医师和敖丽娟教授主编,是康复治疗理论的基础教材,内容包括:生物力学、正常人体运动学、运动障碍学、运动生理学、运动生化学、运动心理学。

4.《物理疗法与作业疗法概论》由桑德春主任医师主编,主要介绍物理疗法和作业疗法的发生、发展过程,与之有关的基本概念、基本理论、基本特点及学习、运用的基本方法。

5.《康复疗法评定学》由恽晓平教授主编,全书系统介绍康复评定学概念及理论、相关基础知识、评定原理、评定所需仪器设备和方法,以及临床结果分析,理论与临床操作相结合,兼顾学科新进展,是国内外首部,也是唯一一部全面、详尽论述康复评定理论与实践的专业著作。

6.《运动疗法技术学》由纪树荣教授主编,是国内第一部运动疗法技术学专著,详细介绍运动疗法技术的基本理论、常用的各种治疗技术及其在实际工作中的应用方法。

7.《临床运动疗法学》由张琦副教授主编,根据国际上运动疗法发展的新理念,结合国内运动疗法及其临床应用编写而成,是国内目前内容最全面的临床运动疗法学教材。

8.《文体疗法学》由金宁主任技师主编,主要介绍利用体育、娱乐项目对患者进行治疗的方法,是PT和OT的补充和延伸,也是国内第一部文体康复治疗的专著。

9.《理疗学》由乔志恒教授和华桂茹教授主编,内容包括物理疗法概论、各种电疗法、光疗法(含激光)、超声疗法、磁场疗法、温热疗法、水疗法和生物反馈疗法等。

10.《基础作业学》由陈立嘉主任医师主编,主要介绍现代作业疗法的基本理论、基本技术和基本方法,也是第一部此领域的专著。

11.《临床作业疗法学》由陈小梅主编,国内和日本多位具有丰富作业疗法教学和临床治疗经验的专家共同撰写,涵盖了作业疗法的基本理论、评定和治疗方法等内容,并系统地介绍了脑卒中、脊髓损伤、周围神经损伤、骨科及精神障碍等不同疾患的康复特点和作业治疗方法,内容全面,具有很强的实用性。

12.《日常生活技能与环境改造》由刘璇副主任技师主编,是我国国内有关残疾人日常生活动作训练,以及患者住房和周围环境的无障碍改造的第一部专著。

13.《康复心理学》由贺丹军主任医师主编,从残疾人的角度入手,论述其心理特征及康复治疗手段对康复对象心理的影响,将心理治疗的理论和技术运用于心理康复,是国内第一部康复心理学方面的专著。

14.《假肢与矫形器学》由赵辉三主任医师主编,内容包括:与假肢装配有关的截肢,截肢者康复的新观念、新方法,常用假肢、矫形器及其他残疾人辅具的品种特点、临床应用和装配适合性检验方法。

15.《中国传统康复治疗学》由陈之罡主任医师主编,内容主要包括中国传统医学的基本理论、基本知识,以及在临床中常用且比较成熟的中国传统康复治疗方法。

16.《言语治疗学》由李胜利教授主编,借鉴国际言语康复的现代理论和技术,结合国内言语康复的实践经验编写而成,是国内第一部内容最全面的言语治疗学教材。

17.《物理疗法与作业疗法研究》由刘克敏主任医师主编,是国内第一部指导PT、OT专业人员进行临床研究的教材,侧重于基本概念和实例分析,实用性强。

18.《社区康复学》由付克礼研究员主编,是PT、OT合用的教材,分上、中、下三篇。上篇主要介绍社区康复的最新理论、在社区开展的实践活动和社区康复管理知识;中篇主要介绍社区实用的物理疗法技术和常见病残的物理治疗方法;下篇主要介绍社区实用的作业疗法技术和常见病残的作业治疗方法。

19.《职业关联活动学》由吴葵主编,主要介绍恢复和提高残疾人职业能力的理论和实践方法。

在本套教材的修订编写过程中,各位编写者都本着精益求精、求实创新的原则,力争达到精品教材的水准。但是,由于编写时间有限,加之出自多人之手,难免出现不当之处,欢迎广大读者提出宝贵的意见和建议,以便三版时修订。

本套教材的编写得到日本国际协力事业团(JICA)的大力支持,谨致谢忱。

高等医学院校
康复治疗学专业教材编委会
2011 年 6 月

《康复心理学》
再版前言

医学心理学是一门医学与心理学交叉的学科,而康复心理学又是医学与心理学的一个分支。由于医学模式的转变及健康理念的改变,加之以人们对健康需求的提高,使得医学心理学教育的迫切性和必要性日益受到重视,近些年来,医学心理学已被列为全国大部分医学院校的必修课程。

2005年我们根据康复医学的特点,编写出版了《康复心理学》这本教材,填补了国内高等教育中的空白,也使康复心理学成为一个独立的学科。我们把教学的立足点放在现代医学模式的基础上,阐述心理社会因素与伤病的发生、发展,以及与康复、转归之间的相互作用,真正把服务的对象看成是人,而不仅仅是伤病与残疾,以全面、整体的观点看待和服务于伤病者与残疾人,促进他们的全面康复,最大程度地维护他们的健康,使他们从真正意义上回归家庭,回归社会,提高生活质量。

这五六年以来,我们在教学实践中不断体验、探索,检验该教材的科学性,又充分听取了广大师生的意见,紧跟现代康复医学的发展脚步进行了这部教材的修订并补充新的内容,使得第二版内容更具先进性和实用性。

本教材的编修,根据国家教育部有关教材编写的思想性、科学性、先进性、启发性和实用性的基本原则,力求科学严谨,简明扼要,可理解性强,注重理论联系实际,强调实用性和对临床工作的指导性,因此它同样适合于医务工作者的继续教育以及综合医院的广大临床医生阅读。

本教材的编修得到了首都医科大学、中国康复研究中心、北京博爱医院和南京医科大学第一附属医院有关领导的关心和支持,在此表示衷心的感谢。在编修过程中曾参阅有关专家、学者的著作和文献,我们均以参考文献的方式列于书后,并在此对文献作者致谢。对在编修过程中曾经给予我们帮助的诸多同仁,也表示衷心感谢。

由于时间仓促,能力和水平有限,错漏之处欢迎批评指正。

贺丹军

2011年10月

目 录

第一章 绪 论 (1)
第一节 医学心理学与医学模式 (1)
一、医学心理学的概念 (1)
二、医学心理学发展简史 (2)
三、医学模式的转变 (2)
四、新的医学模式在现代医学中的意义 (4)
第二节 医学心理学的分支及主要学派 (6)
一、医学心理学的分支 (6)
二、医学心理学的主要理论学派 (7)
第三节 康复医学与康复心理学 (9)
一、康复医学 (9)
二、康复心理学 (10)
第四节 康复心理学的研究对象、内容及方法 (13)
一、康复心理学的研究对象 (13)
二、康复心理学的研究内容 (14)
三、研究方法 (14)

第二章 心理学基础 (17)
第一节 心理现象及其实质 (17)
一、心理学与心理现象 (17)
二、心理的实质 (18)
第二节 认识过程 (20)
一、感觉 (20)
二、知觉 (21)
三、学习和记忆 (22)
四、思维 (25)
五、注意 (26)
第三节 情 绪 (27)
一、情绪的概念 (27)
二、情绪结构分析 (28)
三、情绪状态 (28)
四、情绪理论 (29)

第四节　人格与社会交往 (30)
  一、人格及其相关概念 (30)
  二、有关人格理论介绍 (31)
第五节　动机和挫折 (34)
  一、动机的一般概念 (34)
  二、动机的分类 (35)
  三、动机冲突与挫折 (37)

第三章　应激与应激障碍 (39)
第一节　应激与应激源 (39)
  一、应激的概念 (39)
  二、应激源 (40)
第二节　应激反应 (43)
  一、生理应激 (43)
  二、心理应激 (44)
第三节　应激障碍 (46)
  一、急性应激反应 (46)
  二、创伤后应激障碍 (47)
第四节　心理防御机制与应对 (51)
  一、心理防御机制 (51)
  二、应对 (53)
  三、心理防御机制与应对的关系 (54)
  四、心理防御机制、应对策略与健康的关系 (54)

第四章　心理生理障碍 (57)
第一节　概　述 (57)
  一、心理生理障碍的概念 (57)
  二、心理生理医学发展简史 (58)
  三、心身医学与临床医学 (59)
第二节　心身疾病的发病机制 (61)
  一、病因 (61)
  二、心身障碍的中介机制 (63)
第三节　临床常见的心身障碍 (65)
  一、睡眠障碍 (65)
  二、进食障碍 (67)
第四节　心身障碍的诊治原则 (71)
  一、心身障碍的诊断原则 (71)
  二、心身障碍的治疗原则 (72)

第五章 变态心理学 (74)
第一节 基本概念 (74)
一、变态心理 (74)
二、变态心理学 (74)
三、正常与异常心理的判断 (74)
四、变态心理发生的原因 (75)
第二节 精神病性障碍 (75)
一、精神病性症状 (75)
二、常见的精神病性障碍 (76)
三、精神病性障碍的处理 (77)
第三节 抑郁性障碍 (77)
一、病因 (77)
二、临床表现 (77)
三、诊断和鉴别诊断 (78)
四、治疗 (79)
第四节 神经症性障碍 (79)
一、焦虑性神经症 (79)
二、恐怖性焦虑障碍 (81)
三、强迫症 (82)
四、躯体形式障碍 (83)
五、分离(转换)性障碍 (84)
第五节 器质性精神障碍 (86)
一、阿尔茨海默病 (86)
二、脑血管病伴发的精神障碍 (87)
三、颅内肿瘤伴发的精神障碍 (88)
四、颅脑损伤伴发的精神障碍 (89)
五、酒依赖和酒中毒性精神障碍 (90)
六、精神活性物质伴发的精神障碍 (91)

第六章 临床心理评估 (94)
第一节 概述 (94)
一、基本概念 (94)
二、心理测验的特点 (95)
三、心理测量工具的品质 (96)
四、心理测验的分类 (97)
五、心理量表应用的基本准则 (98)
第二节 智力测验 (99)
一、智商 (99)
二、几种智力测验简介 (101)

第三节 人格测验 ……………………………………………………………… (103)
- 一、艾森克人格问卷 …………………………………………………… (104)
- 二、明尼苏达多相人格调查表 ………………………………………… (104)
- 三、卡特尔16项人格问卷(16PF) ……………………………………… (106)

第四节 神经心理测验 …………………………………………………… (107)
- 一、神经心理筛选测验 ………………………………………………… (107)
- 二、成套神经心理测验 ………………………………………………… (108)

第五节 评定量表 ………………………………………………………… (110)
- 一、症状评定量表 ……………………………………………………… (110)
- 二、应激和应对有关评定量表 ………………………………………… (114)
- 三、A型行为类型评定量表 …………………………………………… (116)

第七章 心理治疗 ……………………………………………………………… (117)

第一节 概述 ……………………………………………………………… (117)
- 一、概念和历史发展 …………………………………………………… (117)
- 二、各种心理治疗产生疗效的共同要素及其治疗功能 ……………… (117)
- 三、心理医生应具备的条件 …………………………………………… (118)
- 四、心理治疗的适应证和禁忌证 ……………………………………… (119)

第二节 支持性心理治疗 ………………………………………………… (119)
- 一、支持性心理治疗的作用 …………………………………………… (119)
- 二、支持性心理治疗的基本技术 ……………………………………… (119)

第三节 精神分析治疗 …………………………………………………… (120)
- 一、弗洛伊德的人格理论 ……………………………………………… (120)
- 二、治疗技术 …………………………………………………………… (121)

第四节 个人中心疗法 …………………………………………………… (122)
- 一、罗杰斯的人格理论 ………………………………………………… (123)
- 二、治疗目标 …………………………………………………………… (124)
- 三、咨询过程 …………………………………………………………… (124)

第五节 行为治疗 ………………………………………………………… (125)
- 一、理论基础 …………………………………………………………… (125)
- 二、治疗过程 …………………………………………………………… (126)
- 三、常用的行为治疗方法 ……………………………………………… (127)

第六节 认知疗法 ………………………………………………………… (129)
- 一、合理情绪疗法 ……………………………………………………… (129)
- 二、贝克的认知疗法 …………………………………………………… (129)

第七节 家庭治疗 ………………………………………………………… (131)
- 一、基本原理 …………………………………………………………… (131)
- 二、家庭治疗模式 ……………………………………………………… (131)
- 三、治疗过程 …………………………………………………………… (132)

四、家庭治疗的适应证 ………………………………………………………………………… (132)
第八节　集体心理治疗 …………………………………………………………………………… (133)
　　一、集体心理治疗的原理 ……………………………………………………………………… (133)
　　二、集体心理治疗的基本过程 ………………………………………………………………… (133)
第九节　其他心理治疗方法 ……………………………………………………………………… (134)
　　一、生物反馈治疗 ……………………………………………………………………………… (134)
　　二、森田疗法 …………………………………………………………………………………… (135)
　　三、绘画治疗 …………………………………………………………………………………… (135)
　　四、音乐治疗 …………………………………………………………………………………… (136)

第八章　康复心理与医患关系 ……………………………………………………………… (138)
第一节　求医行为与病人角色 …………………………………………………………………… (138)
　　一、健康与疾病 ………………………………………………………………………………… (138)
　　二、求医行为与遵医行为 ……………………………………………………………………… (139)
　　三、病人角色 …………………………………………………………………………………… (140)
第二节　医患关系及其影响因素 ………………………………………………………………… (142)
　　一、医患关系 …………………………………………………………………………………… (142)
　　二、康复过程中的治疗关系 …………………………………………………………………… (143)
　　三、建立良好的治疗关系 ……………………………………………………………………… (145)
　　四、影响治疗关系的因素 ……………………………………………………………………… (145)
第三节　康复治疗与康复心理 …………………………………………………………………… (146)
　　一、理学疗法与心理 …………………………………………………………………………… (147)
　　二、作业疗法与心理 …………………………………………………………………………… (149)
　　三、言语治疗中的心理问题 …………………………………………………………………… (152)

第九章　康复科常见的心理学问题 ………………………………………………………… (156)
第一节　病残后的心理过程及应对方式 ………………………………………………………… (156)
　　一、残疾后的心理过程 ………………………………………………………………………… (157)
　　二、应对方式 …………………………………………………………………………………… (158)
第二节　影响康复患者心理状况的主要因素 …………………………………………………… (159)
　　一、生物因素 …………………………………………………………………………………… (159)
　　二、心理因素 …………………………………………………………………………………… (160)
　　三、社会因素 …………………………………………………………………………………… (160)
第三节　患者的心理康复 ………………………………………………………………………… (162)
　　一、心理测评 …………………………………………………………………………………… (162)
　　二、心理治疗 …………………………………………………………………………………… (162)
第四节　康复治疗中的心理障碍及处理对策 …………………………………………………… (163)
　　一、错误认知对康复的阻碍与纠正 …………………………………………………………… (163)
　　二、不良情绪对康复的阻碍与纠正 …………………………………………………………… (165)

三、不良行为对康复的影响与纠正 …………………………………………… (167)
　　四、不健全人格对康复的阻碍与处理对策 ………………………………… (167)

第十章　慢性疼痛 …………………………………………………………………… (170)
第一节　概　述 …………………………………………………………………… (170)
　　一、疼痛的定义 ……………………………………………………………… (170)
　　二、疼痛的特点 ……………………………………………………………… (170)
　　三、疼痛的意义 ……………………………………………………………… (171)
　　四、疼痛的相关概念 ………………………………………………………… (172)
第二节　影响疼痛的心理社会因素 ……………………………………………… (172)
　　一、影响疼痛的心理因素 …………………………………………………… (172)
　　二、影响疼痛的社会因素 …………………………………………………… (174)
第三节　慢性疼痛的临床特征及其干预 ………………………………………… (174)
　　一、慢性疼痛的临床特征 …………………………………………………… (175)
　　二、慢性疼痛的干预 ………………………………………………………… (176)
第四节　脊背疼痛的心理康复 …………………………………………………… (178)
　　一、流行病学 ………………………………………………………………… (178)
　　二、慢性脊背疼痛的生理心理障碍特征 …………………………………… (178)
　　三、治疗 ……………………………………………………………………… (180)

第十一章　常见残疾的心理康复 …………………………………………………… (183)
第一节　肢体功能障碍的心理康复 ……………………………………………… (183)
　　一、脑血管意外后的心理康复 ……………………………………………… (183)
　　二、脊髓损伤后的心理康复 ………………………………………………… (185)
　　三、截肢后的心理康复 ……………………………………………………… (186)
第二节　脏器功能损伤的心理康复 ……………………………………………… (188)
　　一、高血压病的心理康复 …………………………………………………… (188)
　　二、冠心病的心理康复 ……………………………………………………… (190)
　　三、糖尿病的心理康复 ……………………………………………………… (191)
第三节　其他残疾的心理康复 …………………………………………………… (193)
　　一、烧伤后的心理康复 ……………………………………………………… (193)
　　二、肥胖症的心理康复 ……………………………………………………… (194)
　　三、癌症患者的心理康复 …………………………………………………… (195)

第十二章　老年病人的心理康复 …………………………………………………… (198)
第一节　老年人的生理心理特点及其影响因素 ………………………………… (198)
　　一、老年期的生理特点 ……………………………………………………… (198)
　　二、老年期的心理特点 ……………………………………………………… (199)

第二节　老年人的心理危机及其影响因素 …………………………………………… (201)
　　　　一、老年人患病的临床特点 ……………………………………………………… (201)
　　　　二、影响老年人心理的因素 ……………………………………………………… (202)
　　第三节　老年病人的心理康复 ………………………………………………………… (203)
　　　　一、治疗关系 ……………………………………………………………………… (204)
　　　　二、心理治疗 ……………………………………………………………………… (204)
　　　　三、药物治疗 ……………………………………………………………………… (205)
　　　　四、家庭支持 ……………………………………………………………………… (206)
　　　　五、社会支持 ……………………………………………………………………… (206)
　　第四节　老年期痴呆患者的心理康复 ………………………………………………… (207)
　　　　一、发病原因 ……………………………………………………………………… (207)
　　　　二、临床表现 ……………………………………………………………………… (207)
　　　　三、康复过程中的医患心理问题及其处理 …………………………………… (208)

第十三章　残疾儿童的心理康复 …………………………………………………………… (210)
　　第一节　残疾儿童的心理特征及其影响因素 ………………………………………… (210)
　　　　一、正常儿童的心理变化 ………………………………………………………… (210)
　　　　二、残疾儿童的心理特征 ………………………………………………………… (211)
　　　　三、影响因素 ……………………………………………………………………… (212)
　　第二节　康复过程中的亲子关系 ……………………………………………………… (213)
　　　　一、亲子关系基本知识 …………………………………………………………… (213)
　　　　二、家长对残疾儿的适应 ………………………………………………………… (213)
　　　　三、对患儿家长的心理援助 ……………………………………………………… (214)
　　　　四、各自的行为问题 ……………………………………………………………… (214)
　　　　五、训练过程中的亲子关系 ……………………………………………………… (214)
　　第三节　残疾儿童的教育及社会支持 ………………………………………………… (215)
　　　　一、游戏治疗 ……………………………………………………………………… (215)
　　　　二、教育 …………………………………………………………………………… (216)
　　　　三、行为矫正与塑造原理的应用 ………………………………………………… (216)

第十四章　精神疾病的康复 ………………………………………………………………… (220)
　　第一节　概　述 ………………………………………………………………………… (220)
　　　　一、精神康复发展简史 …………………………………………………………… (220)
　　　　二、精神康复的重要性 …………………………………………………………… (220)
　　　　三、精神康复的原则 ……………………………………………………………… (221)
　　第二节　精神障碍的心理康复 ………………………………………………………… (221)
　　　　一、医学康复 ……………………………………………………………………… (221)
　　　　二、心理康复 ……………………………………………………………………… (222)

三、社会康复 ··· (224)
　　四、职业康复 ··· (224)
　　五、医院康复 ··· (224)
　　六、社区康复 ··· (225)
　第三节　精神障碍的预防 ··· (228)
　　一、一级预防 ··· (228)
　　二、二级预防 ··· (229)
　　三、三级预防 ··· (230)

第十五章　康复心理咨询 ··· (232)
　第一节　概　述 ··· (232)
　　一、基本概念 ··· (232)
　　二、心理咨询的目标 ·· (233)
　　三、心理咨询者应具备的条件 ··· (233)
　　四、康复心理对治疗师角色的要求 ·· (235)
　第二节　康复心理咨询的内容和技能 ··· (235)
　　一、心理咨询的范围 ·· (235)
　　二、康复心理咨询的对象 ·· (236)
　　三、康复心理咨询的内容 ·· (237)
　　四、康复心理咨询的基本技能 ··· (237)
　第三节　康复心理咨询的形式和方法 ··· (239)
　　一、康复心理咨询的形式 ·· (239)
　　二、康复心理咨询的方法 ·· (240)
　第四节　心理咨询的特点和准则 ··· (242)
　　一、心理咨询的特点 ·· (242)
　　二、心理咨询的准则 ·· (243)

附录　心理测验量表 ··· (244)
　　一、艾森克人格问卷(EPQ)(成人) ·· (244)
　　二、症状自评量表(SCL-90) ·· (246)
　　三、A型行为问卷 ·· (249)
　　四、Zung抑郁自评量表(SDS) ··· (250)
　　五、Zung焦虑自评量表(SAS) ··· (251)
　　六、社会支持评定量表 ··· (252)

主要参考文献 ·· (254)

第一章 绪 论

> **学习目标**
> 1. 医学心理学与康复心理学的概念。
> 2. 现代医学模式在当代医学中的意义。
> 3. 康复心理学在现代康复医学中的地位和作用。
> 4. 康复心理学的研究对象及方法。
> 5. 医学心理学的主要理论学派。

医学心理学是一门医学与心理学交叉的学科,而康复心理学又是医学与心理学的一个分支。康复心理学是运用心理学理论和技术研究揭示康复中的心理活动、现象及规律的科学,目的是解决康复对象的一系列心理障碍,帮助他们接受并逐渐适应伤病与残疾现实,挖掘他们的潜能,重新回归社会。同时,康复心理学还探索残疾人与社会的相互影响,心理与躯体在残疾时的相互影响等问题。所以,精神分析理论、行为理论、认知理论、心理生理理论及人本主义理论等各种心理治疗手段在康复心理学中得到了广泛的应用。

第一节 医学心理学与医学模式

一、医学心理学的概念

心理学是专门研究人类心理活动规律的一门科学,而医学心理学(medical psychology)是近代从心理学中发展起来的一个分支,是心理学与医学相结合的一门交叉学科,有不同专业的工作人员参与研究,如心理学家、临床医师、人类学家和社会学家等。医学心理学是心理学在医学领域中的应用。

在人类健康与疾病的相互转换中,除了存在生理学的因素以外,心理因素和生理因素的相互影响,以及心理生理因素与人体所处的社会环境之间的关系也起着很重要的作用。医学心理学就是研究医学领域中的心理社会问题的学科,它使医学能够更全面地探明人类的心理变化与躯体疾病之间的关系,更深刻地揭示人类为战胜疾病与维护健康所作出努力的科学本质,探索在疾病的预防与治疗中更全面有效的方法,使病人在得到技术性的帮助的同时,获得心理需要上的满足。

在理论方面,医学心理学是把心理学的基本理论与基本规律应用于医学领域中,研究心理社会因素对人类健康和疾病的影响及其在健康与疾病的相互转化过程中的作用规律;

在临床实践方面，医学心理学是运用心理学的理论、方法及手段对疾病的发生、发展、诊断、治疗、康复及预防等方面的心理问题进行研究，并在此基础上探索出预防、治疗疾病及获得康复的更全面有效的方法。具体地说，医学心理学不仅研究精神疾病和心理障碍，还探讨各种与疾病有关的心理问题，其中包括个体对疾病的心理反应，病人的心理素质易患倾向，个体的心理状态对疾病的发生、发展、转归过程的影响，以及医务人员如何帮助病人掌握正确的心理学方法，处理好各类心理问题。所以，对医学心理学的研究，不仅在医疗实践上可以进一步提高临床医疗效果，增进人类的心身健康，同时也在理论上丰富了心理学和医学的内容。

二、医学心理学发展简史

医学心理学是一门古老又年轻的学科。公元之前，人们就开始关注心理因素在疾病的发生发展及治疗中的作用，尽管各国在这方面的发展步调很不相同，但大体都经过了三个时期，即神灵主义时期、自然哲学时期和科学心理学时期。

具有自然哲学思想的古代医生根据朴素的心身一元论的思想指导自己的医疗实践已有几千年的历史，而神灵主义时期的巫医和江湖术士通过语言暗示和开导来改变病人的认识和情绪以减轻病痛这种带有"心理治疗"色彩的方法可能有更遥远的历史。

近代医学心理学是科学心理学的产物。德国医生洛采（B. H. Lotze,）最早提出"医学心理学"这一术语，并于1852年出版了以《医学心理学》命名的著作，在这本书里，他讨论了健康和疾病与人的心理活动之间的关系，虽然那时"心理学"作为一门学科尚未诞生。冯特（W. Wundt）1879年创立世界第一个心理实验室，开始了对心理现象的客观实验研究。冯特的学生，美国心理学家魏特默（L. Witmer）1896年在美国宾夕法尼亚大学创办了第一个临床心理诊所，以诊治有情绪问题或学习困难的儿童，最早将心理学运用于临床中解决实际问题，并推动医学心理学的发展。魏特默首创"临床心理学"（clinical psychology）这一术语，并被誉为"临床心理学之父"。临床心理学经过近一个世纪的发展，目前已成为心理学中最有影响、成员最多的应用领域之一。其后由于霍尔（G. S. Hall）和卡特尔（J. M. Cattell）等人的工作，心理测验和心理分析在美国获得了迅速的发展，到20世纪50年代以后，医学心理学作为一门新兴学科初步形成。

我国在第二次世界大战后，曾有少数医学院开设过心理学课程，少数心理学专业人员从事变态心理研究，在精神病学机构中从事心理诊断和心理治疗工作。解放初期，因为受苏联的影响而推崇巴甫洛夫学说，将心理学视为唯心主义，研究工作停顿。直到1958年，心理学工作者与精神科医生协作，创造了适用于神经衰弱病人的以心理治疗为主的快速综合治疗，赢得了医学界的重视。十年动乱期间，医学心理学的发展再次被迫停顿。"文革"以后，医学心理学重新得到重视，1979年卫生部要求有条件的医学院校开设医学心理学课程，1980年后医学心理学纳入医学教育，1987年成为必修课。现在，医学心理学正逐步发展，专业队伍不断壮大，为我国人民的心身健康做出了积极的贡献。

三、医学模式的转变

在整个医学发展史中，医学研究的对象，如人类的健康与疾病问题、生命的本质问题等并没有发生变化，但是对于这些问题的认识，即医学模式，却随着不同历史时期生产力的发展水平、科学技术以及哲学思想的衍变，表现为不同的形式。所谓医学模式（medical model）是指一定时期内人们对疾病和健康的总体认识，并成为当时医学发展的指导思想。也可以说是某种哲学观在医学上的反映。医学模式不仅影响医学教学的总体设置、医学研究的思维方式、临床医疗的诊断和治疗行为，而且还涉及到健康的维护、促进和发展。不管是否意识得到，每位医务工作者的职业思想和职业行为都会自觉地或不自觉地受某一医学模式的影响或支配，而非医务工作者面临疾病或健康的问题时，他（她）的行为方式也不自觉地受着某些医学观点的影响。随着社会生产力的发展，生产关系的变化，科学技术水平的进步和提高，医学模式经历了三个阶段的转变：

（一）自然哲学医学模式

大约在公元前 3000 年左右，出现了以朴素的唯物论、整体观和心身一元论为基础的自然哲学医学模式（natural philosophical medical model），这一模式以一些传统的医学理论为代表。东方以我国的中医学典籍《黄帝内经》中提出的"天人合一"、"天人相应"和"内伤七情"、"外感六淫"的观点为代表，将人与宇宙联系在一起来探索疾病和健康的问题，并强调心身统一，人所处的自然环境与其所患的疾病密切相关。在西方，以希波克拉底所提出的医学思想体系及体液学说为代表。他认为"治病先治人"，"知道患病的人是什么样的人比知道某人患什么病更为重要"。这些观点对于今天的医学界仍有许多启迪和指导作用。但是，不可否认这种模式由于产生的背景及当时科学技术的发展水平所限，对于生命本质的认识及关于疾病和健康的观点仍有许多局限。

（二）生物医学模式

公元十四五世纪以来，西方工业革命和文艺复兴运动极大地促进了科学的发展和进步。西方医学逐渐摆脱了宗教的禁锢，对有生命的生物体进行了实验研究。哈维（Harvey 1578～1657）创立的血液循环说，并建立了实验生理学的基础，摩尔根尼（Morgani，1682～1771）关于疾病的器官定位研究，魏尔啸（Virchow 1821～1902）创立的细胞病理学等一系列研究成果奠定了现代医学的基石，也形成了生物医学模式（biomedical model）。

生物医学模式确实为医学发展做出了不可磨灭的贡献：从各种维生素和激素的研究，到近代细胞与分子水平上的研究、器官移植和人工脏器的应用以及人工受孕的成功等等。这些辉煌的成就，无论在认识疾病，还是在治疗、预防疾病方面，都为现代和未来医学奠定了基础，无疑都是非常成功的。但是，另一方面，随着人类学、社会学和心理学的发展，在医疗实践中，这一模式也逐渐暴露出种种缺陷和消极影响，最重要的是它从根本上偏离了作为医学对象的"人"的完整性，把健康和疾病当成了个体单一的内在因素来研究，从而大大阻碍了医疗保健事业的发展。建筑在生物医学模式基础上的医学教育，使得医学生、医务人员在医疗工作中形成了特有的一套思想和行为方式，表现为生物医学模式的医疗行为。其特点是：疾病只是发生在细胞或器官上，只要去除患病的组织或器官就万事大吉了；每一种疾病都有一种特殊的生物学原因和特异的治疗方法。

显然，医学并非纯粹的自然科学，而是自然科学和社会科学两大类相结合的科学。生物医学模式所产生的弊端，随着经济的发展和社会的进步愈加明显。进入 20 世纪以来，特别是第二次世界大战以后，人们的生活与工作方式也发生了巨大变化，生活紧张、环境和心理社会因素在人类健康和疾病中的作用变得日益突出。无论是在西方发达国家还是在发展中国家（包括我国）所做的"疾病谱"及死亡调查都表明：当今威胁人类健康、造成死亡的主要疾病已不是昔日的传染病、营养不良，而是心脑血管疾病、肿瘤、意外事故等所谓的"文明病"。在这样一种背景下，生物医学模式已不能概括和解释现代医学所面临的全部课题。人们对一些功能性障碍及行为问题更是束手无策，表现出这一模式的内在缺陷和消极影响。

（三）生物-心理-社会医学模式

1977年美国的精神病学和内科学教授恩格尔（G. L. Engel）在《科学》杂志上著文："需要新的医学模式对生物医学的挑战"，批评了生物医学模式"还原论"和"心身二元论"的局限性，并提出："医学模式必须也考虑到病人，病人在其中生活的环境以及由社会设计来对付疾病的破坏作用和补充系统，即医生的作用和卫生保健制度。这就要求一种生物-心理-社会医学模式。"

生物-心理-社会医学模式（bio-psycho-social medical model）并不排斥生物医学的研究，而是要求生物医学以系统论为概念框架，以心身一元论为基本的指导思想，既要考虑到疾病的生物学因素，还要充分考虑到病人的心理因素以及环境和社会因素的特点，将所有这些因素都看成是相互联系、相互影响的。因此，对于疾病和健康问题来说，无论是致病、治病，还是预防及康复等方面都应将人视为一个整体。也就是说，一个完整的个体不仅是一个生物人，而且也是一个社会人，他生活在特定的生活环境和不同层次的人际关系网中，从核心家庭关系，直到亲属、同事、邻居及集体的关系，对个体的心身健康均有着密切的影响，另外，还有周围自然环境的影响。因此，在研究个体的健康和疾病时，必须考虑到文化背景、教育修养、经济状况及社会职业地位等因素的影响。

从医学心理学的观点看，许多躯体疾病，例如冠心病、消化性溃疡的发病机制中，心理社会因素起着重要作用，这些疾病被称为"心理生理疾病"，所以在对这些疾病的预防和治疗过程中，不仅要重视生物学因素，还不可忽略心理和社会因素。在临床实践中，医学心理学可以提供心理学的科学研究方法，针对病人的心理问题，对病人进行整体的治疗和康复，从而提高了医学研究的水平和医疗服务的质量。而且，医学心理学涉及成长、成熟、社会化这样一些问题，提出了个人、家庭、社区和不同群体心理保健的任务，克服了生物医学模式"重治轻防"的倾向，与世界卫生组织（WHO）所提出的"健康"的概念和目标达到了统一，即"健康不仅是没有疾病和虚弱，而且是身体上、心理上和社会上的完满状态或完全安宁（complete well-being）"。

四、新的医学模式在现代医学中的意义

（一）承认心理社会因素是致病的重要原因

从20世纪30~40年代起，心理应激与疾病的关系开始受到重视。人是一个向着社会和自然界开放的机体系统，自然或社会环境可以通过心、身两个方面对机体发生影响，引起机体的分子、细胞水平，甚至器官、系统的变化。无数事实证明，心理社会因素对身体健康可以起到有利或有害的影响。所以，心理社会因素也像其他各种致病的因素一样，可以成为致病的重要原因。

(二) 关注与心理社会因素有关的疾病日益增多的趋势

我国已控制了烈性传染病，寄生虫病也基本被消灭，人群中最常见的病死原因已从过去的传染病转变为心脑血管疾病和肿瘤等与心理社会因素有密切关系的疾病。另一方面，在现代化建设过程中，由于讲究速度与效益，人们的心理压力也可能随之加重，故心身疾病的发病率可能还会大幅度地增加。医务工作者应该预见到这种趋势，并作出相应的对策。

(三) 全面了解病人是诊断治疗的重要前提

疾病不是一种抽象的概念，也不是病理室中的一个标本，而是发生在活生生的人身上的一种过程，离开病人的抽象的疾病是不存在的。人不单单是各种内脏器官的总和，而是具有心、身两方面功能的有生命活力的完整系统，人是有思想感情的、从事创造性劳动并身处复杂社会生活之中的，人有着复杂的心理活动。因此，医学研究必须从生物、心理、社会三方面去了解病人，只有这样才能进行合乎实际的诊断与处理。

(四) 心理状态的改变常常为机体的功能改变提供早期信息

在疾病早期，躯体往往只有功能上的变化，有些病人的心理状态对此却颇敏感，容易发生变化。现有的各种实验室检查方法，一般必须有器质性的改变才能显示出异常，例如近年发展起来的电子计算机体层摄影（CT）和磁共振成像（MRI）等先进技术，无疑是疾病检查方法上的重大突破，但是它们对早期功能性改变仍然无多大的作用。应用心理学的观察方法和测量技术，可以弥补这方面的不足，如新近发展起来的神经心理检查，对脑功能早期变化的测定显示了很大的优越性，在早期就能正确地判定病变的部位。其他诸如性格测定和智能检查等技术也可以提供多方面的信息，有助于全面了解病人的情况，及早发现疾病。

(五) 应用心理治疗和心理护理技术提高医疗质量

由于多数疾病与心理因素都有密切联系，因此在治疗和护理上应用心理学的方法就显得十分重要了。只有获得了这方面的知识，才可以更好地按照科学的规律搞好心理治疗和心理护理，根据病人的心理特点，因势利导地做好工作，改善病人的情绪，治疗疾病，促进健康。

(六) 良好的医患关系可以提高治疗效果

医患关系是一种人际关系，而人际关系的好坏可以直接影响到人与人之间交流的结果。假如病人不提供准确、全面的病史，或者不配合治疗，再高的医疗水平也难以发挥作用。虽然现代医学的进步，提供了大量确实有效的治疗方法，但医生身份的作用仍然存在着，应适当加以利用，以提高治疗上成功的机会。现代医学研究证明，良好的医患关系本身有治疗作用，如对医生充满信心的糖尿病患者，常常可以减少胰岛素的用量。

(七) 结论

在新的医学模式的指导下，医学心理学将发挥更大的作用。并且从生物医学和社会科学的沃土中汲取营养，弥补自身的局限，更有力地推动医学科学的进步。

第二节 医学心理学的分支及主要学派

一、医学心理学的分支

医学心理学由于研究范围广、涉及科目多，故研究者往往各有其侧重点。根据侧重点的不同，可将其分成若干个分支。目前较为流行的有：

（一）病理心理学

病理心理学（pathological psychology）又称变态心理学（abnormal psychology），是医学心理学基础科目之一。它从心理学的角度来研究异常心理包括精神病性行为的规律，研究精神疾患和病态心理发生的原因和机制，特别是人格因素及社会文化因素在其中的作用，它对于临床心理评估、治疗以及心理健康的维护均具有重要意义。

（二）临床心理学

临床心理学（clinical psychology）与医疗关系最为密切，是较早将心理学知识和技术应用于临床的学科。它包括诊断、治疗、护理等医疗过程中各种心理因素的分析研究，并应用心理学技术对这些心理成分进行评定和矫正，以改善病人的心身状态，提高他们的社会适应能力。临床心理学还可包括行为医学、心身医学的研究，并为社区心理学工作提供指导。

（三）健康心理学

健康心理学（health psychology）的主要任务是研究和促进人们的心理健康，它包括：采用心理学的方法改变或矫正有碍心身健康的生活习惯和行为方式，培养健全的性格，提高对环境的适应能力；消除各种不良影响，预防精神方面的各种疾病和问题的发生；提高和改进一般医疗服务的质量；改善和增强学习和工作的效能等。总之，以促进人的心身健康为目的。

（四）康复心理学

康复心理学（rehabilitation psychology）是运用心理学理论和技术研究揭示康复中的心理活动、现象及规律的科学。其目的是解决康复对象的一系列心理障碍，帮助他们接受并逐渐适应残疾现实，挖掘他们的潜能，使残疾人重新回归社会。同时，康复心理学还探索残疾人与社会的相互影响，心理与躯体在残疾时的相互影响等问题。

（五）神经心理学

神经心理学（neuro-psychology）是主要研究动物和人的高级神经功能与行为之间关系的学科，应用心理学方法为诊断大脑功能的改变提供客观依据，并帮助判定局灶性病变。实践表明，采用神经心理学方法，比现有的各种先进的检测仪器更能早期发现高级神经功能障碍患者的智能和其他功能改变，并能比较精确地分析和描述出大脑结构和功能的变化。

（六）心理诊断

心理诊断（psychodiagnosis）主要包括心理测验（psychological test），也就是借助于各种心理测量方法，对认知过程、智能状况和人格特征等变化，作出符合客观实际的判定和评价。心理测验不仅可作为一种辅助手段应用于临床，还可测量各个领域中个人的智能、能力倾向及性格等各方面的差别，为分级培训和选拔人员时提供参考。

（七）心理治疗

心理治疗（psychotherapy）又称精神疗法，即通过治疗者与被治者建立关系，以言语或非言语的治疗手段来改善被治者的情感障碍和其他精神症状，提高其对环境的适应能力，促进人格的健康成长和发展，并使他们正确地认识疾病，解除顾虑，调动主观能动性，以达到减轻症状和提高治疗效果的目的。

（八）医学心理咨询

医学心理咨询（psychological counseling in medicine）是运用医学和心理学知识，为来访者查明心理障碍的性质及可能的原因，并以适当的指导或建议，帮助他们理解和解决心理问题和人际、家庭、工作、学习等方面的矛盾，促进心身健康。医学心理咨询具有一级预防的意义。

（九）护理心理学

护理心理学（nursing psychology）主要研究护理过程中的心理学问题，指导护士应用生物－心理－社会医学模式，根据病人的心理需要和疾病状态下的心理活动特点，做好心理护理工作，并为此提供理论依据。

二、医学心理学的主要理论学派

（一）精神分析或心理动力学派

谈到医学心理学的发展，不能不提到对它产生重要影响的心理动力学派。它的创始人是奥地利医生弗洛伊德（S. Freud），在他与布洛伊尔（J. Breuer）合作用催眠术治疗神经症病人时发现，当患者在催眠状态下回忆起与疾病有关的情绪体验，并全部说出以后，症状奇迹般地消失，恢复了正常。这给了弗洛伊德很大的启示，为他后来创立精神分析疗法奠定了基础。精神分析疗法的基本理论有：

1. **心理层次论**　弗洛伊德将人的心理活动分为三个不同的层次：意识、前意识和潜意识，并由此提出了潜意识理论。他认为潜意识是指那些为社会的伦理道德观念和自己的理智所不容的本能欲望和冲动，它们受到了理智（意识）的压抑和排挤，成为一种无意识状态。潜藏于意识之下的欲望和冲动不时在蠢蠢欲动，并造成心理冲突，这成为一些精神疾患产生的基础。

2. **心理结构论**　即本我（id）、自我（ego）和超我（superego）三个部分之间的协调和冲突构成了一个人心理动力的全貌。本我是建立人格的基础，处于无意识中，表现为各种本能性的冲动；自我是人格的执行部分，既要寻求本我的冲动得以满足的方式，又要考虑到所处的实际情况，根据现实的可能性行事；超我是人格中体现道德准则的部分，是早年儿童时期体验到的来自家庭和社会的奖励和惩罚，被自身内化后形成的伦理、道德、价值标准。

3. **心理防御理论**　包括自恋的、不成熟的和成熟的三类防御机制，是人们在面对困境、伤害和威胁时采取的自我保护的心理策略。

4. **人格发展理论**　认为人格的形成都有一个发展过程，即口欲期、肛欲期、性蕾期、潜伏期及生殖期，每个时期都与儿童时期某些躯体上产生快感部位的满足程度有关，每个人在儿童时期获得的经验会影响到成年后的人格形成。

弗洛伊德强调人的本能的欲望特别是"性"的动力作用，并称之为"力比多"（libido）。力比多是一种能量，如得不到正常渠道的释放而过量积聚，就会使人精神紧张，并可能以症状形式表现出来。从这个意义上说，力比多所代表的"性力"是广义的，已超出了单纯生殖的生物学意义。此外，他还以"性"为象征提出了人的心理发展的理论。

尽管弗洛伊德的理论常常不易被人理解和接受，理论的基础研究又常常是经验的而非实验性的，以"性"为特征的观点更容易招致人的非议，但他的理论在心理学界引起的震动是前人所不能比拟的。精神分析实践带来了心理治疗的推广，受这个理论的影响出现了"心身医学"的概念，他对健康心理学和变态心理学也产生了很大的影响。

弗洛伊德的精神分析在后来发展成精神动力学治疗，治疗时程有所缩短，次数也减少。霍妮（K. Horney）、沙利文（H. S. Sullivan）和荣格（C. Jung）等人对弗洛伊德的理论虽然有许多修正和补充，但是都承认潜意识的动力过程对人的行为的重要性。

（二）生理心理学学派

对医学心理学产生重要影响的另一学派是心理生理学派（psycho-physiology）。所谓心理生理学是以心理活动（特别是情绪改变）为自变量（因），以生理改变特别是受自主神经系统控制的内脏活动以及内分泌、免疫系统的改变为因变量（果），进行研究的一门介于心理学和生理学之间的交叉学科。也可以说它是医学心理学的一门重要的基础学科。上世纪30年代，美国著名的生理学家坎农（W. B. Cannon）注意到强烈的情绪变化可以通过自主神经系统影响到下丘脑的激素分泌，并导致心血管活动的改变，从而提出了"情绪心理说"。他还发展了贝尔纳（C. Bernard）的"内环境"恒定的概念，为人的整体概念提供了生理基础，他认为各种因素包括心理社会因素都能导致人的内稳态失调，影响人的整体功能。此后加拿大生理学家塞里（H. Selye）根据个体对过强的刺激进行抵御时发生的非特异性反应，即表现出的一般适应综合征（General adaptation syndrome，GAS）而提出了应激（stress）的概念和学说，将引起应激反应的各种因素称为应激源。应激理论被认为是20世纪医学领域的重大进展，它为阐明现代人类的许多疾病尤其是心身疾病的发生奠定了理论基础，也为后来的研究打下了基础。

值得一提的是1950年后美国医生沃尔夫（H. G. Wolff）和马森（J. W. Mason）等人经过多年的实验室研究和临床观察，发现不同的情绪变化可以造成消化系统血流及分泌的改变，进而造成黏膜损伤，为心身疾病发生的机制提供了有说服力的证据。沃尔夫后来进一步研究了心理社会因素对健康和疾病的影响，对心身医学的发展做出了积极贡献。

（三）行为学派

行为学派的理论基础是广义的学习理论，认为人们的各种行为模式都是通过社会学习形成的。巴甫洛夫（I. P. Pavlov）的经典条件反射和斯金纳（B. L. Skinner）的操作条件反射是其主要理论支柱。华生（J. B. Watson）、桑代克（E. L. Thorndike）和赫尔（C. L. Hull）等人均为此做出了重要贡献。他们以动物试验和对人类行为的观察为依据，认为人类的各种行为，包括适应性行为和非适应性行为，都是学习得来的。适应不良行为来源于错误的学习、不适当的联系或学习能力缺乏，可以通过重新学习或训练进行矫正。行为治疗学者强调行为的原因在于环境刺激而不是精神内部的矛盾，着重治疗当前的行为"症状"，要求采用客观的观察方法。行为主义学者不注重人的内心无休止的冲突、戏剧性的变化、迷梦和深藏的秘密，而是将人视为与其他动物没有多大区别的动物，认为人也以与动物相似的方式对刺激进行反应，这就是刺激→反应（S→R）的行为模式。

行为治疗是直接的、由治疗医师引导的、强调治疗针对靶行为（target behavior）的一种心理治疗方法，治疗期短，能对治疗效果进行系统客观的评定。由于行为治疗模式强调客观研究，疗效较为肯定，因而在临床上应用广泛。

（四）认知学派

上世纪70年代以来，行为学派的观点出现了一些改变，拉扎勒斯（A. A. Lazarus）认为不该忽视人的内心活动，于是将认知成分整合到治疗技术中，为认知疗法的应用和发展开辟了道路；班杜拉（A. Bandura）提出的社会学习理论，吸引了人们对认知因素越来越多的关注，这样就形成了一个新的理论模式——认知模式。

认知模式的历史可追溯到上纪初的阿德勒（A. Adler）等人。阿德勒认为心理障碍是个体生活模式发生错误的结果，其核心是社会兴趣的缺乏，自卑情绪是心理障碍的根源，心理治疗就是要帮助病人认识和理解这些错误。贝克（A. T. Beck）描述了另一个更为成熟的认知治疗模式，其基本理论是：认知过程是行为和情感的中介，情感和行为障碍与适应不良的认知有关，找出这些认知曲解，提供"学习"和训练方法以矫正认知方式，就能消除心理障碍。贝克创造了一套改变认知的治疗技术，最初在抑郁症的治疗中取得了成功，目前仍在不断发展中。

（五）人本主义学派

人本主义学派以马斯洛（A. maslow）和罗杰斯（C. Rogers）为主要代表。他们主张从健康的、创造性的人群研究中提出人格理论，认为每个人"都有向着健康的积极意志、向着成长的冲动或向着人的潜能自我实现的冲动"。人本主义强调人的成长和发展，而不是仅仅注意缺陷，它重视人的独特性，寻找价值和意义的重要性。人本主义的治疗模式在于鼓励病人接受自我，尝试利用个体的潜能；包括：①创造一个宽松的无威胁性的环境，有利于病人采取开放态度审视自己；②设身处地地理解病人独特的世界观；③鼓励病人完全地自我接纳和自信，在此基础上作出行动的选择。罗杰斯的患者中心疗法是这类治疗中最著名的一种。

（六）小结

显然，这些理论从不同的侧面揭示了心理和行为的规律，但都不是完美无缺的。近年来出现了一种整合（integration）趋势，即将各种类型的方法以不同形式结合起来应用，其实际含义是将人看成一个生物-心理-社会的开放系统，病人的行为由多个变量间相互作用而决定，主张对病人采取相应的、多层次的整体干预，每种干预都和其他层次的干预关联从而发挥最大作用。这种整合趋势逐渐形成医学心理学理论的主流。

第三节　康复医学与康复心理学

一、康复医学

康复医学（rehabilitation medicine）是应用医学方法为康复服务的专业性学科，属医学的应用学科范畴。作为独立学科，康复医学应有相应的理论基础和功能测评方法，并有别于其他学科的诊治技能和治疗规范，其根本目的在于加速人体伤、病、残后的康复进程，预防和（或）减轻后遗功能障碍。

随着社会的进步和医学的发展，当前的疾病结构发生了很大的变化，正从过去的急性传染病、寄生虫病占优势转变为"慢性化、障碍化、老龄化"，而且在"障碍化"中还出现重度化、重复化和多脏器化的倾向。因此，康复医学的治疗对象也随着疾病结构的改变而变化。

医学模式的转变，逐步完善着人们对康复医学的认识。康复医学的发展必须符合医学发展的规律，即从纯生物学模式向生物－心理－社会医学模式转变。现代康复医学对康复的认识已不再是简单的促进残疾人的躯体功能康复，而是使其心身状况都得到改善，实现全面康复、重返社会。

现代康复医学已明确提出：①康复的对象主要是残疾人、老年病人、有各种功能障碍以致影响正常生活、学习、工作的慢性病患者以及急性期与恢复早期的患者等；②康复内容应包括医学康复、教育康复、职业康复、社会康复等方面；③康复的目标是全面康复、重返社会。这些观点表明：随着新的医学模式的建立，现代康复医学的内涵已有了相当的扩展。

由于现代康复医学是在医学模式转变过程中迅猛发展起来的，而新的医学模式正是强调了心理社会因素的作用，对康复的要求和目标在不断提高，使得功能康复向实用化、多层化的方向发展，这必然导致康复心理学的形成和发展，而康复心理学的发展又使得现代康复医学更加科学、系统、全面和完善。

二、康复心理学

（一）康复心理学的概念与发展

1. 康复心理学的概念　康复心理学（rehabilitation psychology）是运用心理学理论和技术研究和揭示康复过程中的心理活动、现象及规律的科学。它的目的是解决康复对象的一系列心理障碍，帮助他们接受残疾现实并逐渐适应，挖掘他们的潜能，使他们重新回归社会。同时，康复心理学还探索残疾人与社会的相互影响，心理与躯体在残疾时的相互影响等实际问题。

当代医学模式认为，人的心身相互作用、相互影响，因此，在康复过程中，既要注重人的生物性因素，又要关注心理社会方面的因素，人体功能的正常运转，不仅有赖于良好的生物功能，同时，也有赖于心理社会因素的平衡发展。因此，要达到全面康复、回归社会的目的，在积极进行躯体康复治疗的同时，还要考虑康复对象的文化背景、教育修养、经济状况、社会职业地位等因素的作用，考虑康复对象所生活的社会环境的影响，促进康复对象的心理社会功能的康复。

2. 康复心理学的发展　康复心理学是在康复医学和心理学相互交叉、相互渗透的基础上发展起来的一门新兴学科。

第二次世界大战以后，成千上万的残疾士兵返回家园，战争的创伤不仅使他们的身体残疾，也使他们的心理受到了打击，从而引发了一系列的心理社会问题。为使他们尽早回归家庭、回归社会，在躯体上、心理上以及社会职业等方面全面康复，美国政府采取了一系列措施，成立了各种各样的康复机构，康复医学得到了迅猛的发展。这时期的康复技术由电疗、按摩、矫正体操、运动疗法、作业疗法、言语矫治等单一的治疗向跨学科综合康复协作发展，最终到全面康复技术的发展，康复的目标也由只重视器官、肢体等生物功能向完整的人（心身并重）的整体功能康复转变，提出了医学康复、教育康复、职业康复、社会康复等全方位的康复体系，并在1949年成立了康复心理学会。普遍认为美国的 Hward A. Rusk 为康复医学的发展做出了巨大的贡献，在他的论著中，已经有了康复心理学的论述。

医学科学和心理学为康复医学的发展提供了理论基础。随着人类对医学科学认识的不断深入，基础医学和临床医学的各项成果很快被应用到康复医学中，极大地充实和丰富了康复医学的内容；与此同时，精神分析理论、行为理论、认知理论、心理生理理论及人本主义理论的发展对心理康复的发展产生了巨大的影响，使得康复医学与心理学、社会学等其他学科不断交叉、渗透，最终形成和发展了康复心理学。上世纪四五十年代医学心理学的飞速发展对康复心理学的发展起到了极大的推动作用，其中智力测验、神经心理测验、人格测验、记忆力测验及一些社会心理方面的评定量表等心理测验技术的应用，使得心理、行为指标得到了量化，为康复心理学提供了重要的评估手段。行为治疗、认知治疗等各种心理治疗手段在康复心理学中得到了广泛的应用。

（二）康复心理学在康复医学中的作用

近二十年来，社会的进步和发展为康复心理学的发展创造了条件，科学的发展也为康复心理学提供了多学科的理论和实践指导，康复心理学在功能康复中的作用也日益显现。我国的卓大宏教授（1996）将功能康复的不同要求分为五个层次（图1-1），可见康复心理学在高层次的功能康复中有着重要的作用和影响。在社会康复、教育康复、职业康复等方面，有关康复心理的咨询因其具有实用性而受到人们的重视。实践还证明，在运动疗法、作业疗法、言语矫正及康复护理等方面，心理康复也起到了积极的作用。

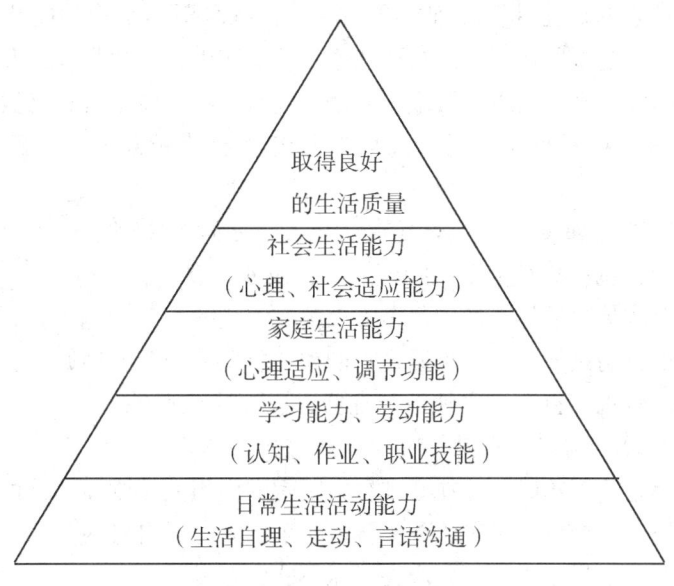

图1-1 功能康复需求的层次

1. 心理康复与医学康复　医学康复对象中的残疾者、老年病患者、慢性病患者均有不同程度的各种心理障碍。心理障碍和躯体功能障碍二者通过神经－内分泌－免疫等多因素的联系相互影响，相互制约，而且康复的基本原则不仅要求保存和恢复人体的功能活动，同时要求从心理上（精神上）、职业上、社会生活上进行全面的、整体的康复。也就是说，康复不仅使有功能障碍的器官、组织和肢体得到康复，更重要的是完整的"人"的康复。因此，在对躯体功能障碍进行医学康复的同时必须进行心理康复，否则不能达到全面康复的目标。通过施行及时改变错误的认知体系、纠正适应不良性行为、控制负面情绪等心理康复的措施，可使得心身康复顺利进行。

2. 心理康复与教育康复　在康复医学中，教育康复也是较为重要的方面。因为全面康复的目标是使康复对象重返社会并能自立，而康复对象要与其他人一样能正常工作、生活，就必须接受教育。面对伤残的现实，康复对象除需克服躯体功能障碍外，更重要的是需克服心理的功能障碍，战胜自我，所以心理康复在教育康复中的作用也日益被人们所关注。在教育过程中帮助残疾者提高自信心，克服各种挫折等心理障碍，采取必要的心理治疗是必不可少的。心理治疗可以消除或减少各种社会心理因素中的不良因素，帮助残疾者建立合理的认知体系，树立信心，为教育康复的顺利进行打好基础，协助各方面的康复工作者一道进行好教育康复工作。另外，在教育康复进行之前应对被康复者进行全面而系统的评估，包括心理评估，只有这样才能根据不同残疾性质、不同残疾程度的残疾人和各种疾病的患者进行较合理的个性化的教育康复。

因此，只有将心理康复和教育康复有机地结合起来，才能实现全面康复和重返社会的最终目标，实现康复对象应有的社会地位和真正意义上的权利平等。

3. 心理康复与职业康复　康复对象因其身心功能障碍，从事社会劳动受到多方面的限制，职业康复就是要帮助康复对象全面康复重返社会，克服自身障碍，和健全人一样平等地参加社会劳动，实现自身的价值。在进行职业康复前需要进行康复评估，对康复对象的能力、适应性及心理状况进行详细检测和评估，以掌握其生物功能状态和心理功能状态，以便有的放矢地进行职业咨询。在职业康复的操作中，心理学理论和原理特别是行为理论具有重要的指导意义。所以，心理康复是职业康复的重要基础，又为职业康复的顺利完成提供指导，只有在心理康复与职业康复及各专业的配合下，才能达到康复的最终目标。

4. 心理康复与社会康复　心理康复在社会康复方面的作用显得尤为突出。社会康复涉及的面非常广泛，包括家庭生活（婚姻、生育及衣、食、住、行等）、升学就业、消遣娱乐、公共服务及政治生活等。其中每个方面都有大量的心理问题存在，都需要进行心理康复。社会康复的目的是使康复对象通过功能和环境条件的改变回归社会，康复对象应受到同等对待，不受歧视，自立自主地参与社会，成为社会上的有用之人，履行社会职责，为社会的各项事业做出应有的贡献，实现自我完善，体现个体价值，满足个体应有的需要。然而，在满足这些需求时，往往心理社会因素的作用大于躯体功能的作用，只有在心理康复良好的状态下，个体才能体验到幸福、快乐，体会到自身的价值和人生的意义，才能对社会有所回报。如果心理得不到康复，就不能较好得适应社会，更谈不上重返社会。

不良的社会刺激往往会加重人的身心功能障碍。要想改变这种状态，除了需要消除不良因素和营造良好生活环境之外,还应加强心理康复的工作,在尽可能减少负性生活刺激的同时,帮助康复对象增强适应能力。

在政治生活方面,社会康复应使康复对象在国家政治生活中的法律地位得到保障,享有各项权利。实现社会康复的最终目标还是要使康复对象的高层次需要如自尊、社会地位等得到满足。社会康复结果的好坏,很大程度上是由心理康复的状态反映出来的。

在为残疾者改善社会环境、推行无障碍设计技术和提供社会福利等社会保障中,不仅要满足残疾者的物质需求,还要保障他们的精神需求,通过这些保障,使他们真正感受到社会的关心和爱护,感受到生存的真正意义,感受到自己确实是社会的一员。

5. 小结 总之,心理康复在康复的全过程中占有重要的地位,在全面康复的目标中,应当考虑到康复对象是一个有物质基础和高度发达的人,这就要求在康复的全过程中充分挖掘人的潜能,调动康复对象的主观能动性,最终实现全面康复,回归社会。

第四节 康复心理学的研究对象、内容及方法

一、康复心理学的研究对象

残疾人、老年病人以及有各种功能障碍以致影响正常生活、学习、工作的慢性病患者(包括精神病患者)等是当代康复心理学研究的主要对象。

(一) 残疾人

康复医学仍以先天性残疾、非传染性疾病所致残疾和外伤性残疾患者为主要对象,这些患者因各种原因导致言语、智力、视力、肢体和精神等残疾而影响生活、工作,需要心理上的支持和社会的帮助,他们是康复心理学的研究对象。

(二) 老年病人

全球的老龄化问题越来越为各界所关注,因为老年人在社会中所占的比例日渐增高,老龄化已成为当前社会的主要问题。而老龄化问题同时带来了老年病人的迅速增加,老年人及老年病患者的心理康复已成为重要的课题,根据老年人生理心理特点的需要对老年病人进行心理康复具有特殊的意义。

(三) 各种慢性病患者

医学科学的发展,使许多严重的急性病患者经抢救得以生存,成为残留肢体或各系统脏器功能障碍等不同后遗症的慢性病人。当前,慢性病已成为危害我国居民健康的主要疾病,而当代医学还无法使一些患病率高的慢性疾病治愈,以至于使不少患者成为终生慢性病人,如类风湿性关节炎、糖尿病、冠心病等患者。慢性病患者由于长期处于"患病状态",不仅活动能力等生理功能有不同程度的受限,而且心理上也会因病理过程的影响而产生精神创伤,加之社会和家庭环境的不良因素更进一步加重了创伤程度。如果这些心理社会问题不消除,必将直接影响各种康复措施的进行和整个康复治疗的效果。因此,他们也逐渐成为康复心理学研究的主要对象。

二、康复心理学的研究内容

康复心理学着重研究康复中的心理问题，应激源（社会、生活、学习、工作、文化等社会心理因素）对机体的刺激作用及其与康复的关系，机体的生理反应及行为方式等心理反应与康复的关系，康复全过程的心理学方面的评估及康复治疗中有关的心理治疗和行为治疗等。

（一）研究应激源和残疾的关系

包括研究心理行为因素与残疾之间的相互影响，改变不良行为模式和反应，增强个体的社会适应能力和心理承受能力，减少心理残疾的发生。

（二）研究康复对象的心理

掌握康复对象在康复过程中的心理规律，为心理康复提供科学依据，充分调动病人的主观能动性，促进其身心功能的康复。

（三）研究心理治疗在康复中的应用

根据病人不同的心理状况，给予适当的心理治疗，解决在康复过程中出现的各种心理问题，促进康复。目前常用的心理治疗方法有支持心理疗法、认知疗法、行为疗法，人本主义疗法、集体心理治疗及家庭治疗等形式。

（四）康复心理评定

应用心理诊断技术，特别是心理测验方法对康复对象的心理活动水平进行评定，为制定心理康复计划提供依据，同时对心理康复的效果作出客观的评价。

（五）为康复对象、家属等提供心理咨询

帮助病人及其家属正确面对残疾，改善和消除不良情绪和矫正适应不良性行为。特别是及时干预心理危机，避免病人自杀。

（六）研究康复治疗方法对心理活动的影响

研究运动疗法、作业疗法等康复手段对病人心理的影响，避免负面影响，充分发挥它们的积极作用。

三、研究方法

康复心理学研究的是康复医学领域中各种复杂的心理现象，因而它的研究方法也是很复杂的。由于心理现象的主观随意性较大，所以在研究中必须遵循客观性原则，就是要依据客观事实，采用可以进行检验的方法，避免任何主观臆测。再则，康复心理研究常常涉及多种因素，包括生物、心理、社会因素，研究中常需要测量多种变量，因此康复心理学研究需要应用多学科的方法。

（一）个案法

这是历史上采用最早的方法。资料来源可由病人自己提供，也可由家属、同事、朋友、领导等其他有关人员提供。要分析资料的可靠程度，必要时还需进行调查核实。

资料的内容一般包括个人经历、个体发展、家庭关系、所受教育、生活体验、工作情况、社会关系以及重要的生活事件等。尽量明确病人的神经类型和性格特点，探索其对事物与人际关系的态度及行为方式，注意病人的社会地位、经济状况和思想倾向。还可借助

于病人的作业、日记、书信、绘画等进行分析。个案法要求依照病人的心理发展史，系统地作传记式的记录。个案内容的重点，虽然各家观点不一，但均要求记录准确，细致描写，文字精练，并尽量避免使用专业术语。

（二）实验法

实验方法要根据研究的课题来确定。一般可从实验研究模式和实验研究技术两个角度进行分类。可按需要和可能选择应用。

1. 实验研究模式

（1）回溯性研究：主要是分析已经患病的对象以往的病史资料，并进行一些初步的试验，以期能建立和发展某种假设。在此首先需要进行生活史的调查，从中发现生活事件与疾病情况之间的联系。这种方法虽然受到许多限制，但它的优点是带给研究者从更多的角度进行分析观察的机会。

（2）预测性研究：对已经拥有足够资料的某种特殊疾病提出各种假设，并通过试验来加以验证。实际上假设就是一种预测，它可以是长期的，也可以是短期的。在研究人类心理现象和行为等有关问题时，最合适的方法是采用纵向研究和进行预测。

（3）交叉对比研究：对有关项目，需将患病组与相等数量的相对健康组进行匹配对照比较，应用标准化的技术可使收集的资料达到最高的效力（validity）。这种方法特别适用于对某种特殊理论进行测验、验证、修改或是摒弃。

2. 实验研究技术

（1）观察法：除了用传统的会谈方法进行精神检查以外，还可应用单面镜观察患者在自然条件下或受控制环境中的表现，也可应用录像技术来记录病人的行为，以便进行客观分析。

（2）心理测验：为了对心理现象进行客观定量分析，可以使用智力测验、人格测定等问卷与量表，常用的有 Wechsler 成人智力量表（WAIS）、Stanford – Binet 智力量表、Minnesota 多相人格调查表（MMPI）、Eysenck 人格调查表（EPI）、Cornell 医学指数（CMI），以及各种症状评定量表和自评量表。应当注意的是对于资料的解释要注意其合理性，不能轻易作出因果性推论。

（3）心理与生理测验：这种测验可以比较受试者的各种心理、生理指标，从而研究其变化的关系和规律，是为了发现和确定心理因素与躯体疾病发病的相关情况。其测验途径主要有：①各种难度和类型的操作试验；②经典的条件反射方法；③电视影片试验（紧张的、松弛的）以观察躯体指标的变化；④睡眠研究和梦境的探索；⑤催眠状态下的变化；⑥小组活动时的互相作用；⑦利用日常生活中自发的应激反应，通过遥控生理仪记录其变化情况；⑧感觉剥夺条件下的各种改变。

（4）利用自然环境的实验：这类研究方法主要是利用各种会引起剧烈情绪波动的自然环境，观察和分析由此而产生的生理和心理后果。

（5）动物实验模型：动物实验可使研究进行得较为精确，还可以采用那些不能在人体上应用的技术。经典的 Pavlov 条件反射法曾被用来制造"实验性神经症"的模型；有关的神经生理与神经内分泌的研究，可帮助阐明神经系统发生变化的客观依据；应用遥控埋藏电极的新技术，可以观察动物在自由活动的情况下接受各种刺激时所引起的电反应和内脏活动的情况等等。

(三) 其他方法

近年发展起来的行为科学、信息论、控制论和系统论等理论，以及神经科学、社会学、人类学、教育学等科学研究所取得的成果都为康复心理学的研究提供了大量有价值的资料和有效的研究方法，为其发展奠定了更为坚实的科学基础。

（贺丹军）

思考题
1. 新的医学模式在现代医学中的意义。
2. 康复心理学的概念及其在康复医学中的作用。
3. 康复心理学的研究内容。

第二章 心理学基础

学习目标
1. 心理学与心理现象的概念。
2. 感觉、知觉、思维、情绪、气质、人格、能力的概念。
3. 需要和动机的概念。

心理学是研究心理现象发生、发展规律的科学，心理现象包括心理过程和个性心理特征，认识、情绪和意识是心理过程的三个方面。认识过程可以从感觉、知觉、学习、思维、注意等方面来研究，情绪是对客观事物的内心体验和态度，意识过程伴随着认识和情绪过程而存在，三种心理过程相互联系、相互制约。个性心理特征即个体具有一定倾向性的心理特征的综合，主要包括人格倾向性，如需要、动机、兴趣、观点、信念等；人格特征，如能力、气质、性格等；以及自我意识。心理学家们对人格的不同认识形成了各种人格理论。

第一节　心理现象及其实质

一、心理学与心理现象

心理学是在科学理念的影响下，从哲学中分化出来的研究人类本身问题的一门既古老又年轻的科学。几千年来中外历代许多哲学家和思想家一直都在探索人类的心理现象，但由于历史的局限性，在漫长的年代里心理学并未成为真正独立的科学，直到19世纪后半叶，以生物学为媒介，结合生理学的知识体系的现代心理学才从哲学中分化出来成为一门科学。

（一）心理学

什么是心理学？心理学是研究心理现象发生、发展规律的科学。德国生理学家冯特于1879年在莱比锡大学创建了世界上第一个心理实验室，采用系统的科学试验方法，以突破性的构想来研究人的心理结构，被认为是科学心理学诞生的标志。所以说，心理学有一个漫长的过去，却只有一个短期的历史。在一百多年的历史中，心理学在不断的争论中发展，现已成为拥有很多研究重心和不同的具体门类的科学体系，其中的普通心理学是心理学的概论性基础理论学科，对心理现象基本概念的描述是它的基本内容，这些内容也是医学心理学的心理学基础。

(二) 心理现象

心理现象是心理活动的表现形式。一般把人的心理现象分为心理过程和人格两个统一的不可分割的方面。

1. **心理过程** 指人的心理活动发生、发展的过程。具体地说，是指在客观事物的作用下，在一定的时间内，大脑反映客观现实的过程。心理过程包括认识、情感与意识三个方面，其中认识过程是基本的心理过程，情感与意识是在认识的基础上产生的。认识过程是接受、加工、理解和储存各种信息的过程，也就是人脑对客观事物的现象和本质的反映过程。认识过程是从感觉开始的，感觉、知觉、记忆、思维等都是认识过程的有机组成成分，都是反映事物的性质和规律的心理现象。

人在认识客观事物的时候，对客观事物采取一定的态度并产生某种主观体验，如满意或不满意、愉快或不愉快、积极或消极等态度体验，这种主观体验的过程就是情绪情感过程。

在认识改造世界的活动中，有意识地自觉地确定目的，并根据目的调节自身的行动，克服困难去实现预定目标的心理过程叫意志过程。

三种心理过程是互相联系、互相制约的：一方面认识是情绪情感和意志产生及发展的基础；另一方面情绪情感和意志对认识活动也有重要影响。

在人的心理过程特别是在认识过程中，还伴随着一种重要的心理现象，那就是注意。注意是对一定对象的指向和集中。注意的主要作用是对客观对象的选择和保持，使人能清晰地认识事物并准确迅速地完成某种活动。

2. **人格** 也称个性，是指一个人的整体精神面貌，即个体具有一定倾向性的心理特征的综合。人格结构是多层次、多侧面的，主要包括人格倾向性、人格特征和自我意识三部分。

(1) 人格倾向性：是人的活动倾向性方面的特征，这些内部倾向使人以不同的态度组织自己的行为，并对行为进行调节和控制，包括需要、动机、兴趣、观点、信念等。

(2) 人格特征：表现一个人稳定的典型特征，包括：能力，即完成某种活动的潜在可能性的特征；气质，心理活动的动力特征；性格，为完成活动而采取的态度和行为方式方面的特征。

(3) 自我意识：是个人对自己本身的一种意识，由自我认识、自我体验和自我调控等构成，包括：对自己的心理特点、人格品质、能力和自身社会价值等方面的自我认识和评价；对自我情绪情感的体验如自豪、自爱、自卑和自暴自弃等；对自身的心理和行为主动地掌握和调控。一般认为初生婴儿是没有自我意识的，自我意识的产生和发展过程是个体不断社会化的过程，也是人格特征形成的过程。自我意识是人的人格结构中重要的组成成分，是一种自我调节系统。

二、心理的实质

(一) 心理是脑功能的体现

1. **高度发达的人脑是心理产生的基础** 在生物的进化过程中，神经系统变得越来越复杂，生物对客观世界的反映能力也越来越强，心理活动则是生命进化到一定阶段，当生物有了高度发达的神经系统时才产生的，也就是说，有了人脑这样的物质结构才使人拥有了产生复杂的心理活动的功能。

2. 心理的器官是脑　孟子说："心之官则思"；古代一切智力、感情之字皆从"心"字，而不从"肉"或"月"；古字的"思"，是上为脑象，下联心络。这些都说明，在我国古代，人们曾把心脏看成心理发生的器官。古代西方哲人亚里士多德也认为脑只是冷却血液的器官，心脏才主宰心理活动。1861 年法国医生 Broca. P. P 通过对失语症患者的尸体解剖，在大脑右半球发现了语言中枢，人们才确定脑是心理发生的器官。现今关于心理是脑的功能已得到公认。

3. 心理过程是复杂的功能系统　脑的结构和功能都非常复杂，例如，人们日常生活中读书、写字、吃饭、穿衣等活动都是由视听器官接受信息并传到大脑，大脑进行认知判断，再由大脑下达命令采取行动，可见这些心理活动都是由视听器官、中枢神经、肌肉肢体等各部分联合形成的。而且，心理过程不是局限在脑的个别区域，即便是一些非常简单的心理活动也需要由许多脑结构共同完成。简单地说，所有的心理过程都是由脑的三个功能系统协同完成的，这三个功能系统是：调节张力和维持觉醒水平的系统，信息的接受、加工和存储的系统，运动的计划、调节和控制的系统。三个系统联合作用才能正常工作。并且，每个系统的大脑皮质都有分层次的结构，至少可分为彼此重叠的投射区、投射－联合区和多通道联合区三级功能区。

近年来，心理学和神经科学的研究方向正在发生一些有趣的改变。一方面，心理学家开始以前所未有的热情关注长期以来被忽略的心理活动的神经基础问题；另一方面，神经科学纷纷转向脑高级功能或心理行为的规律问题，神经科学的研究对象正在从脑低级功能向高级功能转移。

（二）心理是对客观现实的主观能动性反映

1. 心理的内容来自客观现实　人的心理活动的内容都来源于客观现实。客观现实包括自然环境和社会环境，其中社会生活、生产劳动、言语交往、人际关系、文化传统、风俗习惯等都是对人的心理活动起决定作用的因素。自 18 世纪以来，世界各国先后发现 30 多个被野兽哺育大的孩子，有猴孩、熊孩、狼孩、羊孩等，这些人类的孩子在婴儿期被野兽带走并在野兽的生活环境中长大，他们缺乏人的心理行为，不会说话，都只能发出类似于"养母"的不清楚、不连贯的声音，都不能直立行走，不会使用双手拿东西。这表明，人如果长期脱离社会环境，没有社会行为，就没有正常心理活动。

2. 心理对客观现实的反映不限于现在的事物　人的心理活动不仅反映此时此地的事物，还涉及过去的经历，而且过去的经历会影响此时此地对事物的反映。人还可以想象出从来没有见过的事物，如各种幻想和发明创造，乃至许多离奇古怪的东西。心理的内容虽然可以远远超过面临的客观现实，但归根到底不能脱离客观现实，客观现实是想象的基础。

3. 心理的反映具有主观能动性　心理并不是对事物死板的、机械的反映，人们对客观现实的感受还与每个人所具备的知识、经验、个性特征等主观因素有关。对同一个人、同一件事，不同的人会有不同的态度、不同的反映；同一个人在不同时间、不同心理状态下对同一事物的反映也不相同。另外，人们在反映客观现实的同时，还能积极主动地改造客观现实。人类的进步和发展雄辩地证明，人类的生存进化都是人与自然环境、社会环境相互适应、协调，根据人类需要不断改造自然、改造社会的结果。

4. 心理的社会制约性　人们的心理活动除了受生物性需要的影响，也受社会文化的制约，家庭、学校、社会对人的个性人格、情绪、自我意识等心理现象都起着重要的制约作用。

第二节　认识过程

一、感觉

（一）感觉的概念

感觉（sensation）是人脑对直接作用于感觉器官的客观事物的个别属性的反映。感觉是认识客观世界的开端，通过感觉人们可以了解外界环境和机体内部的各种刺激信息。感觉对人具有重要的意义，感觉剥夺试验证明，如果感觉刺激的信息输入少而单调，人就会感到厌烦、无聊和不安，严重者可导致幻觉和思维紊乱。临床实践还证明，感觉异常可以提示神经系统的各种病理变化。

（二）感觉的分类

事物不同的属性作用于人不同的感觉器官，就产生不同的感觉。人的感觉器官包括眼、耳、鼻、舌、身等，由此而出现的感觉分别称为视觉、听觉、嗅觉、味觉和躯体觉等。依据不同的神经传导途径，可把感觉分为四类：

1. 脑神经所传导的特殊感觉　包括视觉、听觉、嗅觉、味觉和前庭感觉等。

2. 脊神经及某些脑神经的皮肤分支所传导的表面或皮肤感觉　包括触压觉、温度觉和疼痛觉等。

3. 脊神经及某些脑神经的肌肉分支所传导的深部感觉　包括肌肉、肌腱、关节的敏感性和位置感觉。

4. 自主神经系统所传导的内部感觉　包括内脏痛觉及饥渴、恶心等感觉。

（三）感觉的一般特性

1. 感受性　感觉是适宜刺激直接作用于感受器而产生的，光波对于眼睛，声波对于耳朵，各种机械刺激对于皮肤等，都是适宜刺激，感受器对适宜刺激的感觉能力称为感受性（sensitivity）。只有当刺激达到一定的强度时机体感受器才能产生感觉，能引起感觉的最低刺激强度即感觉阈限。感受性高，感觉阈限低；反之，感受性低，则感觉阈限高。

2. 感觉适应　机体的感受性因刺激对感受器作用时间的长短而改变的现象，就是感觉适应（sensory adaptation）。感觉适应具有两个方面：一是因刺激过久而变得迟钝，如"入芝兰之室久而不闻其香"；一是因刺激缺乏而变得敏锐，如饥饿的人感到普通饭菜也特别香甜。大多数感觉都存在适应现象。

3. 感觉对比　感觉对比（sensory contrast）是由于刺激背景的不同而引起感受性变化

的现象。如同样的白色在黑色背景上比在灰色背景上显得更白。对比有两种：一种是同时对比（simultaneous contrast），即不同的刺激同时作用于同一感受器而产生的对比现象，如同时看到黑与白、红与绿，会感到两种颜色都十分显眼；另一种是继时对比（successive contrast），即不同的刺激先后作用于某一感受器而产生的对比现象，如吃过螃蟹再吃虾，就感觉不到虾的鲜美。

二、知觉

（一）知觉的概念

知觉（perception）是人脑对直接作用于感觉器官的客观事物的各种属性的整体反映。知觉使人对事物产生完整的印象，如杯子、苹果、桌子等。知觉是在感觉基础上形成的，是多种感觉的统合，依赖许多皮质区域的协同活动。知觉不仅受感觉系统生理因素的影响，还依赖于个体以往的知识和经验，并受个体的兴趣、需要、动机、情绪等心理特点的影响。

（二）知觉的基本特征

1. 知觉的完整性 知觉的对象是由各个部分和许多属性组成的，知觉包括了各个部分的刺激，又超越部分相加的总和而产生一种整体知觉经验，就是知觉的整体性。例如，我们欣赏一个人不会只看眼睛或鼻子，而是综合他的相貌、气质、行为举止等。知觉的完整性依赖于知觉对象本身的特点，如空间或时间上的接近，大小、形状和颜色上的相似，图形的连接、对称和闭合等特点，容易使知觉对象被看成为一个整体。知觉的完整性还依赖于人本身的主观状态，主要是知识经验，如果知觉对象的信息不足，以往的知识经验会进行补充，从而形成完整的知觉。

2. 知觉的选择性 在纷繁复杂的客观环境中，人们有选择地知觉某些事物或事物的某些部分，就是知觉的选择性。我们的知觉对象是清晰的，知觉对象以外的其他事物一般比较模糊，成为衬托的背景。知觉的选择性，与被知觉对象的特点有关，同时也受个体的知识、经验、需要、兴趣、注意等因素的影响。例如，困倦的母亲可以对窗外轰鸣的汽车喇叭声充耳不闻，但婴儿的一声轻啼就会使她惊醒。

3. 知觉的理解性 在知觉过程中，人们根据自己以往获得的知识经验来理解当前所知觉的对象，这就是知觉的理解性。知觉是一个积极主动的理解过程，人们的知识经验不同，需要期望不同，对同一知觉对象的理解也不一样。一张医学检验报告单，病人只能知觉到一系列的符号和数字，而医生还了解这些符号和数字的意义，并可作出准确的判断。

4. 知觉的恒常性 当知觉条件在一定范围发生变化时，人对知觉对象的印象仍可保持相对不变，这种现象就是知觉的恒常性。熟悉的人，无论站得离我们远或近，我们并不感到他的身高因视网膜上成像的大小而改变。黑色的煤炭在绿色光波与红色光波下所反射出来的颜色是有差别的，但我们仍然知道它是黑色的。知觉的恒常性，是各种知觉普遍存在的基本特征，使人在环境变化时，仍能对知觉对象保持稳定的印象，有利于人们准确地适应环境。

（三）不真实的知觉

1. 错觉 错觉（illusion）是在相应的外界客观事物直接作用下，主观上发生歪曲的反映,杯弓蛇影、草木皆兵都是错觉的实例。

2. 幻觉　幻觉(hallucination)是在没有相应的外界客观事物直接作用时发生的不真实的感知。正常人在某些特殊的状态下,如强烈的情绪体验伴有生动的想象、回忆,或催眠状态,或入睡前、初醒时都可能会出现幻觉。幻觉也是心理异常的重要表现,如精神疾病、药物中毒、饮酒过量、吸食毒品、感觉剥夺等,常会产生幻觉。

三、学习和记忆

(一) 学习

1. 学习的定义　"学习"(learning)是日常生活中常用的一个词,而心理学所讲的学习,是指凭借知识经验和实践使行为或行为潜势产生比较持久改变的过程。这里所说的行为或行为潜势的变化,既包括外部可观察的行为,也包括内在的认知过程中概念和表象的变化。

2. 主要的学习理论

(1) 经典条件反射理论:经典条件反射理论学说(theory of classical conditioning)是苏联著名生理学家巴甫洛夫所创建的。在进行消化腺分泌活动及其神经调节的研究中,巴甫洛夫发现了唾液的"心理性"分泌现象,从而形成条件反射学说。条件反射理论在探索学习的生理机制方面具有重大的贡献,但条件反射试验仅局限于简单的反射活动,只能解释简单的学习,虽然也对人的高级神经活动研究作了很多假设和推测,却没有得到实验研究的充分证实,因而难以解释人类复杂的学习活动。

(2) 尝试与错误理论:尝试与错误理论(trial – and – error – theory)是美国心理学家桑代克(E·L·Thorndike)提出的。桑代克认为,学习过程完全是一种机械的、盲目的尝试,并不受理智的支配。他把饥饿的猫放进一种特制的迷津箱内,箱内装有可以活动的门闩且可以开启,箱外放一条鲑鱼。实验开始时,猫在箱内乱跳、乱抓、撞门、咬箱壁,动作盲目,偶尔触动门闩使门开启,即脱门而出,获得食物(鲑鱼)。经过这样反复多次的尝试,猫的盲目动作逐渐减少,有效动作逐渐增多,最后只需几秒钟即可开启箱门取得食物。遇到问题时,个体表现出多种尝试性反应,直到出现正确反应而将问题解决。能够有效解决问题,获得满意结果的反应,就是在这一问题情境中学得的特定反应。学得特定反应后,其他无效的尝试反应就不再出现。这种从多种反应中选择其一与特定刺激固定联结的过程,称为尝试错误学习。

(3) 操作条件反射理论:斯金纳(Burrhus B. Skinner)改进了桑代克的实验,设计了"斯金纳箱",箱内装有操纵杆与一个提供食物的装置相连接,把饥饿的白鼠放入箱内,它偶然踏到操纵杆而获得食物,不断按压操纵杆,便不断取得食物,直至吃饱为止。这样,经过多次尝试,白鼠学会了按压操纵杆取得食物的反应,就形成按压操纵杆与反应之间的因果联系,这就是操作条件反射(operant conditioning)。所谓操作,是指学习者(白鼠)所进行的那部分活动(按压操纵杆),强调学习者必须对环境进行"操作"。

形成操作条件反射的有效刺激是强化。个体的某种行为使刺激与行为反应之间建立起联系,获得性行为得到增强,就是强化,可以是正强化(positive reinforcement),促使所希望的某种行为出现的频率增加;也可以是负强化(negative reinforcement),促使所不希望的某种行为出现的频率减少。用来作为正强化的刺激物，通常是个体想获得或喜欢的东西（如奖励）；作为负强化的刺激物，是个体希望避免或者不喜欢的东西（如处罚）。形成条件反射的强化因素很多，可以概括为两大类：一类是基本强化因素，如满足个体基本需要的食物、水等；另一类是继发性强化因素，如与基本强化因素相联系的赞扬、钱币、成绩等。操作条件反射学习，是通过正负强化使个体出现或不出现某种行为，人们运用这种原理可以使个体的行为逐渐接近需要的预期目标，这就是行为塑造（shaping of behavior）。因此，操作条件反射理论为学校教育的干预策略和临床行为治疗提供了基础，但它把学习单纯地看成是外部的操作性行为，忽视内部的心理活动。事实上人类的学习行为非常复杂，人的认知活动对行为也具有重大的意义，操作条件反射理论不能解释所有的学习行为。

（4）顿悟学习理论：顿悟学习理论（insight theory of learning）认为学习行为的变化不是渐进的，而是洞察全局后的突然顿悟（insight）。苛勒对黑猩猩的学习行为进行实验研究，发现黑猩猩在目的受阻时，并不是经过尝试与错误的过程进行学习，而是洞察问题的整个情境，发现情境中各种条件之间的关系，最后才采取行动。苛勒称黑猩猩的这种学习模式为顿悟。苛勒认为，外在的强化并非学习产生的必要条件和因素，只要学习者全面观察并领悟到情境中各刺激之间的关系，顿悟就会自然发生。

顿悟学习理论强调个体的能动作用对学习的意义，肯定了目的与认知在学习中的作用，把学习看成是认识再认识的活动，具有积极的意义。但也有人认为顿悟是一种学习到某种程度时的结果，而非一种学习历程或学习模式。

（二）记忆

1. 记忆的概念　所谓记忆（memory），是人脑对过去经验的反映，是指以往感知过的事物，思考过的问题，曾有过的情绪体验，学习过的动作行为等在人脑中留下一些印记，并且这些印记在一定的条件下在头脑中浮现出来。

2. 记忆的类别　从信息论的观点看，记忆是人脑对信息的接受、储存、编码和提取过程，所以根据信息储存时间的长短，记忆可分为以下三种类型：

（1）感官记忆（immediate memory）：是个体的感觉器官感应到刺激时所引起的短暂记忆。感觉记忆是讯息处理的第一站，如果没有受到注意，瞬间即逝，仅能保持 0.25～2 秒，如果引起注意，得到识别，会进入短时记忆。感觉记忆的信息保持量比短时记忆大，且鲜明生动。

（2）短时记忆（short-term memory）：是指感觉记忆中经注意而能保存到 20 秒以下的记忆。短时记忆是信息处理的中间站，还需加以处理，否则就会消失。人们能清晰地意识短时记忆的内容，并能通过复述记录，但信息的容量有限，大约只有 7 个无意义的音节或无关联的数字、字母和单词。信息复述能使信息保持更长的时间，甚至可以转入长时记忆。

（3）长时记忆（long-term memory）：则是能够长时间保持的记忆，信息保持可以在 1 分钟以上，以至长达数年甚至终身。长时记忆是一个容量无限的信息库，通过编码环节，人们迅速有效地将接受的大量信息系统地有组织地加以储存，而且迅速有效地提取，因此，长时记忆是一个积极主动的心理过程。

3. 记忆的基本过程　包括识记、保持、再认或回忆。也可以理解为对输入信息的编码、储存和提取过程。

（1）识记（registration）：是识别和记住信息的过程，或理解为将输入的具体信息改变为抽象的、便于在记忆中储存并提取的编码的过程。

根据目的性和努力程度把识记分为无意识记和有意识记。无意识记（involuntary registration）是事先没有确定目的而又无须意志努力的识记，有很大的选择性，日常生活中许多符合个体兴趣、需要，即能激起个体强烈情绪的事物，常常容易被人无意识记。无意识记无需意志努力，耗费精力不多，但它缺乏目的性，识记的内容是偶然、片断的，难以获得系统的知识。有意识记（voluntary registration）则是有目的、有计划并需要意志努力的识记，对许多系统的科学知识，人们主要是靠有意识记才掌握的。

根据识记材料的性质或个体对识记材料的理解，又把有意识记分为意义识记和机械识记。意义识记（logical registration）是根据材料本身所具有的内在联系，在理解基础上的识记，如科学定律和文艺作品，这些材料本身就是有意义的，主要是采用意义识记。机械识记（rote registration）是指根据材料的外部联系，靠机械重复进行的识记，如电话号码之类的材料，本身没有联系，主要是采用机械识记。意义识记和机械识记都是识记的基本方法，机械识记是意义识记的基础；意义识记则有助于对有些材料的机械识记，如将无意义的数字与某种意义联系起来，就很容易识记。意义识记能够把材料的本质及内在联系，很快地纳入人们已经掌握的知识经验的系统之中，无论是识记的速度和精确程度，还是识记的容量和巩固程度，都优于机械识记。

（2）保持（retention）：是指识记的材料在头脑中储存和巩固的过程，是记忆的中心环节。人对识记的材料有相当大的保持能力，不过，记忆中保持的内容是随着生活实践或时间的变化而发展变化的，可以重新编码组合，有些细节可以被简略删节，而识记保持内容最大的变化是遗忘。

遗忘（forgetting）是对识记的材料不能回忆或再认，或者出现错误的回忆或再认。暂时性遗忘是对识记的材料一时不能回忆或再认，事后在适当的情况下记忆可能恢复；永久性遗忘是指不经过重新学习感知，永远不能回忆或再认。完全遗忘是指对识记的材料全部不能回忆；部分遗忘是识记材料部分被遗忘，部分能记住。

（3）再认和回忆：再认和回忆是记忆过程的最后阶段，是信息的提取与输出过程。再认（recognition）是指以往经历过的事物重新出现时能够被识别出来，比如我们在人潮如流的闹市认出多年不见的老朋友，就是再认。

回忆（reproduction）是在头脑中重新呈现以往曾经经历过，但现在不在眼前的事物。一般来说，再认比回忆容易，能回忆的一般都能再认，但能再认的不一定都能回忆。

4. 遗忘症　遗忘症（amnesia）是指病理性遗忘，分为器质性遗忘和心因性遗忘，可以发生在记忆过程的任何环节，遗忘往往从最近发生的事件扩展到以往的记忆，并有一定的选择性，特别是人的名字、数字以及与个体兴趣情感联系较少的事物，更容易忘记。由于脑部疾病或损伤、外科手术、长期营养不良等引起的遗忘称为器质性遗忘，常见的有逆行性遗忘和顺行性遗忘。逆行性遗忘（retrograde amnesia）是指患者不能回忆疾病之前一段时间所发生的情况，如车祸引起的严重脑外伤病人，大多不能回忆事故是怎样发生的。

顺行性遗忘（anterograde amnesia）是指患者不能回忆疾病之后一段时间所发生的情况，常见于意识障碍的病人和老年性精神障碍者。由严重的心理创伤等原因，造成患者不能回忆过去生活中某一阶段与强烈痛苦情绪体验有密切联系的经历或事件，称为心因性遗忘（psychogenic amnesia），心因性遗忘对个体具有保护作用。

四、思维

（一）思维的概念

思维（thinking）是人脑对客观事物的本质特征及内部联系的间接的概括性反映，这种反映主要是借助于语言来实现的。

思维最基本的特征是它的概括性和间接性。通过感知觉，人们能够直接认识事物的个别属性和外部联系，思维活动在感觉和知觉提供信息的基础上，将感知觉所提供的事物的个别属性和外部联系进行分析、加工、转换、综合，从而超出感知的范围，概括地、间接地反映客观事物，认识事物的本质特征和规律，预见事物的发展。例如，人们无法感知光的速度，但通过科学试验和思维活动，便知道它是每秒钟30万千米。思维反映事物所共有的本质特征及事物所具有的普遍或必然的联系，即思维的概括性；思维不是直接地，而是通过其他媒介的作用来反映客观事物，即思维的间接性。思维的概括性和间接性特征，使人类能够超越感知的局限认识事物的本质和规律，预测未来，采取有目的、有计划的活动。

（二）思维的分类

根据思维凭借的材料、提出的任务或表现的形式不同，可以分为三种不同水平的思维方式。

通常，人们在思考问题时，实际上并非"纯粹"地运用某一种思维方式，而是把三种思维方式结合起来运用的。

1. 动作思维（action thinking）　主要依靠实际动作作为支柱的思维活动，是与对物体的感知活动及自身动作紧密联系的；尚未掌握语言的婴儿的思维活动基本属于这一类。

2. 形象思维（image thinking）　是靠表象来分析、综合、抽象和概括的思维活动；学龄前儿童游戏时、成人日常工作中都经常运用形象思维。

3. 抽象思维（abstract thinking）　主要是运用概念进行判断和推理等思维活动。抽象思维是以语言概念和符号为媒介进行的。

（三）思维过程

1. 基本思维过程　人类思维活动的基本过程包括分析和综合、抽象和概括、推理和判断。其中最主要的是分析和综合，其他都是在此基础上进行的。

（1）分析和综合：分析（analysis）是把客观事物的整体分解为多个部分，抽取出具体的个别属性加以考察的思维过程。综合（synthesis）则是把客观事物的各个部分的不同属性结合起来，从事物的整体方面加以考察的思维过程。分析和综合总是相互联系的，分析为综合服务才有意义，综合在分析的基础上才能实现。

（2）抽象和概括：抽象（abstraction）是把客观事物的本质和非本质属性加以区别，舍弃非本质属性而抽取出本质属性的思维过程。概括（generalization）则是把客观事物抽取出来的本质特征加以综合,并应用推广到同类事物的思维过程。概括以抽象为基础,把分析、抽象的结果经过综合而形成概念。各种科学知识和理论都是抽象和概括的产物。

(3) 判断和推理:判断(judgement)是根据客观事物和各种现象之间的本质联系对事物作出肯定或否定的结论的思维过程。推理(reasoning)实际上也是判断,是从一个或几个判断得出新判断的思维过程。推理可以由特殊推向一般,也可以由一般推向特殊。前者是归纳推理,后者是演绎推理。

2. 解决问题的思维过程　解决问题的思维过程就是寻找操作序列以达到目的的过程,这个过程包括四个阶段:

(1) 发现问题:只有发现问题,才能提出问题。实践活动是发现问题的途径,发现问题需要有强烈的求知欲和积极的态度,并且要独立思考、善于思考。

(2) 分析问题:即明确问题的过程。分析问题最基本的条件是全面系统地掌握第一手材料和相关信息,因而具有丰富的知识经验是很重要的。

(3) 提出假设:既包括解决问题的必要条件和所需要的知识准备,也包括解决问题的可能性和存在的困难以及解决问题的原则、途径和方法。

(4) 检验假设:检验假设是与实践活动分不开的,假设必须通过试验、实践来检验。检验假设需要有智慧的灵活性和很强的判断能力,要有新的思路,不断修改假设,使之逐步完善,才能把问题解决得更圆满。

五、注意

(一) 注意的概念

注意是人的心理活动对一定对象的指向和集中。人在同一时间内不能感知环境中的所有对象,也不能再现记忆中的所有事物,心理活动总是有选择地指向有关对象。被人有选择地指向的对象与活动总是处于人的意识的中心,而其余的对象则处于注意的边缘或者注意的范围之外,不能被清晰地意识到或不能被意识到,这样,注意时人的心理活动范围缩小,保证了获得对事物清晰、深刻和完整的认识,这就是注意的指向。注意指向有两种:注意指向于外部客体和现象称为外部注意,伴随着对外感知的过程;注意指向主体自身的思想情绪体验和自我感知称为内部注意,与人的自我意识活动相联系。外部注意与内部注意是相互抑制和相互转化的。注意是心理活动的组成部分,对心理活动起着维持、组织、调节和监督的作用,但它本身不是一个独立的心理过程。

(二) 注意的分类

1. 无意注意　也称不随意注意,指在没有任何意图,预先没有目的,不要求意志努力的情况下产生的注意。无意注意是自然而然地对某些事物和机体状态的指向和集中,它往往随周围环境的变化,客观刺激物的特点和人本身的需要、兴趣、情绪以及健康状况而产生。

2. 有意注意　又称随意注意,指自觉的、有预定目的、经过意志努力而产生和保持的注意。有意注意主要受意识控制、调节,它与心理活动的任务、目的性及意识水平有关。

(三) 衡量注意的标准

注意力的标准在个体之间存在着差异性,这些差异性与个体的神经生理特点、人格特征和生活实践都有密切关系。

1. 注意的广度　又称注意的范围。指一个人在同一时间内能够清楚地觉察或认识客体的数量。注意广度受知觉特点的影响，被知觉的对象越集中，排列越有规律，越能成为相互联系的整体，则注意的范围越广。另外，一个人的知识经验，心理活动的任务、目的也影响注意的广度。

2. 注意的稳定性　指注意能否较长时间地保持在某种事物或从事的某种活动上。由于生理上外周感受器官和中枢的兴奋性呈节律性变化，引起注意的起伏周期性变化，所以，人在感知同一事物时，注意不可能固定不变。

3. 注意的分配　指在同一时间内，注意分配在两种或几种不同的动作与对象上。注意分配的条件是：在同时从事两种以上的动作时，必须有一种达到熟练程度。

4. 注意的转移　指根据一定目的、主动地把注意从一个对象转移到另一个对象，或从一种活动转移到另一种活动上去。

第三节　情　绪

一、情绪的概念

情绪（emotion）是一种基本的心理活动。大部分心理学家认为，情绪是个体对客观事物的内心体验和态度，是不易被个体所控制的一种身心激动的状态。如爱慕、憎恶、愉快、悲伤、愤怒、焦虑、抑郁等，都是人们难以控制的情绪体验和表现。

（一）关于概念的说明

1. 情绪是由刺激所引起的　情绪不是自发的，而是由刺激引起的。引起情绪的可以是外在的刺激，如生活环境中任何人、事、物的变化；也可以是内在的刺激，如腺体分泌、器官功能失常等生理性原因，或记忆、联想、想象等心理活动。

2. 情绪是主观意识体验　情绪体验是主观的，只有当事人才能真正体验到，在心理学上无法用客观方法来研究，只能采用内省式的自评量表，要当事人陈述其感觉。在刺激和情绪反应之间存在着当事人的知觉或认知因素，所以别人不能从刺激直接推测当事人的情绪体验。

3. 情绪具有两极性　情绪表现有明显的两极性，即肯定和否定的对立性质，如高兴和悲伤、喜悦和烦闷、轻松和紧张。

4. 情绪状态下不易自我控制　情绪状态下产生的生理变化与行为反应，是当事人无法控制的。法律心理学者们，就是根据情绪变化下个人不能控制身心变化的原理设计了测谎仪。

（二）情绪与动机的关系

一方面，情绪是伴随着动机性行为而产生的，个体的动机能否满足，自然伴随产生不同的情绪，满足则快乐，不满足则痛苦，在寻求过程中受到阻碍，则产生恐惧、沮丧等情绪。另一方面，有时情绪本身就具有动机作用，能促进个体的行为活动，如恐惧情绪可以促使个体产生逃跑或攻击的行为。

(三) 情绪与情感的关系

情绪和情感是同一心理过程的两个方面，都是人的态度和体验，其产生都与个体的动机是否实现、需要是否满足有关，两者经常交织在一起难以区分。一般来说，情绪多与生物学相联系，具有本能的、情景的、不稳定和易变的性质，出现得比较早，初生儿就有快乐和痛苦的体验和表现，动物也有情绪表现；情感是在社会交往的实践中逐渐形成的，与社会性需要相联系，具有持久、稳定、深刻的社会性特征，所以又称高级社会性情感。对动物不使用情感一词。

二、情绪结构分析

从情绪结构所含因子和特征，可以将情绪分为三个维度，每个维度都按照对立的性质配合成对，呈两极的连续状态，每种情绪都可以在这一连续状态上确定位置。

(一) 向性

愉快－不愉快。个体情绪的向性取向决定于个体需要是否得到满足，需要满足产生愉快的情绪，需要不能得到满足产生不愉快的情绪。

(二) 强度

激动－平静。指情绪对自我的影响和支配强度。平静的情绪反应对自我影响不大，自我处于理性状态，可以协调支配整个精神活动；激动时自我为情绪所影响，甚至失去理性控制。

(三) 紧张度

紧张－轻松。指情绪发生时，个体内心体验的紧张程度，与人格特征、神经类型、生活经历和价值评估都有密切关系。

三、情绪状态

(一) 心境

心境 (mood) 是指强度较小、紧张度较小，而持续时间较长的情绪状态。它的特点是比较平稳、微弱，是持久的情绪基调，具有扩散性，其情感色彩很容易感染和影响整个心理状态和行为。个体常把自己的内心情绪体验与外界事物联系在一起，使事物蒙上一层主观的情绪色彩，"忧者见之则忧，喜者见之则喜"：心境好时感到事事顺心、人人可亲；心境不良时则感到事事不顺，"见花落泪，对月伤心"。

不同心境产生的原因很多，生活中遭遇的事件如工作的顺逆、事业的成败、家境的兴衰、环境的变迁，身体情况如健康状况、睡眠情况、疲劳程度、生理节律以及气候变化等，都是造成某种心境的原因。另外，生物学因素，包括遗传素质、高级神经类型特点、神经生化特点等也与心境的形成有关。

心境对个体生活有重要影响，积极良好的心境有利于增强生活信心，提高工作效率，克服各种障碍；而消极不良的心境使人感到生活枯燥无味，意志消沉，工作、学习的热情下降，甚至影响人际关系。因此，培养和保持积极良好的心境，克服和排除消极不良的心境，是十分重要的。

(二) 激情

激情 (excitement) 是一种迅速爆发式的、强烈而短暂的情绪状态。激情具有强度大、紧张度大的特点，暴怒时会暴跳如雷、怒发冲冠，狂喜时则捧腹大笑、手舞足蹈。暴怒、狂喜、恐怖、绝望等激情，就像疾风骤雨一样，在受到重大事件的强烈刺激时突然爆发，刺激消除后，又会像海水退潮那样，很快恢复平静。人在激情状态下，意识范围常有所缩小，理智分析能力减弱，意志的自我约束和克制能力相应减弱，难以正确判断当时行为的价值和后果，所以，人在激情下容易做出丧失理智的行为。激情频繁出现，对个体的身心健康是有害的。当然，积极的激情能够成为推动个体活动的巨大动力，动员人们积极地投入有意义、有价值的活动中去。

激情状态常由外界的强烈刺激引起，对立的意向冲突、自尊心受到严重伤害或长期过度地抑制消极情绪，都容易导致激情爆发。青少年由于易冲动、克制力弱，容易产生激情。另外，个体的人格类型、生活经验和社会情境氛围都与激情状态的出现有关。

四、情绪理论

心理学家对情绪这一概念进行理论性系统解释的尝试已有一百多年，以下四种理论一向是最受重视的。

（一）詹姆士-兰格理论

一般人们认为，人因为伤心而哭，因为快乐而笑，因为恐惧而战栗，美国心理学家詹姆士和丹麦生理学家兰格却在1884年和1885年先后提出了"反常识"的理论：情绪并非由外界刺激引起，而是由身体上生理变化所引起，即人伤心是因为哭，快乐是因为笑，恐惧是因为战栗。这一"反常识"理论引起了很多争议。

（二）坎农-巴德理论

美国生理学家坎农和巴德根据实验发现：

（1）不同的情绪状态下身体会产生同样的生理变化，个体并不能单凭对生理变化的知觉来辨别自身的情绪状态。

（2）个体并不能察觉情绪变化引起的所有生理变化，如人能感觉到愤怒时心跳、呼吸加快的变化，但不能感觉情绪激动时的内脏收缩和各种内分泌变化。

（3）情绪体验和生理变化是同时发生的。他们认为，刺激情境下，大脑皮质接受刺激并传给丘脑，丘脑在引起生理变化的同时，把信息传回皮质，人们体验到情绪。也就是说，情绪是由于对刺激情境的察觉引起的，而非起源于身体的生理变化。

（三）斯开特-辛格理论

斯开特和辛格认为，情绪是个体对刺激情境和身体生理变化两方面认知解释引起的。他们通过药物使被试出现心跳、气促、手颤等生理变化。其中知道药物效应的受试者，将自己的生理变化归因于药物；而不知道药物效应的受试者，则将自己的生理变化解释为由外界情境引起的，并表现出比前者更强烈的情绪反应。

（四）情绪相对历程论

以上三种理论，所讨论的都是在某种情绪的产生中，刺激情境、身心变化和个人认知三方面的关系。情绪相对历程论则超越以上争论，用另外的观点解释情绪的变化。

情绪相对历程论假设大脑中管理情绪的部位可能存在某种组织，该组织在某种情绪状态时，会发生与此状态反向的相对作用。痛苦的情绪产生时，相对的快乐情绪也随之产生,反之亦然。以蹦极为例,最初情绪极度惊恐,在恐惧达到顶峰并开始下降之际,与恐惧紧张情绪相对的兴奋快乐情绪就开始形成,并逐渐取代原来的紧张恐惧情绪。活动停止后,情绪又逐渐恢复平静。经过多次经验后,最初的紧张恐惧情绪逐渐减少,随后的兴奋快乐情绪越来越多,蹦极者就会兴趣大增。俗语所说的"苦尽甘来"、"乐极生悲"都可以以情绪相对历程论来解释。

第四节 人格与社会交往

一、人格及其相关概念

现代心理学中最常用的人格（personality）的定义是:个体在适应社会生活的成长过程中,经遗传与环境的交互作用形成的稳定而独特的心理特征,包括需要、气质、性格、能力等。

（一）气质

气质是人格结构中最基本的成分,是指个体所具有的典型而稳定的心理活动动力方面的特征。所谓心理活动的动力特征是指心理活动的强度、速度、灵活性、指向性等。例如情绪的强度、知觉的速度、思维的灵活性和性格的内外倾向。它表现在一切活动中,使每个人的全部心理活动都染上独特的个人色彩。气质与人的生理素质密切相关,是高级神经活动类型特点在心理活动和行为方式上的表现,是先天的,基本由遗传决定。气质不能决定一个人的成就高低,不同的气质特点对人的身心健康有不同的影响,因此,气质没有社会评价意义。对于每个人来说,气质类型很少是绝对的,多数人表现为多种气质类型相结合。对气质的分类仍沿用古希腊医学家希波克拉底提出的名称,当然其含义已不相同。

1. 胆汁质　感受性低,耐受性高,可塑性低,敏捷,情绪外倾明显。行为表现直率热情、精力旺盛、反应迅速、思维敏捷但粗心,缺乏准确性,情绪强烈而不稳定,性情急躁。总之,情绪强烈而不稳定。

2. 多血质　感受性低,耐受性高,可塑性较高,不随意反应强,兴奋性高,较外倾。行为表现热情活泼,充满朝气,敏捷好动,但心境易变,注意力易转移,兴趣广泛易变。情绪体验不深刻,遇事不往心里去,容易适应变化的生活环境,好交际,但轻承诺。

3. 黏液质　感受性低,耐受性高,可塑性低,不随意反应性和情绪兴奋性低,内倾,安静稳重,情绪不易外露,注意稳定,做事专心致志,善于自制,行动缓慢,遇事多沉默,冷静但过于拘谨。其心理活动的显著特点是安静、均衡。

4. 抑郁质　感受性高,耐受性低,不随意反应性低,明显内倾,情绪兴奋性高而体验深刻持久,反应速度慢并且刻板。行为孤僻,行动迟缓,对事物反应敏感,善于观察别人易忽略的细节,不愿与人主动交往,基本心境消极,工作学习易感疲劳,总显得信心不足。

（二）性格

性格是人格的另一重要组成部分,指个体对客观现实一种稳定的态度及与之相应的习惯性行为方式。性格表现为个体在对待所处环境中的人、事、物及自身的态度和行为方式，也就是如何为人处事。

性格代表人格的社会层面，偏重于一个人心理行为整合系统中有关道德、伦理和社会价值的取向，反应一个人的社会精神面貌。性格的形成过程具有很强的社会制约性，儿童的成长过程实际上是在与父母、师长、朋友和其他社会成员交往和共同生活的过程中，直接或间接地学习为人处事的方式，并通过模仿、认同，内化形成自己的性格特征，社会文化中的道德、伦理和价值体系对儿童的性格起着强化和塑造的作用。这样，不同社会文化背景、家庭境遇、成长经历必然造成个体性格上存在较大差异，每个人对待现实的态度和行为举止都表达出一定社会文化的价值观，不同的文化背景对性格有不同的评价。从精神分析的角度看，性格体现的是自我概念和重要他人（至爱亲朋）概念的整合，是内在的精神结构，包括"自我功能"和"自我结构"的有关内容。

（三）能力

能力指成功地完成某项活动所需的心理特征，是人格特征的综合表现，在传统心理学上包括一般能力和特殊能力。一般能力是指认识能力，即智力，包括观察力、注意力、记忆力、想象力和思维能力，而以抽象思维能力作为智力的核心。现在认为智力是一种综合能力，传统的智力概念主要涉及语言和数学逻辑，很少讲社会性智力，特别是与情绪有关的智力。事实上，人格体现真实的个体，在人格结构中，能够认识他人的情绪、性情、动机，能够对自己有准确的认识，能自控情绪、自我激励，以及在人际交往中作出适当反应，都是必然存在而且十分重要的。

（四）自我与自我意识

自我是人格结构中的核心部分，指个体对自身主体的知觉、体验和意识，即"我是什么人"的自我知觉、自我意象、自我意识。"我是什么人"包含内容很广泛，涉及性别、种族、宗教、道德、政治和社会角色等范畴，也涉及认知、情感、意志行为及其他经验性成分，自我这种具有组织性、动力一致性和连续性的心理组织并非出生时就存在的，而是随着个体心理成长、人格发展逐步形成的。

自我意识是自我中的意识部分，是人的意识活动的一个方面，指个体对自己在思想、情感、行为及人际关系方面的认识、态度和评价，对自身心理活动和行为的控制和调整。由于人类能意识到自己的存在，能认识、评价自己，反省自身的存在价值和发展目标，所以也能产生自我发现、自我设计、自我确立、自我教育、自我发展等一系列能动性活动。在心身健康问题上，自我意识对情绪的调节、控制的作用十分明显。自我意识是人类高级的心理反应形式，也是人类意识区别于动物心理的重要标志之一。

二、有关人格理论介绍

（一）弗洛伊德的人格理论

弗洛伊德认为人格的基本结构由三部分组成，即本我、自我和超我。在一个心理健全的人身上，这三个系统形成一个统一和谐的组织结构。当人格的三个系统相互冲突时，人就处于失调状态，既不满意自己，也不满意世界，活动效率随之降低。（详见心理治疗章节）

（二）荣格的人格理论

荣格认为人格综合起来可归纳为自我的两种倾向：一种倾向是关注客观世界，称为外向性；另一种相反的倾向是指个人的内在世界，称为内向性。要达到心理健康，这两种倾向性必须达到平衡，即个体必须能自如地应对外在世界，又能正确评估内在的感觉和价值。当个体过分突出地表现某一倾向时，被称为具有外在性格或内在性格。

根据荣格的理论，人格发展过程中有两个与年龄相关的重要趋势，第一个趋势涉及内向性和外向性。也许是因为年轻人更需要找一个伙伴、获得一份职业等，年轻人似乎比老年人更趋向于外向。随着年龄的增长，更趋向于注意内在，探究有关个体老化和死亡的感觉。因此，荣格认为年龄增长意味着内向性增强。第二个趋势涉及男性气质和女性气质。每个人身上都同时具有女性气质和男性气质，但是大部分年轻人仅表现出一个方面，也就是说，年轻人通常按照他们典型的性别角色行事，以适应文化的需要。随着年龄的增长，人开始允许被压抑的另一面获得释放，当这种变化达到平衡时，就允许人们按照自己的不同需要进行应对，而不为社会界定的框架所驱使。但是，这种平衡并不意味着性别角色逆转，它反映的是已存在但未被允许表达出来的一面。

（三）艾里克森的人格理论

这是目前被引用最广、最著名的关于人格发展的理论。按照他的观点，人格是由个体内在的成长和外在的社会要求相互作用而决定的。他提出人生周期是由8个发展阶段所组成的，在每个阶段个体都经历两个对立冲突的斗争，每个阶段的名称可以反映出这个阶段冲突的形式，这些冲突经过内在的心理成长和外在的社会影响相互作用而得到解决。如果解决不成功，则会损伤特定阶段的自我发展，并影响未来冲突的解决，因此，艾里克森的人格理论中每一个阶段均代表了一种危机，所有个体现在和未来的行为都植根于过去的行为，后来阶段的发展是以前面阶段为基础的。

第一阶段（0~1岁）：基本信任对基本不信任。在这一阶段如果婴儿得到适当的爱抚和照料，就会产生基本信任感，反之就会产生基本不信任感。如果基本信任感超过基本不信任感，则形成希望品质。

第二阶段（1~3岁）：自主性对害羞和疑虑。这时儿童学会了爬、走、推拉、说话等许多随意动作，父母也开始对儿童进行训练和教育，控制儿童的行为，儿童的自我意愿与父母的意愿会产生矛盾和冲突，如果父母保证儿童发展其社会许可的行为，儿童就会形成自主性；如果父母过分溺爱或使用不公正的体罚，儿童就会体验到羞怯。如果自主性超过羞怯和疑虑，便形成意志的品质。

第三阶段（4~5岁）：主动对内疚。这时儿童开始积极地探究外部世界，如果父母积极地鼓励他们的创造性行为，他们就形成主动性；如果对他们过分限制，他们就会形成内疚的特点。若自主性多于内疚，就形成目的的品质。

第四阶段（6~11岁）：勤奋对自卑。这一阶段的儿童开始接受正规教育，儿童若能以稳定的注意刻苦努力地圆满完成学习任务，则会产生勤奋感；否则，就形成对能力缺乏信心的自卑感。如果勤奋感超过自卑感，便会形成能力的品质。

第五阶段（12~20岁）：自我同一性对角色混乱。自我同一性是指青少年对自己的本质、信仰和一生中的重要方面前后一致及较完善的意识，即个人的内部状态与外部环境的整合和协调一致。儿童进入青少年期，个体意识分化为理想的自我和现实的自我，如果理想的自我和现实的自我达到统一，就形成信任、主动、坚定与勤奋等品质，获得了自我同一性；否则就导致角色混乱。如果青少年的自我同一性超过角色混乱，便会形成忠诚的品质。

第六阶段（20~24岁）：亲密对孤独。这一时期个体把自己的同一性与他人的同一性结合起来，具备了与他人亲密相处的能力。如果人际关系顺利的话，个体就会形成亲密感；如果个体在人际关系中遭受伤害或挫折，便会回避与他人亲密交往，从而导致孤独感。如果亲密感超过孤独感，就会形成爱的品质。

第七阶段（25~65岁）：繁殖对停滞。这一阶段是人的中年期，人们努力实现同一性，同时还要繁殖后代，从事生产，创造艺术品，产生新观念，等等。这些都是繁殖的含义。通过养育孩子，与儿童直接交往，通过生产能提高下一代生活水平的东西，来表达对他人的关心。没有这种繁殖感的人停滞在只关心自己的程度上，人际关系也贫乏。如果一个人的繁殖比率比停滞比率高，那么这个人就会形成关心的品质。

第八阶段（65岁以后直至生命终结）：自我完整对失望。这是人的晚年期，在死神即将来临时，只有回顾一生感到满足和幸福的人，才不会惧怕死亡。这种人具有自我完整感，即对自己的一生具有一种圆满感和满足感。相反，那些一生充满挫折和失败的人则体验到失望和沮丧。如果一个人的自我完整感超过失望感，便会形成智慧的品质。

艾里克森还指出，8个阶段之间是相互依存的，同时每个阶段又形成人格中独特的品质。在个性发展过程中，青少年期形成的自我同一性是一个核心，形成同一性必须先整合先前的发展经验，并为今后发展打下基础。

（四）考斯塔人格理论

认为人格包括5个独立的向度，即神经质、外向性、对经验的开放性、一致性与对立性及认真或漫无目的。每个向度又可以反映人格特征的6个不同方面：焦虑、敌意、自我意识、抑郁、冲动和脆弱。

（1）高度神经质导致了个体狂暴和负面的情绪，使个体不能很好地处理问题或与人相处。例如，这类特质的个体可能在社交场合由于焦虑和窘迫导致社交失败，因而对他人产生敌意，情绪愤懑而饮酒过度后举止失态，事后懊悔、抑郁等。

（2）外向性的6个特质可以分成3种人际关系特质（热情、爱交际和过分自信）与3种气质（活跃、积极追求和乐观情绪）。热情、爱交际并自信的个体容易作出判断，乐于表达自己的思想和情感，具有领导才能。从气质角度看，外向个体常常精力充沛，说话速度快，一直处于活动亢奋状态；喜欢刺激，寻求挑战，他们往往是生活中风趣、快乐、喜欢开玩笑的一类人。

（3）对经验的开放性体现在6个方面：①幻想。有生动的想象和积极的幻想。②美学。对艺术和美的鉴赏力，对自我纯粹经验的敏感度。③行动。尝试新事物的意图，如新的烹调方法、看新电影或去新的旅游胜地。④思想与价值。为了求知，珍惜所知，并不断接受新知识。⑤自由与个体化。开放的个体也倾向于自由价值观念，强调不同个体在不同情形下思考方式不同。⑥体验。开放的个体能强烈地体验到自己的感情，并把它们视为生活意义的一个重要源泉。

（4）一致性与对立性：具有独立性特质的个体喜欢站在和别人对立的角度，多疑、无同情心、固执、冷漠、粗鲁和缺乏依附感。一致性表现为对立性的反面，个体往往倾向于过度依赖、自我埋没等。

（5）认真或漫无目的是指两类行为表现方式截然不同的人。认真负责者表现为工作努力、有抱负、精力充沛、认真谨慎和不屈不挠，有意志力；而漫无目的者表现为懒散、粗心大意、无精打采以及生活没有目标。

第五节　动机和挫折

一、动机的一般概念

动机（motive）是行为的直接动因，是引发和维持个体行为的一种内在心理倾向。人在意识清醒状态下各种各样的行为都是由一定的动机引起的。

（一）动机与目的的差异

动机与目的不同，目的是行为趋向的目标。一般情况下，多数动机与目的是一致的，如饮水解渴，既是行为的动机，也是行为要达到的目的；因为机体对水的需要，对行为的起因来说是动机，对行为要达到的预期结果来说是目的。在有些情况下，行为动机与目的不完全相同，如争取良好的学习成绩，这一目的可以有不同的动机，可能是为了掌握丰富的知识服务于社会，也可能是为了博得父母和老师的赞扬，还可能是为了光宗耀祖。动机有复杂性和隐密性的特点，同一目的可有多种动机，同一动机也可表现在不同的行为之中，单从行为并不能观察、解释复杂的动机。

（二）需要是动机的基础

需要（need）是指当环境与机体之间出现某种生理、心理的不平衡时，为了恢复平衡而必须活动的一种潜力状态，是动机产生的基础。机体不断地与其生存的环境进行物质、能量和信息等方面的交换，以维持内部各系统及自身与环境的平衡。如果由于机体缺乏某种物质、能量或信息而失衡，需要便以欲望的形式显现，并转化为动机，导致相应行为的出现，获取目的物，满足需要，使平衡恢复。需要并非都能形成动机，只有当某种需要发展为强烈的欲望，客观上又有实现这种欲望的可能性时才能转化成动机。这是一种主观状态，既反映机体内部的生理需求，又反映个体对外部社会生活环境的需求。

人类的需要是多种多样的，个体对食物、运动、睡眠、排泄、配偶、生儿育女等等的需要，都是生理需求的反映，是为保存和维持机体生命及延续种族发展的需要，被称为自然性需要（natural need）或生理性需要（physiological need）。个体对劳动、交往、友爱、亲情、威信等等的需要，都是对社会生活需求的反映，是在自然性需要基础上派生出来的社会性需要（social need），它是在人们社会化发展过程中习得的需要。社会性需要是人类所独有的。

1. 马斯洛理论中人的需要层次　美国心理学家马斯洛（A. H. Maslow）提出"需要层次理论"（need hierarchy theory），认为人的需要有五个层次：

(1) 生理需要：指直接与人类个体生存相关的需要，包括饥、渴、性、排泄等需要。

(2) 安全需要：指确保个体生存安全、生活稳定、免遭危险与恐惧的环境与条件的需要，包括对组织、秩序、安全感和可预见性等的需要。

(3) 归属与爱的需要：一是人的归属感，希望有一个家庭、单位或团体，成为其中一员并相互关心、相互照顾；二是爱的要求，希望友情、爱情。

(4) 尊重的需要：指个体自尊和受到他人尊重的需要。要求自己的能力、感情、事业得到社会的承认、理解和尊重；对自己的能力、本领、成就、独立和自由充满自信与肯定，产生自信、自重、自足、胜任等情感。

(5) 自我实现的需要：指个体的潜能得以实现的向往，希望发挥个人才能和智慧，实现自己的理想和抱负。

2. 马斯洛理论中需要层次出现的顺序　在马斯洛看来，在个体发展中，需要层次逐渐出现，同个体生存有关的生理需要、安全需要最早出现，随后产生归属与爱、自尊的需要，只有极少数人能达到自我实现的境界。对个体而言，只有某一层次的需要满足或基本满足，才能产生高一层次的需要。

(三) 诱因——引起动机的刺激

动机还可以由刺激引起，凡是能引起个体动机的刺激即称为诱因。按照诱因的性质，可以分成正诱因和负诱因。正诱因使个体产生接近目标的行为动机，负诱因则使个体产生回避目标的行为动机。感到寒冷的人，有取暖的需要，附近的木柴、引火物等，能引起他产生烤火的动机，木柴、引火物的刺激便是正诱因。强光的刺激，使视网膜的感光细胞难以忍受，就会使人产生避开视线的动机，强光的刺激就是负诱因。正、负诱因在一定条件下可以相互转化。比如，对好饮者来说，酒在平时可能是正诱因，但酩酊大醉后，酒又可能转化为负诱因，甚至想到它也要恶心欲呕，形成回避的行为动机。

(四) 动机的功能

动机对个体的行为具有重要的意义。首先是动机对个体行为的发动功能，个体的行为总是由某种动机所引起的；其次是动机对个体行为的指向功能，个体的动机总是指向某种具体的目标，个体行为沿着这种具体目标的特定方向进行活动，一旦目标实现，由动机引发的行为就会迅速减弱或终止；第三是动机对个体行为具有强化的功能，个体行为的结果对动机存在着反馈作用，对引发这一行为的动机产生影响，有时能增强动机，从而使原有的行为进一步强化或重复出现。

二、动机的分类

(一) 原始性动机

原始性动机 (original motive) 是指那些具有先天本能的动机，如饥饿、渴、性、母性、瞌睡、好奇等。

1. 饥饿动机　长时间不进食会产生饥饿感，驱使机体产生求食和进食行为，直至取得食物充饥之后才消退，饥饿是行为的动机。实验发现，由于饥饿，实验对象出现了"半饥饿性神经症"，表现冷漠、焦虑，失去社交兴趣；有的神经过敏、性情暴躁、易怒；有的则自信心下降，表现自卑等等。

2. 渴动机 渴是因为对水的需要得不到满足而产生的动机。水对维持生命的意义更重于食物，人一二十天不进食，生命仍可维持，而不喝水短期内就会引发疾病甚至致死。机体水分消耗达到一定程度会失去平衡，产生补充水的需要，引发渴的动机。生理心理学家认为，体内水分缺失使血流量减少、血浓度增高、血压改变，影响周围细胞内水分外渗，趋向干涸；位于下丘脑的特定细胞体有缺水感受器，缺水会使这种细胞变形引起神经冲动，感到渴而驱动饮水行为。心理学家认为，外界因素也会影响渴的产生，如个体进食时，常伴饮茶、汤、果汁之类的饮料，是由于长期形成的生活习惯所致。

3. 性动机 是维持种族延续所不可缺少的，也是由于机体性成熟导致对异性的需求而引起的。机体性器官分泌的性激素促使性动机产生，引发性行为的出现。激发人类性欲的因素非常复杂，原始的性动机并非起主要的支配作用，人类的性动机和性行为也没有明显的周期性特点。

4. 母性动机 是雌性个体在生殖活动中表现的爱护幼体的动机，是一般动物都具有的。由母性动机引发的行为表现为哺乳、喂食、舔或抚摸幼体等。为了维护幼体的生存和安全，雌性个体甚至会冒极大的危险。人类的母性动机是母爱的基础，婴儿的行为如哭、微笑、吮吸和抓握等也会引发和增强母性行为，人类的母子关系是社会关系的一部分，所以人类的育儿方式还受到社会文化背景的影响。

5. 瞌睡动机 睡眠是个体内在的需要，它是神经活动的抑制过程在脑部扩散的结果。个体出现睡眠需要时，会引发瞌睡动机，出现睡眠行为，其他活动趋于停止。当个体得到睡眠的满足后，瞌睡动机才能消除。

6. 好奇动机 是以机体对新异刺激的朝向反射和探究反射为基础的，无须通过学习获得，如动物喜欢探索新的环境，幼儿面对新奇的事物时表现兴奋。婴幼儿由好奇动机引发的行为表现为三种方式：①感官探索；②动作操弄；③提出问题。好奇动机对人类具有特别宝贵的意义。

（二）习得性动机

习得性动机（learned motive）指在后天生活中习得的动机，与个体和生活环境有密切的联系。如恐惧、攻击、亲合、社会赞许、成就、安全等。

1. 恐惧动机 恐惧被称为动机，是因为引起恐惧的刺激会使个体产生躲避行为。心理学家认为，恐惧动机不是先天的，而是在后天生活中习得的。

2. 攻击性动机 指对他人伤害的企图。攻击主要是使对方遭受痛苦而自身获得满足。弗洛伊德认为，攻击是先天本能，即死亡本能的表现方式；洛伦兹甚至把战争说成是攻击本能的表现。社会学习理论认为，攻击是通过学习获得的，侵犯性行为是经过观察和模仿他人的行为，或者受到某种鼓励或强化而学习到的。大部分心理学家认为，攻击行为是由于动机受挫后而产生的结果。如个体在追求某一目标时遭受阻挠，碰到挫折，就容易发生攻击行为。当然，由挫折引起的行为反应并不都是攻击，也可以是退缩或逃跑、呼救或求助等。

3. 亲合动机 在要求他人关心、友谊、爱情、许可和接受、支持和合作等需要的基础上会形成与人亲近的动机，这就是亲合动机。亲合动机引发人类的各种社会性行为，如依赖、交友、家人团聚、加入社会团体等。亲合动机是一种社会性动机，是后天获得的，对人类具有重要的意义。

三、动机冲突与挫折

(一) 动机冲突及其类型

人类需要的多样性,决定着动机的多样性,动机会随着个体内外环境的变化而变化。个体的行为总是受最强烈的优势动机所支配,其他的非优势动机不明显发生作用。优势动机一旦实现,引起这一动机的需要得到满足,它便开始弱化,暂降为非优势动机。有时,在同一时间出现两个或两个以上的相似或相反的优势动机,又不能同时获得满足,个体只得择其一而舍弃其余,从而引起心理上的矛盾冲突,这就是动机冲突(motivational conflict)。动机冲突是个体产生挫折感的重要原因。

1. 动机冲突的三种基本类型

(1) 接近－接近型冲突(approach－approach conflict):指个体对两个同时并存的对象都有需要而引发同等强度的动机,但因客观条件的限制,只能选择其中一个放弃另一个,因而产生的动机冲突。

(2) 回避－回避型冲突(avoidance－avoidance conflict):指个体面对两个同时并存对象的威胁,只有接受其中的一个才能避免另一个,从而造成一种进退维谷的困扰局面。

(3) 接近－回避型冲突(approach－avoidance conflict):指个体对同一对象出现两种对立的动机而形成的动机冲突。

2. 动机冲突的作用 人的心理矛盾和动机冲突既有积极的意义也有消极的作用。积极意义在于个体经过动机冲突,最后作出符合现实和自己实际需要的决定,圆满地解决问题;其消极作用是常会给人以挫折感,引起焦虑不安,甚至灰心丧气,长时间处于这种状态,会损害个体的身心健康。

(二) 挫折

1. 挫折的概念 挫折(frustration)是指个体因动机性行为遇到无法克服的阻碍而体验到的不快、烦恼和沮丧情绪。挫折包括两个方面的心理学含义:一是指个体动机性行为受阻的情境;二是指个体动机性行为受阻引起的情绪体验和状态。遭遇挫折,一方面可能使人出现焦躁不安、冷漠退缩,甚至引起愤怒和攻击行为;另一方面通过挫折能磨炼意志,增强适应能力,所以完全不经受挫折也是无益的。

2. 挫折产生的原因 挫折是由个体的行为动机受到阻碍所致,而个体的行为动机受阻可以由主观和客观两方面的因素引起。客观因素包括自然环境中的灾害、环境污染等,以及社会环境中的局势动荡、物价波动、人际关系紧张、才能发挥受挫、恋爱婚姻失败、家庭矛盾等。主观内在因素主要涉及个体的生理和心理条件,生理条件指个人的体能、容貌、身材及某些生理缺陷所带来的限制,如色盲者无法报考医学院校;个人的能力、人格特征、情绪和欲望等,属于心理因素。

3. 对挫折的忍受力 在日常生活中,人们对挫折的心理体验有很大的差异,这取决于个体对挫折的忍受力,即个体承受挫折的能力。挫折忍受力的个体差异,是由多方面因素决定的,主要由以往的生活经验决定,如果个体一生坎坷,或从小接受过良好的教育,经过一定的挫折训练,那么他就有很强的挫折忍受力。心理学家认为,儿童期经历的挫折不宜太多,但也不能太少。挫折太少,在日后的生活中就缺乏应付挫折的经验;挫折人多,则会影响人格的发展,容易形成自卑、怯懦等不良人格。

(1) 个体的生理状况:发育正常、躯体健康的个体,一般比躯体患有疾病或有缺陷的个体对挫折的忍受力强。

(2) 个体对挫折情境的判断评价:对同样的挫折情境,有的个体可能认为是严重的挫折,而另一些个体却认为是无所谓的事情。

(吴玉琴)

思考题

1. 心理学与心理现象的概念。
2. 感觉、知觉、思维、情绪、气质、人格、能力的概念。
3. 马斯洛的"需要层次理论"是什么?
4. 动机冲突的基本类型有哪几种?

第三章 应激与应激障碍

学习目标
1. 应激和应激源的概念。
2. 生理应激与心理应激的表现。
3. 急性应激反应和创伤后应激障碍的临床表现,诊断标准及处理原则。
4. 心理防御机制与应对策略的概念与特点。

心理学中应激的概念不断变化发展,其理论进一步深化了心理社会因素在疾病发展过程中相互作用的认识。应激源是包含生物、心理、社会各种因素的生活事件。应激反应包括心理、生理两方面的综合表现。认知评价和应对方式是心理应激的核心中介因素,心理防御机制是潜意识的心理保护机制。急性的和慢性的应激都可以作用于心理及躯体并引起精神障碍或心理疾病。

第一节 应激与应激源

一、应激的概念

应激(Stress)一词最早由 Walter Cannon(1925)使用,他将应激引用于人类生理学研究,他发现个体在暴露于恶劣环境时出现战斗-逃避反应,并于此时处于应激状态。Hans Selye(1936)通过大量的观察和实验发现,不同的刺激作用于机体,会导致一系列类似的、非特异性的生理变化,他将这些非特异性的改变称为"全身适应综合征"(General Adaptation Syndrome,GAS),并认为应激就是机体对紧张刺激物的一系列非特异性的适应反应。

20世纪50至60年代,以 Lanrus RS 为代表提出认知评价在应激过程中的中介作用。Levi 等人(1972)提出一个由心理社会因素作为应激源,作用于机体而导致躯体疾病的模式,认为应激反应取决于个体的遗传素质、早年的环境影响以及所获得的知识与经验等诸因素与应激源的相互作用。

随着学者们对应激问题的深入研究,应激的生物学研究也在不断发展。20世纪60年代,研究发现应激因素或应激源可激活大脑的去甲肾上腺素能系统,特别是蓝斑,从而引起自主神经系统的儿茶酚胺释放。应激源也可以激活脑的 5-羟色胺系统，使 5-羟色胺转化增加。20 世纪 80 年代的研究显示氨基酸与肽能的神经递质都极为复杂地参与了应激反应。

概括地说，应激是由在应激源存在的条件下，通过对应激源的认知评价，在多因素的作用下，个体对应激源及其影响的生理、心理反应过程等多个成分共同构成的。因此，现在把应激解释为：各种刺激作用于个体，使其生理或心理的内稳态受到干扰时，个体在多因素作用下出现的、努力维持内稳态稳定的过程，包括：

1. 对个体构成影响的因素（应激源）很多，既可以是自然界的，也可以是心理、社会的。

2. 应激系个体发生的对刺激的一种应对反应过程。强调个体是应激的主体，而应对反应过程则包括损伤和防御两个方面。

3. 应激系个体对刺激认知评价后的反应。强调个体认知评价在应激发生中的作用。

4. 应激是在个体的内稳态受到干扰时才发生的。强调应激是在个体的生理和心理内稳态受到威胁时发生的，并不包括所有对刺激的反应，一般的烦恼与困难并不构成应激。

5. 应激反应过程可以包括生物、心理、社会行为等多个方面。强调应激反应过程是生理、心理、社会等多方面的，并非只有生理反应。

6. 应激过程受到个体及其所处环境中诸多因素的影响。强调个体的内在素质、经历，以及外部条件、社会支持等因素的作用。

二、应激源

应激源（Stressor）是作用于个体，使之产生应激反应，并处于应激状态的各种刺激。人类同时具有生物、心理、社会学特性，在生存和参与社会生活的过程中，无时无刻不在经历着自然和社会的变化以及自身生理和心理的变化，这些变化都可能成为应激源而引起应激。

（一）应激源的分类

应激源按来源分类，主要来源于外部物质环境、个体的内环境、心理社会环境等三个方面。

1. 外部物质环境　自然环境中的突发灾害，如水灾、旱灾、地震、洪水、风暴等；其他理化、生物环境如：高温、高压、外伤、噪音、射线；药物、强酸、毒品；病原微生物、寄生虫等。

2. 个体的内环境　机体内部各种必要物质的产生和平衡失调，如疾病、营养缺乏、内分泌紊乱、机体内酶和血液成分的改变等，这些既可以是应激反应的一部分，也可以作为应激源。

3. 心理社会环境

（1）家庭环境与日常生活事件：常见的有夫妻关系失睦、父母离异、家庭成员之间关系紧张、家庭成员患病或死亡、家庭重大经济困难，以及恋爱、婚姻、日常生活中的人际关系困扰、纠纷等。

（2）工作或学习环境：常见的有工作学习负担过重、节奏过快或难度过大，以致力不从心；工作职业或学习内容与志趣不一致；工作环境单调乏味，难在事业上有所成就等。此外，工作学习环境的结构与气氛不适应、人际关系困难等也有很大影响。

（3）社会、文化环境：如环境污染、交通拥挤、战争、政治经济动荡，以及道德、宗教冲突，种族、性别歧视，社会风俗、文化修养、迁徙、移民等。

(二) 应激源的强度评估

应激反应与应激源的刺激有关，在刺激达到一定阈值后，机体会出现生理和心理反应。所以，评价应激源的强度对于估计应激反应程度，预防发生应激障碍有着十分重要的意义。

1. 生活变化单位（LCU） 我们遭遇的应激源大多数是生活中可能面临的各种问题，这些问题统称为生活事件（life event）。为了定性与定量地衡量生活事件成为应激源时对人的影响程度，Holmes 和 Rahe（1967）编制了一个评估常见生活事件引发应激程度的量表，对 5000 人进行了调查。根据调查结果，他们编制了"社会再适应量表"（social readjustment rating scale，SRRS），并以生活变化单位（life change unit，LCU）来反映可能引起应激的强度。该表将引起应激水平最高的配偶死亡的 LCU 定为 100，其他生活事件均与之参照对比后赋值，最后获得了一份 43 项生活事件的生活变化计量单位排序表（表 3-1）。

表 3-1 社会再适应量表

生活事件	LCU	生活事件	LCU	生活事件	LCU
丧偶	100	财政状况变化	38	工作时间或条件改变	20
离婚	73	亲密朋友亡故	37	搬迁	20
夫妻分居	65	改行	36	转学	20
监禁	63	夫妻争吵次数变化	35	娱乐活动变化	19
家庭近亲死亡	63	中量抵押或借贷	31	宗教活动变化	19
个人受伤或患病	53	丧失抵押品	30	社会活动变化	18
结婚	50	工作职责变化	29	小量抵押或贷款	17
解雇	47	儿女离家	29	睡眠习惯的变化	16
复婚	45	姻亲间纠纷	29	一起生活的家庭人数变化	15
退休	45	显著的个人成就	28	饮食习惯的变化	15
家庭成员健康的变化	44	妻子开始或停止工作	26	假期	13
妊娠	40	入学或毕业	26	圣诞节	12
性生活问题	39	生活条件的变化	25	轻度违法	11
家庭新成员的出现	39	个人习惯的改变	24		
工作变动	39	与上司发生纠纷	23		

Holmes 和 Rahe 编制的这个量表是对生活事件在整个人群中影响程度的评估，反映了对整个人群影响的平均水平。虽然该量表指标简单，忽略生活事件对个体的意义、个体的认知作用及年龄、个体特异性等方面的问题，但是，该量表的诞生为精神医学、心理卫生及心身医学的流行病学及病因学等方面的研究提供了一个客观的评价工具，具有划时代意义。

2. 正常中国人的生活事件量表 为了更好地反映生活事件对中国人的影响程度，弥补年龄等因素的作用，张明圆等（1987）编制了适合中国国情的生活事件量表（表

3-2)。

表3-2 正常中国人生活事件量表

序号	生活事件	合计	青年	中年	更年	老年	序号	生活事件	合计	青年	中年	更年	老年
1	丧偶	110	113	112	100	104	34	性生活障碍	37	42	36	32	19
2	子女死亡	102	102	106	97	84	35	家属行政处分	36	31	40	42	36
3	父母死亡	96	110	95	81	60	36	名誉受损	36	37	37	35	33
4	离婚	65	65	68	61	60	37	中额借贷	36	32	38	40	33
5	父母离婚	62	73	58	53	54	38	财产损失	36	29	40	43	34
6	夫妻感情破裂	60	64	60	53	56	39	退学	35	44	30	33	33
7	子女出生	58	62	60	49	48	40	好友去世	34	40	33	28	26
8	开除	57	61	52	54	74	41	法律纠纷	34	32	35	34	37
9	刑事处分	57	49	59	62	80	42	收入显著增减	34	28	38	42	23
10	家属亡故	53	60	52	44	32	43	遗失重要物品	33	31	34	39	31
11	家属重病	52	56	53	48	37	44	留级	32	38	29	28	26
12	政治性冲击	51	47	52	51	71	45	夫妻严重争执	32	30	334	29	28
13	子女行为不端	50	51	52	47	46	46	搬家	31	22	36	39	25
14	结婚	50	50	50	50	50	47	领养寄子	31	32	32	29	16
15	家属刑事处分	50	43	53	54	53	48	与好友决裂	30	36	28	25	23
16	失恋	48	55	45	44	42	49	工作显著增加	30	25	31	35	38
17	婚外两性关系	48	48	52	41	39	50	小额借贷	27	23	30	32	20
18	大量借贷	48	43	50	49	53	51	退休	26	18	28	35	29
19	突出政治荣誉	45	41	46	51	47	52	工作更动	26	25	27	26	25
20	恢复政治名誉	45	41	46	51	47	53	学习困难	25	26	25	23	17
21	重病外伤	43	42	43	46	46	54	流产	25	25	26	25	23
22	严重差错事故	42	42	41	47	40	55	家庭成员纠纷	25	23	25	29	19
23	开始恋爱	41	45	36	38	57	56	与上级冲突	24	21	27	23	30
24	行政纪律处分	40	36	43	42	43	57	入学或就业	24	26	25	23	14
25	复婚	40	42	40	36	35	58	参军复员	23	20	23	32	25
26	子女学习困难	40	34	44	44	29	59	受惊	20	20	21	25	14
27	子女就业	40	29	44	52	39	60	业余培训	20	20	21	22	16
28	怀孕	39	44	38	33	27	61	家庭成员外迁	19	17	20	20	19
29	升学就学受挫	39	41	39	41	26	62	邻里纠纷	18	16	20	21	17
30	晋升	39	28	44	47	40	63	同事纠纷	18	16	20	19	16
31	入党入团	39	29	41	53	59	64	睡眠重大改变	17	12	19	21	25
32	子女结婚	38	34	41	39	33	65	暂去外地	16	12	18	18	22
33	免去职务	37	36	38	36	34							

生活事件对人的影响程度与众多因素有关，不仅仅是一个简单的量效关系，除与事件本身、年龄有关外，还分别与对个人的意义、性质、积累性等因素有关。

第二节 应激反应

应激反应是个体对应激源所作出的反应,它包括生理应激和心理应激两大方面。

一、生理应激

在应激情况下,机体会发生不同的生理反应,这是人们对应激的最初理解。这些反应体现在机体的适度调节活动,有助于机体对抗应激源所造成的变化,恢复内稳态。然而这些反应如果过于激烈、持久,便会引起机体损害,可能导致躯体疾病,所以它们又可能是某种情况下导致疾病的生理基础。

(一)全身适应综合征

Selye(1936)通过动物实验认为,应激是机体对内外环境中各种刺激作用于机体时所产生的非特异性反应,表现为一种特殊症状群,各种不同因素都引起相同的应激反应。他将牛卵巢提取物注入大白鼠体内,结果大白鼠产生了显著的生理和生化方面的变化,这些变化分为三个阶段(图3-1)。

Seyle认为,这三个阶段均系垂体-肾上腺皮质系统激活的表现,应激是机体对紧张刺激物的一系列非特异性的适应反应,主要局限于生理生化方面的改变,他将这些非特异性的改变称为"全身适应综合征"(General Adaptation Syndrome,GAS)。

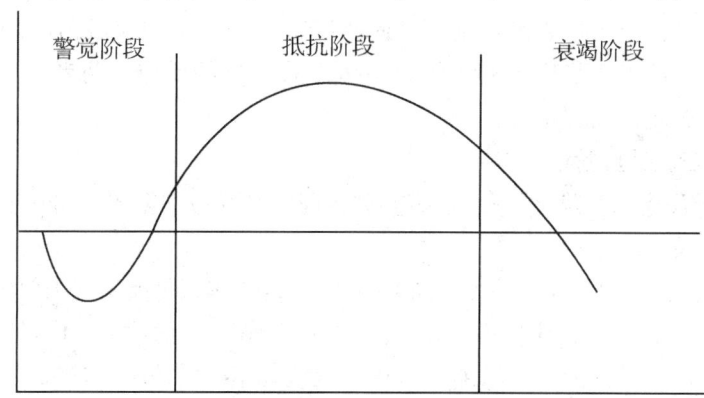

图3-1 全身适应综合征的三个阶段

1. **警觉阶段** 机体受到伤害性刺激之后,在最初的一个短暂的过程里出现"休克"现象,然后产生生理、生化的一系列变化,进行体内动员和防御。主要表现有肾上腺活动增强,心率和呼吸加快、血压升高、出汗、手足发凉等现象。

2. **抵抗阶段** 生理和生化改变继续存在,垂体促肾上腺皮质激素和肾上腺皮质激素分泌增加,机体调动了全部资源,生物适应性也处于最高水平。但是,糖皮质激素的释放会影响机体的免疫功能,盐皮质激素则可导致体内钾钠等电解质平衡失调,抗利尿激素分泌增加而致水潴留,长期抵抗则会耗竭机体资源,导致衰竭和崩溃。但Seyle指出,在大多数情况下,应激只引起这两个阶段的变化,且绝大多数是可逆的,机体功能可实现顺应、恢复正常。

3. 衰竭阶段　如果刺激源持续存在，抵抗阶段过长，机体最终将进入衰竭阶段，表现为淋巴组织、脾脏、肌肉和其他器官发生变化，导致躯体损伤而患病，甚至死亡。

（二）生理反应的表现

1. 生理反应在各系统的表现
（1）神经系统：头晕、头昏、头痛、耳鸣、无力、失眠、惊跳、颤抖等。
（2）循环系统：心动过速、心律失常、血压不稳等。
（3）呼吸系统：胸闷、气急、胸部压迫感、呼吸困难等。
（4）消化系统：恶心、呕吐、腹痛、腹胀、腹泻、食欲下降或上升等。
（5）泌尿系统：尿频、尿急等。
（6）生殖系统：月经紊乱、性欲下降、阳痿、早泄、阴冷等。
（7）内分泌：甲状腺素升高或降低、血糖升高或降低等。
（8）皮肤：脸红、出汗、瘙痒、忽冷忽热等。

2. 生理反应在应激状态持续情况的表现　如果应激状态持续，有可能进一步发展，出现心身疾病（详见心身疾病一章）。

（三）生理调节过程

参与生理调节的分别有心理-神经中介机制、心理-神经-内分泌中介机制、心理-神经-免疫中介机制（详见心身疾病一章中的中介机制）。

二、心理应激

在机体应激过程中，心理和生理反应是密切联系的，生理应激与心理反应常伴随出现。生理应激与心理应激是应激时机体以整体方式作出的反应，两者同时存在，相互影响，相互作用，彼此转化。

（一）心理应激反应阶段

1. 心理应激反应的三阶段　参照 Seyle 对生理应激反应的阶段划分，有学者将心理反应也分为三个阶段。

（1）警觉阶段：在遭遇应激源冲击的最初阶段，个体有可能出现类似生理反应警觉期中的"休克"现象，一时表现茫然、抑制、不知所措等。但随后为了应对应激，个体出现警觉和资源动员，如引发情绪、增加紧张度、提高敏感度和警戒水平、调动自我控制力等；同时，个体可能采取各种应对手段，以满足事变要求。此时如应激源消失，警觉和调动恢复；但如应激源持续存在，那么顺应不良的征兆就会出现，表现为持续焦虑、紧张，各种躯体不适，工作效率下降等。

（2）抵抗阶段：在此阶段中，个体试图找到应对方法，增强认识与处理的能力，消除不良心理反应，恢复心理内稳态，以防心理崩溃。在此阶段同生理反应的阶段一样，大多数情况下，阻抗反应是可逆的，且机体的心理功能可实现顺应、恢复正常。

（3）衰竭阶段：面临连续、极度的应激时，个体应对手段开始失败，显得苍白无力，心理防御机制夸大且不恰当，常出现心理失代偿表现，心理混乱，脱离现实，甚至出现幻觉、妄想；如果这种应激状态继续，失代偿就会进入全面崩溃，出现暴力，或淡漠、木僵，甚至死亡。

2. 心理应激反应的复杂性　值得注意的是：心理应激反应的表现如同生理应激反应一样非常复杂，进入相应阶段的顺序、每一阶段持续时间的长短及相应的表现等，常因事件严重程度、突然性、个人的内在素质及社会支持、干预等而有所不同。大多数情况下，进入衰竭是一个逐渐、长期的过程。

（二）心理应激反应的表现

1. 情绪反应

（1）焦虑：是人们面对即将来临的，可能造成危险、不良后果或者要作出重大努力进行适应的应激源时，主观上感受的紧张和不愉快的情绪状态。它是一种无明确对象、持续短暂、强度多变、伴有紧张和害怕及交感神经激活表现（如疲乏、失眠、心悸、胸闷、多汗、肢体颤抖等）的情绪状态，是心理应激最常见的反应。适度的焦虑可以提高人的警觉水平，促使人投入行动，以适应的方法应对应激，对人适应环境有益，但是过度的焦虑会干扰思维活动的正常进行，妨碍个体作出适宜的判断，严重削弱应对能力。

（2）恐惧：是一种面临危险、企图摆脱已经明确的特定危险的逃避情绪，通常产生回避行为。多发生于身体安全和个人价值与信念受到威胁的情况，常由于个体感到缺乏处理、摆脱危险情境或对象的力量和能力而致。恐惧时，交感神经兴奋，全身动员，处于警觉状态，个体意识到危险的存在，也知道恐惧的原因，但因个体对战胜危险缺乏信心，随时准备逃避。

（3）抑郁：是一组消极悲观的情绪状态，常与"丧失"有关。常表现为自身感觉不良、愉快感丧失、缺乏对日常生活的兴趣、自我评价降低、睡眠与饮食障碍、沮丧、失助、悲哀、绝望，甚至想到自杀。灾难性的生活事件如亲人丧亡易引发抑郁反应，失恋、失学、失业、遭受重大挫折和长期病痛，以及不良认知方式等原因也可引起。

（4）愤怒：是由于有目的的活动受到阻碍，自尊心受到伤害，为了排除这种阻碍或恢复自尊而发生的一种情绪反应。愤怒时交感神经兴奋，肾上腺素能分泌增加，心率和呼吸加快、血压上升、心排血量增加、肝糖原分解增强等，行为多具有攻击性。

（5）激情：是一种短暂、猛烈和爆发力较强的情绪状态，常发生于某些具有重大意义的事件突然来临之际。表现为狂喜、手舞足蹈、兴奋不已，或暴跳如雷、怒发冲冠等。这种急风骤雨似的突然侵袭笼罩整个人，常因过于强烈而使意识范围缩小，分析能力削弱，行为控制力下降，不能恰当评价和估计后果，常做出意想不到，甚至事后后悔的事。

2. 行为反应

（1）逃避与回避：逃避是指遭遇应激源后采取的远离应激源的行为。回避则是指在未遭遇应激源之前采取措施避免接触应激源。两者的作用和目的均是为了摆脱应激，避免受到更大的伤害。

（2）敌对与攻击：敌对是个体内心有攻击的欲望，但表现为不友好、对抗、憎恨等。攻击则是将愤怒等情绪导向人或物，伴有行为，攻击的对象可以是直接原因者，也可以是替代物，甚至是自己，如伤人毁物、在外受气回家发泄、自伤等。

（3）退化与依赖：退化是指个体表现出的行为较其应有的行为幼稚，如哭泣、蒙头大睡、小病大养、装病不起等。退化常伴有依赖，依赖是指放弃自己的责任和义务，依靠他人照顾等。

（4）固着与僵化：固着是指反复进行并无成效的动作和尝试。僵化是指一种以不变应万变、刻板、盲目重复的行为方式。这两种行为方式常出现于反复遭遇应激的情况下。如强迫症患者的反复洗手、关窗锁门等。

（5）物质滥用：物质滥用是指个体在遭遇挫折后，用酒精、烟草、药物、毒品等来缓解紧张压力，逃避现实的行为方式。尽管明知"借酒消愁愁更愁"，但使用者常只图一时的解脱。

第三节 应激障碍

一、急性应激反应

急性应激反应（acute stress reaction）又称急性心因性反应，是指因极其严重的心理或躯体应激因素而引起的短暂的一过性精神障碍。一般维持数天，大多便可完全消失，最长1个月。暴露在这些应激事件中的大多数人都会产生相应的心理反应，只是因遭遇事件的严重程度和发生时间不同而表现反应的强烈程度及持续时间不同。急性应激反应通常属于一过性的精神障碍，大多在几小时或几天内消失，其应激源大多为严重的创伤体验。例如自然灾害、战争、重大事故、遭强奸或人身受到侵犯等；另外，个人社会地位或社会关系发生急剧的改变也可以导致一过性精神障碍的发生。

（一）临床表现

急性应激反应在临床上开始可表现为"茫然"状态，即意识范围受限、定向错误、注意狭窄、不能领会外部的刺激等；随后可表现出对周围环境的逃避或退缩，甚至可达到分离性木僵的程度，也可表现为激越；同时患者可表现为典型的焦虑性自主神经症状，如出汗、脸红、呼吸急促、心率增快等。临床上主要可分为两种类型：一种是伴有强烈恐惧体验的精神运动性兴奋，其行为往往带有一定的盲目性；另一种是伴有感觉迟钝的精神运动性抑制，有一定程度的意识模糊。个体遭受严重的或异乎寻常的精神打击后，可在数分钟至数小时内发病。

（二）诊断标准

美国精神病学会2000年修订的《诊断与统计手册：精神障碍，第四版修订本》（DSM-IV-TR）中关于急性应激障碍的诊断标准如下：

1. 患者曾暴露于创伤性事件，存在以下二者：

（1）患者亲自体验、目睹或遭遇某一或数件涉及到真正的（或几乎会招致）死亡或严重损伤，或者涉及到自己或他人躯体的完整性会遭到威胁的事件。

（2）患者有强烈的害怕、失助或恐惧反应。

2. 在体验这种令人痛苦事件之时或之后，患者会表现出下列3项以上分离性症状：

（1）麻木、脱离或没有情感反应的主观感觉。

（2）对他（或她）周围的认识能力有所减低。

（3）现实解体。

（4）人格解体。

（5）分离性遗忘。

3. 以下列所述中的一种以上的方式，持续地重新体验到这种创伤事件：反复的印象、思想、梦、错觉、闪回发作或这种体验的生动再现感；或者是回忆到上述创伤事件时的痛苦烦恼。

4. 对于能引起创伤回忆的刺激，作明显的回避。

5. 明显的焦虑或警觉增高症状。

6. 此障碍产生了临床上明显的痛苦烦恼，或在社交、职业及其他重要方面的功能缺损，或者影响了患者继续其必需的事业，例如花了不少时间去告诉家人这些创伤体验以期获得帮助。

7. 此障碍至少持续2天，最多不超过4周；并发生于创伤事件之后4周之内。

8. 此障碍并非由于某种物质（例如，某种滥用药物、治疗药品）或由于一般躯体情况所致之直接生理性效应，也不可能归于短暂性精神病性障碍。

（三）干预

急性应激障碍的处理即心理危机干预。治疗干预的基本原则是及时、就近。治疗干预的基本方法是心理干预为主、药物治疗为辅。由于本病由强烈的应激性生活事件引起，心理治疗具有重要的意义。首先，为了减弱或消除引起发病的应激处境的不良作用，应尽可能使患者离开或调整创伤环境。在能与患者接触的情况下，建立良好的医患关系，对患者进行解释性心理治疗和支持性心理治疗可能会取得很好的效果。要帮助患者建立起自我的心理应激应对方式，发挥个人的缓冲作用，避免过大的伤害。药物主要是对症治疗的，对于情绪反应较明显者可给予适量的苯二氮卓类药物（如阿普唑仑、艾思唑仑、氯硝西泮），或者三环类或5-羟色胺再摄取抑制剂类（SSRIs）抗抑郁药（如多塞平、阿米替林、帕罗西汀、氟西汀等）；对于有明显精神症状者可考虑小剂量选用抗精神病药物，如氟哌啶醇、利培酮、奥氮平、喹硫平等。

二、创伤后应激障碍

创伤后应激障碍（post-traumatic stress disorder，PTSD）是指由异乎寻常的威胁或灾难性心理创伤，导致延迟出现和长期持续的精神障碍。其临床表现以再度体验创伤为特征，并伴有情绪的易激惹和回避行为。它是一种患病率高、对个体影响大和加重社会负担的严重精神障碍。作为独立的疾病诊断单元，它在ICD-10（国际精神与行为障碍分类第10版）和DSM-Ⅳ（美国精神障碍诊断和统计手册第4版）中属于焦虑障碍的范畴。

（一）流行病学

据美国精神病协会（American Psychiatry Association，APA）统计，美国PTSD的人群总体患病率为1%～14%，平均为8%，个体终生患病危险性达3%～58%，女性约是男性的2倍。美国社区样本中终生患病率约为1%～4%。国内汪向东等（1999）对河北省张北地震受灾群体的调查发现，3个月和9个月内PTSD的发生率分别为18.8%和24.2%。张本等（2000）报告了唐山大地震（1976）所致孤儿PTSD的调查，结果发现：在57例孤儿中有13例（23%）为现患PTSD，其中12例（92%）曾患急性应激反应。而其余44

例（77%）目前不符合 PTSD 的诊断，但其中 15 例（34%）曾患急性应激反应。目前研究中 PTSD 的流行病学差异首先考虑是灾难性应激事件的强度不一，研究方法的多样，包括采样的方法、诊断标准的应用等多重因素的作用。

（二）发病机制

创伤性事件是导致创伤后应激障碍发病的必要条件，但只有部分人最终成为创伤后应激障碍患者，许多因素影响到创伤后应激障碍的发生，如存在精神障碍的家族史与既往史中童年时代的心理创伤，性格内向及有其他负性生活事件、家境不好、躯体健康状况欠佳等等。

1. 内在的发病机制

（1）应激压力状态下脑内的记忆系统紊乱的假说：在低水平的应激反应时海马的盐皮质激素受体产生增加而适应应激反应，但在高水平的应激反应时糖皮质激素受体的连续占有盐皮质激素受体的结合点导致海马变得不反应，甚至在更高的应激反应时变得功能紊乱。因此，在创伤压力水平下记忆内在编码变成碎片状，而不是空间时间的整合，不再是充实完整和连贯的。

（2）记忆的印痕与中枢神经系统的突触可塑性（LTP）：研究表明，正常的记忆印痕形成和学习与海马的传入纤维及海马的内部环路长时程突触增强（LTP）有关，患者在强的应激状态下，会导致海马内 Ca^{2+} 超载，从而引起应激状态下的不易消退的长时效应或突触形态改变，进而导致创伤性记忆的障碍。

（3）神经内分泌功能紊乱：下丘脑－垂体－肾上腺（HPA）轴系统在应激反应调控中有重要作用。促肾上腺皮质激素释放因子（CRF）是调节哺乳动物应激所致内分泌和行为反应最重要的神经递质之一。Yehuda（1998）发现：PTSD 患者与其他应激个体有以下不同：①皮质醇的低水平。②糖皮质激素受体的敏感性增加。③较强的负反馈抑制。④下丘脑－垂体轴的各系统敏感。此外，Yehuda（2003）又发现 PTSD 患者及其后代的可的松水平均较低，24h 尿平均皮质醇含量明显减少，血浆基础皮质醇水平降低，淋巴细胞内糖皮质激素受体数目增加，地塞米松抑制实验显示患者 HPA 轴负反馈抑制作用增强，推测急性创伤应激后或慢性应激状态时持续低皮质醇反应和 HPA 轴负反馈抑制作用增强。

（4）PET 研究显示 PTSD 患者神经解剖的改变：在某些区域脑血流严重减低，包括眶额皮质、前扣带回、前额叶正中皮质（Brodmann's areas 29）、梭状回、颞叶下皮质，而在后扣带回、左皮质下相关区域及运动皮质的激活性增高，这些区域与记忆环路有关。

2. 说明　目前研究已经显示早期的精神创伤可以使个体发生神经生物学改变从而成为 PTSD 的易感者；也探讨了精神应激过于强烈或持久会导致有关记忆环路的损伤和调节中枢兴奋和抑制过程中的神经递质的表达改变，导致形成 PTSD，但是其整个完整的病理机制的脑图谱尚未完全清楚。但是沿着精神应激记忆印痕的产生过程的探讨，特别是对神经生物学和神经病理生理学的探讨，也许可以最终揭示其机制。

（三）临床表现

PTSD 的核心症状有三组，即：重新体验症状、回避症状和激惹性增高症状。最具特征性的表现是在重大创伤性事件发生后，患者有各种形式的反复发生的闯入性创伤性体验重现（病理性重现）。患者常常以非常清晰且极端痛苦的方式进行着这种"重复体验"，包括反复出现以错觉、幻觉构成的创伤性事件的重新体验（flashback，闪回，闯入性症状）。此时，患者仿佛又完全身临创伤性事件发生时的情景，重新表现出事件发生时所伴发的各种情感。此外，患者在创伤性事件后，常频频出现内容非常清晰的、与创伤性事件明确关联的梦境（梦魇）。在创伤性事件后，患者对与创伤有关的事物采取持续回避的态度。回避的内容不仅包括具体的场景，还包括有关的想法、感受和话题。患者不愿提及有关事件，避免相关交谈，甚至出现相关的"选择性失忆"。患者似乎希望把这些"创伤性事件"从自己的记忆中"抹去"。在遭遇创伤性事件后，许多患者存在着"情感麻痹"的现象。从外观上看，患者给人以木然、淡漠的感觉，与人疏远、不亲切、害怕、罪恶感或不愿意和别人有情感的交流。患者自己也感觉到似乎难以对任何事物产生兴趣，过去热衷的活动也无法激起患者的情绪，患者感到与外界疏远、隔离，甚至格格不入，难以接受或者表达细腻的情感，对未来缺乏思考和规划，听天由命，甚至觉得万念俱灰、生不如死，严重的则采取自杀行为。不少患者则出现睡眠障碍（难以入睡、易惊醒）、易激惹或易发怒、容易受惊吓、难以集中注意力等警觉性增高的症状。儿童与成人的临床表现不完全相同，且年龄愈大，重现创伤体验和易激惹症状也越明显。儿童因为语言表达、词汇等功能发育尚不成熟的限制常常描述不清恶梦的内容，时常从恶梦中惊醒、在梦中尖叫，也可主诉头痛、胃肠不适等躯体症状。

（四）诊断标准

美国《诊断与统计手册：精神障碍，第四版修订本》DSM–IV–TR 中关于创伤后应激障碍的诊断标准如下：

1. 患者曾暴露于某一创伤性事件，存在以下两种：

（1）患者亲自体验、目睹或遭遇某一或数件涉及到真正的或几乎招致的死亡或严重的损伤，或者涉及到自己或他人躯体完整性遭到威胁的事件。

（2）患者有强烈的害怕、失助或恐惧反应。

2. 以下列 1 种（或多种）的方式持续地重新体验到这种创伤事件：

（1）反复闯入性地痛苦地回忆起这些事件，包括印象、思想或知觉。

（2）反复而痛苦地梦及此事件。注：如是儿童，可能是令人害怕的梦而讲不清内容。

（3）似乎创伤事件正在重现的动作或感受（包括这种体验、错觉、幻觉及分离性闪回发作于再现之时的感觉，包括发生在意识清醒时或酒醉时）。

（4）暴露于作为此创伤事件的象征或很相象的内心或外界迹象之时，出现强烈的心理痛苦烦恼。

（5）暴露于作为此创伤事件的象征或很相象的内心或外界迹象之时，出现生理反应。

3. 对此创伤伴有的刺激作持久的回避，对一般事物的反应显得麻木（在创伤前不存在这种情况），如下列之 3 项以上：

（1）努力避免有关此创伤的思想、感受或谈话。

（2）努力避免会促使回忆起此创伤的活动、地点或人物。

（3）不能回忆此创伤的重要方面。

（4）明显地很少参加有意义的活动或没有兴趣参加。

(5) 有脱离他人或觉得他人很陌生的感受。

(6) 情感范围有所限制（例如，不能表示爱恋）。

(7) 对未来没有远大设想（例如，不期望有一个好的职业、婚姻、儿女或正常生活享受）。

4. 警觉性增高的症状（在创伤前不存在）　表现为下列两项或以上：

(1) 难以入睡，或睡得不深。

(2) 激惹或易发怒。

(3) 难以集中注意。

(4) 警觉过高。

(5) 过分的惊吓反应。

5. 病期超过1个月。

6. 此障碍产生了临床上明显的痛苦烦恼，或在社交、职业及其他重要方面的功能缺损。

7. 分类　急性PTSD：病期在3个月之内。慢性PTSD：病期在3个月以上。延迟性PTSD：如症状在创伤事件后至少6个月才发生。

（五）干预

对PTSD的干预包括心理治疗、药物治疗。有关创伤后早期干预的重要性已得到共识，因为早期进行心理、社会及精神药物干预有可能防止患者疾病的慢性化。研究表明，多种早期干预措施得出的结果并不完全一致。

1. 心理治疗　各种形式的心理治疗在PTSD都有应用的报告。一般认为，对急性PTSD主要采取危机干预的原则和技术，遵循就近、及时的原则，侧重于提供支持，帮助患者接受所面临的不幸与自身的反应，鼓励患者面对事件，表达、宣泄创伤性事件所带来的情绪体验。常用的心理治疗方法包括暴露治疗、焦虑管理训练和认知治疗。

(1) 暴露治疗：暴露治疗是让患者面对令人害怕的情境，然后通过放松方法，使患者逐渐适应这种情境。情境可以是想象的，也可以是真实的。目前常用的暴露治疗方法是延时暴露。主要包括5个步骤：①资料收集；②呼吸训练；③心理教育；④视觉暴露；⑤想象暴露。

(2) 焦虑管理训练：主要目标是管理应激性事件。通过为患者提供应付焦虑的技巧（如放松训练、积极的自我陈述、呼吸训练、生物反馈技术和社会技能训练等方法），来改善患者的应付能力，增加应付资源和提高患者的自信心，使患者从被动无助的状态转换到积极负责的姿态。

(3) 认知治疗：认知治疗目标是让患者识别他们自己的失调性认知，通过与不合理信念的辩论来重建认知系统，减少症状，恢复社会功能。慢性和迟发性PTSD治疗中除了可以采用各种心理治疗技术外，还应该注意对患者家属的宣教，及动员其他社会力量，加强社会支持。

2. 药物治疗　药物对急性创伤后应激障碍患者可以起到镇静作用，并缓解激越不安等症状，但药物治疗对有否认及情感麻木者效果不理想。药物治疗的目的至少包括：①使靶症状得以减轻。②改善睡眠，同时改善其他症状（如易激惹、先占观念、过度警戒、注意力不集中），降低病症转为慢性的危险性。③降低对创伤事件的再体验及侵入性症状。④改善情绪及情感麻木现象。⑤降低患者的波动性和持续性高唤起精神症状。⑥降低冲动行为。⑦缓解精神病性症状和有关分离症状。

目前用于 PTSD 治疗的药物较多，主要有苯二氮䓬类抗焦虑药、抗抑郁药、非典型抗精神病药、抗惊厥药等。早期以三环类抗抑郁剂（TCAs）、苯二氮䓬类等为主，近些年来已被副反应较少的选择性 5－羟色胺再摄取抑制剂类（SSRIs）取代。对于抗精神病药物则主张非常规使用，一般以低剂量为宜。其适应证包括急性意识朦胧状态、偏执观念、冲动攻击行为等或共患有其他精神病性障碍。

3. 小结 总之，PTSD 是较常见的应激障碍类型，已引起人们的广泛关注。由于其通常表现为慢性过程，临床症状的表现各不相同，并常常伴有其他心理和躯体疾病，有必要对这类患者进行全面的评估和检查，制订个体化治疗方案，且往往需要多方位综合治疗。有关药物治疗还需要进行更多的随机对照研究，如治疗剂量、治疗时间等问题有待进一步研究，特别是对不同创伤类型、性别、慢性创伤后应激障碍的病程与共患病的程度等进行明确的区分。所有这些都需要今后在科学研究和临床实践中进行深入的探索。

第四节 心理防御机制与应对

一、心理防御机制

（一）心理防御机制的概念

心理防御机制（psychological defense mechanism）是精神分析学说的一个基本概念，被认为是一种潜意识的心理保护机制。Freud 认为，自我在本我、外界现实和超我之间起着中介作用。在现实生活中，本我和现实之间、本我和超我之间时常发生矛盾冲突，这时人就会感到焦虑和痛苦。自我经常处于以下三个方面的压力和威胁之下：①来自本我的本能冲动。②来自现实世界的要求和社会道德规范的约束。③来自超我的监督。为了保护自己，自我便发展形成了保持心理活动平衡和稳定的心理机制，以一定的方式调整冲突双方的关系，使本我的本能欲望在为超我接受的情况下得到满足，不至于引起严重的焦虑和痛苦。这种保持心理活动平衡和稳定的适应性倾向就是心理防御机制。

实际上，在现实生活中，每一个人的心理活动中心理防御机制都是普遍存在的。积极的意义在于能够使主体在遭受困难与挫折后减轻或免除精神压力，恢复心理平衡，甚至激发主体的主观能动性，激励主体以顽强的毅力克服困难，战胜挫折。消极的意义在于使主体可能因压力的缓解而自足，或出现退缩甚至恐惧而导致心理疾病。

（二）常见的心理防御机制

1. 否认（denial） 指拒不承认已经发生的挫折和不愉快情境，从根本上认为它从没发生过，以避免心理上的不安和痛苦。所谓"眼不见为净"、"鸵鸟政策"、"掩耳盗铃"等就是否认机制的表现。如不相信亲人的死讯，以为是误传或是自己的耳朵听错了；不相信自己的癌症，认为是医生误诊等。

2. 合理化（rationalization） 指以个人自己能接受的理由来解释自己不符合社会价值标准的行为或未达到所追求目标的遗憾，以避免精神上的苦恼和不快，保持个人的自尊。它是人们日常生活中使用最多，也最熟悉的一种心理防御机制。"酸葡萄心理"、"阿Q精神"、"知足者常乐"、"比上不足，比下有余"等就是其中典型的例子。不过，个人如过度使用此机制，借各种托词以维护自尊，那就会欺骗别人也欺骗自己，很多强迫症和精神病患者就常使用此种方法来处理其心理问题。

3. 潜抑（repression） 弗洛伊德认为潜抑是最基本的心理防御机制，个体把意识中对立的或不能接受的冲动、欲望、想法、情感或痛苦经历，不知不觉地压抑到潜意识中去，以至于当事人不能察觉或回忆，以避免痛苦。潜抑作用是最基础和最基本的。潜抑帮助人们隐藏那些社会不允许的深处欲望及欲念，保持自己的意识形象不被败坏和玷污。那些被压抑到潜意识中去的欲望、思想或冲动并没有消失，它们并不安分，而且不断努力要以各种方式蠢蠢欲动，企图进入人们的意识中来。但是，由于意识监督系统相当有力，因此，潜抑的内容就必须经过伪装，才有希望进入意识层。它们可以用某种表现来显露自己，如梦、失语、失态、笔误等。精神分析治疗就是挖掘患者潜抑的致病情结，并设法将其引入意识层面，以消除疾病症状。

4. 投射（projection） 指个体将自己所不喜欢的、所不能接受的欲望冲动和感受归于他人，以此来避免心理上的不安，维护个体的自尊。投射是一种掩盖自己过错的技巧，它利用别人做"替罪羊"，而把自己的动机伪装起来。如一个贪官在接受贿赂时认为别人也都如此；对人怀有敌意的人会说别人对他不友好等，是"以小人之心度君子之腹"。心理测验中著名的罗沙克人格测验，就是通过墨汁投射图来了解被试内在的动机、欲望和体验的。这也是基本的心理防御机制之一。

5. 转移（displacement） 是指个体将限于各种因素而不能释放的情绪反应转嫁给无辜的人或物，以发泄内心的不满，调节心理平衡。"迁怒于人"、"迁怒于物"属于此列。由于个体通过向"替罪羊"的发泄，愤怒被转移，心境就会相对平静许多，从而减轻内心的痛苦与压力。如工作不顺心的丈夫对妻子、孩子大发无名之火；愤怒的家庭主妇将碗碟掷碎等。

6. 反向形成（reaction formation） 是指个体将潜意识中的欲望、冲动、情感等，以截然相反的活动与行为表现出来，使个体行为更易被社会所接受。这是一种"矫枉过正"的方式，"此地无银三百两"就是一个典型例子。如内心贪婪的人却大谈金钱是万恶之源，反对拜金主义；具有强烈虐待欲望的人对他所碰到的人过分地关心；强迫症患者因怕自己会杀人，而害怕看到刀、剪等一类利器等。另外，在生活中一些非常自负的人，其内心实际上可能很自卑，为了掩饰自卑，他们以一种相反的、极度扩张的方式保护自己，这也是一种反向形成。

7. 补偿（compensation） 是个体为弥补生理上或心理上存在的某种缺陷，或追求理想、目标受到挫折时，转而努力发展或从事其他活动而予以替代，以减轻心理上的不适感。如盲人的触觉、听觉非常灵敏，这是生理上的补偿作用；相貌平平或先天发育有某种缺陷的人发奋努力，在学业或事业上卓有成就，从而获得社会的认可和声誉等。

8. 认同（identification） 是指在潜意识中个体力图等同于某一对象，甚至以他人自居。"东施效颦"便是一个典型。现实社会中非常多见：青少年追星族模仿影视明星的穿着、发型，甚至某些习惯；青少年模仿成人吸烟；女孩子模仿母亲照顾婴儿的方法，为洋娃娃喂饭、洗脸、盖被子等。许多人都会接受他们喜爱的人所表现的意见与社会态度，并以此为榜样，如孩童在成长过程中，就从双亲那儿接受一些言行、是非观念，甚至相信父母亲信仰的宗教也是唯一正确的宗教。

9. 退行（regression） 是指个体在遭遇挫折时，放弃原有的行为模式和生活态度，以不成熟、幼稚的行为方式应对现实。退行常伴有依赖，依赖是指放弃自己的责任和义务，依靠他人照顾等。如疾病痊愈之后，仍不愿出院，继续保持患者角色，藉以摆脱社会责任等。

10. 升华（sublimation） 是指人们把本能欲望导向那些比较崇高、为社会所接受的方向，以社会较可接受的形式表现出来。如具有强烈攻击冲动的人，成为一名优秀的士兵而得到嘉奖，或成为一个出色的拳击手而获得荣誉；歌德失恋而写成《少年维特之烦恼》等。

11. 幽默（humor） 是指个体以某些合适的言行来化解困境，渡过难关，维持心理平衡，它是一种积极的心理防御机制。如一个相声中的故事，在乘公共汽车的时候有时非常拥挤，乘客们彼此之间会有一点磕碰，这会使本来已经非常狭小的空间显得更加拥挤，这时有一位乘客大声说"别挤了，再挤就成照片了"，乘客们听到这话，顿时都笑了起来，大家稍稍挪动一点，彼此都觉得宽松了很多，紧张、充满敌意的气氛一下子缓解了。

二、应对

（一）应对的概念

应对（Coping）是人们为应付心理压力或挫折，有意识地作出的认知性和行为性努力。应对通过调整自身的价值系统、改变自己对挫折的认知和情绪反应，以减少精神痛苦，维护自尊心，求得内心平衡。它受个体的认知评价、生活经历、个性特征及社会支持等诸多因素的影响。

（二）应对的分类

1. 按应对的指向性分

（1）情绪指向性：多在急性期发挥作用，是对应激性情绪或生理性唤醒的控制，进行情绪调节以减轻或防御事件的冲击、减轻烦恼，并维持一个适当的内部状态。着重在于自身。

（2）问题指向性：多在重组期发挥作用，调动不常使用的资源和力量，改变个体存在的问题行为，或改变环境条件、驾驭环境，对抗应激源。着重在于人与环境的关系。

2. 按应对与应激过程的关系分

（1）应对生活事件：如计划、面对、回避、分散注意等。
（2）认知评价方面：如自责、幻想、淡化等。
（3）社会支持方面：如求助、倾诉等。
（4）心身反应方面：如放松、酗酒、物质滥用等。

（三）常见的应对方式

1. 投身社会公益事业 如中年丧子的夫妇热诚献身于儿童福利院的工作，经常捐款、捐物，照顾儿童，寻求精神寄托。

2. 积极参加与拓展业余爱好　受挫后外出旅游，通过游览大自然的美丽风光来达到"散心"的目的；通过听音乐、跳舞、打球等文体活动摆脱烦恼，减轻精神压力。

3. 努力工作，发奋学习，争取优异的成绩来弥补精神上的创伤　如人们常说的"化悲痛为力量"，就是指的这种情况。

4. 搞迷信或参加宗教活动　通过求神拜佛、烧香磕头、驱魔赶鬼等活动来摆脱现实，祈求福运，免除灾难，缓解精神紧张。

5. 寻求外界支持　如主动向亲朋好友、上级组织、心理工作者、社会工作者倾诉内心的苦衷，使得抑郁愤懑的心情得以疏泄，同时获得外界的安慰与同情。

6. 主动克制不良情绪反应　对愤怒、焦虑、悲伤、抑郁等负性情绪反应，主动克制，不形于色，如所谓"男儿有泪不轻弹"等。但由于不良情绪无处宣泄，过分地克制，将导致"能量蓄积"，有可能损害心身健康。

7. 物质滥用　使用烟、酒、镇静麻醉剂等以消除心中的烦闷与忧愁。这些物质，特别是一些具有较强精神活性的物质，虽然可以一时使人脱离现实烦闷，但"借酒浇愁愁更愁"，不但损害身体健康，而且有损心理健康，影响个体对问题的正确认知与判断处理，常会导致新的矛盾和挫折。

8. 性活动增加　特别是在婚姻、恋爱中受挫或有严重的性创伤体验者，滥交、嫖娼、卖淫等，不求进取，浑噩度日，以发泄内心的痛苦与不满。

9. 直接攻击、报复行为　当矛盾无法解决时，个别人可置道德、法律于不顾，对导致挫折的人或物直接攻击或进行报复，这是一种最危险的应对方式。如恋爱受挫后，对恋爱对象进行威胁、殴打，甚至毁容、杀害等。

10. 自罚、自伤及自杀企图或行为　通过这种方式使别人让步或用以惩罚他人，有些人则以自杀作为精神上彻底解脱的手段。这是一种最坏的应对方式。

三、心理防御机制与应对的关系

心理防御机制与应对虽然是不同的概念，分属两个不同的领域，两者之间强调的内容不同，存在着一定的区别，但二者之间仍然存在着一些联系。

1. 它们都是人们应付心理压力或挫折，为适应环境而使用的一种策略。心理防御机制主要是潜意识的、不知不觉中被运用的心理保护机制；而应对活动是人们有意识的、主动的心理和行为策略。

2. 心理防御机制偏向于思维活动，应对偏向于行为。

3. 心理防御机制虽然定义为潜意识的活动，但许多防御机制仍可部分地被有意识地使用，也可通过有意识的训练成为习惯性的应对活动。

4. 许多心理防御机制也表现出外显的行为活动方式，故而是可以被观察到的。

四、心理防御机制、应对策略与健康的关系

正如应激对人的作用具有两重性一样，心理防御机制和应对策略也具有两重性。一种是积极的作用，能暂时减轻或消除内心的痛苦和不安，以适应现实，对情绪有缓冲作用。

另一种是消极的作用，因为现实存在的问题并没有真正解决，防御机制和应对在性质上带有掩耳盗铃式的自我欺骗和逃避现实的成分，有时甚至还会使现实问题更加复杂，使人陷入更大的挫折或冲突的情境之中。因此，心理防御机制和应对策略的应用不当会影响个人对事物的正确判断及人际关系，妨碍对社会环境的适应，产生更严重的心理反应，因而影响个体的健康。

（一）心理防御机制与应对策略的特点

1. 心理防御机制与应对策略本身并无好坏之分　虽然心理防御机制被分为各种类型，但其性质并无好坏之分，均可在一定时候发挥作用、保护自己，关键在于有效性如何、运用是否恰当等。

2. 它们是在人的成长中不断习得并不断强化运用和发展的　无论是心理防御机制还是应对策略，都是人们在与环境适应的过程中不断习得并不断强化运用的，并非是生来就有、生来就能恰当运用的。因此，经历、应激的结局等对发展心理防御机制与应对策略非常重要。成功地应对应激能产生愉快情绪，增强自信，提高身心素质。

3. 二者常混合使用　个体面临的应激与环境常常相当复杂，并不断变化，单一的心理防御机制与应对方式常不足以起到保护作用，在应对过程中，各种心理防御机制与应对方式常为混合、交替使用，而不是独立运用的。

4. 因人、因事、因时、因地制宜原则　尽管人们的心理防御机制与应对策略是不断习得并不断强化运用的，但每一个人熟悉并能熟练掌握的并不是所有的心理防御机制与应对策略，而且，在面对不同事件、不同场合和时间，人们采取的方式有所不同，而且也应该不同，否则就可能会缺乏成效，不合时宜。

5. 适度原则　每一种心理防御机制与应对方式都有一定的功效，也有一定的局限性。如补偿机制对于自感不足的人而言，可能是取得成功的动机之一，但如果过分运用，就会导致敏感、与周围人格格不入、富有敌意等。

（二）影响健康的途径

心理防御机制与应对的目的和作用是使个体不受或少受伤害，但人体是一个复杂的系统，一些轻微的不适或烦恼，实际上是一种信息反馈，忽略这种反馈，或应对策略运用不当或长期不变，就会对健康产生影响。

1. 影响个体体验应激反应的频率、强度及特征　当个体遭遇无法避免且有害的刺激或不能改善破坏性的条件时，就存在情绪指向性与问题指向性的矛盾：一方面采取否认和回避等情绪指向性机制有助于暂时缓解压力，降低情绪反应；但另一方面也会阻碍人们现实地考虑问题、采取有效行动，而有损于心身健康。

2. 遇到无法控制的伤害或威胁时，不良的应对方式常有损于个体的健康水平　如过度应用镇静药、烟酒，或过分发奋努力、忽略身体健康等，最终结果还是有损于自身健康。

3. 对疾病不恰当的认知，常影响疾病的转归　对疾病恰当的认知有助于策略地处理问题。虽然战略上藐视疾病是有帮助的，但过分轻视会贻误治疗的最佳时机而影响转归；对疾病过分关注，即使已经恢复也十分不放心，或疑病等都会影响心身健康。

4. 生活风格和价值观的异常表达，不断地以有害的方式作出动员　如一次偶然的机会投射机制正确，并以此形成某种生活风格和价值观，或用某种物质、某种方法缓解了紧张焦虑，以后反复使用，就属于此列。

（贺丹军　王昊飞）

思考题

1. 简述应激源的来源及分类。
2. 简述全身适应综合征的阶段。
3. 简述决定应激强度及后果的因素。
4. 简述急性应激反应的临床表现、诊断标准及处理原则。
5. 简述创伤后应激障碍的临床表现、诊断标准及处理原则。
6. 如何应对应激？

第四章 心理生理障碍

学习目标
1. 心理生理障碍的概念。
2. 心身障碍的病因及发病机制。
3. 睡眠障碍、进食障碍的临床表现、诊断要点。
4. 心身障碍的诊治原则。

各种心理、生理、社会等因素综合作用而导致躯体化症状与器质性改变，称为心理生理障碍，又称心身疾病。心理社会因素影响大脑皮质的功能，通过中介机制，如自主神经系统、神经递质、神经营养因子、内分泌系统和免疫系统等引起一系列心理生理反应。内科、外科、儿科、妇科、肿瘤科、精神科等专科疾病各自的病因学、临床表现、治疗和预防等方面存在诸多心身相关问题。

第一节 概 述

一、心理生理障碍的概念

心理生理障碍（psychophysiological disease）又称心身疾病（psychosomatic disease），是一组综合征或躯体疾病，它们的发生、发展和预防、康复与心理因素密切相关，也是康复心理学的主要研究内容之一。

（一）心身医学

心理生理医学（psychophysiological medicine）又称心身医学（psychosomatic medicine），是一门与心理学、社会学、医学、生理学、生物学、精神病学、行为科学等都有关的边缘科学，心身障碍是它的研究内容之一。从广义上说，心身医学是研究生物学、心理学和社会学因素在人类健康和疾病过程中相互关系的学科。狭义的心身医学是指研究心身疾病的发病因素、发病机制、诊断、治疗和预防，阐述心理因素在疾病的发生、发展和防治过程中所起的作用。此外，联络会诊精神病学（consultant - liaison psychiatry）是与心身医学有关的一个特殊领域，精神病学家在综合医院为临床各科提供心身疾病及其他有关情况的咨询与指导，有时与内科医生、护士、非精神科医学工作者共同参加研究，以促进这一学科的更快发展。

心身医学是现代医学发展的必然产物，是当代新兴的医学科学体系的重要组成部分。

医学模式的发展,促进了心身医学的发展;而心身医学的发展,又促进了医学模式的转变。人不仅具有生物属性,而且具有社会属性;不仅有生理的需要,还有心理的、社会的需要;不仅要维持内环境的稳定,而且要与外在社会环境保持协调。疾病不再只是组织、器官的病理改变,而是生理的、心理的和社会适应的整体变化过程。

(二) 心身疾病

精神紧张能引起自主神经和内脏功能的一系列变化,这种变化是可逆的、生理性的,称为心理生理反应(psychophysiological reaction),又称心身反应(psychosomatic reaction)。当这些心理生理变化发生于某些具有易患倾向的个体身上时,这些变化可持续发展,形成病理性改变时则被称为心身疾病。

心身疾病(psychosomatic disorder)是一类伴随有可观察到的或自我报告的躯体变化,在发生、发展、转归和防治上与心理社会因素有密切关联的疾病。这里所谓可观察到的躯体变化是指可以通过一定手段发现的躯体器质性病变;自我报告的躯体变化是指目前医疗技术水平尚无法证实有器质性的改变,而患者已有明确的异常感受或症状。从临床的角度来看,心身医学在综合性医院应用中,更多地是一些有器质性病变的心身疾病。尽管心身疾病的发生、发展、转归和防治与心理社会因素密切相关,但作为病因的躯体因素的作用相对较大,人们更多地是关心其躯体的器质性病变及相应的生物性诊疗措施;而对那些暂时尚未发现器质性病变的心身障碍患者,作为病因的则大多为心理社会因素,即使在综合性医院,也大多建议转到相应的精神科或临床心理科接受咨询或心理治疗。因此,从此层面看,心身障碍似乎更具有临床意义。

二、心理生理医学发展简史

(一) 祖国医学与心身医学

心理生理医学虽然形成于近代,但早在2000多年前,我国古代医学对心身关系就十分重视,对心、身的概念及心与身的关系有过许多精辟的论述。祖国医学还强调,情绪能致病也能治病,即"以情胜情",如"怒伤肝,悲胜怒,喜伤心,恐胜喜,思伤脾,怒胜思"等。形神合一、身心统一观为现代心理生理医学的发展奠定了基础,也是心理生理医学最早的理论假设雏形之一。虽然在其后的中医理论中对心身关系也有相应的论述与发展,但仅仅停留在朴素的唯物主义哲学基础上,真正现代心身医学的建立则是在20世纪初。

(二) 西方心身医学的发展

公元前400年,希波克拉底(Hippocrates)提出,要想治愈人的身体,就必须对其整体进行了解。1918年德国的精神科医师黑诺斯(Heinroth)首先提出了"心身"的名词,成为"心身医学"概念的雏形。20世纪20~30年代是心身医学发展的早期阶段,弗洛伊德的心理动力学理论被引入心身医学领域,认为潜意识的心理冲突在某些躯体疾病的发生发展中起重要作用。从1935年起美国的当伯(Dunbar)研究了患者的性格和疾病之间的关系,发表了许多有关心身关系的论著,于1938年写出了《情绪与躯体变化》一书。在此著作中,她把人们的人格特征、气质和习惯与各种疾病相联系,每一种疾病都与某种较稳定的个体特点有关;强调了患者的行为和个人习惯在疾病的发生、持续、发展过程中的作用。1939年当伯又主编和出版了《心身医学》杂志。1944年美国诞生了心身医学学会。此后,当伯将患者的人格特征和疾病相联系的观点不断加以发展,使她成为心理生理学研究的代表人物。沃尔夫（Wolff）采用客观方法把生活中的应激与生理学的反应联系起来，认为持久的生理变化可导致结构的改变，提出生活情境与情绪对躯体疾病有重要影响。生活事件与疾病的研究则源于塞里（Selye）的应激理论。霍姆斯（Holmes）和瑞尔（Rahe）（1967）的社会再适应量表为生活事件的客观定量提供了依据，并同时考虑到个体对生活事件认知评价的特异性以及不同的反应类型。随着脑学科的进展，马格（Magoun）确定了大脑皮质、边缘系统、间脑、下丘脑、网状结构和脊髓的解剖生理，从而阐明了心身相关的物质基础。在英国，20世纪50年代后期才开始应用心身医学知识，并于1956年创办了《心身研究》杂志。俄国生理学家巴甫洛夫通过大量的动物试验，创建了条件反射和高级神经活动生理学以及病理生理学，提出了心理因素影响躯体功能的原因在于中枢神经系统的调节作用。日本一直保留传统的东方医学的心身观点，第二次世界大战后，才受到美国心身医学现代体系的影响，1954年成立了心身医学会，东京大学建立了心疗科，1961年出版了《精神身体》杂志，后改为《心身医学》杂志。至今，欧洲各国相继成立了心身医学的临床研究中心。心身医学于2003年被美国神经精神病学会正式列为新分支。2004年被美国医学教育委员会定为正式训练内容。

（三）现代我国心身医学概况

我国过去对心身医学缺乏重视。1981年5月，国家卫生部与世界卫生组织协作，在北京医学院举办精神病学教学工作讲习班，介绍了行为科学和心身医学的教学课程，增加了精神病学教学大纲中的心身医学内容。随后举办了以心身医学为主的全国综合性医院精神卫生讲习班和全国心理卫生工作骨干训练班。1986年8月成立了中国心理生理医学委员会。1987年创办了《中国心理卫生杂志》，开展了全国性的心身医学学术研讨会，心理卫生和心身疾病的教学和研究工作受到了各方面的重视。1993年成立了中华医学会心身医学学会。随着医学模式的转变，临床上心身医学概念逐渐受到了重视，心理生理疾病医院和综合性医院中的心身病房亦相继成立，分别由专科医生或经协作培训的全科医生诊治，但全科医生对心身疾病的认识远远跟不上人们对治疗的要求，因此还必须加快提高各科医务人员对心身医学的认识。

三、心身医学与临床医学

（一）**心身医学的流行病学研究**

心身医学是一个相对年轻而不成熟的学科，就心身障碍本身而言，由于概念的差异及对心身障碍范围的理解不一致，界定心身障碍尚有一定的困难，加之心身障碍常分布于临床各科，所以对心身障碍的流行病学研究的结果差异很大，从3.65%到60%不等，比较公认的心身障碍在一般人口中的患病率，大多报告在30%左右。现代医学研究表明，在影响健康的因素中，生活方式、行为与环境因素已占66.5%。20世纪初较前相比，疾病谱及死亡率有了很大变化：死于肺结核、白喉、肠道感染、感冒等的人数已由580/10万下降到30/10万；与之相反的是，与心理因素密切相关的癌症已上升到178/10万，脑血管病为332/10万。由于流行病学研究方法和诊断标准不同，各国家、各地区心身疾病的患病率差异很大。

心身疾病在我国并非罕见，复旦大学（原上海医科大学）附属中山医院在20世纪90年代初期对1108例门诊患者的调查中发现，心身疾病有368例，占33.2%；吉林通化地区内科住院患者2137例中，患心身疾病者439例，占住院患者数的20.5%；另对484名老干部的调查发现，有心身疾病者211例，占43.6%。据国内粗略统计，在综合性医院初诊患者的分类中，略高于1/3的患者是躯体疾病，不足1/3的患者是心理疾病，其余1/3的患者是与心理因素密切相关的躯体疾病即心身疾病。心身疾病不论在门诊或在住院病例中都占相当高的比例，且门诊患者多于住院患者，患者中女性多于男性，女男之比约3:2。就年龄来看，65岁以上及15岁以下人群患病率较低，青年人高一些，中年人更高，而以更年期或老年前期为患病高峰。

由此可见，心身疾病在康复对象中的患病率是很高的。在疾病的康复过程中，涉及到心身医学方面的内容也很多。因此，如何发挥心身医学在康复医学中的作用，是康复心理学的任务之一。

（二）心身疾病的范围

随着医学模式的转变，心理和社会因素对躯体健康和疾病的影响作用越来越受到重视。现代医学和心理学的研究证明，很多疾病都能找到其致病的心理或社会因素。越来越多的资料显示，心身障碍的范围有扩大的趋势。值得注意的是，心身障碍作为一组躯体症状群或疾病，在整体上属于心身医学的范围，但就个体而言，并非每个心身障碍病例或每次发作均有明确的心身关系，在某些情形下很可能是一个或一次躯体疾病过程。

心身障碍的范围目前尚缺乏一致的意见，结合国内外学者的观点及中国精神障碍分类及诊断标准（第3版），概括为以下几种：

第一是器官性神经症。如心脏神经症、胃肠神经症、躯体化障碍等，这类障碍主要以心理社会因素为病因，有以躯体症状为主的自觉症状。

第二是心理因素相关性生理障碍。如神经性厌食症、睡眠障碍、性功能障碍等。主要是指一组与心理社会因素有关的功能性障碍。

第三是器质性疾病。如原发性高血压、冠心病、支气管哮喘、消化性溃疡等。指机体已发现明确的器质性病变，作为其病因的生理因素的作用较大。

心身障碍几乎涉及人体的各个系统和各临床科室，从系统与科别的角度分类，常见的心身障碍见表4-1。

表4-1 心身障碍的分类

系统与科别	常见心身障碍
心血管系统	原发性高血压，冠心病，心律不齐，阵发性心动过速
呼吸系统	支气管哮喘，过度换气综合征，发作性呼吸困难
消化系统	胃和十二指肠溃疡，溃疡性结肠炎
内分泌系统	糖尿病，甲状腺功能亢进，肥胖病
泌尿生殖系统	神经性尿频，功能性性功能障碍
神经系统	偏头痛，自主神经功能紊乱
肌肉骨骼系统	紧张性头痛，类风湿性关节炎，慢性腰痛
精神科	失眠症，神经性厌食症，神经性贪食症，躯体化障碍
妇产科	月经失调，功能性子宫出血，更年期综合征
皮肤科	神经性皮炎，牛皮癣，斑秃，荨麻疹，瘙痒症
五官科	梅尼埃综合征，过敏性鼻炎，咽喉部异物感
眼科	原发性青光眼，中心性视网膜炎，眼睑痉挛
口腔科	口腔炎，口腔溃疡，口臭

第二节 心身疾病的发病机制

一、病因

心身障碍致病的主要因素有心理因素、生理因素和社会因素。

（一）心理因素

心理因素指个体本身的心理素质、个性特征和心理反应。

心理易患素质是指在外界因素影响下，个体倾向于易患某种心身障碍的心理特征，主要指个体的心理素质特点，对各种外在刺激的认识、评价和应对能力，对内心矛盾和冲突的自我排解能力，以及个体独特的行为模式。生活事件的刺激只有在一定的个性和行为基础上，才有可能发生过度的情绪反应和心理应激，最终通过一定的中介机制导致心身障碍。

个性心理特征是个体在其心理活动中经常地、稳定地表现出来的特征，主要指人的气质、性格和能力。个性心理特征决定着个体对刺激的反应方式和态度，个性赋予个体独特的行为模式。心身医学的研究发现，个性特征与心身障碍之间存在着一定的关系。弗雷德曼（Friedman）从人格特征角度研究冠心病，将急躁、情绪不稳、爱发脾气、争强好胜、怀有戒心或敌意、醉心于工作、行动较快、做事效率高、缺乏耐性、常有时间紧迫感等特点的人格称为 A 型行为类型；与此相反者称为 B 型行为类型，其特点是悠闲自得、不爱紧张、一般无时间紧迫感、不喜争强、有耐心、能容忍等。他还指出 A 型行为类型具有易患冠心病的倾向。这一结论已为后来众多学者的研究所证实。

生活事件能引起人们的心理反应，并伴随着明显的生理应激。许多研究表明，很多疾病尤其是心身疾病常常由于生活事件引起应激而诱发。研究表明，中年丧偶者与同龄者相比，丧偶对健康影响极为明显。调查一组新近丧偶者，发现他（她）们在居丧 3 年内的死亡率比同年龄组高 7 倍。死亡原因中以脑血管病、冠心病、全身动脉粥样硬化、肺结核、肝炎和流感等最显著，其他如恶性肿瘤、糖尿病等的比例也很高。

由于人们的哲学知识、信念、经历和文化教育不同，对同样的生活事件有不同的理解，所以导致心理反应的不同。例如财产的损失对爱钱如命的人影响特别明显；荣誉方面的打击对"要面子"的人尤为重大；父母患病或病亡对于感情亲密的子女能引起强烈的悲痛；深信癌症是不治之症的人，一旦知道自己患了此病，则整日处于绝望、忧伤之中，使病情恶化而日趋严重。

（二）生理因素

心理因素在障碍发生发展过程中起主导作用就是心身障碍，但并不是每一个个体在应激状态下都发生心身障碍。心身障碍是与心理社会因素密切相关的躯体障碍，躯体的改变是心身障碍的基础；其次，躯体的自觉症状与病变，也是一种重要的社会生活事件，其本身也可以引起患者的心理变化、情绪反应，从而构成心身障碍的心理社会性致病因素；再者，躯体障碍的生物因素，尤其是一些慢性疾病，常削弱机体的抵抗力，使个体更易发生心身障碍。综上所述，躯体因素在心身障碍的成因中仍不可忽视，其主要反映在机体器官易感性、机体功能状况及理化生物因素等方面。

1. **机体器官易感性**　机体器官易感性有着个体的特异性。个体反应特性由恩格尔（Engel）提出，用以描述个体最大程度地、一贯地对某一特殊生理系统的反应趋势。个体反应特性已被广泛接受作为心身障碍的原始生理病因。这就解释了为什么同样的心理社会因素作用下有些人患病、有些人不患病，有些人易患这种病、有些人易患那种病。机体器官易感性使个体易于出现心身症状或某一特殊综合征。如高脂血症决定了个体易患冠心病，胃蛋白酶原增高则更易罹患溃疡病，高蛋白结合碘者则是甲状腺功能亢进症的易感者。

2. **机体功能状况**　不同个体、个体的不同时期，其功能状况不一，对心理社会因素的承受能力也有所不同。影响机体功能状况的因素是多方面的，如年龄、性别、月经期、妊娠、分娩、疲劳等。

3. **理化生物因素**　生物源性因素如各种病原微生物的侵袭，导致各种感染性疾病；理化因素如高温、高压、外伤、冻伤、强光、噪音、射线、药物、化学制剂、中毒等物理化学性刺激和损伤对器官和组织的影响。这些理化生物因素，降低了机体的抵抗力，使个体易于发生各种心身障碍。

（三）社会因素

在人类的社会生活中，社会因素对人类的健康和疾病起着一定的作用。人对环境的适应不只是被动性的，而且要在实践中主动地改造环境以满足自身的需求。人不仅是一个生物的有机体，而且也是社会的一员，当个体与社会之间出现矛盾和冲突时，个体无法很好地调适，便发生了心身障碍。

政治、经济、社会制度的不同对人类健康的影响也不同。社会因素对心身疾病的作用可以用流行病学调查的结果来说明。胃癌与食管癌患病率以日本人为高；冠心病患病率最高者为美国和芬兰，最低为尼日利亚。这里有种族差异、饮食习惯、人口年龄组成、体力劳动多寡等多种因素的作用，但总体上，这些疾病的患病率是发达国家高于发展中国家，城市高于农村，脑力劳动者高于体力劳动者。不良的社会环境因素的致病作用，还体现在对现代都市生活不适应对个体的影响。现代化都市的住房拥挤、交通繁忙、环境污染、人际关系紧张复杂等不良社会刺激因素，均不同程度地作用于个体，引起相应的情绪反应，从而造成心身障碍。

此外，不同民族、不同社会结构、不同地区有着独特的文化特征，它与每个社会成员的全部生活息息相关，人们必须适应、予以遵守，反之则有碍健康，特别是当环境、身份变更的时候，将会面临更多的文化因素的挑战。这些因素主要包括：①社会道德规范，行为准则。②不同民族、地区的语言文字、宗教信仰、风俗习惯、生活方式。③不同社会结构下的理想、信念、人生观、价值观和伦理观。④各阶层的经济水平、社会地位、教育程度。⑤不同社会背景下的人际关系准则等等。心理因素、社会及文化因素、生物因素是心身障碍病因学的外部条件，而心理易患素质与器官易感性则是心身障碍致病的内部基础。它们之间互相联系、互相影响、互为因果，从而组成复杂的心身障碍致病因素。

二、心身障碍的中介机制

心身障碍发病的中介机制，是指各种生物、心理、社会因素导致躯体化症状与器质性改变的各个中间环节。心理社会因素以及各种信息可影响大脑皮质的功能；而大脑皮质则通过生理中介，如自主神经系统、神经递质、神经营养因子、内分泌系统和免疫系统等影响内环境的平衡，使各靶器官发生病变。

（一）神经生理机制

1. 大脑皮质（以及边缘系统）　心理依赖于大脑，是脑的功能，是外部世界的反映。来自环境的任何心理社会紧张刺激，作为一种信息，经过人体相应的感受器的传入神经到达大脑皮质，在大脑加工，形成高级心理功能认知和评价，并产生一定的情绪反应和生理变化。情绪反应和生理变化相互作用的结果，通过反馈又可以作为新的刺激，进一步使中枢神经活动发生变化。

2. 皮质下中枢，包括下丘脑和网状结构等　网状结构主要与人的觉醒状态有关，觉醒状态是人类感知世界、认知世界的重要前提。大脑皮质只有在网状结构上行激动系统维持适当张力的背景下，才能进行有意识的精神活动。下丘脑与心身障碍有着密切的关系，下丘脑是自主神经系统皮质下最高整合中枢，内分泌系统的皮质下最高调节中枢。在心身障碍的发病机制中，下丘脑主要通过对自主神经系统和内分泌系统的影响发生作用。此外，它还和人的情感活动有着密切的关系。

3. 自主神经系统　自主神经系统即交感、副交感系统，与内脏功能有着密切的联系。由于剧烈、持久的自主神经功能改变，可引起相应脏器产生不可逆的器质性变化。构成心身疾病的发病机制的假说为：心理因素→大脑皮质功能变化→自主神经功能变化→内脏功能障碍→内脏形态学改变。在人类进食及性行为时副交感神经兴奋可引起肠胃运动增强，胃肠腺体分泌增多；交感神经兴奋引起心率增快，血压升高，特别是会阴部充血，若干腺体分泌增多。在焦虑及愤怒情况下，这些自主神经的中介机制可引起自主神经功能改变，如发生面部苍白或潮红、呼吸加快、血压升高等现象。例如：支气管哮喘病人往往是由于情绪通过边缘系统影响下丘脑功能直接刺激副交感神经引起兴奋，反射性地使支气管平滑肌收缩、痉挛、黏膜水肿、分泌增多而导致哮喘发作。消化性溃疡是由于心理应激反应使自主神经功能失调，从而使局部组织因血管痉挛而缺血，造成营养障碍；此外，胃酸、胃蛋白酶的分泌增多，促进了溃疡的形成。

（二）中枢神经递质

神经生化科学的发展，引起了对神经递质的研究。大脑皮质对下丘脑的调节作用主要以神经递质为媒介，神经冲动使突触前膜释放递质，进入突触间隙，与突触后膜相应位点结合，将冲动从一个神经元传递到另一个神经元。重要的中枢神经递质有去甲肾上腺素（NE）、乙酰胆碱（Ach）、5-羟色胺（5-HT）、γ-氨基丁酸（GABA）、多巴胺（DA）和肽类等。应激状态可以明显地影响脑内神经递质的生化合成与代谢过程，从而显示神经递质各自不同的功能特点。如在应激状态下，脑内儿茶酚胺浓度增高。

普遍认为，在情绪应激时，有中枢儿茶酚胺增高与5-羟色胺下降。已经证实，在躁狂状态时，去甲肾上腺素升高；抑郁状态时，去甲肾上腺素减低。可以推测，社会心理应激是以神经递质为媒介来影响人体的,在心理生理疾病发生中起着一定的作用。

(三) 神经营养因子

神经营养因子(Neurotrophic Factors,NTF)是调控神经细胞存活、分化及功能的一类可溶性蛋白质,对神经系统的发育和损伤修复有着重要的作用。人们对心身疾病的神经元凋亡和坏死问题越来越重视,在阿尔茨海默病、精神分裂症等患者中都发现明显的认知损害,这与不同脑区体积缩小、细胞凋亡及修复有关。神经营养因子包括神经生长因子(nevergrowthfactor,NGF)、脑源性神经营养因子(brainderivedneurotrophicfactor,BDNF)、神经营养因子-3(neurotrophin-3,NT-3)、神经营养因子-45(NT-45)等。特别是BDNF在疾病的病理过程及康复过程中有着重要的作用。

(四) 神经内分泌机制

内分泌系统是一个非常复杂的反馈调节系统。靶腺分泌甲状腺素、肾上腺皮质激素、去甲肾上腺素、卵泡刺激素等,激素的分泌受垂体调节和控制,垂体分泌又受下丘脑控制。下丘脑分泌促肾上腺皮质激素释放激素、促甲状腺素释放激素、卵泡刺激素释放因子和催乳素抑制因子等,它们调节和控制垂体活动。下丘脑则受大脑皮质的制约。靶腺活动可以影响上一层的内分泌活动,同时靶腺之间也相互制约、相互影响,从而形成大脑皮质-下丘脑-垂体-靶腺轴(图4-1)。内分泌系统在维护机体内部环境稳定以及机体适应环境的过程中起着重要的作用,激素分泌过多或过少都会引起机体生理代谢的改变。心理因素可以影响激素的分泌,而内分泌的变化也可以引起心理改变,引起情绪改变,如甲状腺功能亢进者易激惹,嗜铬细胞瘤患者易出现阵发焦虑等。因此,在心身疾病中,情绪因素也起着重要的作用。

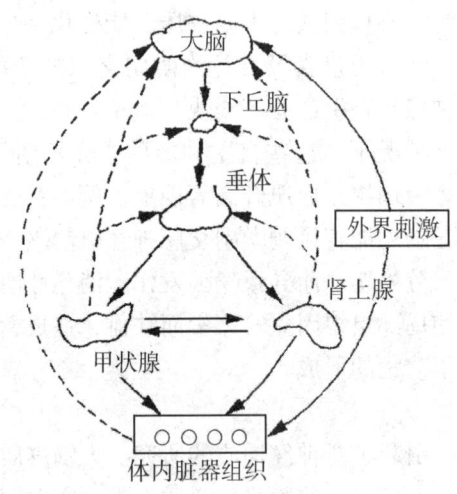

图4-1 内分泌调节反馈系统示意图

(五) 神经免疫学机制

动物实验证明,在回避性学习过程中,动物的被动免疫功能下降。在拥挤环境下生长的动物,对感染的免疫反应减低。下丘脑可引起内分泌系统的改变,当下丘脑-垂体-外周靶腺处于持久激活状态时,可导致激素分泌紊乱、失调,引起机体一系列的免疫功能障碍:①胸腺功能失调,影响T淋巴细胞的成熟。②抑制抗体反应,血液中抗原潴留。③降低巨噬细胞的活动能力,使免疫性细胞的反应失效。④干扰淋巴细胞的再循环,导致淋巴组织的退化。⑤抑制γ-球蛋白的形成。⑥使嗜酸性细胞下降。⑦降低抗体的活动能力,不能及时消灭增殖的病菌。以上的障碍最终影响机体对病毒、细菌、过敏物质的抵抗力,免疫功能下降,病原微生物得以繁殖和渗透,导致机体患病。

(六)小结

临床实践中发现,强烈情绪变化可导致机体免疫功能损伤,极度抑郁者容易患传染性疾病,情绪较抑郁的人有较高的患癌率。在癌症患者中,乐观豁达者可调动体内的潜力,使免疫功能加强。无症状初期肝癌患者如因查出甲胎蛋白阳性而一蹶不振,则很快恶化致死。社会心理应激引起的免疫功能改变在自体免疫性疾病及过敏性疾病中也起着重要的作用。

综上所述,在心身疾病的发病机制中,社会因素、心理因素、生理因素交织在一起,共同影响着机体内的环境,使机体防御机制崩溃,从而影响机体的健康,导致疾病的发生。

第三节 临床常见的心身障碍

心身障碍包括的范围很广,可涉及躯体的各个系统和临床的各个学科。常见的心身障碍有睡眠障碍、进食障碍、躯体形式障碍及高血压、冠心病、糖尿病、肥胖症、支气管哮喘、消化性溃疡等。本节主要讨论睡眠障碍与进食障碍,其余的内容在本书的其他章节中阐述。

一、睡眠障碍

睡眠是人的基本生理需要之一,人生 1/3 的时间是在睡眠中度过的。睡眠与健康的关系一直受到人们的关注。随着现代科学技术的不断发展,人们对睡眠的生理、心理变化机制逐渐明了,在诊断和治疗睡眠障碍方面取得了许多进展。

正常的睡眠包含两个重要的状态:眼快动睡眠(rapid eye movement sleep,REM)和非眼快动睡眠(non-rapid eye movement sleep,NREM)。眼快动睡眠有时也被称为梦性睡眠(因为其与做梦有关)或异相睡眠(因为在此状态下大脑处于异相活动),约占整个睡眠时间的20%~25%。非眼快动睡眠遵从传统的睡眠概念,这时机体生理和心理的活动性下降。非眼快动睡眠通常又根据脑电图的变化而分为4期:①S1期,处于觉醒和睡眠之间的移行的浅睡眠状态,脑电图以低电压混合频率波为特征。②S2期,脑电图特征为K综合波和纺锤波,睡眠纺锤波是脑电图上12~14Hz活动的短暂发放波,通常占整个睡眠时间的45%~75%。③S3期,脑电图特征为占整个时相20%~50%的δ波。④S4期,脑电图特征为占整个时相50%以上的δ波。从S1~S4,睡眠由浅到深,整个睡眠由非眼快动睡眠、眼快动睡眠循环交替出现。正常成人每隔90~120分钟会有两个时相的睡眠周期交替出现。

睡眠-觉醒状态变化贯穿整个一生,不仅体现为睡眠时间的长短,还体现为睡眠的分布和睡眠的时相。新生儿一天平均睡眠 16 小时，大约 50% 是眼快动睡眠，而且睡眠-觉醒循环是多相的，24 小时里出现多次短暂的睡眠和觉醒。到 3~4 岁，眼快动睡眠水平已接近成人，大约占总睡眠时间的 20%~25%，并停留在这个范围直至终身。随着年龄的增长，眼快动睡眠潜伏期趋于缩短而首次眼快动睡眠的时间增加。和年轻时相比，中年及中老年成人睡眠趋向于变浅，睡眠时间缩短。65 岁以后大约 1/3 的女性和 1/5 的男性报告入睡时间超过 30 分钟，睡眠时间减少，这种情况可能是因为老年人存在较多的躯体问题，也有可能是因为老年人更容易被内外刺激所唤醒。

对睡眠的需要存在很大的个体差异，例如，两个人经历了相应长时间的入睡时间，一个可能描述其失眠，而另一个则不。因此，当一个个体报告晚间睡眠时间相对较短，而在白天没有显示不适宜的不良反应时，失眠的定义或诊断的问题也就出现了。在临床医生中大致同意以下观点，假如一个人睡眠时间少于 7~8 小时，而第二天没有体验到活力丧失或仍然精力旺盛，那么他或她的睡眠时间就是充足的。事实上，已有报道，某些个体规则睡眠很少，许多人每晚仅睡 2~3 小时，结果发现，他们身体健康，没有显示任何不良影响，也没有不适主诉。

睡眠障碍（sleep disorder）指各种心理社会因素引起的非器质性睡眠与觉醒障碍。通常可以分为以下四个类型：失眠；睡眠过度；睡眠中有异常运动或行为；睡眠觉醒节律障碍。非器质性的睡眠障碍大多属于心身障碍的范畴。本节将重点介绍失眠症（insomnia）。

（一）失眠的原因及分析

1. 失眠原因

（1）躯体因素：常由于疾病或体内不适所致。如各种疼痛、瘙痒、咳嗽、喘息、频繁夜尿、吐泻、心慌胸闷等。

（2）环境因素：如生活习惯改变、更换住所、出差、值班、环境嘈杂、光线过强等。

（3）精神因素：精神紧张、焦虑、恐惧、抑郁、兴奋等均会导致失眠。

（4）生物药物因素：主要是一类具有中枢兴奋性的药物。常见的有生活中饮用的浓茶、咖啡等，其他如利他林、苯丙胺等。

2. 原因分析　引起失眠的最常见原因是精神紧张、焦虑恐惧、担心等心理，而一旦失眠，患者更加紧张，导致恶性循环。研究显示，失眠是与追求完美的人格类型相联系的，根据失眠者报告，他们对自己常常设定一个非常高的标准，当未能达到目标时，立刻会自我反省，其结果必然使患者常处于精神困扰之中。其他的人格测量结果显示，失眠者个性具有内倾、焦虑、神经质等特点。抑郁症状亦较常见，Kales 等报告在寻求治疗的失眠者中，85% 的患者明尼苏达人格问卷（MMPI）抑郁分数升高。

有些失眠与躯体和精神疾病、酒精、精神活性物质滥用以及服用某些药物有关，临床医生必须仔细地检查患者，干预治疗原发性障碍。值得指出的是，很多精神疾病都会伴有失眠的表现，如情感性精神障碍、精神分裂症、神经症等。在有些情况下，失眠还是某些精神疾病的重要诊断依据，如抑郁症患者常见睡眠障碍，尤其以早醒最为明显，而焦虑症患者则以入睡困难为主。

（二）失眠的临床表现

失眠是一种十分普通的睡眠障碍。短暂的失眠要比慢性失眠常见得多，特别是当处于应激性生活事件时,如居丧反应等,有些人可能需要短期服用镇静剂。尽管客观评估是有用的,但这也许不能完全证实主观报告的睡眠障碍,许多研究者和临床医生认为主观体验标准的重要性已大大超过了客观体征。因此,慢性失眠症的诊断常基于患者的主诉,患者常抱怨在至少 1 个月以上存在以失眠为主的对睡眠质或量不满意的状况,表现有入睡困难、睡眠不深、易醒、自觉多梦、早醒、醒后不易入睡、醒后不适感或缺乏清醒感、白天困倦等。患者常对失眠感到焦虑、抑郁或恐惧,并导致精神活动效率下降,妨碍社会功能。

(三) 失眠的诊断要点

(1) 具有上述的失眠症状。
(2) 具有失眠和极度关注失眠结果的优势观念。
(3) 导致患者苦恼或社会功能受损。
(4) 至少每周发生 3 次,持续 1 个月以上。
(5) 不是由躯体疾病或精神障碍症状导致的继发性失眠。

(四) 失眠的治疗

失眠症的治疗首先应针对原发因素,如治疗躯体疾病以解决困扰患者的躯体不适感,改善环境条件等。

1. **药物治疗** 安眠药物对症治疗可以短期应用。应尽量根据失眠的种类和患者的体质选择不同药代动力学特点的安眠药物,以期以最小的剂量收到最好的效果。由于安眠药物系精神药品,长期服用易成瘾,应尽量避免长期给药。中医药中也有不少药物对失眠有一定的效果,且不良反应轻微,反跳反应较少,没有成瘾性,可以配合或取代安眠药应用。

2. **培养良好的睡眠习惯** 建立有规律的生活作息制度,适当进行体育锻炼,培养适合个体的睡眠习惯。失眠者应注意避免睡前进行促使大脑或身体兴奋的活动;不饮用刺激神经的饮料,如酒、浓茶、咖啡等。

3. **心理治疗** 放松疗法和生物反馈治疗可以有效地消除焦虑,因而是治疗失眠症的常用方法。一般性心理支持疗法对减轻患者的心理压力及焦虑、紧张不安的情绪,避免不良的自我暗示,具有积极的作用,对失眠症的治疗亦有良好的效果。

二、进食障碍

进食障碍是指与心理社会因素有关的进食行为异常,如神经性厌食症和神经性贪食症,是一类典型的心身障碍。它与一定的社会文化现象有关,生物易感性和特殊的文化应激相作用,以致产生行为与心理症状。例如,神经性厌食与神经性贪食更多地与工业化社会相关,在这里一面是丰盛的食物,而另一面女性又追求苗条的身材。来自于神经性厌食症很少的文化背景中的移民,当他们被苗条是美的观念同化时,很可能发展为这类障碍。

(一) 神经性厌食症

早在 1968 年,戈尔 (W. Gull) 医生首先报道了此症。他认为神经性厌食症 (anorexia nervosa) 是由心理因素所致,与家庭环境密切相关,其最终目的是希望减轻体重。从某些方面来说，神经性厌食症这个术语是一个误称，因为个体相应的食欲和对食物的渴求通常是保持着的。该病多发生于女性。据国外报道，女性的终生患病率大约是 0.5%~1.0%。还有更多的个体是表现有相应的症状但不符合诊断的标准。男性的患病率具体数据不详。在年龄上，该症发病有两个高峰，一个出现在青少年早期（12~15 岁），另一个为青少年后期到成年期早期（17~21 岁），发病平均年龄大约为 17 岁。青春期以前或 40 岁以后发病者很少见。

1. 病因学理论　本病的确切病因尚不明了。目前认为生物、心理、社会因素均对发病发生一定作用。大多数患者发病前有明显的社会心理因素，有些则在一次急性的生活事件后发生。20 世纪后半段，进食障碍的发病率和患病率大大增加。这种增加部分是由于工业化社会的文化压力，包括过分强调苗条身材的妙龄少女形象，杂志、娱乐业、选美竞赛等反复渲染，促使这种文化观念在青少年中不断强化。然而，神经性厌食症不全都有文化的基础，因为几乎 300 年前就已有关于该病的描述，而那时的文化压力是不同的。由此，进食障碍部分病因是生物性的，和文化因素所决定的显性表达程度有关。据报道，神经性厌食症急性病期里，中枢神经系统单胺类特别是去甲肾上腺素、5-羟色胺及神经肽紊乱，这些不正常很少持续到体重恢复期，说明这些情况至少和营养不良有关。

2. 临床表现　临床特征为故意限制饮食，患者大多存在体象障碍，即对自身体象的感知有歪曲，甚至已严重消瘦，仍认为自己太胖，即使医生进行解释也无效，为此采取过度运动、人工呕吐、泄泻等方法以减轻体重，使体重降至明显低于正常的标准。停经或月经紊乱是女性患者常见症状；男性则可表现为性欲减退或勃起功能障碍。青春期前的患者可有性生理和性心理发育迟缓。严重者往往伴有营养不良、浮肿、低血压、心动过缓，甚至导致水电解质和酸碱平衡紊乱，可发展为恶液质，并可导致死亡。

3. 诊断要点

（1）比正常平均体重减轻 15% 以上，或 Quetelet 体重指数：体重（kg）/〔身高（m）〕^{2} 为 17.5 或更低，或在青春期前不能达到所期望的躯体增长标准，并有发育延迟或停止。

（2）自己故意造成体重减轻。

（3）常有病理性怕胖。

（4）常可有下丘脑-垂体-性腺轴的广泛内分泌紊乱。女性表现为闭经，男性表现为性兴趣丧失或性功能低下。

（5）症状至少已 3 个月。

（6）可有间歇发作的暴饮暴食。

（7）排除躯体疾病所致的体重减轻。

4. 临床注意　神经性厌食症很少自己寻求医生的帮助，大多由家属说服或强制进行治疗。患者很少主诉体重减轻，而是描述与饥饿有关的躯体或生理上的苦恼，如怕冷、肌肉无力或精力缺乏、闭经、便秘、腹痛、情绪抑郁等，患者通常否认核心问题。因此，临床医生必须从家属或其他途径获取信息，正确评估诸如体重减轻的程度等疾病的特征。

（二）神经性贪食症

神经性贪食症（bulimia nervosa）于 1979 年由 Runell 首先描述，认为它是神经性厌食症的一种"预兆的变种"。其特征为反复发作和不可抗拒的摄食欲望及暴食行为，但由于患者有担心发胖的恐惧心理,所以常采取呕吐、导泻、禁食等极端措施以消除暴食引起的发胖。神经性贪食症可以与神经性厌食症交替出现,多数患者是神经性厌食症的延续者。此症多发生于女性,发病年龄较神经性厌食症晚。国外文献中综述了 22 个研究结果,包括大约 1.8 万名高中生和大学生,发现贪食行为非常普遍,平均达 36%。进一步严格限定标准,贪食 – 清除症状严重以致符合 DSM – Ⅳ 精神障碍诊断标准者仅为 1% ~3%。很多调查检查了贪食行为以及神经性贪食症的性别差异,发现女性占压倒多数,达 98% ~100%。神经性贪食症发生的平均年龄为 18 ~20 岁,大多数患者在 3 ~5 年后才进行精神障碍方面的咨询。

1. 病因学理论

(1) 前述的神经性厌食症病因学中对肥胖的偏见和追求苗条身材的过度信念的文化压力,在神经性贪食症中同样适用。这些压力在涉及到需要在公共场合显示身材的职业中尤为突出,如舞蹈、时装模特、表演等,已经选择了这些职业的女性中,贪食症非常流行。

(2) 早年性或躯体虐待可能是进食障碍的一个风险因素。然而,最新的文献综述不能确定早年被虐体验和神经性贪食症之间有特殊的因果关系。

(3) 和神经性厌食症一样,一些研究发现,神经性贪食症患者的中枢神经系统单胺类代谢发生改变,特别是五羟色胺缺乏,而这些生物学上的改变与暴食 – 清除行为的因果关系还无法确定。然而,有趣的是一种可以增加突触间可利用五羟色胺的化学药物——氟西汀,已经证实了对本症的治疗效果。

(4) 神经性贪食症患者一级亲属中物质滥用、酒依赖、心境障碍的风险增加,大量研究发现在女性单卵双生子和双卵双生子中,一致发生神经性贪食症的比率较高。

2. 临床表现 患者具有不可抗拒的摄食欲望,常有周期性发作,发作时进食量远远超过正常。暴食可以暂时缓解紧张心理,但是紧接着便出现后悔和憎恨,继而采取不恰当的补偿措施以防止体重的增加。患者控制体重的最常用的方法为引呕,开始时以手或其他器械刺激咽喉部,以后可无需刺激随时随意进行。其他的方法还有如使用催吐剂、泻药或其他增加代谢的药物,间歇禁食,增加活动量等。本症与神经性厌食症不同的是体重常在正常范围内,仅不到半数的女性患者存在月经异常。患者可伴有抑郁或焦虑症状,原因多与体重或身体外形有关。长期的呕吐或导泻可引起体内水电解质平衡紊乱,还可引起无力、心律失常及肾功能损害,严重者可威及生命。

3. 诊断要点

(1) 有持续的难以控制的进食和渴求食物的欲望或行为,发作时短时间内摄入大量食物。

(2) 常采用引呕、导泻、禁食、增加运动等方法,以消除暴食的发胖作用。

(3) 常有病理性怕胖的恐惧心理。

(4) 发作性暴食至少每周 2 次,持续至少 3 个月。

(5) 排除神经系统器质性病变所致的暴食及癫痫、精神分裂症等精神障碍继发的暴食。

(三) 神经性呕吐

神经性呕吐又称为心因性呕吐,是一种反复地不自主或故意诱发的呕吐发作,呕吐多与心理社会因素有关，可发生于任何年龄，呕吐常突然发生。本症不影响食欲，呕吐后仍可进食，多数患者体重无明显减轻，内分泌紊乱也较少见。

1. 病因学理论　神经性呕吐与心理社会因素关系密切，目前尚无完全可被接受的理论。各种因素导致的情绪混乱、精神高度紧张等都可能引起呕吐的发作。患者通过呕吐象征性地表达了内心的矛盾冲突，并作为暂时缓解内心冲突的一种方法。

学习理论可以解释部分神经性呕吐的形成过程，个体对既往不愉快的经验或难以接受的思想观念的体验，经过反复强化，最终固化为一种不自主的行为。如某女学生在食堂吃青菜时，无意间发现她正准备放进嘴里的菜上有一只青虫，立刻出现呕吐，此后每当遇到绿色蔬菜便发生呕吐，久之呕吐成为习惯性行为。

神经性呕吐患者往往具有情感反应强烈、易受暗示、自我为中心、夸张做作、经常寻求别人注意等表演性人格特征。这些个性特点是神经性呕吐的易感心理素质。

2. 临床表现　呕吐一般发生在进食后，呕吐物为刚进食的食物，不伴有明显恶心及其他明显症状，在一段时间内反复发作。大多数患者有一定的心理社会因素。和神经性厌食症不同的是，大多数患者没有怕胖或减轻体重的想法，无明显体重减轻。

3. 诊断要点

（1）反复发生于进食后的呕吐，呕吐物为刚进食的食物。

（2）无明显体重减轻，体重保持在正常平均体重值的 80% 以上。

（3）几乎每天发生，并至少已持续 1 个月。

（4）排除躯体疾病以及癔症或神经症等导致的呕吐。

（四）进食障碍的治疗

进食障碍治疗的首要目的就是恢复个体的营养状况，由于长期进食不良而出现的脱水及电解质失衡会造成严重的生理问题，甚至可引起死亡。因此，对于病情严重或者有自杀意向的患者，或者在家难于护理者，应建议尽早住院治疗。住院期间首先应进行躯体的支持疗法，纠正水电解质紊乱，加强营养性支持治疗；其次应该注意心理治疗及行为学干预，包括认知行为治疗、精神动力学治疗、家庭治疗；有时要合并药物治疗。对于病程不到 6 个月，没有暴食及呕吐的病人，如果其父母能够积极地配合参与家庭治疗，可以在门诊医治。

神经性厌食的心理治疗，以行为治疗为主，其中操作性条件反射方法是最有效的。根据体重的增加给予正性强化物，包括增加躯体活动、家属探视、社交活动等。认识行为治疗在实施时可分为四期：第一期的任务是通过采集病史，尤其是通过让病人自行监测进食、贪食以及诱吐的情况，评定病人问题的严重程度。第二期的任务是，尽可能让病人保持一日三餐，逐渐使病人的进食行为趋于正常。第三期的任务是矫正病人在热量摄入、体形、体重等方面存在的歪曲认知与观念。第四期的任务是练习各种预防复发的措施（如练习如何处理高危情境）。这种治疗一般持续 6 个月，平均需要 20 次。神经性厌食病人都有强烈的有关食物、节食和体重的错误认知，这些既是治疗的障碍，又是使病人复发的因素。因此，认知治疗对神经性厌食治疗的开展及疗效的巩固具有重要的意义。认知治疗的关键在于改变这些错误的认知。

一般来说，进食障碍应该以心理治疗为主，但对于多数患者而言，药物治疗是不可少的。当前的药物主要是针对患者的抑郁和焦虑情绪问题，如抗焦虑或抗抑郁药，配合心理治疗且为心理治疗创造有利条件。一般宜选择不良反应小的药物，且以小剂量为宜。其他用药也是对症处理伴随的医学问题：如呕吐明显者，也考虑应用止吐剂；对营养不良和脱水等躯体障碍，必须及时纠正营养、水电解质及酸碱平衡失调，并注意预防或处理感染等并发症。到目前为止，一般认为还没有发现药物对进食障碍有直接和非常明确的疗效，虽然美国食品及药物管理局（FDA）于1996年证明盐酸氟西丁治疗进食障碍有效。但情绪障碍在进食障碍中又是如此普遍地存在着，患者的情绪改善能为心理治疗创造更好的条件。

同神经性厌食症一样，目前对神经性贪食症的治疗已经有了各式各样的尝试，并形成了丰富多彩的治疗选择，但是将各种影响因素一并考虑，采用综合性治疗措施仍是治疗进食障碍的基本方法，这不仅包括心理治疗和药物治疗，还包括家庭关系的改善、社会支持和日常生活的调整等。

对于神经性呕吐，一般解痉止吐药物效果不显，心理治疗是主要方法。与其他类型的进食障碍相同，行为治疗具有较好的效果。其他如认知治疗、家庭治疗等都有一定效果。对躯体状况较差的患者，支持治疗是必要的。舒必利对部分患者有效。

第四节 心身障碍的诊治原则

现代健康概念不仅是指内环境的动态平衡，而且要求个体生理、心理、自然生态、社会生态整合的稳态。也就是说，个体不仅要没有疾病或虚弱，还须保持生理、心理和社会适应的健全状态。这对于心身疾病的预防是一个重要环节。对心身疾病的治疗首先是采取有效的躯体治疗，以解除症状、促进康复，如对溃疡病的制酸、高血压病的降压、支气管哮喘的支气管扩张剂治疗等。如果需要持久的疗效、减少复发，则需要结合其他形式的治疗，如请临床心理学家和精神科医生共同参加，共同诊治。

一、心身障碍的诊断原则

（一）心身障碍应具备的基本条件

心身障碍的种类繁多，各有各的特点。即使是同一种障碍，各人的情况也可以不同，有些是继发于躯体的器质性病变，有些则纯粹是生物性因素所致。如前述各系统的心身障碍，并非一旦确诊，百分之百都是心身障碍。因此，心身障碍应遵循一般疾病的诊断步骤，如病史采集、体格检查、实验室检查，排除单纯由器质性原因所引起的情况，除此之外，心身障碍还应具备以下几个基本条件：

1. 发病前必须存在明确的心理社会刺激因素，这些刺激因素的出现和症状的发生在时间上联系紧密，并且在障碍发展过程中，心理因素与躯体因素相互交织、相互影响。

2. 症状上必须有以情绪障碍为中心的临床表现。

3. 常有一定的个性特征或不同程度的心理缺陷等易患素质。

4. 排除以躯体症状为主要表现的精神障碍，如由心理矛盾所致的癔症性转换障碍、疑病症等。

(二) 诊断心身障碍所需要的条件与方法

生物医学诊断的目的是为了确定有无躯体疾病的存在，由于心身障碍自身的特点，仅仅用生物医学方法是远远不够的。要确定心身障碍诊断，首先需要医务工作者转变医学的思维模式，即从单纯的生物医学模式转向生物－心理－社会医学模式，改变那种只重躯体不重心理的倾向。心身障碍的诊断同时需要具备一定的精神医学专业的基本知识，在询问病史时，注意对患者家庭状况、文化程度、个性特征、童年不良遭遇、生活习惯、经济条件、人际关系、生活事件及近来的精神状态等做全面的了解，以便全面分析其发病的心理社会环境。在了解了上述情况后，通过与患者交谈，系统地观察患者的一般精神状态，必要时可采取有关心理量表或心理测验，对生活事件、精神状态、个性特征等进行测定，以得到比较准确的评估，明确诊断并为进一步心理治疗提供依据。

二、心身障碍的治疗原则

应该看到，随着现代医学的进步与发展，许多心身障碍都已经有了十分有效的躯体治疗方法，特别是一些心身疾病。对各种心身障碍，传统的躯体治疗，如药物、手术、针灸、理疗等仍然必不可少，但由于心身障碍的发生、发展、转归及预后等均与心理社会因素有着密不可分的关系，所以传统治疗是不够全面的，必须重视和有针对性地采取相应的心理治疗方法。

对于急性起病、躯体症状严重的患者，应以躯体治疗为主，辅以心理治疗。如对支气管哮喘严重发作的患者，综合性的对症处理是治疗的首要任务。由于发作时有严重的呼吸困难，患者常伴有明显的紧张恐惧、焦虑等情绪改变，在生物性对症治疗的同时，对患者进行相应的心理指导，可以有效地缓解症状。对于以躯体症状为主但已呈慢性病程的患者，应在常规躯体治疗的同时，重点安排好心理治疗。如对于慢性糖尿病患者，在药物控制血糖的同时，重点是要做好心理和行为指导，防止病情的波动。对于心理症状突出而躯体尚未发现器质性病变的患者，应以心理治疗为主，必要时再辅以药物治疗。如功能性失眠症的患者，通过矫正生活习惯，施以放松、生物反馈等心理治疗方法，便可收到明显的效果；对严重病例，可短期辅以安眠药物。

(一) 心理治疗

根据患者的不同病种、不同症状、个体的特异性，选择并施行不同的心理治疗，如支持治疗、生物反馈治疗、放松治疗、认知治疗、行为治疗等。心理治疗的重点在于缓解症状，改变认知模式，矫正适应不良性行为，提高对精神压力的应对策略。家庭和社会干预将有助于建立良好的社会网络支持系统，起因于这一网络的应激，可以通过干预得到解决，从而减轻患者的心理冲突。

心理治疗包括个别心理治疗、集体心理治疗和催眠疗法等。个别心理治疗是采取个别谈话方式，详细了解患者发病前后的精神因素、个性特点，帮助患者达到更好的家庭与社会适应，消除不良的情绪反应。集体心理治疗是在医生指导下，共同讨论、了解致病因素，掌握预防措施。催眠治疗是在治疗师的言语暗示下，患者调节自己的生理功能，这需要一定的训练和技巧。对于家庭因素导致发病者，需要对家庭成员进行干预。同样，有时需与单位领导交换意见，必要时让患者更换环境或住院，加强社会支持。这些在心理治疗章节中已有专述，可参阅。

此外，生物反馈治疗利用现代电子仪器，将生物体的生理功能予以描记并转为声、光等反馈信号，使被试根据反馈信号学习调节自己体内不随意的内脏功能及其他躯体功能，达到治疗的目的。巴甫洛夫最早建立动物内脏条件反射学说。20世纪50年代其学生伯克沃（Bekov）发表了大脑皮质内脏相关学说。杰考逊（Jacobson）提出了放松疗法（releation therapy），通过自我训练放松全身肌肉。印度瑜珈、我国气功疗法也都可归属于广义生物反馈疗法范围内。生物反馈疗法正式建立于20世纪60年代，许多学者报道用于高血压病、溃疡病、偏头痛治疗获得成效。

（二）药物治疗

在心身障碍中，情绪反应常起主导作用，大多数患者都有不同程度的情绪症状，情绪因素可引起病情变化，病情变化又可影响疾病本身。因此，对情绪症状的控制是心身障碍治疗的重要环节。心理治疗可以有效地缓解情绪症状，但大多需要较长的时间，特别是对有严重情绪障碍的患者，及时消除情绪症状将有助于病情的稳定与康复。因此，在心理治疗的同时，可以辅以少量情绪调节药物，如抗抑郁剂、抗焦虑剂、镇静剂等，对难治的病例也可以在抗抑郁剂的基础上，辅以小剂量抗精神病药，可缓解或消除患者的情绪障碍，加速疾病好转，促进患者康复。

（贺丹军　王昊飞）

思考题

1. 如何理解心理、生理、社会因素在心身障碍致病中的作用？
2. 简述睡眠障碍的诊断要点及治疗原则。
3. 简述进食障碍的诊断要点及治疗原则。
4. 试述心身障碍的诊治原则。

第五章 变态心理学

> **学习目标**
> 1. 变态心理、变态心理学的概念。
> 2. 精神病性障碍、抑郁障碍、各种神经症性障碍的临床表现及处理原则。
> 3. 器质性精神障碍的临床表现及处理原则。

变态心理是指人的心理过程和个性特征发生异常,可以由生物学、心理学和社会学因素导致,精神病学主要从医学的角度研究变态心理,医学心理学则更注重心理学方面。精神病性障碍、抑郁障碍、各种神经症性障碍及人格障碍是常见的变态心理,器质性精神障碍与康复医学关系密切。本章主要学习医学临床工作中经常遇到的各种心理障碍的病因、临床表现及处理原则。

第一节 基本概念

一、变态心理

变态心理是指人的感知、思维、情感、智能、判断、行为、记忆及人格等心理过程和个性特征发生异常。广义的变态心理是指所有偏离正常的心理过程或行为;狭义的变态心理一般指"心理障碍(psychological or mental disorders)"。心理障碍是指由于器质性或功能性损害导致患者没有能力按社会认为适宜的方式行事,以致其行为与社会生活不相适应,是临床工作的主要对象。

二、变态心理学

以变态心理为主要研究内容的科学称为变态心理学或病理心理学(psychopathology)。当前,变态心理学研究的基本内容包括:①变态心理的发生、发展和变化的过程及其机制。②制定判断正常或异常心理的有效标准。③研究预防和消除异常心理的有效方法及策略。

三、正常与异常心理的判断

正常心理有个常态范围,在这个范围内允许有不同程度的差异存在。心理正常和异常之间的界限是相对的，其判断标准受评判者的心理状态、客观环境、社会文化、人际关系等多因素的影响。判断一个人的心理是否变态，需要将他的心理现象或行为与他所处的客观环境和文化背景中被社会认可的常规情况进行比较，并与他的一贯行为方式和个性特征进行比较。

四、变态心理发生的原因

变态心理的形成原因，应从生物、心理、社会等多方面进行考察，仔细分析各方面因素在发病中的作用，并将所获得的材料加以综合，并进行全面的分析。

第二节　精神病性障碍

精神病性障碍是指由于器质性或功能性损害导致自我检验和现实检验能力丧失，人格全面受损，工作、学习能力丧失的一组心理障碍。导致精神病性障碍的器质性原因有大脑与躯体疾病或精神活性物质滥用等。精神分裂症的病因未明，被认为是大脑的功能性损害所致。

一、精神病性症状

精神病性症状为精神病性障碍所具有的特征性症状，常见的精神病性症状有：

（一）幻觉

幻觉（delusion）是一种虚幻的知觉，在客观现实中并不存在某种事物的情况下，患者却感知到它的存在。根据感觉器官的不同，可分为幻听、幻视、幻嗅、幻味、幻触和内感受性幻觉。如无人在场时，患者听到有人在讨论和批评他的缺点。

（二）妄想

妄想（hallucination）是一种在病理基础上产生的歪曲的信念、病态的推理和判断，它虽然不符合客观现实，也不符合患者的受教育水平，但患者对此深信不疑，无法被说服，也不能以亲身体验和经历加以纠正。临床上常见的类型有：

1. 关系妄想　患者把周围环境中一些与他无关的现象看成与他本人有关。认为别人所说的话、报纸上的文章、不相识人的举动等，都与他有一定的关系。

2. 被害妄想　患者无中生有地坚信周围某些人或某些集团对他进行不利的活动，如打击、陷害、谋害、破坏等。

3. 影响妄想　患者认为自己的精神活动（思维、情感、意志、行为等）均受外力的干扰、控制、支配、操纵，或认为有外力刺激自己的躯体，使自己产生了种种不舒服的感觉。

4. 内心被揭露感　患者认为他所想的事已经被人知道，虽然患者说不出是怎样被人探知的，但确信已经尽人皆知，满城风雨，所有的人都在议论他。

5. 其他　此外，还有夸大妄想、罪恶妄想、疑病妄想、嫉妒妄想、钟情妄想等。

（三）自知力缺陷

自知力（insight）是指患者对其精神状态的认识能力，即能否察觉和识辨自己精神状态是否正常，能否指出自己既往和现在的表现哪些属于病态。精神病性障碍患者一般都有程度不等的自知力缺陷。

（四）兴奋状态

所谓兴奋指整个精神活动的增强，患者有言语、动作、行为的明显增多。兴奋状态因疾病性质不同表现各异，有的以情感失调为中心，伴言语和活动增多，也有的以动作行为的异常为主。兴奋状态因病因不同分为躁狂性、青春性、紧张性、器质性兴奋。

（五）木僵状态

木僵状态指患者精神活动的全面抑制，轻者言语、动作、行为显著减少、缓慢，严重者运动完全抑制，缄默不语，不吃不动，保持一个固定的姿态僵住不动，可根据其原因分为紧张性、心因性、抑郁性、器质性木僵。

（六）意识障碍

1. 对周围环境的意识障碍　指对周围环境感知的清晰度降低，意识范围变窄或在此基础上意识内容发生变化。患者不能清晰地感知周围事物，或只能感知到与自己的心理应激有关的事物，或感知到一些令人恐惧的幻觉。

2. 自我意识障碍　指对自身的独特存在、精神活动的自我支配及与其他人或事物的界限的认识发生障碍。患者感受到自我的不真实，或以其他人或动物的个性特征和内心体验进行活动。

二、常见的精神病性障碍

（一）精神分裂症

是以基本个性改变，思维、情感、行为的分裂，精神活动与环境的不协调为主要特征的一类最常见的精神病，临床表现主要为情感淡漠、思维破裂、脱离现实。本病的病因尚未阐明。多在青壮年期起病，病程迁延，缓慢进展，有发展为精神衰退的可能。

（二）偏执性精神病

临床表现为不可动摇的、固定的系统性妄想，慢性演进，呈不易缓解的持久性，多见被害妄想或嫉妒妄想，患者意识清楚，智能良好，且妄想具有逻辑性、高度系统化的特点，而他们对这些妄想的情绪反应也是恰当的。患者对妄想对象可能施行暴力伤害。病程持久，既不会完全缓解，也不会发生严重的精神衰退。

（三）反应性精神病

指一组由严重或持久的精神创伤所引起的精神障碍。发病原因和临床表现与应激源密切相关，并伴有相应的情感体验，容易被人理解。经过恰当治疗，预后良好。病情恢复后，精神状态正常，无人格方面的缺损。

（四）器质性精神病

指由脑部疾患或脑以外的躯体疾患引起的精神障碍。临床表现除精神病性症状外，常有意识模糊、遗忘及痴呆。需根据病史、体格检查和实验室检查而与功能性精神病相鉴别。治疗包括对症及对因两方面。

三、精神病性障碍的处理

(一) 抗精神病药物

可根据病情选用各种抗精神病药物治疗。病情不同维持治疗的时间不等：器质性精神障碍症状消失后只需短时间维持，精神分裂症则需长期服药治疗。

(二) 心理治疗和家庭心理教育

在精神病性障碍的早期和康复期，患者有部分或完全的自知力，可以对其进行支持性心理治疗，及时解决家庭社会生活中的急慢性应激，或对患者的日常生活能力和社交能力进行培训，对患者的家庭成员进行心理教育，以提高家庭和患者的应对技能，改善患者的社会功能。

第三节 抑郁性障碍

抑郁性障碍（depression）是以显著而持久的心境低落为主要特征的一组疾病。临床上主要表现为情感低落，伴有相应的认知和行为改变，包括抑郁症和持续性心境障碍两种类型。常有复发倾向。

一、病因

抑郁症的病因至今尚未完全阐明，可能与遗传因素、生化改变、童年经验、应激等多种因素有关。双生子研究和家系调查均发现遗传因素在抑郁症的发病中具有重要意义；生化研究表明，中枢单胺类神经递质的变化和相应受体功能的改变以及神经内分泌功能失调等可能与心境障碍的发生、发展有关，例如认为去甲肾上腺素（NA）和5-羟色胺（5-HT）在突触间隙的浓度减少可引起抑郁发作；应激性生活事件和精神因素与抑郁症关系密切，有报道认为，以往6个月内经历重大生活事件者，抑郁症发病的危险性增加6倍，自杀危险性增加7倍；慢性生活事件，如长期的不良处境、家庭关系不和睦、贫困、失业、持续2年以上的慢性躯体疾病，也与抑郁症的发生有关。

二、临床表现

以情绪低落为主要临床特征，伴有相应的思维和行为改变。症状轻重不一，发作呈间歇性，间歇期精神症状缓解，可达到病前状态。部分病人可表现为抑郁症状与躁狂症状交替出现，称为双相情感障碍。

(一) 抑郁症

1. 抑郁心境 抑郁心境是抑郁性障碍的特征性症状，表现为情感基调低沉、灰暗，轻者仅有心情不佳、心烦意乱、苦恼，重者可有悲观绝望。患者常诉说生活没有意思，高兴不起来，心情沉重，整日郁郁寡欢，度日如年，痛苦难熬，不能自拔。少数人极力否认、掩饰自己的压抑心情，甚至强装笑脸，称"微笑的抑郁"，有自杀倾向时隐蔽性强，难以预防，应引起注意。有的表现为丧失生活的热忱，兴趣索然，不愿意参加正常活动，闭门独居，疏远亲友，对以往嗜好、娱乐活动及家人的团聚丧失乐趣；也有人感到精力不足，疲乏、无力，甚至精疲力竭；患者知道应该做事，但有无能为力感和力不从心感，丧失积极性和主动性，工作拖拉，或干脆放弃不做，严重时个人生活都不能自理。在抑郁心境下可出现焦虑、激越症状。

2. 思维迟缓　患者感到思维缓慢，注意力下降，表现为应答反应缓慢，思考问题困难，思维内容多消极悲观；患者过分贬低自己，总以批判的眼光、消极否定的态度对待自己，认为自己一无是处，有强烈的内疚和自责感，认为自己的前途暗淡无光。严重的自责自罪可产生自杀观念和行为。抑郁症患者自杀率为一般人群的20倍，长期追踪研究发现约有15%～25%的抑郁症患者自杀身亡。

3. 精神运动性迟缓　这是抑郁症的典型症状之一，出现在约半数的患者中。患者精神活动呈显著、持久、普遍的抑制，注意力不能集中，记忆力减退，思考问题困难，言语少，声音低，走路、行为缓慢，严重时可不语、不动、不食，呈木僵状态。

4. 躯体症状　90%患者出现睡眠障碍，特征是早醒，一般比平时早醒2～3小时，醒后不能再入睡。60%～70%患者有食欲和性欲减退，并有体重下降。少数病例可表现为食欲增强，体重增加，还可以出现涉及各脏器的身体不适，如心悸、胸闷、头痛、腹痛、便秘、月经紊乱、腰酸背痛等。典型的抑郁症患者的抑郁心境有明显的晨重夜轻的节律性改变。

（二）心境恶劣障碍

心境恶劣障碍是以持久的心境低落状态为主的轻度抑郁，从不出现躁狂，常伴有焦虑、躯体不适感和睡眠障碍，不伴有明显的精神运动性抑制或精神病性症状，生活能力不受严重影响，有求治欲望。

患者经常感到心情压抑、郁闷、沮丧、遇事爱往坏处想；对日常生活缺乏兴趣，体验不到各种娱乐或令人高兴的事情中的乐趣，但兴趣并不完全丧失，原来十分感兴趣的事仍可勉强去做；常夸大自己的缺点，自卑、自责，有内疚感，认为无力完成自己的任务，前途暗淡，但鼓励后可好转，一般不会有绝望感；感到疲惫、脑力迟钝，思维反刍、犹豫不决，以及失眠、食欲和性欲下降；对自己的痛苦无力自拔，严重的甚至感到生活没有意义，活着不如死去，甚至企图以自杀寻求解脱。患者的工作、学习和社会功能无明显受损，有自知力，知道自己心情不好，主动要求治疗。病程常持续2年以上，多无长时间的缓解，如有缓解，一般不超过2个月。常伴有焦虑症状，躯体主诉也较常见，可有睡眠障碍，表现为入睡困难、多梦、睡眠浅，少有早醒，还会有头痛、背痛、四肢痛、胃部不适、腹泻、便秘等。

三、诊断和鉴别诊断

（一）诊断

1. 抑郁症的诊断依据　可根据心境低落、兴趣缺乏或无愉快感持续两周以上，伴明显的精力减退、精神运动性抑制、自我评价过低，且有早醒、食欲和性欲下降，体重减轻及消极自杀言行等表现进行诊断。

2. 心境恶劣障碍的诊断依据　以持久的轻至中度抑郁为主要临床表现，病程2年以上，伴有兴趣减退、自觉疲乏无力、自我评价过低、对前途悲观失望、有自杀念头、自觉病情严重、常主动求治等症状中存在3项。

（二）鉴别诊断

抑郁症状可见于多种精神疾病，抑郁性障碍应与继发性抑郁、反应性抑郁、药源性抑郁及其他神经症伴有的抑郁症状相鉴别。

四、治疗

（一）药物治疗

1. 情感稳定剂　双相情感障碍的抑郁发作使用情感稳定剂联合抗抑郁剂治疗，碳酸锂、丙戊酸盐及不典型抗精神病药是常用的情感稳定剂。

2. 抗抑郁剂　三环类抗抑郁剂使用中应注意其对心脏的不良反应，定期检查心电图。SSRI类是一类应用广泛、发展较快的新型抗抑郁剂，如氟西汀、帕罗西汀、氟伏沙明等，不良反应少、服用简便，但价格较贵。

3. 苯二氮卓类　焦虑失眠及躯体不适症状明显者可选用，如阿普唑仑、艾司唑仑、氯硝西泮等。

4. 如伴有幻觉、妄想等精神病性症状，可合并抗精神病药治疗，如奥氮平、喹硫平、利培酮等。

（二）心理治疗

认知行为疗法对抑郁症有较好的疗效，多数研究认为，认知治疗与抗抑郁剂疗效相当，且副作用小，预后较好。一般认为，认知治疗和抗抑郁剂联合应用比单独用其中一种的效果要好；也可进行深入的分析性心理治疗。

第四节　神经症性障碍

神经症（neurosis）是一组精神障碍的总称，根据突出症状，可分为多种类型，患者有多种躯体或精神上的不适感，自觉痛苦但经检查缺乏可以解释的客观病理改变，无持久的精神病性症状，现实检验能力未受损害，行为保持在社会规范允许的范围，有自知力，求治心切。起病多与素质、人格特征或精神应激有关；病程多迁延，进入中年后症状常常缓解。神经症的治疗以心理治疗为主，在一定的病期和治疗阶段可以有选择地配合药物治疗。

一、焦虑性神经症

焦虑（anxiety）是一种能感觉到的、可怕的、受威胁的体验，可使人感到束手无策。焦虑是精神疾病的基础症状，大多数神经症性症状都伴有焦虑，如果临床症状以焦虑为主要表现，则称为焦虑性神经症（anxiety neurosis）。临床上分为惊恐发作和广泛性焦虑。

家系调查和双生子研究发现，遗传在焦虑症的发生中起着一定的作用；生化研究结果显示，焦虑症与患者血中乳酸盐含量增高、钙离子浓度减少有关。心理冲突是焦虑症常见的诱发因素。

（一）临床表现

1. 惊恐障碍（panic attack） 基本特征为反复发作的严重焦虑状态，有濒死感、窒息感或失控感，以及严重的自主神经功能紊乱症状。典型表现为突然出现的强烈恐惧感，似乎即将死去或失去理智，患者感到心慌、胸闷、胸痛，胸前区压迫感、喉头阻塞感、窒息感，自觉透不过气而过度换气，呼出过多的二氧化碳，手指甚至面部、四肢麻痹，部分患者有头晕、多汗、手抖、站立不稳、胃肠道不适等自主神经症状及运动性不安。发作时间一般在5~20分钟，很少超过1小时，可自行缓解。发作后症状消失。惊恐发作时有剧烈的心跳加快和呼吸急促症状，患者常去急诊科或心脏科就诊，寻求紧急帮助。由于发作不限于任何场合，没有特殊诱因，是不可预测的，患者常因担心再发而出现继发性焦虑，因害怕发作时得不到帮助而主动回避单独出门，不愿到人多热闹的场所，若外出定要人陪伴，即合并广场恐怖症。

2. 广泛性焦虑症（generalized anxiety disorder） 基本特征为广泛和持续的焦虑。表现为经常或持续的、无明确对象或固定内容的紧张不安，或对现实生活中的某些问题过分担心或烦恼，常伴有自主神经功能亢进，运动性不安和过分警惕。

（1）焦虑和烦恼：对未来可能发生的、难以预料的某种危险或不幸事件持续担心，终日心烦意乱、忧心忡忡，好像不幸即将降临在自己或亲人头上，如一位患者每当家人外出就担心他们会发生意外，在家提心吊胆，坐卧不宁。患者注意力难以集中，对日常生活中的事务失去兴趣，学习和工作能力下降。

（2）运动性不安：表现为坐立不安，来回走动，搓手顿足，面容紧张，眉头紧锁，可见眼睑、面肌或手指震颤，肌肉紧张，有时疼痛抽动，经常感到疲乏。

（3）自主神经功能亢进：常见心悸、气促、呼吸不畅、头昏头晕、多汗、口干、面部发红或苍白、胃肠不适或尿频，有的患者可有阳痿、早泄、月经紊乱、性欲缺乏等性功能障碍。

（4）过分警惕：表现为惶恐，对外界刺激易出现惊跳反应，难以入睡、噩梦、易惊，易激惹。

（二）诊断和鉴别诊断

1. 诊断依据

（1）惊恐障碍的主要诊断依据：1个月内至少有3次惊恐发作，每次发作不超过2小时，而且明显影响日常活动；可排除躯体疾病、精神分裂症、情感障碍或其他神经症性疾病。

（2）广泛性焦虑症的主要诊断依据：与现实不相称的过分焦虑，持续时间在半年以上，并伴有运动性不安、自主神经功能亢进和过分警惕等躯体症状至少4项，可排除器质性疾病引起的焦虑。

2. 鉴别诊断

（1）广泛性焦虑症需与躯体疾病、老年性痴呆抑郁症、精神分裂症伴发的焦虑症状及药物、酒精滥用者的戒断症状相鉴别。

（2）惊恐障碍应注意与心肌梗死、冠状动脉供血不足、阵发性心动过速及二尖瓣脱垂等心脏疾病相鉴别，还应与躁狂症、激越性抑郁、精神分裂症的急性发作相鉴别。

（三）治疗

1. 药物治疗　常用药物有苯二氮卓类、β受体阻滞剂、SSRI类、三环类抗抑郁剂和MAOI。苯二氮卓类短期治疗不良反应少，长期使用易致耐药性和依赖性。β受体阻滞剂可缓解心跳加快、震颤、出汗等自主神经功能亢进症状，可配合用药，但孕妇和支气管哮喘患者禁用。有些抗抑郁剂亦有抗焦虑作用，特别是SSRI类没有过度镇静和药物依赖等不良反应，使用日益广泛。

2. 心理治疗　深层次心理治疗可以发现患者的病因和冲突并进行处理，阻止病情进一步发展；支持性心理治疗可以增强患者的心理支持，有利于焦虑的缓解；放松疗法适用于轻、中度焦虑症，并有利于诱导入睡。

二、恐怖性焦虑障碍

恐怖性焦虑障碍（phobic anxiety disorder）是以对某特殊物体、活动或情境产生持续的、不合理的恐惧为特征的神经症性障碍。患者常有回避行为。遗传可能与恐怖性焦虑障碍的发病有关，其生化改变仍有待于研究。精神分析理论认为，恐怖症起源于童年期的性心理冲突；行为学派则认为，某些无害的事物或情境与令人害怕的刺激多次重叠出现，即可形成恐怖症。

（一）临床表现

恐怖症状的共同特征是：①对某种客体或情境的强烈恐惧。②伴有明显的自主神经功能亢进症状。③对恐惧的客体和情境极力回避。④患者明知这种恐惧是过分的或不必要的，但无法控制。常见以下3种临床类型：

1. 广场恐怖症（agoraphobia）　指对公共场所或空旷地方的恐怖，担心在上述场所会昏倒或失去控制，表现为在特定场合，如人多拥挤、封闭场所等认为难以立即逃到安全地方的情境下，出现恐惧不安，甚至是惊恐发作，伴有回避行为，常立即从恐怖情境中逃走。随着病情进展，回避反应泛化，会避开任何可能产生"包围感"的场所。

2. 社交恐怖症（social phobias）　主要表现为对人际交往感到紧张和害怕，害怕被人审视，担心自己当众出丑，在社交场合出现紧张焦虑、脸红、出汗、心慌、震颤、恶心等症状，因而回避社交，多数患者有自卑感和害怕别人议论自己。恐惧的对象可以是某个人或某些人（如异性），也可以相当泛化，包括除了某些特别熟悉的亲友外的所有人。多起病于青少年，男女性别之间无差异。

3. 特殊恐怖症（specific phobias）　指对某些特殊物体或情境的恐惧，例如接近某些动物、登高、雷电、黑暗、锐器、外伤或出血等。患者在接触特殊恐怖对象和情境时，感到紧张恐惧，甚至出现惊恐发作，可伴有自主神经功能亢进的症状，常有回避行为。如有位患者害怕接触尖锐的物品，将家中所有带尖头的东西都束之高阁。

（二）诊断和鉴别诊断

1. 诊断　根据患者接触某一特定事物或处于某一特定情境时产生强烈恐惧，并采取回避行为的临床表现不难诊断。

2. 鉴别诊断　恐怖症应与焦虑症、强迫症、精神分裂症相鉴别。

(三) 治疗

应先使用药物治疗来控制焦虑或惊恐发作，然后以行为治疗消除其回避行为。深入的心理治疗可以帮助患者发现并解决内心冲突，从而达到治疗目的。

1. 药物治疗　阿普唑仑、心得安，可使心悸、颤抖等症状较快减轻，也可选用具有抗焦虑作用的抗抑郁剂，如 SSRI 类抗抑郁剂。

2. 行为疗法　系统脱敏疗法或冲击疗法对各种恐怖症都有良好的治疗效果，同时配合反应防止技术，可以减轻或消除患者的回避行为。

三、强迫症

强迫症（obsessive - compulsive disorder）是以不能为主观意志所控制的反复出现的观念意向和行为为临床特征的一组心理障碍。患者体验到这些观念或冲动来源于自己，但又违背自己的意愿，故极力地抵抗和排斥，但终究无法摆脱和控制，这种尖锐的冲突使患者焦虑和痛苦。家系调查表明强迫行为的某些素质是可以遗传的；生化研究发现，5 - HT 系统功能增强可能与强迫症发病有关。巴甫洛夫学派认为强迫症是由于在强烈情感体验影响下，大脑兴奋或抑制功能失调，形成了孤立的病理兴奋灶。弗洛伊德学派把强迫症看成是防御机制不能处理好强迫性性格带来的焦虑的结果。

（一）临床表现

强迫症的基本症状有强迫观念，如强迫思维、强迫情绪和强迫意向等，以及强迫动作或行为。

1. 强迫观念　表现为反复持久而无法摆脱的观念、思想、印象及冲动念头。

（1）强迫怀疑：患者反复怀疑自己的言行是否正确，明知没有必要又无法控制。怀疑内容多为个人生活细节，担心是否安全。如担心自己是否将门窗锁好、是否将电视机关好、是否将煤气关好等等。

（2）强迫回忆：对过去做过的事、说过的话反反复复地回忆，惟恐做错或说错，有的毫无目的性，对过去的经历反复回忆，或是读过的某段文字、听过的某个歌曲片段反复在脑海萦绕，为无法摆脱而苦恼。

（3）强迫性穷思竭虑：对日常生活中遇到的事情或一些自然现象寻根究底，反复思索，明知没有现实意义，但不能控制。如反复思索为什么 1 + 1 = 2，为什么天是蓝的，有时达到穷思竭虑的程度，以至大脑极度疲劳仍不能停止。

（4）强迫联想：当患者看到或听到某一事物或字句时，就出现与之有关的联想。如有患者看到前面的汽车里有人向窗外吐了一口痰，马上联想到这个人是否患有艾滋病，病毒会不会随灰尘钻到自己的嘴里，使自己也感染上艾滋病，万一感染了怎么办等等，并因为这些可怕的想法紧张不安。

（5）强迫性对立思维：患者常出现与自己意愿相反的念头。如一位非常疼爱自己新生婴儿的母亲把孩子抱到窗口时，产生要把孩子扔出窗外的想法，这种可怕的想法使她恐惧不已，甚至不敢抱自己的孩子。

（6）魔术性思维：认为自己只要想到什么事情，这件事情就一定会发生。如想到某位亲人不久将死，就好像亲人真的会死似的，明知毫无根据，仍惶惶然不可终日。

2. 强迫行为　是一种重复的无意义的行为，继发于强迫观念或欲望，可能意在消灭灾祸或防范未然，患者感到非做不可，做后片刻能消除紧张，但稍后又不舒服，须重复再做。

（1）强迫洁癖：常见强迫洗手、强迫洗衣等，每天花在洗手洗衣上的时间长达数小时，洗得双手皲裂、流血，身体精疲力竭仍不能停止。

（2）强迫检查：常继发于强迫怀疑之后。反复检查门窗、电视、煤气等是否关好，检查次数常为一般人的许多倍，甚至为此耽误上班或约会。

（3）强迫记数：有的患者常不可控制地去数楼梯级数或街上电线杆的数目等，如发现中间有漏记，必须回头重数。

（4）强迫性仪式动作：患者有一些固定的重复性动作等，在他人看来是不合理甚至荒谬可笑的，但可以减轻患者的紧张不安。如就寝前必须从右边上床，必须按固定顺序宽衣，衣物摆放在固定的位置等，程序若有不符就得重做，否则内心紧张不安。

（二）诊断和鉴别诊断

1. 诊断　根据患者有典型的强迫症状，认识到强迫症状来源于自身，试图加以排除或对抗但不能成功，干扰了日常生活工作和学习，为之感到苦恼，迫切要求治疗，可以进行诊断。

2. 鉴别诊断　与伴有强迫症状的精神分裂症、抑郁症、恐怖症、脑器质性疾病相鉴别。

（三）治疗

1. 药物治疗　主要采用具有 5-HT 重摄取阻滞作用的药物，如氯丙咪嗪、SSRI 类抗抑郁剂等，伴有严重焦虑或激动不安者，可合并使用苯二氮䓬类。也可合并使用小剂量抗精神病药。

2. 行为疗法　暴露疗法对某些强迫行为有较好疗效，精神分析治疗对部分强迫症患者有效。

四、躯体形式障碍

躯体形式障碍（somatoform disorder）在 ICD-10 中的描述性定义是："患者反复陈述躯体症状，不断要求给予医学检查，无视反复检查的阴性结果，不能接受医生关于其症状并无器质性基础的再三保证；或患者虽同时存在某种躯体障碍，其所诉躯体障碍不能解释症状的性质、程度和患者的痛苦与先占观念。即使症状的出现和持续与不愉快的生活事件、困难或冲突密切相关，或存在明显的抑郁和焦虑，患者都拒绝探讨心理病因的可能性。

（一）临床表现

躯体形式障碍有以下几种类型，其临床表现各有特点。

1. 躯体化障碍（somatization disorder）　表现为多样反复的、经常变化的躯体不适主诉，不是由于任何躯体障碍所致，而是被压抑的心理冲突的外在表现。患者非常关注自己的各种主观症状，且往往有所夸大，常到综合性医院就诊，很少主动提到心理问题。最常见的症状有：吞咽困难、失音、失聪、失明、记忆缺乏、抽搐、行走困难、异常的皮肤感觉、恶心、呕吐、腹泻、月经紊乱、阳痿等。通常伴有明显的焦虑和抑郁。病程至少2年。

2. 疑病症（hypochondriasis） 指担心自己患有严重躯体疾病的持久的先占观念。表现为对自身健康或疼痛过分担心，认为自己已患有某种严重的疾病，诉说多种症状，可限于某一器官，也可涉及全身，为各种异常的感受。最常见的症状为疼痛，其次为胃肠道、心血管和呼吸系统症状。对疼痛的描述常含糊不清，最常见的部位依次为：头颈部、腹部和胸部。常夸大其症状，过度强调其重要性。少数患者坚信自己的某个器官已发生畸形，要求手术矫治。有些患者的疑病性诉说涉及泌尿生殖系统、五官、乳房等。患者常反复就医，各种医学检查的阴性结果和医生的解释都不能打消患者的疑虑。常伴有焦虑或抑郁。

3. 躯体形式的自主神经功能失调（somatoform autonomic dysfunction） 指受自主神经支配的器官或系统的功能障碍，常见于心血管、呼吸道和胃肠道系统，可表现为自主神经兴奋的症状或非特异性的主观不适。各种检查并未发现相应的器质性改变。主要包括过去被称为"心脏神经症"、"胃肠神经症"、"心因性咳嗽和过度换气"、"心因性尿频"等的障碍。

4. 持续的躯体形式的疼痛障碍（persistent somatoform pain disorder） 指持久、严重、令人痛苦的不能用生理过程或躯体障碍解释的疼痛，心理社会因素是疼痛发生的主要原因。ICD-10将精神性疼痛、心因性背痛或头痛以及其他与情绪有关的躯体形式的疼痛归入此类。

（二）诊断及鉴别诊断

1. 诊断要点 ①发病有明显的心理社会因素。②各种躯体症状可涉及多系统，患者四处求医，病程至少2年。③缺乏与躯体主诉相称的器质性基础，虽经多名医生忠告和保证，仍不能接受。④常伴有明显的焦虑抑郁情绪。⑤症状及其所致的行为造成一定的社会和家庭功能受损。⑥患者可因"继发性获益"而进一步强化原先的心理生理症状。

2. 鉴别诊断 应首先排除各种器质性疾病，其次要与存在躯体不适主诉或症状的焦虑症、抑郁症、创伤后应激障碍、癔症、偏执性精神病等心理障碍相鉴别。

（三）治疗

1. 一般治疗 尽可能减轻负担，调整生活方式，包括规律进餐，保证足够的睡眠，进行体育锻炼等。一般不需照顾、休假或疗养。

2. 心理治疗 向患者解释疾病症状的有关知识，能缓解患者的负性情绪，增强治疗信心。帮助患者探究和解决致病性内心冲突的心理治疗，可以使患者提高内省力，理性地认识到症状的内在联系，从而消除症状。放松疗法、生物反馈治疗、暗示治疗等均有效。

3. 药物治疗 抗焦虑药、抗抑郁药可以缓解患者的焦虑、抑郁症状，对躯体症状也有缓解作用。针对某些躯体症状，可短期配合对症治疗。

五、分离（转换）性障碍

分离（转换）性障碍（dissociative disorder）是由心理因素引起的、没有器质性病变基础的躯体症状和某些精神症状。分离，是指内心冲突导致自我身份的认知与过去经历和当今环境完全或部分不相符合；转换是受压抑的心理冲突向躯体症状的转变，转换反应的心身症状常有突出的象征性，具有疾病获益的目的。

（一）临床表现

1. 分离性障碍

（1）朦胧状态：患者意识朦胧，对外界事物反应迟钝，时空感知局限，其言行多反应精神创伤的内容，常突然发生，历时数十分钟，然后自行终止，恢复后对发病经过常不能完全回忆。

（2）情绪暴发：往往在受刺激后突然发作，表现为哭笑无常、乱说乱唱或大声喊叫，其内容多反映患者内心的不满和委屈，可伴有手舞足蹈、戏剧样表现，甚至撕衣毁物、碰墙撞壁。往往伴有轻度意识障碍，发作后不能完整回忆。

（3）遗忘症：在精神创伤后出现记忆缺失，常常是与创伤有关的一段时间的记忆。如一位女孩在遭到强奸后遗忘了遭遇不幸的过程。

（4）漫游症：患者不辞而别，离开住所或工作单位外出漫游，其间能自理生活，并从事简单的购物、乘车等社会交往，事后全部遗忘。

（5）双重或多重人格：突然对自己的身份不能识别，以另外的身份进行活动，两种身份各自独立，互无联系，交替出现，亦可有多种人格交替出现。

（6）假性痴呆：患者对简单的问题总是给予近似但错误的回答，如"1 + 2 = 5"，给人故意做作的印象，又称Ganser综合征。有的可表现为童样痴呆，显得天真幼稚、撒娇淘气，言行举止类似幼儿。

2. 转换性障碍　可表现为功能性的运动障碍、感觉障碍或躯体障碍、内脏功能障碍。

（1）痉挛发作：在精神刺激或暗示时发生，表现为缓慢倒地，呼之不应，全身僵直，肢体抖动，或呈角弓反张姿势。发作时表情痛苦，可伴有哭叫。

（2）肢体瘫痪：可表现为单瘫、偏瘫、截瘫、四肢瘫痪，常以关节为界，不符合神经解剖学特点，有时伴肌张力增强、呈某种固定姿势，被动运动时有明显抵抗。病程持续时间长可出现废用性萎缩。

（3）缄默症、失言症：不用言语而用书写或手势进行交谈称缄默症，想说话但发不出声音，或只能发出轻微含糊的声音，称为失言症。

（4）皮肤感觉障碍：可表现为感觉过敏、感觉缺失或感觉异常。感觉过敏指对一般的声、光刺激感到难以忍受，轻微触摸即可引起剧烈疼痛；感觉缺失常不符合神经分布特点；感觉异常有咽部梗阻或异物感，头部紧箍感、沉重感等。

（5）视、听觉障碍：视觉障碍表现为失明、管状视野、单眼复视等；听觉障碍表现为突然失聪。

（二）诊断与鉴别诊断

1. 诊断主要依据　①存在心理社会因素的诱因。②症状表现为下述之一：分离性遗忘症，分离性漫游症，分离性身份障碍，分离性精神症，转换性运动或感觉障碍或其他分离（转换）性障碍形式。③没有可以解释上述症状的躯体疾病。④社会功能受损。⑤起病与应激事件之间有明确联系，病程多反复迁延。

2. 鉴别诊断　需与癫痫大发作、反应性精神病和精神分裂症青春型相鉴别。

(三) 治疗

以心理治疗为主。治疗是针对症状还是针对冲突，要根据个人的实际情况来决定。对于急性起病者，可使用暗示治疗、行为治疗或催眠疗法尽快消除症状。对于戏剧性转换反应，如发作性病症或激动状态，要尽可能少去关注症状，不去人为地注意，可消除疾病、缓解病情，是最好的治疗原则。选择适当的患者，分析性心理治疗也会达到治疗目的。治疗的主要困难是患者不肯放弃疾病获益。有焦虑、抑郁、失眠、疼痛等症状，可给予抗焦虑药、抗抑郁药和镇静催眠药物。

第五节 器质性精神障碍

一、阿尔茨海默病

阿尔茨海默病（Alzheimer's disease，AD）是一组病因未明的原发性退行性脑变性疾病。多起病于老年期，潜隐起病，病程缓慢而不可逆，临床上以智能损害为主。病理改变主要为皮质弥漫性萎缩、沟回增宽、脑室扩大、神经元大量减少，并可见老年斑（senile plaques，SP）、神经元纤维缠结（neurofibrillary tangles，NFT）等病变，胆碱乙酰化酶及乙酰胆碱含量显著减少。

(一) 病因和发病机制

1. 遗传因素 AD 发病与遗传因素有关，具有遗传异质性，是多基因遗传。

2. 中枢神经递质 AD 患者脑部乙酰胆碱（Ach）明显缺乏，乙酰胆碱脂酶和胆碱乙酰转移酶活性降低，特别是海马和颞叶皮质部位。此外，AD 患者脑中去甲肾上腺素（NE）、5-羟色胺（5-HT）、谷氨酸等神经递质也减少。

3. 其他 微量元素铝和硅、慢病毒感染、脑外伤、慢性钙超载、兴奋性毒素等对 AD 的致病作用都有研究，但尚无定论。

(二) 临床表现

多隐袭起病，少数患者在躯体疾病或精神受刺激的情况下急性起病，主要症状有：

1. 认知症状

（1）记忆障碍：常为本病的首发症状，如经常失落物品、遗忘已许诺的事情，记不住刚经历的事情，言语啰嗦而重复，重复做事，常伴有虚构和错构。

（2）视空间和定向障碍：由于记忆是时间、地点、人物定向力的要素，因此 AD 患者定向力进行性受累，常在熟悉的环境中迷失方向。

（3）言语障碍：表现为表达含糊、刻板啰嗦、不得要领。

（4）智力障碍：既往获得的知识、经验逐渐丧失，运用这些知识和经验解决新问题、形成新概念的能力降低直至丧失。

2. 精神行为症状

（1）妄想：AD 患者因为记忆减退，常不记得东西放在哪里而出现"偷窃"妄想，还会因为不认识家人朋友而认为他们是冒名顶替者，还有的出现被抛弃的妄想。

(2) 幻觉：幻听最常见，其次是幻视，听觉或视觉有缺损的患者容易出现幻觉。

(3) 错认：有错认的患者混淆现实与视觉的界限，往往把屏幕、镜子、照片中的人像误认为是真人并与之对话，或认为室内有他人侵入。

(4) 焦虑、恐惧和抑郁：对即将发生的事情的预期性焦虑和害怕独处是AD患者常见的症状。

(5) 人格改变：表现为缺乏羞耻及道德感，不注重个人卫生，生活不能自理。

(6) 行为特征：动作单调、刻板，行为怪异，可出现藏匿物品、拾破烂、无目的的漫游、攻击行为等。

(7) 睡眠障碍：患者常有睡眠障碍，约半数患者睡眠节律紊乱或颠倒，白天睡觉，夜间活动。

(三) 诊断与鉴别诊断

1. 隐袭起病，进行性发展。

2. 智能缺损足以妨碍工作学习和日常生活，并有短程记忆缺损的证据；抽象概括能力或判断力明显减退，或有失语、失用、失认等高级皮质功能的其他障碍。

3. 神经系统检查无局灶性体征；脑电图早期呈节律减退，晚期为弥漫性慢波；脑影像学检查示脑萎缩和脑室扩大。

4. 除了应该与其他表现为痴呆的疾病（如血管性痴呆、帕金森病等）鉴别外，还应与老年期的其他精神疾病，如抑郁症、精神分裂症等相鉴别。

(四) 治疗

1. 心理和社会行为治疗　目的是最大程度地保留患者的功能，确保患者的安全性，减少患者家属的照料负担。尽量使患者呆在安全熟悉的环境内，专人看护；另外，可给家属提供疾病知识的教育，建议家属向有关单位寻求社会帮助。

2. 药物治疗

(1) 促智药物：胆碱脂酶抑制剂安理申、盐酸美金刚似有疗效，但尚不确切。

(2) 针对精神行为症状：可给予抗精神病药、抗抑郁药、抗焦虑药、心境稳定剂治疗，应小剂量使用，同时密切注意药物副反应。

二、脑血管病伴发的精神障碍

脑血管病所致精神障碍（mental disorders caused by brain vascular diseases）是由于脑血管疾病（包括出血性和缺血性）造成脑组织血液供应不正常所引起的精神障碍。一般进展缓慢，常因卒中急性加剧，病情波动，也可因侧支循环代偿良好而有所好转，临床表现多样，最终常发展为痴呆。

(一) 病因和发病机制

脑血管病所致精神障碍的发病机理中，脑血流量降低的程度与痴呆严重程度呈正相关。

脑血管病所致精神障碍的病理分类很多，根据病损广泛性可分为：①弥漫性病变引起的痴呆：以大脑基底节多发性梗塞较多见。病理解剖常见不同病期的多发性腔隙性梗塞灶，血管可见广泛性粥样硬化。②局限性病变引起的痴呆：与病变大小和部位有关。主要病理所见为脑动脉硬化,随着脑动脉硬化的严重发展可发生弥漫性脑萎缩。

(二)临床表现

临床上主要表现为脑血管病所致的精神障碍。

1. 早期症状　脑血管病所致精神障碍早期症状主要为神经衰弱综合征。

2. 局限性神经系统症状与体征　局限性神经系统症状与体征较常见的有假性球麻痹、构音困难、吞咽困难、中枢性面瘫、程度不同的偏瘫、失语、失用或失认、癫痫发作、尿失禁等。不同部位的脑出血或脑梗塞造成的局限性症状不同。

3. 智能损害(痴呆)及精神症状　早期为局限性,即认知功能损害不平衡,尽管有记忆障碍、智能损害,但自知力和判断力保持较好。常突然起病,呈阶段性退化,在以后的进程中,部分患者出现感知觉障碍及思维障碍,产生各种妄想,如关系、被害、疑病、嫉妒、被窃妄想等。有的患者由情感脆弱逐渐发展为情感迟钝、强制性哭笑,少数发生情感爆发。随着病情进展,可出现躯体并发症、精神创伤,在急剧环境变化,特别是在发生急性脑血管意外的情况下,痴呆症状会呈阶梯式加重,晚期即成为全面性痴呆。

(三)诊断与鉴别诊断

1. 符合脑血管病的诊断标准,从病史、体格检查、实验室和其他辅助检查,可以找到脑血管疾病的证据,并且精神障碍的发生和病程与脑血管疾病相关。

2. 有意识障碍、遗忘综合征、精神病性症状、抑郁或神经症样障碍等表现。

3. 应排除更年期或老年期精神病、情感性精神障碍、高血压脑病等。

(四)治疗

1. 治疗脑血管病,同时治疗伴随的其他疾病,如高血压、高脂血症、糖尿病等。

2. 对于精神症状可给予抗精神病药、抗抑郁药、抗焦虑药、心境稳定剂治疗,应小剂量使用,同时密切注意药物副反应,血管性痴呆也可给予促智药物。

三、颅内肿瘤伴发的精神障碍

颅内肿瘤可损害正常脑组织、压迫邻近脑实质或脑血管,造成颅内压增高,出现神经系统的病理症状、癫痫发作或精神症状。但有部分颅内肿瘤患者早期只有精神症状,缺乏神经系统的定位体征,易导致误诊而延误治疗。

(一)临床表现

颅内肿瘤患者精神症状常见。肿瘤的性质、部位、生长速度、有无颅内高压及患者的个性特征等因素均可影响精神症状的产生与表现。

1. 智能障碍　颅内肿瘤所致的精神症状中智能障碍最常见。患者可表现为注意力不集中、记忆减退或思维迟缓,严重者可出现类似痴呆的表现。

2. 幻觉　不同部位的肿瘤可产生不同种类的幻觉,如枕叶肿瘤可产生简单的原始性视幻觉;颞叶肿瘤可出现较复杂的幻视和幻听,亦可产生幻嗅、幻味;而顶叶肿瘤则可产生幻触和运动性幻觉。但不同部位的肿瘤也可产生相同的幻觉,如额叶肿瘤常因影响邻近的颞叶而出现幻视和幻听。

3. 其他精神症状　包括焦虑、抑郁、躁狂、分裂样或神经症性症状。

（二）诊断与鉴别诊断

详细准确的病史采集，仔细的躯体及神经系统检查、脑脊液检查、脑电图、超声、CT、MRI、SPECT以及脑血管造影等辅助检查，可有助于明确诊断。

（三）治疗

确诊颅内肿瘤的患者，应及时转入神经外科进行手术治疗。对于不适宜手术治疗的患者，可以通过放射治疗或化学治疗抑制肿瘤的生长和扩散。此外，若出现精神症状可给予精神药物治疗。另外，对于颅内压升高的患者应及时控制颅内压。

四、颅脑损伤伴发的精神障碍

颅脑外伤甚为常见，虽然医疗服务的迅速发展已大大降低了颅脑外伤的病死率，但外伤后精神障碍依然十分普遍。

（一）临床表现

1. 急性精神障碍

（1）意识障碍：头部外伤轻微者意识障碍较短暂，可持续数秒至数十分钟不等。严重受创者若丧失意识时间超过数小时，完全康复的机会可能降低。

（2）脑外伤后急性障碍：昏迷患者会经过一段意识模糊和智能下降的阶段才能完全恢复正常，这类情况亦称外伤后精神混乱状态（post-traumatic confusional state）。除智能障碍外，还可表现为易疲劳与精神萎靡，或行为冲动，亦可出现谵妄状态。

（3）记忆障碍：脑外伤后遗忘（post-traumatic amnesia，简称PTA）是一种顺行性遗忘，患者对脑外伤当时及其后一段时间的经历发生遗忘，通常由数分钟至数星期不等。PTA的长度可作为临床评估脑外伤严重程度的一个指标，即PTA愈长，脑损伤便愈严重。

逆行性遗忘是指患者忘掉受伤前一段时间的经历。它的长度是指由受伤一刻开始，直至受伤前最后一件能清晰回忆的事情为止。遗忘的时间常只有数秒至数分钟，但在伤势严重的患者，逆行性遗忘可达数天甚至数周或更长。

2. 慢性精神障碍

（1）智能障碍：严重的脑外伤可引起智力受损，出现遗忘综合征甚至痴呆，严重程度与PTA的长短有关。对于闭合性脑外伤的患者，如PTA长度在24小时以内，智力多能完全恢复；若PTA长度超过24小时，情况便不乐观。年长者和优势半球受伤者发生智能障碍的机会较大。

（2）人格改变：患者的人格改变多伴有智能障碍，一般表现为情绪不稳、焦虑、抑郁、易激惹甚至阵发暴怒，也可变得孤僻、冷漠、自我中心、丧失进取心等。如仅损害额叶，可出现行为放纵等症状，但智力正常。人格改变也可以是患者对脑外伤及其后果的心理反应的表现。

（3）脑外伤后精神病性症状：部分头部外伤的患者经过一段时间后会出现精神病性症状，如精神分裂样症状与情感症状等。脑外伤可直接导致精神症状，也可对有精神病素质者起到诱发作用。另外，脑外伤及其后遗症对患者社会、心理的影响，也与精神病性症状的发生、发展有关。当然，有些患者的精神病和脑外伤并无直接关系，一般而言，脑外伤和精神症状出现相隔愈久,两者直接因果关系的几率便愈低。

(4) 脑震荡后综合征(post-concussional syndrome):这是各种脑外伤后最普遍的慢性后遗症。主要表现为头痛、眩晕、注意力不集中、记忆减退、对声光敏感、疲乏、情绪不稳及失眠等。器质性与非器质性因素都可导致此综合征。虽然患者可能有器质性改变,但多数情况下躯体及实验室检查并无异常发现。该综合征与社会心理因素有很大关系,如索赔等。

(二)治疗

颅脑外伤急性阶段的治疗主要由神经外科处理。危险期过后,应积极治疗精神症状。对于幻觉、妄想、精神运动性兴奋等症状可给予苯二氮䓬类药物或抗精神病药物口服或注射,但对尚有意识障碍者应慎用精神药物。智能障碍患者应首先进行神经心理测量,再根据具体情况定出康复训练计划。

对人格改变的患者可尝试行为治疗,并帮助患者家属及同事正确认识及接纳患者的行为,尝试让他们参与治疗计划。对于脑外伤后伴发的精神病性症状,可根据情况采用抗精神病药物治疗。对于外伤后神经症患者应避免不必要的身体检查和反复的病史采集。支持性心理治疗、行为或认知-行为治疗配合适当的药物治疗(如抗抑郁药、抗焦虑药)都是可行的治疗方法。如症状迁延不愈,应弄清是否存在社会心理因素,如工作问题和诉讼赔偿问题等。

五、酒依赖和酒中毒性精神障碍

近年来我国酒消耗量逐步增加,酒相关问题发生率也相对增多,应引起重视。

(一)临床表现

1. 急性酒中毒 有大量饮酒史,醉酒的严重程度与血液酒精浓度关系密切,主要表现为冲动行为、易激惹、判断力及社交功能受损,并有口齿不清、共济失调、步态不稳、眼球震颤、面色发红、呕吐等表现。如果中毒较深,可致呼吸、心跳抑制,甚至有生命危险。

2. 戒断反应

(1) 单纯性酒精戒断反应(uncomplicated alcohol withdrawal):长期大量饮酒后停止或减少饮酒量,在数小时后出现手、舌或眼睑震颤,并有恶心或呕吐、失眠、头痛、焦虑、情绪不稳和自主神经功能亢进,如心跳加快、出汗、血压增高等,少数患者可有短暂性幻觉或错觉。

(2) 震颤谵妄(alcohol withdrawal delirium):长期大量饮酒者如果突然断酒,大约在48小时后出现震颤谵妄,特点是意识模糊,分不清东西南北,不识亲人,不知时间,有大量的知觉异常,如常见形象歪曲而恐怖的毒蛇猛兽、妖魔鬼怪,患者极不安宁、情绪激越、大叫大喊。另一重要的特征是全身肌肉粗大震颤。常有发热、大汗淋漓、心跳加快,部分患者因高热、衰竭、感染、外伤而死亡。

(3) 癫痫发作(epileptic attack):多在停饮12~48小时后出现,多为大发作。

3. 记忆及智力障碍 长期大量饮酒者,由于饮食结构发生变化,食欲不振,不能摄入足够量的维生素、蛋白质、矿物质等身体必需物质,还常伴有肝功能不良、慢性胃炎等躯体疾病，常发生贫血、营养不良。长期的营养不良状态势必影响神经系统的功能及结构。

酒精依赖者神经系统的特有症状之一是记忆障碍，被称为 Korsakoff 综合征，主要表现为记忆障碍、虚构、定向障碍三大特征，患者还可能有幻觉、夜间谵妄等表现。Wernick 脑病是由于维生素 B_1 缺乏所致，表现为眼球震颤、眼球不能外展和明显的意识障碍，伴定向障碍、记忆障碍、震颤谵妄等，大量补充维生素 B_1 可使眼球的症状很快消失，但记忆障碍的恢复较为困难，一部分患者转为 Korsakoff 综合征，成为不可逆的疾病。

酒精性痴呆（alcohol dementia）指在长期、大量饮酒后出现的持续性智力减退，表现为短期、长期记忆障碍，抽象思维及理解判断障碍，人格改变，部分患者有皮质功能受损表现，如失语、失认、失用等。酒精性痴呆一般不可逆。

4. 其他精神障碍

（1）酒精性幻觉症（alcohol hallucinosis）：酒依赖者突然停饮后（一般在 48 小时后）出现器质性幻觉，表现为生动、持续性的视听幻觉。

（2）酒精性妄想症（alcohol delusional disorder）：主要表现为戒酒后在意识清晰的情况下的妄想状态，特别是嫉妒妄想。

（3）人格改变（personality changes）：患者只对饮酒有兴趣，变得以自我为中心，不关心他人，责任心下降，说谎等。

（二）治疗

首先要克服来自患者的"否认"，取得患者的合作。其次，要积极治疗原发病和合并症，如人格障碍、焦虑障碍、抑郁障碍、分裂样症状等。还要注意加强患者的营养，补充机体所需的蛋白质、维生素、矿物质、脂肪酸等物质。戒断症状的治疗主要为以下四种。

1. 单纯戒断症状　由于酒精与苯二氮卓类药理作用相似，在临床上常用此类药物来缓解酒精的戒断症状。首次要足量，不要缓慢加药，这样不仅可抑制戒断症状，而且还能预防可能发生的震颤谵妄、戒断性癫痫发作。用药时间不宜太长，以免发生对苯二氮卓类的依赖。如果在戒断后期有焦虑、睡眠障碍，可使用抗抑郁药物。

2. 震颤谵妄　发生谵妄者，多有兴奋不安，需要有安静的环境，光线不宜太强，要由专人看护。如有大汗淋漓、震颤，可能有体温调节问题，应注意保温。同时，由于机体处于应激状态、免疫功能受损，易致感染，应注意预防各种感染、特别是肺部感染。使用苯二氮卓类控制兴奋躁动症状，使用抗精神病药物控制精神症状。

3. 酒精性幻觉症、妄想症　大部分的戒断性幻觉、妄想症状持续时间不长，用抗精神病药物治疗有效，在幻觉、妄想控制后可考虑逐渐减药，不需像治疗精神分裂症那样长期维持用药。

4. 酒精性癫痫　不常见，可选用丙戊酸类或苯巴比妥类药物，原有癫痫病史的患者，在戒断初期就应使用大剂量的苯二氮卓类或预防性使用抗癫痫药物。

六、精神活性物质伴发的精神障碍

精神活性物质指能够影响人类心境、情绪、行为，改变意识状态，并有致依赖作用的一类化学物质，人们使用这些物质的目的在于取得或保持某些特殊的心理、生理状态。精神活性物质（psychoactive substances）又称成瘾物质（substances）、药物（drug）。毒品是社会学概念，指具有很强成瘾性并在社会上禁止使用的化学物质，我国的毒品主要指阿片类、可卡因、大麻、兴奋剂等药物。

（一）临床表现

1. 依赖　依赖（dependence）是一组认知、行为和生理症状群，表明个体尽管明白使用成瘾物质会带来明显的问题，但还在继续使用，自我用药的结果导致了耐受性增加、戒断症状和强制性觅药行为（compulsive drug seeking behavior）。所谓强制性觅药行为是指使用者冲动性地使用药物，不顾一切后果，是自我失去控制的表现，不一定是人们常常理解的意志薄弱、道德败坏的问题。

传统上将依赖分为躯体依赖（physical dependence）和心理依赖（psychological dependence）。躯体依赖也称生理依赖，它是由于反复用药所造成的一种病理性适应状态，表现为耐受性增加和戒断症状。心理依赖又称精神依赖，它是由于吸食后产生一种愉快满足的或欣快的感觉，驱使使用者为寻求这种感觉而反复使用药物，表现为所谓的渴求状态（craving）。

2. 滥用　滥用（abuse）是一种适应不良方式，由于反复使用药物导致了明显的不良后果，如不能完成重要的工作、学业，损害了躯体、心理健康，导致了法律上的问题等。

3. 耐受性　耐受性（tolerance）是指药物使用者必须增加使用剂量方能获得所需的效果，或使用原来的剂量则达不到使用者所追求的效果。

4. 戒断状态　戒断状态（withdrawal state）指停止使用药物或减少使用剂量或使用拮抗剂占据受体后所出现的特殊的心理生理症状群，其机制是由于长期用药后，突然停药引起的适应性的反跳（rebound）。不同药物所致的戒断症状因药理特性不同而不同，一般表现为与所使用药物的药理作用相反的症状。

（二）治疗

1. 脱毒治疗　脱毒指通过躯体治疗减轻戒断症状，预防由于突然停药可能引起的躯体健康问题的过程。

（1）替代治疗：替代治疗的理论基础是利用与毒品有相似作用的药物来替代毒品，以减轻戒断症状的严重程度，使患者能较好地耐受。然后在一定的时间内（14～21天）将替代药物逐渐减少，最后停用。

（2）非替代治疗：用其他药物或针灸等治疗，来减轻戒断症状。

2. 防止复吸、社会心理干预

（1）认知行为治疗：帮助患者增加自控能力以避免复吸。基本的方法为：讨论对吸毒、戒毒的矛盾心理，找出诱发渴求、复吸的情绪及环境因素，找出应付内外不良刺激的方法，打破重新吸毒的恶性循环。

（2）行为治疗：通过各种行为治疗技术强化不吸毒行为，减少吸毒行为。

（3）群体治疗：群体治疗使患者有机会发现他们之间共同的问题，促进相互理解，共同交流戒毒成功的经验和失败的教训，相互监督，相互支持，有助于预防复吸而促进康复。

（4）家庭治疗：家庭治疗强调家庭成员间的不良关系是导致吸毒成瘾、治疗后复吸的主要原因。有效的家庭治疗技术能打破否认，打破对治疗的阻抗，促进家庭成员间的感情交流。

（吴玉琴）

思考题

1. 精神病性障碍的临床表现及处理原则是什么？
2. 抑郁障碍的临床表现及处理原则是什么？
3. 焦虑性神经症的临床表现及处理原则是什么？
4. 器质性精神障碍的常见临床表现、诊断及处理原则是什么？

第六章 临床心理评估

学习目标
1. 心理测验与心理评估的一般概念。
2. 心理测验表的编制和使用。
3. 常用心理测验和评定量表的使用对象和方法。

心理评估是采用心理学的理论和方法对人的心理品质及水平作出评定。临床心理评估则是采用心理学的理论和方法,对可能有心理问题或有心理障碍的人作出心理方面的判断、筛查和鉴别,临床上可用于辅助诊断、判断疗效和科学研究。

第一节 概 述

一、基本概念

(一) 心理评估

评估是人们认识客观事物的一个重要手段,人们对事物的评估主要采取两种方式:一种是对所观察事物的性质作出判断或解释,即定性的评价;另一种则是采用一定的方法或技术,对所观察的事物进行测定,作出量的描述,即定量的测量。心理活动作为客观存在又纷繁复杂的现象,也需要进行评估。心理评估是采用心理学的理论和方法对人的心理品质及水平作出评定,即对心理过程和人格特征等内容,如记忆、情绪、意志、智力、性格等的状态、特征和水平作出实际的评价。临床心理评估则是采用心理学的理论和方法对可能有心理问题或有心理障碍的人作出心理方面的判断、筛查和鉴别,又称心理诊断。临床心理评估常用观察、访谈和心理测验等方法,前两类方法多为定性或半定量(如定式或半定式访谈),而心理测验则是一种定量的心理评估方法。

(二) 心理测验

心理测验是依据心理学原理和技术,以客观的、标准化的程序对人的心理现象或行为进行数量化的测量和确定的一种技术。

心理测验是随着实验心理学发展起来的,只有一百多年历史。英国人类学家高尔顿(Galton)最早将统计学方法应用于心理测量。德国心理学家冯特(Wundt)于1879年在莱比锡大学建立了世界上的第一个心理实验室,首先开始对感知觉反应时的个体差异进行研究。美国心理学家卡特尔（Cattell）最早提出心理测验的概念，并终身从事心理测量研究，对心理测验的理论和实践都做出了重要的贡献。1905 年，法国的比奈（Binet）和西蒙（Simon）编制了第一份"儿童智力量表"对智力落后的儿童进行鉴别，取得了一定的实用效果，并引起广泛注意。1916 年美国斯坦福大学心理学家特曼（Terman）对该量表进行了全面修订，使用了"智商"的概念，创立了"斯坦福－比奈智力量表"。我国早在本世纪初就开始介绍国外的心理测验成就并修订、编制了一些适合我国国情的心理测验量表，解放后，受前苏联的影响，把心理测验工作列为工作禁区达 30 年之久。20 世纪 80 年代以来，心理测验工作重新受到重视，通过举办心理测验学习班，引进、修订国外的一些心理测验，自行编制测验等，使心理测验工作得到了很大的发展。

二、心理测验的特点

（一）间接性

由于心理现象的内隐性和复杂性，无法通过直接对大脑的观察而了解，只能从个体的行为表现间接地推测，所以，心理测验也只能从观察个体对量表测量项目的反应及其结果来推测其心理的表现和变化，是一种间接性测量。这种间接的观察，难以完全确定被测对象行为的代表性和真实性。例如，被测对某一智力项目的反应，可能回答，也可能不回答。如果回答，可有几种可能：真实智慧的反应、靠记忆答题或猜测；如果不回答，也有两种可能：确实不知或知而不答。

（二）相对性

物理的测量的结果往往有绝对性的意义，如一把尺，它有刻度相等的单位，测量以"0"为起点，可以用它直接测量并比较物体的长度，十分准确。理想的心理量表，也应当有以"0"为起点的参照点和刻度相等的单位，但心理现象的各种属性，如智力、人格、情绪等等，都难以确定"0"的状态；心理量表的分数等级只代表相对的等级，不能作为刻度相等的测量单位。许多心理现象均为正态分布或近似正态分布，心理测验往往是用平均水平作为参考点，测验结果是和这个平均水平比较得来的，因此心理测验的结果只表示相对于同年龄组的情况，并不是一个绝对值，心理测验的意义只是相对的，不是绝对的。

（三）测量的误差

任何一种测量，包括物理测量，都不可避免地会出现误差。心理测验由于测验对象的变异性很大，常受到很多主客观因素的影响，容易产生较大的误差。环境因素、被测的身体状况、测验工具的情况、指导语的使用、测验者与被测验者的关系等，都会影响测验结果。关键问题是如何正确地看待和处理心理测量的误差。在使用心理测验的过程中，除了严格按照量表实施的规则进行测量外，还必须慎重而准确地解释测验的结果，必要时需说明测得分数的特定条件、时间、背景，分析可能出现的误差及其原因。

（四）客观性

心理测验受许多因素的影响，它的客观性主要是通过量表编制和测量实施过程的标准化程序来实现的。标准化的心理量表应当使用经过科学方法的严格筛选，能够反映需要测验的某种行为特点的问题或任务，应当对测量的指导语、实施程序、计分方法、结果解释作明确的规定和说明，并由具有临床心理学、心理测量学、心理统计学等方面的理论基础,通过严格的专业培训,能熟练掌握所使用的心理量表,遵守量表实施的标准化程序,慎重而准确地解释测量结果的心理测量技术人员实施测验。

三、心理测量工具的品质

一个有效的心理测量工具,必须在以下几个方面具有良好的品质,才能达到临床应用的目的和要求:

(一) 项目的区分度

项目的区分度是指心理测验项目对某种心理特征的水平或倾向的判别能力。比如,使用智力测验中的项目进行测验,结果得分高低与智能水平成正比,并按实际智能水平排成顺序,表明这样的智力测验项目具有较高的鉴别力。有较高区分度的人格测验项目,得分的差异与其所要测的某种心理特征倾向的差异是十分一致的。区分度的高低是判别量表品质优劣的重要标志之一。

(二) 信度

信度是指测量的可靠性。它是检验心理测验测量分数的稳定性或一致性的指标。一个可靠的量表必须具有较高的信度。信度常用相关系数的大小表示。心理测验主要有以下几种信度:

1. **复测信度** 用某一测验对一组对象进行测量,相隔一段时间,比如一两周后,再用该量表对同一组对象重复测验,将两次测量结果进行相关分析,如果两次分数的相关系数较高,说明这一量表重复测量结果的一致性较高,量表的稳定性和可靠性较强。

2. **分半信度** 将某一测验的项目按编号的奇、偶数分成两组,对测量结果的奇、偶两组项目获得的分数进行相关分析,如果两组项目分数的相关系数较高,说明这一量表的内部一致性较高,内部稳定性和可靠性较强。

3. **等值信度** 包括两种评价方式:第一种方式是编制有同样测量目的的两个量表(即复本),用它们测量同一组对象,分析两个量表测得分数的相关系数,也称复本相关法;第二种方式是两个以上的心理检测人员用同一量表同时测查一个对象,分别评分,分析各检测人员之间评分的一致性和相关性。第二种方式一般用于检验测验人员对他评量表或评分标准难掌握的量表评分的可信度,常用于培训心理测验人员。

(三) 效度

效度是指测量的有效性、真实性和准确性。它是检验心理测验能否测出所要测量的某种心理特征或状态的指标,主要有以下几种:

1. **内容效度** 是指心理测验所包含的项目是否充分概括了应有的内容。如一个人格测验所包含的项目,其内容应该能代表预想测量的人格特征。分析内容效度,主要由专家根据专业知识和实际经验从以下三个方面来对心理测验的项目进行评判,决定什么内容可测出所要测量的特征:①项目是否真正属于测量的领域;②量表包含的项目是否能覆盖测量领域的所有方面;③量表项目的比例是否符合测量领域的结构分布。

2. **效标关联效度** 用一个成熟的相同功能的测验作为效标,将两个测验所得结果进行相关分析,看两者之间的相关性如何。

3. **结构效度** 是指心理测验的内容是否反映了所测心理特征的理论假设的结构。如心理学的理论假设智力主要由语词理解、数学运算、逻辑推理、空间知觉、记忆能力等因素所构成，那么根据这个理论假设制定智力量表时，需要考虑能否测到这些智力因素，能测到什么程度，这就要对这一智力量表进行结构效度分析。结构效度分析比较复杂，一般可用内在一致性表示，也可用因素分析法来分析。

（四）常模

为了对个别的测量结果进行正确的评定，必须与客观的标准比较后才能作出判断，这种标准称为常模，常模是取样测验的正常的平均水平，个别的测量结果通过常模进行比较，便得出优或劣、正常或异常的结论。建立常模是一个烦琐而复杂的过程。首先，是选择有代表性的样本，取样一般是按测验对象的人口实际分布情况分层取样，并保证一定的数量；然后对选定的人群样本进行测量；最后进一步对测量的结果进行统计学分析，得出平均数和标准差。这样，该测验的常模就产生了。从一个测量中直接获得的结果称为原始分数，是一个相对分数，无法评估其意义；只有以常模作为记分和解释的参照标准，才能解释测量结果。

由于文化背景的不同，心理属性的不同，不同心理属性发展的速度不同等因素，人的心理现象千变万化，所以每一种心理测验都要建立相应的常模。同一量表在不同的国家、民族、地区应用，以及随着时代的发展，都需要重新修订并建立新的常模。

（五）标准化

测验的标准化是指心理评估工具的编制、施测程序、指导语、记分方法、测量工具的操作等都应该是统一的。也就是说，测验程序对每一位受测者来说都是一样的，每位受测者结果的差异，应该说明他们心理的差异。如果测验程序对每位受试者不是一样的，那就无法辨别测验结果的不同是程序差异造成的，还是心理现象本身存在差异，也就无法比较测量结果。

四、心理测验的分类

心理测验的数量繁多，种类不一，现有心理测验已超过上千种，但归纳起来，大致有以下几种分类：

（一）按测验的目的分类

1. 能力测验　以测验智力或一些特殊能力为目的，包括智力测验和特殊能力测验等，常用的有比奈 - 西蒙智力量表，韦克斯勒智力量表，绘画、音乐等能力测验。

2. 人格测验　以测验人格为目的，如尼曼内外向人格测验、艾森克人格问卷、明尼苏达多相人格调查表、卡特尔16种人格因素测验等。

3. 诊断测验　以临床辅助诊断为目的，如纽卡斯尔抑郁诊断量表及各种人格诊断测验等。

4. 症状评定量表　其目的是评定有关心身症状，如焦虑自评量表（SAS）、抑郁自评量表（SDS）、90项症状自评量表（SCL - 90）等。

（二）按测验材料的性质分类

1. 文字测验　测验项目和回答问题都用文字表达，所以要求被试有一定的文化。各种调查表，韦氏智力测验中的常识、算术、词汇、领悟、相似等分测验均属于此类。

2. 非文字测验　测验项目和回答问题都用非文字形式表达。韦氏智力测验中的填图、图形排序、图形拼凑、数字符号等分测验即为非文字测验。许多测验既有文字测验项目，又有非文字测验项目。韦氏智力测验和比奈－西蒙智力量表即属于此类。

（三）按测验的方法分类

1. 问卷法　测量多采用结构式问题的方法，以回答问题的形式让被试作出答案的倾向性选择。此法易于评定分数，易于统一处理。一些人格测验及评定量表多采用问卷法。

2. 作业法　测验形式是非文字的，测验项目用图画、木块或其他非语言文字的方式来表达，让被试在规定的时间内进行实际操作。此法多用于测量感知觉和运动等操作能力。对于儿童及不识字的成人，也多采用作业法进行测试。

3. 投射法　采用一些模糊人形或墨迹图或一句不完整的句子等，让被试观察，要求被试根据自己的想象、理解或感受随意作出回答，借以诱导出被试的经验、情绪或内心冲突等，以反映其内心世界。投射法多用于测量人格，如洛夏测验、主题统觉测验（TAT）等。

（四）按测验的方式分类

1. 个体测验　一个主试只测验一个被试。这种方式有利于面对面地观察被试测验时的情况。临床测验多采用个体测验法。

2. 团体测验　一个主试同时测验多个被试，测验有时间限制，要求所有被试同时开始、同时结束测验。团体测验材料可以个体方式进行，但个体测验材料不能以团体方式进行，除非先将测验材料和实施方法加以改变，使之适合团体测验。

五、心理量表应用的基本准则

人的心理现象非常复杂，测验结果容易受到评估过程主客观因素的影响，如外界的声音，房间的设施，被试的心身状况等，都可能会影响测验的实施。为了使测验的结果客观、准确，心理测验人员除了必须经过专门的技术训练，全面熟悉掌握所使用量表的内容和方法，严格按照量表的程序实施操作之外，在测量过程中还应该注意遵守以下几项准则：

（一）慎重选择量表

在选择使用量表时，首先要考虑量表是否符合测验目的；其次必须注意量表常模的适用范围，任何心理量表的常模不可能是"全民性"的，只能代表一部分人，不同的人群有不同的常模。常模的形式有很多种，如年龄常模、性别常模、区域常模等。同时还应当选择那些信度和效度高的量表。

（二）与被测验对象建立协调的关系

如果心理测验人员与被测验对象之间的人际关系不协调，有可能影响测验效果。一种情况是被测产生"阻抗"，不予合作，甚至导致测验不能完成；另一种情况是被测产生焦虑情绪，即所谓"测验性焦虑"，影响其潜能的发挥，使测验结果达不到应有的水平。因此，心理测验人员必须与被测验对象建立一种良好的协调关系，才能使被测合作，作出接近于实际情况的应答反应，从而获得客观准确的测验结果。

（三）控制实施误差

任何测量都可能出现误差。一般说来，物理测量的误差极小，有时甚至可以忽略不计。然而，心理测验由于实施过程中主客观的影响因素较多，容易造成较大的误差，使测量的结果不真实。为了使测验结果准确、真实，就必须尽最大的努力控制误差。因此，在测验实施过程中，心理测量人员应严格按照量表使用的操作规则实施，同时要善于稳定被测验对象的情绪，自始至终让被测验对象发挥潜能，客观准确地应答量表项目。

（四）准确解释测验结果

心理测验的分数只是一种反映相对价值的数值，它的真实意义，需要科学地进行分析。心理测验人员不能简单地向被测验对象及相关人员，如家属、单位领导报告分数，而应当说明测验结果的真正意义。如一个成人测得智商（IQ）为87，与常模（IQ为100）比较，肯定是偏低的，但为什么偏低，可能有不同原因，或智力发育障碍，或大脑患病所致，或因某种目的而伪装等，测验人员必须在测验过程中认真观察，把测验结果与被测验对象的行为背景联系起来加以分析，才能准确地解释测验结果。

（五）遵守心理测验的道德

任何工作都必须遵守一定道德规范，心理测验也不例外。心理测验人员决不能利用测验工具谋取私利，或者屈服于某种压力违背测验规则，甚至任意处置测验结果。心理测验人员要始终保持公正的态度，应特别注意防止"晕轮效应"，避免成见的影响。

（六）注意测验工具和资料的保密

为了保证心理测验的有效性和可靠性，量表的内容，包括测验用的器材，都应当在一定范围内保密，不可以向社会泄露，也不能随意让未经专业培训的非心理测验人员使用，以免使量表失去控制，造成滥用。这是心理测验与其他测量的一个不同之处。被测验对象测得的分数结果是个人档案，属于个人隐私，应当受到保护。

第二节　智力测验

智力测验是评估个人一般能力的方法，是根据有关智力概念和智力理论经标准化过程编制而成的。智力测验在临床上用途很广，可用于儿童智力发展水平的评估、诊断脑器质性损害及退行性病变的参考指标，还可用于预测学业成就、特殊教育或职业选择时的咨询参考。

一、智商

智力测验的结果通常用智商（intelligence quotient，IQ）表示。智商是衡量个体智力发展水平的一种指标。

（一）两种智商的意义

根据计算方法的不同可以将智商分为两种。

1. 比率智商　比率智商表示一个人在同龄人中的智力水平，又称年龄智商，1916年美国斯坦福大学的心理学教授特曼（L. M. Terman）首次使用，计算公式为：

$$IQ = MA/CA \times 100$$

其中MA（mental age）为智龄，指智力所达到的年龄水平。CA（chronlogical age）指实际年龄。例如一位5岁的儿童测验中通过了6岁的测验项目，那么他的智力年龄是6

岁，实际年龄是5岁，经计算智商为120。如果一个儿童的智龄和实际年龄相同，智商为100，说明他的智力在同龄儿童中属于中等水平；如果智龄大于实际年龄，智商大于100，说明智力水平要高于同龄的一般儿童；反之，则低于同龄的一般儿童。

比率智商是建立在智力水平与年龄成正比的基础上的，实际上智力发展到一定年龄后即呈稳定的平台状态，高龄者还会随着年龄增加而下降，所以，比率智商适用于16岁以下儿童。

2. 离差智商　为了解决以上问题，美国心理学家韦克斯勒提出了离差智商，它是指一个人的智力测验成绩与同年龄组被试平均水平比较后得出的相对分数。它以标准差为单位表示被试成绩偏离同年龄组平均成绩的距离，其计算公式为：

$$IQ = 15(X - M)/S + 100$$

式中 X 为被试测验的原始分，M、S 分别为被试所在年龄组的均分和标准差。依据测验分数的常态分布情况确定每个年龄组 IQ 的均值为100，标准差为15。离差智商公式适用于任何年龄的被试，可清楚地表明被试在同龄人群中的智商位置，也可在不同年龄组之间进行比较。

（二）智商的分布

按智商的高低，可将智力水平分为若干等级，如表6-1所示。

表6-1　智商与智力等级关系分布表

智商范围	智力等级
130 以上	极优秀
120～129	优秀
110～119	中上（聪明）
90～109	中等
80～89	中下（迟钝）
70～79	边缘（临界）
50～69	轻度智力低下
35～49	中度智力低下
20～34	重度智力低下
20 以下	极重度智力低下

大量测验的统计资料表明，智商在人群中是呈正态分布的，多数人的智力都在中等水平，优秀或智力低下者相对较少，由于后天许多原因会导致智力损害，智力低下者较智力优秀者略多。如图6-1所示，图中横坐标为智商，纵坐标为在人群中分布的百分数。

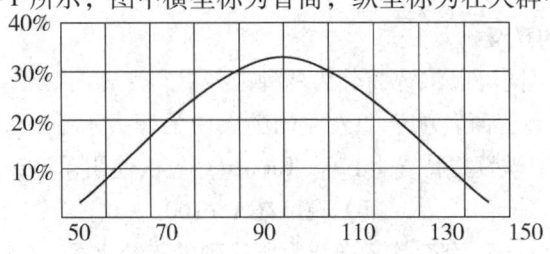

图6-1　智商正态分布示意图

二、几种智力测验简介

(一) 比奈-西蒙量表

法国心理学家比奈（A. Binet）和医生西蒙（S. Simon）根据法国的教育实践和需要，共同研究智力低下儿童的诊断方法，以帮助改进教育方式，于 1905 年发表了《诊断异常儿童智力的新方法》。这就是世界上出现的第一套智力测验量表，被人们称为"比奈-西蒙量表"。此后，比奈-西蒙量表经过多次修订，并提出了智龄这一概念。比奈-西蒙量表现在已极少使用，但它作为世界上第一套测验量表，开创了定量评估智力的先河，有着不可磨灭的历史功绩。

(二) 斯坦福-比奈智力量表

1916 年在美国修订了比奈-西蒙量表，被称为《斯坦福-比奈智力测验》（Stanford Binet intelligence test），并由特曼提出了比率智商的概念。这个概念克服了"智龄"的缺陷，使测验结果直观而便于比较。

1986 年，美国对斯坦福-比奈智力量表进行了第四次修订，在内容、程序、方法、记分、解释诸方面均有很大改变，适用范围扩大到从 2 岁的幼儿到成年人。第四次修订的斯坦福-比奈智力量表，简称为 S-B4，含有 15 个测验，代表 4 个主要认知领域，即词语理解、数量推理、抽象-视觉推理及短时记忆。结果分析采用离差智商。2000 年进行了第五次修订，简称 S-B5（Stanford-Binet Intelligence Scales, Fifth Edition），测验设计方面又有改进，适用年龄扩展为 2~85 岁及以上，认知领域评估扩展为 5 个：流体推理（fluid reasoning）、常识（knowledge）、数量推理（quantitative processing）、视觉-空间推理（visual-spatial processing）、操作记忆（working memory），S-B5 有大量非言语操作项目，可应用于有言语沟通障碍的被试。

(三) 韦克斯勒智力量表

韦克斯勒智力量表（Wechsler Intelligence Scale），指美国临床心理学教授贝莱坞（Bellevue）和精神病院主任、心理学家韦克斯勒（D. Wechsler）编制的一组智力量表。我国先后修订了《韦克斯勒成人智力量表》（WAIS）、《韦克斯勒儿童智力量表》（WISC）和《韦克斯勒学龄前及学龄初期智力量表》（WPPSI）（分为农村版和城市版），并建立了全国常模，从而使韦克斯勒智力量表适合我国的文化背景，现已得到了广泛的应用。

这里以中国修订的韦克斯勒成人智力量表（WAIS-RC）为例加以介绍。

WAIS-RC 全量表含 11 个分测验，其中 6 个分测验组成言语分量表，5 个分测验组成操作分量表。各分测验及其功能如下：

1. 11 个分测验

（1）知识测验：由一些常识（包括历史、天文、地理、文学、自然等）组成，可测量知识量及兴趣范围和长时记忆等能力。

（2）领悟测验：由一些有关社会价值观念、社会习俗和法规伦理的问题组成。可测验对社会的适应程度，尤其是对伦理道德的判断能力。

（3）算术测验：由一些心算题组成。测量对数的概念、数的操作能力（加减乘，同时可测量注意力、解决问题的能力。

(4) 相似性测验：找出两物（名词）的共同性。测量抽象概括能力。

(5) 背数（数字广度）测验：分为顺背数和倒背数两种。测量短时记忆和注意力。

(6) 词汇测验：给一些词下定义，测量被试者的词语理解和表达能力。

(7) 数字符号（译码）：1~9 的数字下面有相应的规定符号，要求被试者按照规定在一些数字下面填所缺的符号。测量眼手协调、注意集中能力和操作速度。

(8) 填图测验：有一系列的图片，每张图缺少一个最重要的部分，要求指出所缺部分的名称和所在部位。测量视觉辨别能力，对组成物体要素的认识能力，以及扫视后迅速抓住缺点的能力。

(9) 积木图案测验：用红白两色的立方体木块复制平面图案。测量空间知觉、视觉分析综合能力。

(10) 图片排列测验：调整一些散乱图片的顺序使之成为有意义的故事。测量逻辑联想、部分与整体的关系以及思维的灵活性。

(11) 拼物测验：将某个物体的碎片复原。测量想象力、抓住线索的能力以及手眼协调能力。

2. 功能分析　完成全部项目测试后，分别查相应的换算表，经统计可得到各分测验量表分及全量表、言语、操作三个智商。分测验量表分反映各分量表所代表的心理功能情况，而全量表智商（FIQ）代表被试者的总智力水平，言语智商（VIQ）代表言语智力水平，操作智商（PIQ）代表操作智力水平。对各个分测验因素分析结果发现三因素智力结构，即言语理解因素（A 因素）、知觉组织因素（B 因素）和记忆/注意因素（C 因素）。言语量表大多对应 A 因素，操作量表大多对应 B 因素，算术、背数和数字符号分测验对应 C 因素。对被试作智力诊断时，不仅要考虑三智商的水平，还要比较 VIQ 与 PIQ 的关系，以及分析各分测验量表分剖析图所作出的判断和评价。

韦克斯勒智力量表操作程序比较复杂，全过程测查需 2 个多小时，但因量表的分类较细，能较好反映一个人的智力全貌及其各个侧面，且信度和效度较高，故被认为是较好的智力评定量表。

(四) 个别能力测验

对于组成智力的单元——个别能力的测验，可以采用智力测验，如韦氏智力测验中的相关分测验，也可采用一些专用量表，临床上常用的有注意测验、记忆测验等。

1. 注意测验　一般多采用划销法，被试在所给的无规律排列的数字或字母中划去指定的一个数字或字母，看其在规定的时间内划销的质与量，从而检测其注意的稳定性、灵活性及注意的分配等。

2. 记忆测验　常用的记忆量表有：

(1) 韦氏记忆量表（WMS）：该量表由 D. Wechsler 等编制，我国的龚耀先等进行了修订，适用于 7 岁以上儿童和成人。修订的测试功能及项目为：①长时记忆，包括三个分测验：个人经历；定向（时间、空间记忆）；数字顺序关系；②短时记忆，包括六个分测验：视觉再认；图片回忆；视觉再生；联想学习；触摸测验；理解记忆；③瞬时记忆，仅含一个分测验：顺背和倒背数字。

要求用标准化的方法进行测试和记分，然后将原始分换算成量表分，再由量表分换算成记忆商 MQ。韦氏记忆量表的优点是在临床应用时，既可以用记忆商表示被试的一般记忆情况，又可比较几种类型的记忆受损的情况，所以成为神经心理测验的一个常规检查方法，常用于神经科和老年疾病、精神疾病的临床诊断。

（2）临床记忆量表：该量表由中国科学院心理研究所许淑莲等于1984年编制，其使用范围为20～89岁者，每10岁为一年龄组。特点是备有有文化和无文化两个部分的正常值，以便应用于文盲被测验者。有甲、乙两套，每套均由五项分测验构成：

第一项——指向记忆：包括两组内容，每组24个词，其中12个词属于同类，即为指向词；12个为混在其中的相类似的词，即非指向词。测验时要求被测验者通过听觉记忆同类的指向词。

第二项——联想学习：由12对2个字组成的词构成的量表，其中容易的与困难的各6对。测验时，也是要求被测验者通过听觉记忆学习，记住每对词。

第三项——图像自由回忆：包括两组画有物体的图片材料，每组15张，所画的物体都是人们常见的、熟悉的和易于辨认的东西，如日用品、交通工具等。测验时，要求被测验者对呈现出来的这些图片能立即回忆，并在2分钟内说出所有记得的图片内容。

第四项——无意义图形再认：包括20张刺激图片，40张再认图片（其中与刺激图片相同的20张，相似的混同刺激图片20张）。测验时，先分别呈现20张刺激图片，每张呈现3秒钟，间隔3秒钟。然后同样随机呈现40张再认图片，要求被测验者将与刺激图片完全相同的图片辨认出来。

第五项——人像特点联系回忆：包括6张黑白人像图片。测验时测验者按顺序呈现图片，同时告诉被测验者每张图片上人像的姓名、职业和爱好等特点，重复两遍，要求被测验者记住人像与特点之间的联系。然后再以另一顺序呈现这些图片，让被测验者立即说出各人像的姓名、职业和爱好等特点。

被试测试后得到五个分测验的原始分，然后查表换算成各项的等值量表分，最后换算成记忆商（MQ）。记忆商分七个等级，且呈常态分布，其等级划分为：130以上很优秀，120～129为优秀，110～109为中上，90～109为中等，80～89为中下，70～79为差，69以下为很差。

临床记忆量表主要用于测试短时记忆，因其内容更适合中国人的情况，且操作简便，故较适用于临床。目前它已用于抗衰老药物的效果评价；睡眠对记忆的影响；记忆的年老化研究；精神分裂症患者、脑肿瘤患者的记忆障碍治疗后疗效的观察等。

第三节　人格测验

评定个体人格的技术和方法很多，有观察、晤谈、行为评定量表、人格测验等。人格测验（personality test）是根据人格理论编制的评估个性心理特征的一类技术，常用的人格测验方法为问卷法和投射法。问卷法也称自陈量表，临床上常用的人格自陈量表有明尼苏达多项人格调查表、艾森克人格问卷、卡特尔人格测验等；常用的投射测验有洛夏墨迹测验和主题统觉测验等。

一、艾森克人格问卷

艾森克人格问卷（Eysench Personality Questionnaire，简称 EPQ）是由英国心理学家艾森克（Eysench）夫妇编制的。问卷分为儿童和成人两种形式，均由湖南医科大学龚耀先教授组织修订，并制定了全国性的常模，儿童问卷适用于 8~16 岁人群，成人问卷适用于 16 岁以上者。艾森克人格问卷是一种自陈式的人格问卷，它包括 4 个分量表，其中 3 个测量 3 种不同的个性维度，1 个为效度量表。

EPQ 项目较少，龚耀先教授修订的儿童问卷本和成人问卷本都是 88 个问题，测验手续简便易行，内容也较适合于中国的国情，显示有较好的信度和效度。因此，EPQ 作为人格的评估工具，在临床评估、心理健康调查和其他领域都具有重要的应用价值。

（一）E 量表（内外向维度）

E 量表表示性格的内外倾向。艾森克认为 E 维度与中枢神经系统的兴奋、抑制的强度密切相关。是一种双向特质，两端是典型的内向和外向，二者之间是连续不断的移行状态。测验分数升高说明性格趋于外向，外向的人爱交际，朋友多，渴望常有兴奋的事情，喜欢冒险，向外发展，行动常受冲动的影响，喜欢实际的工作，回答问题迅速、随和、乐观、好动、不踏实，喜欢说笑。分数低于平均水平说明趋于内向，内向的人则安静、离群、内省、不愿与人接触，保守，思前顾后，不愿意发生兴奋的事情，遵守生活规律，处事严谨，稍有点悲观，踏实可靠，价值观以符合伦理为标准。

（二）N 量表（神经质或情绪稳定性维度）

N 量表表示情绪的稳定性，与自主神经系统的稳定性有关，也是双向特质，大多数人处于中间移行状态。测验分数高显示存在焦虑、紧张、易怒，伴有抑郁；睡眠不好，常有心身不适的主诉；情绪表现过分，对各种刺激的反应都很强烈，难以平静；适应环境的能力较差，常带偏见。分数偏低者表现为情绪反应缓慢，强度很弱，有时给人一种情感反应缺乏的感觉。

（三）P 量表（精神病质维度）

P 量表是一种单向维度，表示心理状态是否正常。测验分数高表现为孤独、不关心他人，常惹麻烦，在任何环境中都适应不好；还可能会表现得残忍、缺乏同情心，感觉迟钝，对人有敌意，具有攻击性，喜欢一些古怪的不平常的事情，有冒险的行为。

（四）L 量表（掩饰）

这是一个效度量表，用于测验评估一个人的掩饰程度，高分者说明被试过分掩饰，测验结果不够真实。

二、明尼苏达多相人格调查表

明尼苏达多相人格调查表（Minnesoda Multiphasic Personality Inventory，简称 MMPI），是 20 世纪 40 年代美国明尼苏达大学的哈特韦（S. R. Halthaway）和墨金莱（J. C. Mckinley）编制的。最初是想编制一套对精神病有鉴别作用的辅助调查表，后来发展成人格测验。该量表问世以来，应用非常广泛，现在，许多国家和地区都有自己的翻译文本，将其广泛应用于人类学、心理学及临床医学等方面。大量的研究结果表明，它在精神医学的临床诊断及人格研究方面具有相当高的应用价值。20 世纪 80 年代初，中国科学院心理研究所宋维真研究员等组织全国有关单位协作，对 MMPI 进行修订，并广泛应用于我国精神医学临床及其他领域。

MMPI 共有 566 个自我陈述形式的题目，其中 1～399 题是与临床有关的，其他属于一些研究量表，题目内容范围很广，包括身体各方面的情况、精神状况及家庭、婚姻、宗教、政治、法律、社会各方面的态度和看法。被测验者对每个项目，在"是"、"否"或"不能说"的三种回答方式中选择一种方式作出回答；根据被试的回答进行量化分析，做出人格剖面图。可以手工分析，也可使用计算机辅助分析和解释系统。在临床工作中 MMPI 常用 4 个效度量表和 10 个临床量表。除常用的临床量表和效度量表外，人们通过研究还形成了许多种新的量表，如自我力量（Es）、依赖性（Dy）、优势性（Do）、偏见（Pr）等，这些量表大部分与病理无直接联系。

（一）4 个效度量表

1. 问题量表（Question，Q）　表示不作是否回答或是否均作回答的问题项目数。高分者表示在测验上花时间太多，也可作为无能为力、神经症、精神病等的指标。一般认为，被试得分在 5 分以下或 30 分以上者应视为无效问卷。

2. 掩饰量表（Lie，L）　测量被试对该调查的态度，低分提示老实谨慎、冷淡、成熟。高分者提示对症状汇报不真实或人格异常。L 分高于 10 分则结果不可信。

3. 效度量表（validity，F）　测量任意回答倾向。高分者可能为：①错误理解；②随便回答；③精神分裂症；④试图装病。低分者具有诚实、温和、正直、单纯、兴趣狭窄等人格特征。

4. 校正分量表（correction，K）　检测被试是否有隐瞒和防卫，且根据 K 分可修正临床量表的得分。高 K 分见于对测验有隐瞒，持防卫态度的人；缺乏自制、行为异常的人及精神病人。低分者见于"装坏"，对生活持消极态度的人，处境不顺，萌生自杀意念的人、同性恋者等。

（二）10 个临床量表

1. 疑病量表（Hypochondriasis，Hs）　测量被试的疑病倾向及对身体健康的不正常关心。高分表示被试有许多身体上的不适、不愉快、自我中心、敌意、寻求注意等。

2. 抑郁量表（Depression，D）　测量被试有无抑郁。高分者表现为抑郁冷淡，胆小依赖，消极悲观，情绪低落，思维迟滞，动作迟缓。

3. 癔症（歇斯底里）（Hysteria，Hs）　测量被试有无癔病性格。高分反映被试自我中心、自大、自私、期待别人给予更多的注意和爱抚，人际关系肤浅、幼稚。

4. 心理病理性偏离量表（Psychopathic Deviate，Pd）　测量被试有无精神变态或反社会性。高分者偏离一般社会道德规范，无视社会习俗，社会适应性差，冲动敌意，具有攻击性，有反社会行为。

5. 男性化 – 女性化量表（Masculinity – Feminity，Mf）　测量被试的男子气 – 女子气，了解是否有同性恋或其它性变态。男性高分反映敏感、爱美、被动等女性倾向；女性高分反映粗鲁、好攻击、自信、缺乏情感、不敏感等男性倾向。

6. 偏执（妄想）量表（Paranoia，Pa）　测量被试是否有病理性思维。高分者表现为病态猜疑、嫉妒心强、孤独甚至有妄想存在。

7. 精神衰弱量表（Psychasthenfa, Pt） 测量精神衰弱、强迫、恐惧或焦虑等神经症特点。高分提示有强迫观念、严重焦虑、高度紧张、恐惧等反应。

8. 精神分裂量表（Schizophrenia, Sc） 测量被试有无妄想、幻觉、离奇异常的思维和行动。高分提示被试行为退缩，思维古怪，可能存在幻觉妄想，情感不稳。

9. 轻躁狂量表（Hypomania, Ma） 测量被试感情发生的速度、强度和稳定性。高分反映被试者联想过多过快，夸大而情绪高昂，易激惹，活动过多，精力过分充沛、乐观、无拘束等特点。

10. 社会内向量表（Social Introversion, Si） 测量内外向性格。高分者性格内向，胆小退缩，不善于社交活动，过分自我控制等；低分反映外向。

（三）结果分析

MMPI 测验的结果用标准分 T 分进行分析，其转化公式为：$T = 50 + 10 (X - M)/S$。公式中 X 为原始分，M 为平均原始分，S 为原始分标准差，50 即 M 的等值量表分（T 分值）。T 分可在 MMPI 剖析图上标出。一般某量表 T 分高于 70 则认为该量表存在所反映的精神病理症状，例如抑郁量表 $D \geq 70$ 认为被试存在抑郁症状。但在具体分析时应综合各量表 T 分高低情况来解释。

（四）应用范围

MMPI 应用十分广泛，主要用于病理心理的研究。在精神病学主要用于协助临床诊断，在心身医学领域用于多种心身疾病如冠心病、癌症等病人的人格特征研究，在行为医学用于行为障碍的人格特征研究，在心理咨询和心理治疗中也采用 MMPI 评估来访者的人格特点及心理治疗效果评价等，现在还用于司法鉴定领域。

三、卡特尔 16 项人格问卷（16PF）

卡特尔认为 16 个根源特质是构成人格的内在基础因素，测量这 16 个根源特质就可以知道一个人的人格特征，根据这个学说，他编制了卡特尔 16 项人格因素问卷（16PF）。16PF 一般适用于具有小学以上文化程度的成人，16PF 共有 187 个题目，16 个量表，每个量表都有两极，高分极为 8～10 分，低分极为 1～3 分。表中所列为 16 个因素的名称及高低分者的人格特征（表 6-2）。

表 6-2 16PF 的名称及特征简介

因素	名称	低分特征	高分特征
A	乐群性	缄默、孤独、冷淡	外向、热情、乐群
B	聪慧性	思维迟钝、学识浅	聪明、富有才识、善于抽象思考
C	稳定性	情绪激动，易烦恼	情绪稳定而成熟，能面对现实
E	恃强性	谦逊，顺从，通融，恭顺	好强，固执，独立，积极
F	兴奋性	严肃，审慎，冷静，寡言	轻松兴奋，随遇而安
G	有恒性	苟且敷衍，坚持性差	有恒负责，做事尽职
H	敢为性	畏却退缩，缺乏自信心	冒险敢为，少有顾虑
I	敏感性	理智，注重现实	敏感、感情用事
L	怀疑性	信赖附和，易与人相处	怀疑，刚愎，固执己见

续表

因素	名称	低分特征	高分特征
M	幻想性	现实、力求妥善合理	幻想、狂放任性
N	世故性	坦白、直率、天真	精明强干，世故
O	忧虑性	安详，沉着，有自信心	忧虑抑郁，烦恼自扰
Q_1	实验性	保守、尊重传统	自由的，批评激进，不拘泥于成规
Q_2	独立性	依赖、随群附和	独立自强，当机立断
Q_3	自律性	矛盾冲突，不顾大体	知己知彼，自律严谨
Q_4	紧张性	心平气和，闲散宁静	紧张困扰，激动挣扎

被试根据指导语完成测验后，主试按标准记分方法，算出各个量表的原始分，再将其转换成标准分，最后绘出 16 个因素的分布图，由此分析被试的人格特征。16PF 可对人们的多个侧面的特征进行评估。另外，它还有 8 个二级因素，可对其他方面的内容进行测试。所以 16PF 对于人才选拔、职业咨询有一定价值，它还可以作为了解心理障碍的个性原因及心身疾病诊断的重要手段之一。

第四节 神经心理测验

神经心理测验是对感知觉、运动、言语、注意、记忆、思维等脑功能进行评估的神经心理学的重要研究方法之一，常用于预测和了解脑功能性或器质性障碍的性质和程度，帮助临床诊断及对治疗后康复程度、预后、能力的评价，也可用于正常人。多采用操作性的测验项目，经过标准化的设计，能够对个体的心理行为特征进行定量分析。

神经心理测验有单项测验和成套测验两种测验形式，前者采用单一形式的项目，测量某一种神经心理功能，如 Bender 格式塔测验仅测验个体的空间能力；后者项目形式多样，能够较全面地测量神经心理功能，如 H-R 成套神经心理测验。临床应用中，常根据测验目的的不同把神经心理测验分成神经心理筛选测验和成套神经心理测验。

一、神经心理筛选测验

该类测验用于筛查被试有无神经病学问题，如有问题，则进一步判断被试的行为或心理问题是功能性的还是器质性的，是否需要进行更全面的神经心理功能和神经病学检查。

（一）简易智力状态检查（Mini-Mental State Examination，MMSE）

此检查由 Folstein 编制于 1975 年，是最具影响力的认知缺损筛选工具之一，被选入诊断用检查提纲，用于美国精神疾病流行病学调查；WHO 推荐的复合国际诊断用检查亦将之组合在内，国内有李格和张明园两种中文修订版本。MMSE 共 19 项：项目 1~5 是时间定向；6~10 为地点定向；项目 11 分三小项，为语言即刻记忆；项目 12 为五小项，检查注意和计算；项目 13 分三小项，检查短程记忆；项目 14 分二小项，为物体命名；项目 15 为语言复述；项目 16 为阅读理解；项目 17 为语言理解，分三小项；项目 18，原版本为写一句句子，考虑到中国老人的教育程度，改成说一句句子，检测言语表达；项目 19 为图形描画。评定注意事项：要向被试直接询问，注意不要让其他人干扰检查，老人容易灰心或放弃，应注意鼓励，一次检查需5~10分钟。

（二）Bender格式塔测验（Bender – Gestalt test）

此测验由 Bender L 于 1938 年编制，主要测查空间能力。要求被试临摹一张纸上的 9 个几何图形，根据临摹错误多少和错误特征判断测验结果，是一种简捷的测查空间能力的方法。目前此测验常作为有无脑损伤的初步筛查工具。我国已有该测验的较大样本常摸。

（三）威斯康星卡片分类测验（Wisconsion card test，WCST）

此测验用于检测抽象思维能力。由 4 张模板（分别为一个红三角形、二个绿三角形、三个黄十字形和四个蓝圆）和 128 张根据不同的形状（三角形、五角星、十字形、圆形）、不同的颜色（红、黄、绿、蓝）和不同的数量（1、2、3、4）的卡片构成。要求被试根据 4 张模板对总共 128 张卡片进行分类。测试时不告诉被试分类的原则，只说出每一次测试结果是正确还是错误，可以测查根据以往经验进行分类、概括、工作记忆和认知转移的能力。该测验已在我国广泛应用。

（四）本顿视觉保持测验（Benton vision retention test，BVRT）

此测验由 Benton AL 于 1955 年所创，适用的年龄范围是 5 岁至成人。本测验有三种不同形式的测验图（C、D、E 式）。我国唐秋萍、龚耀先于 1991 年修订了该测验。此测验主要用于脑损伤后视知觉、视觉记忆、视空间结构能力的评估。

（五）快速神经学甄别测验（quick neurological screening test，QNST）

Mutti M 等所编的快速神经学甄别测验是一种测量与学习有关的神经综合功能的甄别工具。主要测查运动发展水平，控制粗大与细小肌肉运动的技巧，运动和计划的顺序性，速度和节奏感，空间组织、视知觉和听觉技巧，平衡和小脑前庭功能，注意障碍等与学习有关的功能。程灶火、姚树桥（1994 年）初步应用该测验的结果表明，QNST 对学习困难儿童具有较好的鉴别作用。

二、成套神经心理测验

成套神经心理测验一般含有多个分测验，每个分测验的形式不同，分别测量一种或多种神经心理功能，可以对神经心理功能作较全面的评估。成套神经心理测验种类较多，有世界卫生组织老年认知功能评价成套神经心理测验、霍尔斯特德 - 雷坦神经心理测验、鲁利亚 - 内布拉斯加神经心理测验、津医精神运动成套测验等。

（一）世界卫生组织老年认知功能评价成套神经心理测验（World Health Organization Battery of Cognitive Assessment Instrument，WHO/BCAI）

该测验由世界卫生组织各国专家在 1990 年初编制，中文版由上海市精神卫生中心引进修订。测验兼顾各国社会、文化和经济发展水平，简便易行。主要适用于 60 岁及以上老年人群，可用于正常老人，也可用于轻度认知功能损害的老人或轻度痴呆病人。测验主要评定被试的认知功能：注意力、总体智力、执行功能、记忆力、视觉空间技巧、运动速度、协调能力和语言等。具体评定项目有：听觉词汇学习测验、注销测验、语言测验（发音、命名、词汇流畅、命名回忆、小标记）、运动测验、视觉辨认功能测验（功能联系、语义联系、视觉再认、视觉推理)、结构测验和数字连线测验。正常老人完成全套测验需40~80分钟。

在临床应用中发现，WHO/BCAI 用于诊断痴呆时，敏感性为 85.7%，特异性为 92.82%。另外 WHO/BCAI 也可用于阿尔茨海默病和轻度认知功能损害的诊断。

(二) 霍尔斯特德－雷坦神经心理测验 (Halsted－Reitan neuropsychological battery, HRB)

HRB 是霍尔斯特德 (Halstead) 在研究人脑与行为关系的基础上编制出来的，后来又由他的学生雷坦 (Reitan) 进行了修订，用于测查多方面的心理功能或能力状况，包括感知觉、运动、注意力、记忆力、抽象思维能力和言语功能等。此测验有成人式 (用于15岁以上)、儿童式 (9~14岁) 和幼儿式 (5~8岁) 三式，我国由龚耀先主持先后修订形成了中国常模。

1. 我国修订的成人式的主要项目内容

(1) 范畴测验：要求被试通过尝试错误发现一系列图片 (156张) 中隐含的数字规律，并在反应仪上作出应答，测查被试者的分析、概括和推理等能力。此测验有助于反映额叶功能。

(2) 触觉操作测验：测验工具由若干呈几何形状的木块和刻有相应形状的木板槽组成。要求被测蒙住眼睛，分别用左右手或同时用双手将木块放入相应形状的木槽内，然后回忆所有木块的形状和位置。可以评估触觉鉴别能力、运动觉、上肢协调能力和形状记忆、方位判断能力等。此测验左右侧操作成绩比较有助于反映左右半球的功能差异。

(3) 音乐节律：要求被试听 30 对音乐节律录音，辨别每对节律是否相同，测查注意力、瞬时记忆力和节律辨别能力。此测验有助于了解右半球的功能。

(4) 手指敲击测验：它检查双手手指的精细运动能力。要求被测验者在一种机械装置上分别用左右手的食指敲击按键，测查精细运动能力。

(5) 失语检查：包括临摹图案、读词或句、解释词义、重复主试语言等项目内容，测量言语接受和表达能力以及有无失语。

(6) 语声知觉测验：由一些无意义的字音组成，要求被测验者从近似的 4 个字音中选出语声相同的字音。这项测验主要检查注意力和语音知觉能力。

(7) 侧性优势检查：通过对被试写字、拿东西、投球等动作的询问和观察，判断其利手、利足、利眼、利肩等，进一步判别言语优势半球。

(8) 握力测验：用握力计测量左右手最大握力，测查运动功能，比较利手和非利手。

(9) 连线测验：此测验分甲乙两式。甲式要求被试将一张 16 开纸上散在的 1~25 阿拉伯数字按顺序连接起来；乙式要求被试按顺序连接阿拉伯数字和英文字母。检查空间知觉、眼手协调、思维灵活性等能力。

(10) 感知觉障碍检查：包括听觉检查、视野检测、脸手触觉辨认、嗅觉检查、手指符号辨认和形状辨认等 6 个方面，测查有无周边视野缺损、听觉障碍、触觉和知觉障碍及了解大脑两半球功能的差别。

2. 分析方法 每一个分测验有不同的划界分常模，即区分有无病理征象的临界分。根据划入病理范围的分测验数，即属病理的测验数除以总测验数得出的损伤指数，临床上可以协助判断脑损伤的严重程度。HRB 常与智力测验、注意力测验、记忆测验等联用，使脑功能评估更为全面。

3. 用途　HRB 是鉴别脑功能性或器质性障碍的一种较可靠的神经心理测验工具，测验结果有助于脑病变的诊断，帮助确定某些病例症状群的性质和定位，评估脑与行为的关系。当然，这套测验仍存在一定的局限性，如测验所需要的时间长，结果处理和分析方法复杂，特别是对有些病人，如上肢偏瘫、智力损害较严重者难以适用，因此，临床广泛使用有较大的困难。

第五节　评定量表

评定量表是临床心理评估和研究的常用方法，用于对观察结果的印象进行量化的测量，它的应用范围已经从心理学扩展到精神病学乃至临床医学和社会学等领域。评定量表可分为自评量表和他评量表：前者评定者和被评对象为同一主体，评定者根据量表内容对自己进行评估；后者评定者和被评对象为不同主体，由了解被评者情况的人根据他们的观察按量表内容对评定对象进行评估。从本质上来说，除了形式方面的差异外，评定量表与心理测验特别是人格测验没有区别，但一般而言，评定量表结构常较简单、易于操作。其评估结果的准确性像心理测验一样取决于量表项目的适合性、常模的代表性、信度效度的好坏以及使用者的专业知识和经验。

一、症状评定量表

（一）90 项症状清单

90 项症状清单（Symptom Checklist 90，SCL-90）又名症状自评量表（self-reporting inventory），有时也叫做 Hopkin's 症状清单（HSCL）。现版本由 Derogatis 编制于 1973 年。近年 Derogatis 又编制了一个 51 项的文本，被称为"简易症状问卷"（Brief Symptom Inventory，BSI）。但后者的应用时间尚短，还难以确切地对其进行评价。SCL-90 在国外应用甚广。20 世纪 80 年代引入我国，随即广泛应用，在各种自评量表中是较受欢迎的一种。

1. 项目和评定标准　本量表共 90 个项目，包含有较广泛的精神症状学内容，从感觉、情感、思维、意识、行为直至生活习惯、人际关系、饮食睡眠等，均有涉及。它的每一个项目均采取 5 级评分制：

（1）无：自觉并无该项症状（问题）。
（2）轻度：自觉有该项症状，但对受检者并无实际影响，或影响轻微。
（3）中度：自觉有该项症状，对受检者有一定影响。
（4）相当重：自觉常有该项症状，对受检者有相当程度的影响。
（5）严重：自觉该症状的频度和强度都十分严重，对受检者的影响严重。

说明：这里所指的"影响"包括症状所致的痛苦和烦恼，也包括症状造成的心理社会功能损害。"轻"、"中"、"重"的具体定义，则应该由受检者自己去体会，不必做硬性规定。SCL-90 没有反向评分项目。

2. 评定注意事项 在开始评定前，先由工作人员把总的评分方法和要求向受检者交代清楚。然后让其做出独立的、不受任何人影响的自我评定，并用铅笔（便于改正）填写。对于文化程度低的受检者，可由工作人员逐项念给他听，并以中性的、不带任何暗示和偏向的方式，把问题本身的意思告诉他。一次评定一般约20分钟。还应注意，评定的时间范围是"现在"或者是"最近一个星期"。评定结束时，工作人员应仔细检查自评表，凡有漏评或者重复评定时，均应提请受检者再考虑评定，以免影响分析的准确性。SCL-90的适用范围颇广，但主要用于成年的神经症、适应障碍及其他轻性精神障碍患者，不适合于躁狂症和精神分裂症。

3. 统计指标

（1）单项分：90个项目的个别评分值。

（2）总分：90个单项分相加之和。

（3）总均分：总分/90。

（4）阳性项目数：单项分≥2的项目数，表示病人在多少项目呈现"有症状"。

（5）阴性项目数：单项分=1的项目数，即90个项目数减去阳性项目数，表示病人"无症状"的项目有多少。

（6）阳性症状均分：阳性项目总分/阳性项目数；另一计算方法为：（总分减去阴性项目数）/阳性项目数，表示病人在所谓阳性项目中，即"有症状"项目中的平均得分，反映该病人自我感觉不佳的项目其严重程度究竟介于哪个范围。

（7）因子分：共包括9个因子，其因子名称及所包含项目为：

1）躯体化包括1、4、12、27、40、42、48、49、52、53、56和58，共12项，主要反映主观的身体的不适感。

2）强迫症状包括3、9、10、28、38、45、46、51、55和65，共10项，反映强迫症状群。

3）人际关系敏感包括6、21、34、36、37、41、61、69和73，共9项，主要指某些个人不自在感和自卑感。

4）抑郁包括5、14、15、20、22、26、29、30、31、32、54、71和79，共13项，反映抑郁症状群。

5）焦虑包括2、17、23、33、39、57、72、78、80和86，共10项，指与焦虑症状相联系的精神症状及体验。

6）敌对包括11、24、63、67、74和81，共6项，主要从思维、情感及行为三个方面来反映病人的敌对表现。

7）恐怖包括13、25、47、50、70、75和82，共7项，它与传统的恐怖状态或广场恐怖所反映的内容基本一致。

8）偏执包括8、18、43、68、76和83，共6项，主要是指猜疑和关系妄想等。

9）精神病性包括7、16、35、62、77、84、85、87、88和90，共10项，其中有幻听、思维播散、被洞悉感等反映精神分裂样症状项目。

10）其他包括19、44、59、60、64、66及89，共7个项目，未能归入上述因子，它们主要反映睡眠及饮食情况。在有些资料分析中，将之归为"其他"。

4. 常模和分界值　国内量表协作组曾对全国 13 个地区 1388 名正常成人的 SCL-90 进行了分析,主要结果见表 6-3。

表 6-3　1388 名中国正常成人 SCL-90 统计指标结果

统计指标	均分 ± 标准差	因子分	均分 ± 标准差
总分	1.29 ± 38.76	躯体化	1.37 ± 0.48
总均分	1.44 ± 0.43	强迫	1.62 ± 0.58
阳性项目数	24.92 ± 18.41	人际关系敏感	1.65 ± 0.51
阴性项目数	65.08 ± 18.33	抑郁	1.50 ± 0.59
阳性项目均分	2.60 ± 0.59	焦虑	1.39 ± 0.43
		敌对	1.48 ± 0.56
		恐怖	1.23 ± 0.41
		偏执	1.43 ± 0.57
		精神病性	1.29 ± 0.42

该结果表中男(724 名)女(664 名)间总体无显著差异。仅发现强迫和精神病性两因子分男略高于女、恐怖因子分女略高于男,但差别甚微,在实际工作中性别因素可忽略不计。年龄因素的影响较性别大些,主要是青年组(18~29 岁)各项因子分除躯体化因子之外,均较其他年龄组高。

SCL-90 量表作者并未提出分界值。按上述常模结果,总分超过 160 分,或阳性项目数超过 43 项,或任一因子分超过 2 分,可考虑筛查阳性,需进一步检查。

由于该量表内容量大,反映症状丰富,较能准确评估病人自觉症状特点,故可广泛应用于精神科和心理咨询门诊中,作为了解就诊者或受咨询者心理卫生问题的一种评定工具;亦可调查不同职业群体心理卫生问题,从不同侧面反映各种职业对个体心理健康的影响。

(二) 抑郁自评量表

抑郁自评量表(Self-Rating Depression Scale, SDS)由 Zung 编制于 1965 年。为美国教育卫生福利部推荐的用于精神药理学研究的量表之一,因使用简便而应用颇广。

1. **项目和评定标准**　SDS 含有 20 个项目。SDS 按症状出现频度评定,分 4 个等级:没有或很少时间;少部分时间;相当多时间;绝大部分或全部时间。若为正向评分题,依次评为粗分 1、2、3、4。反向评分题(文中有*号者),则评为 4、3、2、1。

2. **评定注意事项**　表格由评定对象自行填写,在自评者评定以前,一定要让他把整个量表的填写方法及每条问题的涵义都弄明白,然后作出独立的、不受任何人影响的自我评定。如果评定者的文化程度太低,不能理解或看不懂 SDS 问题的内容,可由工作人员逐条念给他听,让评定者独自作出评定。一次评定可在 10 分钟内填完。评定时应注意:

(1)应强调评定的时间范围为过去一周。

(2)评定结束时,工作人员应仔细检查自评结果,应提醒自评者不要漏评某一项目,也不要在相同一个项目里打两个钩(重复评定)。

(3)如用以评估疗效,应在开始治疗或研究前让自评者评定 1 次,然后至少应在治疗后或研究结束时让他再自评 1 次,以便通过 SDS 总分变化来分析该自评者的症状变化情况。其时间间隔可由研究者自行安排。

(4) 要让调查对象理解反向评分的各题，SDS 有 10 项反向项目，如不能理解会直接影响统计结果。

3. 统计指标和结果分析　SDS 的主要统计指标是总分，但要经过一次转换。待自评结束后，把 20 个项目中的各项分数相加，即得到总粗分，然后通过公式转换 y = in + (1.25x)。即用粗分乘以 1.25 后，取其整数部分，就得到标准总分（index score，Y）。国内量表协作组曾对我国正常人 1340 例进行 SDS 评定，其中男 705 名，女 635 名。评定结果总粗分 33.46 ± 8.55，标准分 41.88 ± 10.57，性别和年龄对 SDS 影响不大。按上述中国常模结果，SDS 总粗分的界值为 41 分，标准分为 53 分，和国外作者一般意见的 40 分和 50 分甚为接近。

（三）焦虑自评量表

焦虑自评量表（Self-Rating Anxiety Scale，SAS），由 Zung 于 1971 年编制。从量表构造的形式到具体评定方法，都与抑郁自评量表（SDS）十分相似，用于评定焦虑病人的主观感受。

1. 项目和评定标准　SAS 共 20 个项目。SAS 的主要评定依据为项目所定义的症状出现的频度，分 4 级：没有或很少时间；少部分时间；相当多时间；绝大部分或全部时间。正向评分题，依次评为 1、2、3、4。反向评分题（上文中有 * 号者），则评分 4、3、2、1。

2. 评定注意事项　详见 SDS 关于评定注意事项的说明。

3. 统计指标和结果分析　SAS 的主要统计指标为总分。在自评者评定结束后，将 20 个项目的各个得分相加，即得总粗分，然后换成标准分。换算方法见 SDS 节。国内量表协作组对中国正常人 1158 例研究结果，正向评分题 15 项均分为 1.29 ± 0.98；反向评分题 5 项均分为 2.08 ± 1.71，20 项总粗分均值为 29.78 ± 10.07。总粗分的正常上限为 40 分，标准总分为 50 分，略高于国外的 30 分和 38 分。SAS 可作为咨询门诊中了解焦虑症的一种自评工具。

（四）医院焦虑抑郁量表

医院焦虑抑郁量表（hospital anxiety and depression scale，HAD）由 Zigmond 与 Snaith 于 1983 年创制，主要应用于综合性医院病人中焦虑和抑郁情绪的筛查。此表被译为多种文字而在许多国家广泛应用，我国也有 2~3 个版本。HAD 共由 14 个条目组成，其中 7 个条目评定抑郁，7 个条目评定焦虑。共有 6 条反身提问条目，5 条在抑郁分量表，1 条在焦虑分量表，这就导致了评定方式有些不均衡。采用 HAD 的主要目的是进行焦虑、抑郁的筛查，因此重要的一点是确认一个公认的临界值。各研究中所采用的自变量界值不尽相同。按原作者的标准，焦虑与抑郁两个分量表的分值划分为 0~7 分属无症状，8~10 分属症状可疑，11~21 分属肯定存在症状。巴克扎克（Barczak，1988 年）用 8 分作为临界值，用 DSM-Ⅲ 诊断作为金标准，发现其对抑郁和焦虑的灵敏度分别为 82% 和 70%，特异性分别为 94% 和 68%。但斯弗斯通（Silverstone，1994 年）发现，采用 8 分作为临界值，HAD 预测 DSM-Ⅲ-R 抑郁症的灵敏度尚能令人满意（在综合性医院和精神科分别为 100% 和 80%），但其特异性却只有 17% 和 29%，因此认为该量表只能用于筛查。叶维菲等翻译的大陆版本在综合性医院进行过严格测试，采用 CCMD-2 诊断以及 SDS 和 SAS

作为参照,发现9分作为焦虑或抑郁的临界值可以得到较好敏感性与特异性。此结果有利于推荐这一临界点。

HAD 显然只是一个焦虑和抑郁的筛查量表,最佳用途是供综合性医院筛查可疑存在焦虑或抑郁症状的病人,而对阳性的病人则应进行更深入的检查以明确诊断并给予相应的治疗。该量表不宜作为流行病学调查或临床研究中的诊断依据。

二、应激和应对有关评定量表

(一) 生活事件量表

国内外有许多生活事件量表。这里介绍由杨德森、张亚林编制的生活事件量表,由48条我国较常见的生活事件组成,包括三方面的问题:家庭生活方面(28条);工作学习方面(13条);社交及其他方面(7条);另外有2条空白项目,供填写被试者已经经历但表中并未列出的某些事件。

LES是自评量表,由被试者自己填写。填写者须仔细阅读和领会指导语,然后逐条一一过目。根据调查者的要求,将某一时间范围内(通常为一年内)的事件记录。对于表上已列出但并未经历的事件应一一注明"未经历",不留空白,以防遗漏。然后,由填写者根据自身的实际感受,而不是按常理或伦理观念去判断那些经历过的事件对本人来说是好事还是坏事?影响如何?影响持续的时间有多久?影响程度分为5级,从毫无影响到影响极重分别记0、1、2、3、4分。影响持续时间分三个月内、半年内、一年内、一年以上共4个等级,分别记1、2、3、4分。

统计指标为生活事件刺激量,生活事件刺激量越高反映个体承受的精神压力越大。负性事件刺激量的分值越高对心身健康的影响越大;正性事件的意义尚待进一步研究。计算方法如下:

(1) 单项事件刺激量=该事件程度分乘以该事件持续时间分再乘以该事件发生次数。

(2) 正性事件刺激量=全部好事刺激量之和。

(3) 负性事件刺激量=全部坏事刺激量之和。

(4) 生活事件总刺激量=正性事件刺激量+负性事件刺激量。

(二) 社会支持评定量表

近20年来,许多研究发现,人们所获得的社会支持与人们的心身健康之间存在着相互关系。良好的社会支持能为个体在应激状态时提供保护作用,另外对于维持一般良好的情绪体验也具有重要意义,上个世纪80年代中期肖水源编制了社会支持评定量表。该量表结构分为三个维度:客观支持,指个体所得到的客观实际的、可见的社会支持;主观支持,指个体主观体验到的社会支持,对所获支持的满意程度;对支持的利用度,指个体对社会支持的主动利用程度。

1. 评定方法　量表共有10个项目,大多数为1~4级评分,要求受试者根据实际情况自我进行评分。计分方法:

(1) 第1~4和8~10项,每项只能选一个答案。

(2) 第5项又分为A、B、C、D共4条,每条也从无至全力支持分4等,分别记1~4分,该项总分为4条计分之和。

(3) 第6、第7项如回答为"无任何来源"记0分，如回答有来源则按来源项目计分，每一来源记1分，加起来则为该项目分数。

2. 结果与分析

(1) 社会支持判定量表总分：即10个项目计分之和。

(2) 客观支持分：2、6、7项评分之和。

(3) 主观支持分：1、3、4、5项评分之和。

(4) 对支持的利用度：8、9、10项评分之和。

（三）特质应对方式问卷

应对是心理应激过程的重要中介因素，与应激时间性质以及应激结果均有关系。近十年来应对方式受到广泛的重视，出现了许多应对方式量表，特质应对方式问卷是其中之一。

特质应对方式问卷是自评量表，由20条反映应对特点的项目组成，包括两个方面，即积极应对与消极应对（各含10个条目），用于反映被试者面对困难挫折时的积极与消极的态度和行为特征。被试者根据自己大多数情况时的表现逐项填写。各项目答案从"肯定是"到"肯定不是"采用5、4、3、2、1五级评分。

积极应对分：将条目1、3、5、8、9、11、14、15、18、20的评分累加即得积极应对分。一般人群的平均分为30.22 ± 8.72，分数高，反映积极应对特征明显。

消极应对分：将条目2、4、6、7、10、12、13、16、17、19的评分累加，即得消极应对分。一般人群的平均分为23.58 ± 8.41，分数高，反映消极应对特征明显。

实际应用中，消极应对特征的病因学意义大于积极应对。

（四）综合生活质量问卷

对正常人和病人及其亲属的生活质量进行研究，这是上个世纪80年代中期形成的一个国际研究方向。目前在这方面的研究有两种倾向：一是评价个体客观生活质量；另一种是研究个体对生活质量各方面的主观感受——即满意程度。然而，由于不同个体的社会经历、背景、价值观念、期望水平等许多方面存在很大的差异，因此主观评价和客观评价之间往往相差甚远，生活在相同客观条件下的个体其主观感受可能完全不同；而主观感受类似的个体其实际生活状态也可能大相径庭。由于这方面的原因，有人提出同时对主观感受和客观状况进行评定，这样做有利于发现个体的价值观念，生活需求及其影响因素。综合生活质量问卷由李凌江等于上个世纪90年代初编制，能同时评定个体客观生活质量和主观满意程度，并建立了湖南省区域常模。

1. 评定方法　适用于16岁以上成人。由经过训练的专业人员进行评定，可以进行团体测验，但文化程度偏低者需主试念给被试听，然后记录其回答。评分为1~5分五级。

2. 量表结构与计分　综合生活质量问卷包括评定客观生活状况和主观满意度两部分。每部分都分四个相同的维度，即躯体健康、心理健康、社会功能和物质生活，共64个项目。其中客观指标40项，主观满意度指标24项。主观满意度评分从极不满意的1分到非常满意的5分。客观评定评分从极差的1分到极佳的5分。获得粗分后将其转换成标准分，再进一步换算成各分量表分。

3. 常模、信度与效度　在湖南省选6个代表性地区，按1990年人口统计资料，采取分层-随机-整群抽样方式采样，常模共包括来自城乡的 8550 名受试。量表的信度系数：客观评价 0.51~0.77，主观满意度 0.58~0.79；重测信度（平均间隔 21 天）为 0.84~0.93。作者用因子分析方法对量表结构进行分析，表明有较好的结构效度。

三、A 型行为类型评定量表

A 型行为类型评定量表有多种。这里介绍张伯源主持修订的，适合我国的 A 型行为类型评定量表。

该问卷由 60 个条目组成（见附录），包括三部分："TH"（time hurry）25 题，反映时间匆忙感，时间紧迫感和做事快等特征；"CH" 25 题（competitive hostility），反映争强好胜、敌意和缺乏耐性等特征；L（lie）10 题，为回答真实性检测题。由被试者根据自己的实际情况填写问卷。在每个问题后，符合时回答"是"，不符合时回答"否"。

TH 的 25 题中，第 2、3、6、7、10、11、19、21、22、26、29、34、38、40、42、44、46、50、53、55、58 题答"是"和第 14、16、30、54 题答"否"的每题计 1 分。

CH 的 25 个问题中，第 1、5、9、12、15、17、23、25、27、28、31、32、35、39、41、47、57、59、60 题答"是"和第 4、18、36、45、49、51 题答"否"的每题计 1 分。

L 的 10 题中，第 8、20、24、43、56 题答"是"和第 13、33、37、48、52 题答"否"的每题计 1 分。

评分指标及其意义：

L 分：将该 10 题评分累加即得 L 分。如大于或等于 7，反映回答不真实，答案无效。

TH 分：将该 25 题评分累加即得 TH 分。

CH 分：将该 25 题评分累加即得 CH 分。

行为总分：将 TH 分与 CH 分相加，即得行为总分。

行为总分高于 36 分时视为具有 A 型行为特征。

行为总分在 28~35 分之间时视为中间偏 A 型行为特征。

行为总分低于 18 分时视为具有 B 型行为特征。

行为总分在 19~26 分之间时视为中间偏 B 型行为特征。

行为总分为 27 分时视为极端中间型。

（李勇　吴玉琴）

思考题

1. 信度和效度的概念及运用。
2. 心理测验的基本程序。
3. 心理量表应用的基本准则。
4. 常用的人格测验有哪些，各有何特点？
5. 智商的概念及一般人群的智商分布情况。

第七章 心理治疗

学习目标
1. 各种心理治疗产生疗效的共同要素及其治疗功能，心理治疗关系的特点。
2. 支持性心理治疗的技术和应用。
3. 精神分析治疗的理论和方法。
4. 个人中心疗法的理论和技术。
5. 行为治疗的理论和技术。
6. 认知治疗的理论和技术。

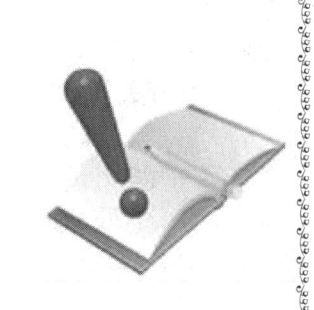

心理治疗是正式的帮助过程，各种心理治疗有共同的要素及治疗功能，治疗关系至关重要。依据其理论背景不同，心理治疗有很多不同的流派。主要流派有精神分析治疗、个人中心疗法、行为治疗、认知治疗、家庭治疗和集体治疗；结合东方哲学思想的森田疗法、通过艺术表达的音乐治疗和绘画治疗也被广为传播。综合各家长处的折衷主义是现代心理治疗的发展趋势。

第一节 概 述

一、概念和历史发展

心理治疗（psychotherapy）是治疗者和患者之间的特殊人际关系交往过程，在这种关系中，治疗者应用以心理学理论为基础的方法，与患者建立言语或非言语的交流，试图帮助患者减轻情绪障碍，改变适应不良的行为方式，促进人格成长，从而改进患者的心理健康状况，使他们能更加有效地处理生活中的问题。所以，心理治疗是合作努力的行为，不同于医学治疗，也不同于一般的安慰帮助。心理治疗师应该是受过心理治疗理论和技术的训练，并能熟练掌握这些理论和技术的合格的专业人员。

二、各种心理治疗产生疗效的共同要素及其治疗功能

随着各种心理治疗理论和方法的不断发展和完善，大多数学者对心理治疗的确切疗效已达成共识。但是，心理治疗是如何起作用的呢？现在，越来越多的学者相信，不同理论取向的治疗方法之所以都能有效，原因在于它们之间的相同之处。

（一）心理治疗的三个共同要素

1. 与一位鼎力相助的人保持一种密切的、有情感交流的信赖关系　心理治疗效应的产生是以治疗师与来访者双方相互信任的关系为基础的。其中，信任是能产生治疗效应的治疗关系的核心。只有信任，患者才能将内心的痛苦向医生倾诉，才能接受医生的解释、支持、鼓励。若没有这样的治疗关系，心理治疗几乎没有可能改善患者的状况。治疗关系从患者因心理疾病来到诊室寻求医生的帮助时就开始了，并且随着治疗的进行而不断发展变化。治疗师应引导治疗关系向着能产生治疗效应的方向发展。

但是，治疗关系不同于友情，心理治疗不鼓励甚至反对将治疗关系向友情发展。二者的区别在于：

第一，治疗关系是单向的，而友情是双向的。前者受益的只是患者，后者是双方受益。

第二，治疗关系是系统的，有特定的目标；而友情没有特定的目标。

第三，治疗关系是正式的，治疗关系是由治疗开始时双方商定的设置（setting）所决定的。设置的内容包括：治疗时间安排、治疗形式、治疗付费、疗程安排等。

第四，职业帮助受时间及地点的限制，心理治疗应该是在约定的时间内在治疗室进行的，大多数心理治疗流派反对心理治疗师"出诊"，强调心理治疗师"坐堂"。"出诊"与"坐堂"的区别在于检验患者的主动求治意愿，因为主动求治是心理治疗有效的前提。

2. 使治疗师与来访者双方都深信不疑的基本理论　心理治疗的理论主要是人格理论，这里尤其需要强调治疗者对某种理论的信心，前面已经提到，治疗关系是相互影响的，只有治疗者对某种理论有深刻的理解和信心，才能自信、沉着、冷静，并将这种情绪传递给患者。

3. 与基本理论相联系的具体方法　抽象的理论在治疗过程中必须通过具体的易于被患者理解的方法来体现，能对患者心理疾病的发生、发展、迁延、预后进行具体而恰当的概括。治疗者应使患者了解自己困难的性质、形成原因及如何去解决。

（二）心理治疗的五种治疗功能

1. 激起和维持来访者的获助期望。

2. 唤起来访者的情绪，达到疏泄情绪的目的。

3. 提供新的学习经验　学习是人的心理和行为改变的基本途径，这里特别强调"体验性学习"的作用，所有治疗学派都认为仅有单纯的理性认识不足以促成改变，必须有情绪体验才能推动真正有效的学习。

4. 增强来访者的"主宰感"和自我效能　大量的研究一致指出，个人是否感到自己能够有效地控制、支配周围环境和自己，与其思维和行为的积极性、情绪体验的好坏有很高的相关性。

5. 提供机会，使来访者能够内化并维持治疗收获　所谓内化不仅指认识上的理解，还包括来访者把习得的改变从认识、情感和行为习惯上与个人的生活整合，融入到个人的生活中并保持下来。要实现内化，来访者须不断地练习实践。

三、心理医生应具备的条件

心理治疗是一个由治疗者、患者、理论组成的系统，其疗效不仅来自于理论，还与治疗者及患者自身的特点有关。成功的心理医生应具备以下的特征：

1. 共情（empathy） 即医生从患者的立场看问题。理解以往的事情对患者的含义，知道患者是怎样感受过和思考过的，然后与患者沟通自己的理解。沟通的方式是治疗师将自己的理解讲出来，让患者来纠正，然后不断修改，达到沟通。

2. 开明/开放（openness） 即不加评价地讨论问题。要承认患者有权拥有自己的情感，能容忍患者与自己有不同甚至相反的价值观和生活风格。

3. 激励/鼓励（encouragement） 指支持、维护患者。治疗者应成为患者的同盟者，但要注意激励或鼓励不能不切实际或过度。

4. 沉着（composure） 治疗师在整个治疗过程中，面对患者情绪变化及来自患者方面的种种压力，要尽量保持节制和中立，使自己能冷静而清醒地观察患者、思考患者的问题，尽量不让自己受来自患者的种种压力的驱动，以免迷失治疗方向，走入歧途。治疗者的沉着自信，能给患者以信心，有利于他们更好地控制情绪。

5. 其他 大多数治疗者都强调，心理治疗的专业训练和治疗实践中的督导是成为一个合格心理治疗师的必要前提。

四、心理治疗的适应证和禁忌证

心理治疗的主要适应证有：生活中遭遇危机，有急性情绪反应；各类神经症；行为问题，如酒中毒、药物依赖、进食障碍；儿童青少年的情绪、品行及发育障碍；性功能与性心理障碍；人格障碍。另外，也可作为辅助治疗用于：心理生理障碍；躯体疾病伴发的焦虑抑郁反应或精神障碍；非器质性精神病患者的康复期；精神发育迟缓等。

以下情况一般不主张使用心理治疗：急性精神病发作期；严重的内源性抑郁；轻躁狂；器质性精神障碍；严重的反社会性人格障碍；严重消极自杀。

第二节 支持性心理治疗

一、支持性心理治疗的作用

支持性心理治疗（supportive psychotherapy）用于帮助近期遭遇疾病或应激事件的人，支持患有不能治愈的内科或精神科疾病的患者，或者是帮助有应激性问题却不能完全自己解决的人（如照顾残疾儿童）。其治疗目的是减轻应激反应。

二、支持性心理治疗的基本技术

（一）倾听

应充分倾听患者的问题，通过耐心的倾听，让患者感到医师在关心他、理解他。治疗医师在倾听过程中集中注意的姿态，以及重复、回述、归纳患者所讲的内容会有助于提高倾听的效果。

（二）解释和指导

就患者有关的躯体和心理问题给予解释和知识教育，矫正不正确的认识或卫生知识，给予有效的指导和必要的健康教育。

(三) 减轻痛苦

通过鼓励患者表达情绪来减轻苦恼或心理压抑，亦称疏泄。为了达到这一目的，医师应先理解患者因遇到挫折而感到悲观绝望、愤怒敌对的情感体验，再鼓励患者将感受表达出来而不是压抑。

(四) 提高自信心

一些心理支持的方法常常可以提高患者的自信心，使患者保持活下去的希望。如帮助患者复习回顾自己虽长期患病，但仍保留着一些优点和兴趣爱好，即使存在疾病或不良反应所致的严重损害，患者仍然会保持一些功能，鼓励他们认识到这一点，并学会使用保存的功能，自娱自乐，努力做到"知足常乐"。

(五) 鼓励自我帮助

鼓励患者学会自助，即使是患有严重疾病或残疾的患者也可以学会自助。让患者认识到，心理治疗是在患者遇到问题或痛苦时所提供的一种帮助，起的作用是拐杖支撑作用，目的是帮助患者"吃一堑，长一智"。在今后的生活过程中，应该学会应用治疗过程中所学到的各种知识或技巧来"举一反三"地调节自我的心理功能，而不是长期依赖于医生。

第三节 精神分析治疗

精神分析治疗（psychoanalysis psychotherapy）是奥地利学者弗洛伊德在对神经症的治疗实践中创立起来的一种心理治疗的理论和方法。它的产生和传播不仅开创了现代心理治疗的先河，还对欧美的文化和社会生活产生了极大的影响。

一、弗洛伊德的人格理论

(一) 潜意识理论

弗洛伊德认为，人的内心活动大部分在潜意识中，一些原始的本能冲动以及与本能冲动有关的欲望，由于不被社会风俗、道德、习惯所容许，被排挤到意识之下，便在潜意识中积极活动，追求满足。这种潜意识的心理过程，虽不为人所察觉，却在人的一生中占有重要的支配地位。

(二) 精神结构理论

弗洛伊德将人格结构分为本我、自我和超我三个部分。本我是其中最古老的部分，是遗传的、生来就有的，追求本能欲望的满足，遵循享乐原则；超我是人格中的道德部分，主要是儿童期父母的影响被儿童内化为自己的价值观形成的，主要作用是限制本能欲望的满足，遵循道德原则；自我是从本我中发展出来的，是为了协调本我、超我和现实的要求，使人们在符合外部现实制约的同时满足本我的基本冲动，避免个体因受到挫折而产生焦虑，遵循现实原则。

(三) 防御机制理论

自我克服焦虑的方式被称为自我防御机制（ego-defense-mechanisms），它有三个主要特征：①是人们用来控制本能和情感的一种主要手段。②处于潜意识中。③可能是病态的，也可能是适应的过程。

（四）内驱力理论

弗洛伊德认为，由本能需要所引起的紧张就是内驱力，内驱力是产生心理活动的能量源泉。心理生活的本能存在两种内驱力：性驱力和攻击驱力。性驱力的目标是亲和，是不断地建立并维护更强大的统一体。攻击驱力是毁灭，是取消联结，将勃勃生机变成无机状态。本能现象是由性驱力和攻击驱力组成的混合体，例如吃的活动是将对象破坏，而破坏的最终目的是吸收；性活动是在"温柔的"攻击活动中达到最亲密的结合。

（五）性心理发展阶段理论

弗洛伊德认为，"性本能"的概念与"生殖器"是有区别的，前者的内涵更广泛，它泛指从身体的某些区域（如口腔、肛门、生殖器等）获得快感的功能，这一功能通常到了青春期后才成为生育的辅佐。性活动并不开始于青春期，而是出生不久就有了明显的表现。如：婴儿通过口腔吸吮母乳是为了得到营养，但从他们有时不为摄取营养而仍然吸吮母乳的现象（例如到了断奶的年龄仍不肯断奶）来看，婴儿吸吮母乳的努力也是为了获得快感。弗洛伊德把性心理发展分五个阶段，即口欲期（0~1岁）、肛欲期（1~2岁）、性蕾期（3~5岁）、潜伏期（6~12岁）、青春期（13岁~）。儿童在这些阶段中获得的经验决定了他成年的人格特征。儿童在不同性心理发展阶段的性本能只有得到适当的满足，才能顺利地从一个阶段向下一个阶段发展；如果形成了固着（Fixation），就会影响人格的成熟。所谓固着，是指由于在某个性心理阶段发展需要不能满足或过分满足而阻碍心理发展的现象。

二、治疗技术

弗洛伊德认为，患者的心理疾病是他们早期的心理创伤所致，是自我运用一切力量协调本我和超我的冲突失败后产生的，如果领悟到心理障碍的潜意识根源，患者就能恢复自我的力量，重新平衡本我和超我，恢复心理健康。下面介绍的几种主要技术，目的就是帮助患者领悟心理障碍的潜意识根源。

（一）自由联想

就是让患者自由地将所有的内心想法，包括可耻的、令人难堪的、痛苦的、非理性的，都不加审查地说出来，不做任何隐瞒。自由联想常与节制技术一同使用，即治疗者在向患者介绍了治疗过程之后，就应该更多地倾听患者有关内心世界的描述，尽量少发表自己的意见，这种技术就称为"节制"。

（二）释梦

弗洛伊德认为，梦是潜意识内容的象征性表达，具有给本我提供满足而又不至于对自我造成威胁的功能。释梦是自由联想的进一步延伸，鼓励患者说出往日所做过的梦，找出梦的"弦外"之音，深入探掘"潜台词"，以确定梦的真正含义。梦分为显梦、隐梦，我们醒来之后回忆的梦，并非梦的过程，只不过是梦的表面，梦的过程隐藏在这一表面的背后。

（三）日常生活中的心理病理学分析

打开潜意识大门的另一种重要方法就是对看似偶然的失误行为（日常生活中的心理病

理学)进行分析,如口误、笔误、遗忘、失约等。

(四) 阻抗

阻抗是指患者抵制痛苦的治疗过程的各种力量。弗洛伊德认识到,对潜意识内容进行解释固然重要,然而,如果患者的防御拒绝承认这些潜意识内容,这些心理冲突就不能够整合在一起,很快又会遇到同样的防御而再次进入潜意识。因此,治疗者首先要指出患者的阻抗,让患者注意到自己的阻抗,以后在适当的时机,再探索为什么要采取阻抗,以及想防御的是什么。

(五) 移情

移情(transference)是指患者在潜意识中把治疗者看成是自己过去某一重要人物(主要是父母)的再现或化身,把用于原型的情感和反应转移到治疗者身上。在治疗中,移情再现的是患者以往的人际关系。患者可以对治疗者表现积极的(温情的)态度,也可以表现消极的(敌对的)态度。前者被称为正移情,后者被称为负移情。正移情会导致移情性治愈,即患者为了赢得治疗者的赞扬和喜爱,会做到他平时做不到的事、消除症状,而把通过自我成长真正恢复健康、摆脱病症的理性目标置之不顾。移情的作用有两方面:一方面它具有无可替代的治疗价值;另一方面它又是重大危险的根源。显然,移情状态的危险性在于患者不理解移情是过去经验的反映,把移情作用当成了新的现实经验,在这种情境中,分析师的任务就是坚定地使患者摆脱危险的错觉,反复向他表明他自以为是现实的经验只不过是过去生活的反映。

(六) 反移情

反移情是分析师对患者的移情反应,是分析师潜意识冲突的结果。在心理治疗过程中,这种"反相的移情"会扰乱分析师的判断,影响治疗的正常进行。但是,如果分析师善于处理自己的反移情,则可以把它作为治疗的最有力手段,来对患者的症状进行解释。所以,分析师必须接受精神分析和督导,因为分析师在成长中也会经历许多创伤,这些创伤会在潜意识里沉淀,精神分析和督导可以使沉淀的情感得以净化。这样,在治疗过程中,在分析师与患者双方的移情和反移情的相互作用中,分析师才能够分辨出某种情感的来源,更清晰地了解患者潜意识里的活动及冲突。

(七) 解释

解释是揭示思想和行为的潜意识含义的一种方法。更广义地讲,解释能使患者用不同的方式看待自己的思想、行为、情感以及欲望,这种方法可以使患者从旧的认知事物的框框里解脱出来,它也是带来领悟的基本方法之一。

第四节 个人中心疗法

个人中心疗法(person - centered therapy)也被译为患者中心疗法、来访者中心疗法,是由美国人本主义心理学家卡尔·罗杰斯(C. Rogers)于20世纪40年代在对精神分析疗法的批评中发展起来的一种心理治疗与咨询方法。个人中心疗法的基本假设是:只要给患者提供适当的心理环境和气氛,他们就能产生自我理解,改变对自己和他人的看法,产生自我导向行为，并最终达到心理健康的水平。这种基本假设，是建立在罗杰斯的人格理论基础上的。

一、罗杰斯的人格理论

（一）实现趋向

罗杰斯假定人身上有一种最基本的、统御人的生命活动的驱动力量。他把它称为"实现趋向"。他认为，在人类有机体中有一个中心能源，它是有机体的履行、实现、维持和增强的趋向，这是一切有机体的共有属性，是任何生物天生就赋有的、体现生命本质的东西。实现趋向包括两个方面：①生物学方面，指一切生物共有的成长、成熟趋势。②心理方面，表现为人独有的自我实现趋向。这种实现趋向赋予人强大的生存动力，顽强地追求发展。

（二）机体智慧和机体估价过程

个体生活中发生的任何变化，最终都要根据实现趋向来确定他们对个体的意义。符合实现趋向的，有助于个体成长、发展的，对人具有积极价值，反之则是消极的。罗杰斯假定生物体自身有能力作出这种判断。这种能力源于有机体本身，是一种"机体智慧"（organismic wisdom）。个体具有的机体智慧表现为他能通过一种"机体估价过程"（organismic valuing process）来评价什么是好（符合实现趋向）、什么是不好（阻碍实现趋向）。在人身上，这种机体估价的直接体现形式是感受或体验。那些同实现趋向一致的体验是令人满足的，因此是个体倾向于接近和保持的；那些同实现趋向相矛盾的体验是令人不快的，因此引起回避反应。

（三）人性基本可以信赖

实现趋向和机体估价过程，都是在个人自身发生的。如果这就是人的本性的话，我们不免担心：这种从个人出发，为个人生存而活动的本性，一旦跟环境中的他人相互作用，跟社会发生关系，不会妨碍他人、损害社会利益吗？对此，罗杰斯的回答是：人性基本可以信赖。他说："人的基本属性自由发挥作用时是建设性的，可以信赖的。因为他自己的最深切的需要之一就是与人亲近和交往。他希望得到他人的爱和给予他人以爱的倾向同他想与人争斗或为自己攫取东西的冲动一样强烈。"

（四）人的主观世界——现象场

在罗杰斯看来，与其说个体生活在一个客观现实的环境中，不如说他生活在自己的主观经验世界之中。这个主观的经验世界称为"现象场"（phenomenological field）。一个人在现实世界中如何观察，观察到什么，有什么感受，是因人而异的。因此，每个人的现象场都是独一无二的。这个主观的现象世界才是这个人的真正的现实，因为他的行为、思想、感受直接由这个主观世界来决定。正是由于这个原因，才使得不同的人对同样的刺激、同样的事件作出不同的反应。只有个人自己才能真正地、完善地了解自己的经验世界。旁人（包括治疗者）永远不可能像当事人自己那样好地了解当事人。这就是为什么治疗过程要由当事人来主导的原因。

（五）自我

自我是一个人现象场中分化出来的一部分，在一个人的现象场中具有核心意义。在罗杰斯看来，自我不等于自我意识，而是自我知觉（或意识）与自我评价的统一体。它的构成主要包括：

一是个人对自己的知觉及与之相关的评价。例如，"我是个坏男孩"。"男孩"是知觉认识，"坏"是评价。

二是个人对自己与他人关系的知觉和评价。例如，"人们都不喜欢我"（知觉）。潜隐的评价可能是，"我不好"，"这很令人伤心"等等。

三是个人对环境各方面的知觉及自己与环境关系的评价。例如，"这个公司能发挥我的才干"。

在幼儿最初的经验世界——现象场中，一切事件都是混沌一片的，孩子并没有"我"的概念。随着儿童与环境、他人的相互作用，才开始慢慢能把自己与"非自己"区分开来。有关自己的种种经验就在现象场中分化出来，形成了他的最初的自我。

在儿童开始有了初步的自我概念后，在自我实现趋向的作用下，孩子通过机体估价过程的自动作用，逐渐在意识中赋予那些感到好受的经验以积极的评价，在活动中倾向于寻找、保持那些积极经验，回避那些消极经验。应该说，这样的发展是最理想的发展，因为孩子寻找的那些经验恰恰有助于自我实现的经验。但是，一些特殊的情况使得这种理想的发展常常受到干扰。

（六）价值条件和自我的异化

在孩子寻求的积极经验中，有受到他人的关怀和尊重而产生的体验，也就是说，孩子有了被关怀和尊重的需要，而这些需要的满足取决于他人。父母（也包括他人）的关怀和尊重是有条件的，这些条件体现着父母和社会的价值观。罗杰斯称这种条件为价值条件。儿童反复地从自己的行为后果体验这些价值条件，然后把这些价值观念内化，将它们变成自我结构的一部分。当这种内化了的价值观念和行为标准形成以后，儿童的行为不再受机体估价过程的指导，而是受内化了的社会价值规范的指导。儿童被迫逐渐放弃按机体估价过程去评价经验，而依据自我中内化了的社会的价值规范去评价经验。这意味着儿童的自我和经验之间发生了异化。

二、治疗目标

以人为中心的治疗的基本目标可以说是"去伪存真"。"伪"就是一个人身上的那些与其价值条件异化了的自我概念相一致的，或者说由这些自我概念衍生出来的生活方式、思想、行动和体验的方式。"真"就是一个人身上那些代表着他的本性，属于他的真正自我的思想、情感和行动方式。罗杰斯常用"变成自己"，"从面具后面走出来"这样的话来表达以人为中心的治疗目标。

三、咨询过程

以人为中心治疗的咨询者在咨询过程中的表现很有些"清静无为"的特点。事实上，罗杰斯非常喜爱《道德经》的一段话："我无为而民自化，我好静而民自正，我无事而民自富，我无欲而民自朴。"以人为中心疗法也有点像禅宗的修炼方法：让修行者"自悟"。

然而这种无为并非真的什么也不做，正如禅宗的学习也要靠某种情境、条件的促动一样，以人为中心的咨询也是有条件的。这种条件就是医患双方的关系。按照罗杰斯的看法，如果在咨询者和来访者之间发展出了一种相互信任、无条件地接纳对方、充满真诚坦率、愿意倾听彼此心灵的自然流露的关系，就能够最有效地促进来访者在自己的心灵世界作"探险旅行"，促使来访者发生前面说的改变。

（一）个人中心疗法的主要技术

1. 情感回应（reflection of feelings）　治疗者接纳患者的情感，并通过重述的方式与患者交流对其所述内容的理解。

2. 情感阐明（clarification of feelings）　随着患者对自我的探索不断深入，他们的思维和情感表达会出现混乱，这就要求治疗者整体地感受和注意，理解患者试图表达的内容，并帮助患者清晰地表达自己的情感。

3. 治疗者的情感表达（expression of the therapist's feelings）　治疗者作为真诚纯正的人，在恰当的时候应当对患者正在表达的内容作出反应。

（二）个人中心疗法技术的作用

这些技术常可以减轻患者在治疗情境中的恐惧，帮助他们无防御地正视自我，让以前的否定情感显露出来，并开始接纳这些情感，将这些情感与自我建立联系，及时对自我作出总结。随着防御心的减弱，患者会进一步地剖析自我，接受从前感到恐惧的情感，不依赖与别人的价值观念保持一致来获得安全感。随着治疗的进行，患者学会信任自己的情感和行为倾向，逐步接近真实的自我。随着自我意识的不断觉醒，自我就会在更现实的水平上重组。随着自我的重组，行为会变得更适应、更少焦虑，能够更有效地驱动患者的自我实现倾向。

第五节　行为治疗

行为治疗（behavior therapy）是以学习理论为基础的一类心理治疗方法，即在治疗联盟的前提下，应用学习原则来克服精神和心理障碍。行为治疗直接针对某一障碍的体征和症状（靶问题），特别强调目前存在的心理问题及其社会人际因素，不太注意过去因素对疾病的影响。行为治疗中，个人体验的各个方面均可以作为治疗的目标，如情感、社交关系、认知、想象，以及其他的心理生理指标。例如行为矫正通过有步骤、有计划的教育方案，指导精神发育迟滞和孤独症患者学会自我料理和交往的一般技巧，可以减轻患者的残疾程度。

一、理论基础

（一）经典条件反射理论

巴甫洛夫用狗进行实验发现，肉（非条件刺激）可引起狗的唾液分泌（非条件反射），这种反应强烈而恒定。如将铃声（中性刺激）稍稍先于肉配对显现，经过若干次后，当听见成为条件刺激的铃声时，狗也会出现唾液分泌（条件反射）。条件反射是后天习得的，是条件刺激与非条件刺激先后多次结合后才产生的，而且受非条件刺激增强，如较长时间不给予增强，条件反射将会消退，铃声不再引起狗的唾液分泌。

(二) 操作条件反射理论

该理论由斯金纳（Skinner）提出，强调个体从操作活动中自己获得奖罚。斯金纳将行为分为两大类：一类为应答性行为，由特殊的可观察到的刺激引起，如瞳孔对光反射；另一类为操作性行为，是一种自发的行为，它的出现与环境发生的某些后果有关，如老鼠压一下杠杆就可以获得食物，婴儿啼哭可引来母亲的抚爱等，这些结果可促使压杠杆、哭等行为反复出现，这些行为就属于操作行为反应。

(三) 社会学习理论

社会学习理论提出了另一种学习形式，被称为观察学习或模仿学习。社会学习理论家说，人类更大量行为的获得不是通过条件作用的途径而是通过示范、观察、模仿的途径进行的。

班杜拉分析了观察学习的过程，指出观察学习包括三个具体过程。首先是注意过程，其实应该叫知觉过程或者观察过程，即集中注意观察所要模仿的行为示范，这是后面过程的基础。其次是保持过程，是指把观察得到的信息进行编码并储存在记忆中的过程。第三是运动再现过程，这是使一项模仿实际实行与否的制约因素，这一过程会影响前面两种过程。多数有目的的模仿行为都须某种动机力量的支持。

二、治疗过程

(一) 行为评估

行为评估又叫行为功能分析或行为分析，是收集、测量和记录有关不适应行为的信息，了解该行为的发生条件或维持条件的过程。对一具体个案进行行为评估时，第一步是鉴别出问题行为，第二步是对问题行为进行分析。判断一个行为是否为不适应行为，要联系以下几种情况进行考虑：①与来访者生活环境中的社会常规进行比较；②联系来访者的整个生活情况，看这个行为是否对他的生活造成损害；③来访者自己是否因这一行为而苦恼；④周围的人有什么评价。因此，鉴别问题行为实际上是一个广泛收集有关信息，进行综合分析的初步诊断过程。

(二) 行为治疗

1. 确定目标行为　　确定目标行为必须考虑咨询目标的一般要求。它们应该是有助于来访者适应环境，有助于来访者的成长和发展，同时不悖于社会价值规范，不妨碍他人利益。对目标行为要精确定义，要使之操作化，便于观察和测量。

2. 选择方法技术　　选择治疗方法和技术要根据目标行为的性质和特点、备选技术的特点以及实施条件等进行综合考虑，要细致考虑来访者环境中有哪些条件有助于这一治疗方案的实施，有哪些条件会妨碍这一方案的实施。尤其是来访者周围的重要人物如家人、教师、亲友，其中有谁可以帮助管理刺激的控制或强化物，有谁可能妨碍这一计划的贯彻。

3. 实施治疗计划　　开始实施治疗后，治疗者和其他有关的人按治疗方案的要求给予指示、示范、控制刺激和强化,随时和定时评估来访者是否正发生满意的改变,如果出现异常,要查明是哪一环节出了毛病,及时作出相应的调整,进行新的尝试。实施阶段的问题往往出在来访者离开治疗室之后,要么是来访者自己,要么是他周围的人不能按要求去做。因此,许多治疗者建议在制订方案时要同来访者及其周围的重要人物协商,计划确定后要把实施步骤和要求向他们进行详细说明,并在执行过程中随时注意这些人是否正在按要求作出适当行为。

(三) 随访

随访就是在干预期结束后不定期地了解来访者的情况,看治疗所取得的进步是否保持下来了。对于来访者来说,随访能够了解他在治疗机构里取得的进步在自然环境中是否保持,是否迁移。这有助于疗效的巩固。如果出来一些偏差可以及时予以弥补。对于咨询者来说,随访是进行科学研究和提高个人专业水平的重要环节。

三、常用的行为治疗方法

(一) 系统脱敏

系统脱敏(systematic desensitization)是由 J. Wolpe 所创立的采用深度肌肉放松技术拮抗条件性焦虑的方法,用于治疗焦虑的患者。先同患者一起制订一份导致焦虑的境遇等级表,然后在治疗中用习得的放松状态来抑制焦虑反应,这一过程又称交互抑制(reciprocal inhibition)。因此,系统脱敏包含了三个步骤:放松训练、制订等级脱敏表及两者的配合训练。

1. 放松训练 放松可以产生与焦虑反应相反的生理效应,如心率减慢、外周血流量增加、呼吸平缓,以及神经肌肉松弛。在系统脱敏中最常用的是 Jacobson 最先描述的渐进性放松技术,即让患者按照固定的顺序进行肌肉先紧张后放松的练习。通常由头面部开始,逐步放松。有些治疗师应用催眠帮助某些患者进行放松,也可配合录音磁带让患者自己练习放松。

2. 制订等级脱敏表 在这一步骤里,治疗医师需要确定引起患者焦虑的所有诱因(刺激源),并将这些诱发条件列出来,按照产生焦虑严重程度的顺序列一份 10~20 个有关场景的等级表。

3. 脱敏 脱敏过程是由轻到重一步一步进行的。让患者在深度放松的状态下,生动逼真地想象自己身临等级表上的场景,从而完成对接触这一组情景所致焦虑的脱敏。每一场景的想象可能需要重复数次才能使焦虑降到轻微水平,患者对现在给予的场景只有很轻微的焦虑时,再进入下一场景的想象。当患者能够生动地想象身临等级表中诱发焦虑程度最重的场景时仍旧很镇静,他们在身临现实生活中的情境时就很少再发生焦虑。在治疗过程中,让患者实际进入一些在想象中已克服恐惧的现实场合,会有助于治疗过程进一步深入,但是不应强迫患者过早地进入高焦虑的场景,因为这样做可能会使患者产生更严重的恐怖症状,强化回避行为,失去已经取得的疗效。

系统脱敏适用于典型的恐怖症患者,还可用于治疗许多行为障碍,如口吃、强迫症、心理生理障碍及某些性问题等。一般来说,如果能够确定引起焦虑的诱因,而这种焦虑又可引起适应不良性行为的话,就可以采用系统脱敏。

(二) 暴露疗法

1. 满灌疗法 (flooding)　逃避诱发焦虑的境遇实际上是条件反射性地强化了焦虑,而焦虑症状不可能持续高水平地发展下去,它是波动变化的,即有开始、高峰和下降的过程。根据这些理论,满灌疗法是让患者面临能引发强烈焦虑的环境或想象,并保持相当时间,不允许逃避,直到心情平静和感到能自制为止,从而消除焦虑和预防条件性回避行为发生。每次治疗 1~2 小时,一般共约 5 次左右,很少超过 20 次。其疗效取决于每次练习时患者是否能坚持,不能坚持到底实际上就等于逃避。

2. 逐级暴露 (graded exposure)　许多患者拒绝接受满灌疗法,而且满灌疗法对不能耐受强烈焦虑反应的患者禁忌使用,近期曾有冠状动脉血栓形成的患者在高焦虑情境下发生心律失常的报道。对于这些患者可用逐级暴露法,由轻到重逐级进入引起焦虑反应的实际生活情境。它与满灌疗法不同,可避免突然发生强烈的焦虑反应,又不像系统脱敏,没有特别的放松训练,且治疗往往是在实际生活环境中进行,而非想象训练。

3. 参与示范 (participant modeling)　参与示范是让患者通过模仿,即观察他人的行为和行为后果来学习。研究发现,儿童回避小动物或者害怕登高是通过观察他人在这些情况下出现的恐惧表现和回避行为而后天习得的,因此可以用同样的方法来帮助患者克服恐怖和焦虑。如果儿童害怕狗,可以让他看一个与他相同年龄和性别的儿童走近狗,抚摸狗,和狗一起戏耍,然后鼓励怕狗的儿童按照同样的方式一步一步地做。改良的方法也可用于成人。可以是以一次长疗程治疗便告结束,也可以制订等级表分几个疗程进行,为了预防症状反复,在等级表的后几项练习中需要延长间歇期反复训练。

(三) 厌恶疗法

厌恶疗法 (aversion therapy) 是根据操作条件反射理论,如果在一种行为之后得到奖赏,那么这种行为在同样的环境条件下就会持续和反复出现。如果行为之后得到的是惩罚或者是根本就没有反应,那么这种行为就会在同样的环境条件下减弱或不再出现。在某一行为反应之后紧接着给予一个厌恶刺激(如电击、催吐剂、体罚等),最终会抑制和消除此行为。厌恶疗法常用于治疗酒依赖或药瘾、性欲倒错(如同性恋、恋物癖、窥阴癖等),以及其他冲动性或强迫性行为障碍。应该注意,给予的厌恶刺激必须足够使患者产生痛苦(不仅是生理上的,尤其是心理上的),且持续时间足够长,否则难以见效。

(四) 阳性强化

所谓阳性强化 (positive reinforcement),就是给患者一定的奖赏来强化其适应性行为。常用的如代币法 (token economy),一旦患者出现保持整洁、按时起居等适切的行为时就可以获得一定数量可以代币的筹码,他可以用这些筹码来换取自己需要的东西或得到一些享受,如看电影和外出游玩等;如果患者出现了不良行为,如吵闹、毁物等,将被罚扣除或交出筹码。代币法不但可用于长期住院的精神病患者,而且还可用于急性精神病患者、精神发育迟滞者、儿童孤独症患者的康复治疗,以及少年管教犯、罪犯的改造。

第六节 认知疗法

认知疗法（cognitive therapy）是根据认知过程影响情感和行为的理论假设，通过认知和行为技术来改变患者的不良认知，从而使患者的情感和行为得到相应改变的一类心理治疗方法。所谓不良认知，是指歪曲的、不合理的、消极的信念或思想。在当代认知治疗领域，艾利斯（A. Ellis）的合理情绪疗法和贝克（A. T. Beck）的认知疗法比较著名，下面分别介绍。

一、合理情绪疗法

合理情绪疗法是由艾利斯创立的，用以矫正患者的不合理信念，激励适应的合理的信念产生为目标，结合行为矫正技术来改变患者的行为和认知。它的理论基础是心理功能失调的 A－B－C 理论。这个理论假设：心理失调并不是事件（events）或生活境况直接引起，而是由个体对它们的解释或评价所引起，A 代表个体在环境中所感受的刺激事件（activating events），B 代表个体认知领域的观念系统（beliefs system），C 代表个体在刺激作用下产生的情绪上、行为上的后果（emotional and behavioral consequences），C 并不是 A 直接导致的，而是以 B 为中介导致的。由于情绪来自思考，所以改变情绪或行为要从改变思考着手，既然是人们对事件的错误判断和解释造成了问题，那么人们也就能够通过接受理性的思考，改变自己的不合理思考和自我挫败行为。合理情绪疗法就是促使患者认识到自己的不合理信念及这些信念的不良情绪后果，通过修正这些潜在的非理性信念，最终获得理性的生活哲学。

二、贝克的认知疗法

（一）理论基础

贝克的认知疗法是以他的认知模型和情绪障碍的认知模型为基础的（图 7-1）。他在人的认知系统中由表及里地区分出了三类观念：自动思维、中间信念和核心信念，这三者在认知系统中的支配作用的大小、发生改变的难易程度也是依次增加的，它们都会受情境的影响，会不同程度地影响一个人对某种情境或刺激的情绪反应。

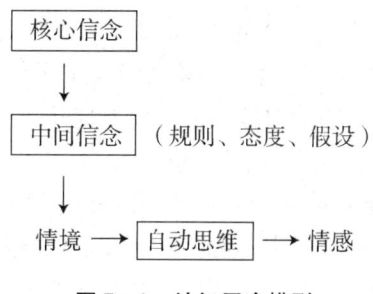

图 7-1 认知层次模型

1. 自动思维（automatic thoughts） 自动思维是非常简洁的，似乎是自发涌现的，可以以语词形式、视觉形式或两种形式同时出现；人们通常对自动思维信以为真而不加思考与评估。虽然有些自动思维是正确的，但很多是不正确的。

2. 核心信念　核心信念是人们从童年开始形成的对自己、他人及世界的观念中的核心部分。通常人们不能清晰表达，却根深蒂固地认为这些信念是绝对真实和正确的。核心信念是信念的最根本环节，它们是整体的、牢固的和被全面概括的。负面的核心信念本质上属于两个主要的范畴：①与无助无能相关的信念，如"我不能胜任任何工作"。②不可爱相关的信念，如"我不会被任何人喜欢"。一般地处于严重情绪痛苦的患者比其他人更易表达他们的核心信念，如抑郁发作的患者经常感到自己是一个多余的人。

3. 中间信念　中间信念是介于核心信念与自动思维之间的信念，核心信念影响着信念中间阶段的发展，中间信念包括态度、规则和假设。

核心信念支配、影响中间信念，自动思维是中间信念的具体表现，是个体认知系统中最浅表的认知。

（二）基本技术

1. 识别自动性想法（identifying automatic thoughts）　自动性想法是介于外部事件与个体对事件的不良情绪反应之间的那些思想，大多数患者意识不到在不愉快情绪之前会存在着这些想法，在认识过程中，患者首先要学会识别自动性想法。尤其是那些在愤怒、悲观和焦虑等负性情绪之前出现的特殊想法。医生可以采用提问、指导患者想象或角色扮演来发掘和识别患者的自动性想法。

2. 识别认知性错误（identifying cognitive errors）　焦虑和抑郁患者往往采用消极的方式来看待和处理一切事物，他们的观点往往带有悲观色彩，与现实大相径庭。一般来说，患者特别容易犯概念或抽象性错误。基本的认知性错误有任意推断、选择性概括、过度引申、夸大或缩小、全或无思维。大多数患者比较容易学会识别自动性想法，但识别认知性错误却相当困难。因此，为了识别认知性错误，治疗师应该听取和记下患者诉说的自动性想法以及不同的情景和问题，然后要求患者归纳出一般规律，找出其共性。

3. 现实性检验（reality testing）　识别认知性错误以后，接着治疗师鼓励患者将其自动性想法作为假设看待，同患者一起设计严格的现实性检验方案，检验并诘难这种假设，结果患者可能发现，在95%以上的调查时间里患者的这些消极认知和信念是不符合实际的。

4. 摆脱注意（de-centering）　大多数抑郁和焦虑患者感到他们是人们注意的中心，他们的一言一行都受到他人的"评头论足"。如某一患者认为他的服装式样稍有改变，就会引起周围每一个人的注意和非难，治疗计划要求他衣着不像以往那样整洁地去沿街散步、跑步，然后记录发生不良反应的次数，结果他发现几乎很少有人会注意他的言行。这样就会使患者逐渐摆脱自己是"注意中心"的概念。

5. 观察苦闷或焦虑水平（monitoring distress or anxiety level）　许多慢性焦虑患者往往认为他们的焦虑会一成不变地存在下去，但实际上，焦虑的发生是波动的。一旦认识到焦虑有开始、高峰和消退的过程，人们就能够比较容易地控制焦虑情绪。因此，鼓励患者对自己的焦虑水平进行自我监测，促使患者认识焦虑波动的特点，增强抵抗焦虑的信心，这是认知治疗的一项常用手段。

第七节 家庭治疗

家庭治疗（family therapy）是指将家庭作为一个整体进行心理治疗，治疗者通过与某一家庭中全体成员有规律地接触与交谈，促使家庭发生变化，并通过家庭成员影响患者，减轻或消除症状。

一、基本原理

家庭治疗家认为，心理障碍的发生与不良的家庭内情感及观念交流模式有关，这些模式的改善将对病情发生有益的影响。健康的家庭应有健全的"家庭结构"，包括适当的领导、组织与权力分配，而非散漫或独断；成员的角色清楚且适当；有良好的交流，没有畸形的联盟关系；成员间能相互提供感情上的支持，能团结一致应对困难，对内有共同的"家庭认同感"，对外有适当的"家庭界线"。健康的家庭应有适当的家庭关系模式以及共同的生活重心与方向，并能随着家庭的发展变化及时调整，维持家庭平衡。

如果一个家庭在其发展过程中发生困难，在家庭结构、组织、交流、情感表现、角色扮演、联盟关系及家庭认同等方面有不适应的现象，影响其家人的心理状态，难以由家人自行改善或纠正时，应由专业人员协助辅导，经由家庭治疗来改进其家人的心理功能。家庭治疗有助于协助一个家庭消除异常或病态的情况，执行健康的家庭功能。

二、家庭治疗模式

家庭治疗实际上是一种治疗方式，是一种以家庭为单位进行心理干预的方式，因此其本身不是一个单一的治疗门派，而是一个兼容并蓄的体系。在这个体系中，包括着若干理论取向和治疗技术都不同的派别。

（一）系统式家庭治疗

系统式家庭治疗（systematic family therapy）系统论将家庭看成一个系统，将家庭成员看成是系统的组成部分，并认为家庭中每个成员都有自己的认识事物的模式，称为内在解释，内在解释决定一个人的行为模式，反过来又受行为效果的作用和影响。也就是说，一个人的内在解释和他的外在行为是互相作用、彼此影响的，其间的关系是反馈式的循环关系；每个家庭成员的内在解释与外在行为又会在接受家庭其他成员的影响的同时，反过来也影响其他家庭成员，其间的关系，同样是反馈循环式的。系统式家庭治疗学家认为，无论正常行为或病态行为都是这种连环套式的循环反馈关系层层作用的结果。家庭治疗强调摸清家庭内部的格局，通过引入新的观点和做法来改变与病态反馈关系相连的反馈环，通过对整个家庭的干预来改变家庭关系格局。

（二）结构性家庭治疗

结构性家庭治疗（structural family therapy）方法重点放在家庭的组织、关系、角色与权力之执行等结构方面。使用各式各样的具体方法来纠正家庭结构上的问题，以促进家庭功能。例如，家庭成员间的自我界限划分不清，犹如粘在一起的混合体，没有各自的独立角色，可用"家庭形象雕塑"的技巧帮家人了解并建立家庭成员间宜存在的界限。例如，家庭成员之间的角色扮演不当，可以用角色扮演的方法来纠正。特别是父母与子女之间产生三角冲突与情绪时更要改善。成员间的沟通方式，权威的分配与执行，情感上的亲近与否，都是家庭结构上的问题。

（三）行为家庭治疗

行为家庭治疗（behavioral family therapy）是以家庭为单位开展行为治疗，运用行为矫正的方法改善家庭成员间的异常行为及他们之间的不良的人际交往模式。行为家庭治疗家把家庭视为两个或两个以上的相互影响的人，家庭成员彼此奖励惩罚对方的偶发行为。

（四）分析性家庭治疗

分析性家庭治疗（analytic family therapy）是以心理分析的眼光来解决家庭成员的深层心理与行为动机、亲子关系的发展，主要善于了解并改善情感的表达、满足与欲望的处理，并促进家人心理成长。

三、治疗过程

不管运用何种治疗模式，家庭治疗都可大致分为三个阶段：

（一）开始阶段

开始时应将家庭治疗的性质作简要的解释，说明各自要遵守的原则，以便使治疗工作顺利进行。治疗者在早期要重视与家庭建立良好的治疗关系，并共同寻找问题所在及改善方向。

（二）中间阶段

运用各种具体方法，协助各家庭成员练习改善个人状况及彼此间的关系。在这个阶段，最重要的是要时刻去处理家庭对行为关系改变所产生的阻力，适当地调整家庭"系统"的变化与进展，以免有些成员变好时，相对的另一些成员却变得更坏，协助其平衡地发展。

（三）终结阶段

培养家庭成员能自行审察、改进家庭行为的能力与习惯，并维持已修正的行为。治疗者应逐渐把家庭的领导权归还给家庭成员，恢复家庭的自然秩序，以便在治疗结束后，家庭仍能维持良好的功能，并继续发展及成熟。

四、家庭治疗的适应证

家庭治疗的主要适应证是青少年适应障碍，这类障碍常与家庭问题，特别是与父母不能很好地对待有问题行为的子女有密切关系，治疗的现实目标为改善家庭关系，从而帮助患儿减轻症状。对于重症精神病患者，在积极治疗疾病的同时处理有关家庭问题，常有助于家属恰当地对待患者，并作出有利于病情康复的家庭调整；同时，患者家属的心理压力及心理苦恼也将随之减轻。另外，还需观察家庭有无充分的治疗动机，能否建立良好的医患关系，这关系到治疗的成败。

第八节 集体心理治疗

集体心理治疗（group psychotherapy）又称团体心理治疗，顾名思义，是相对于个别心理治疗而言的，指的是由1~2位治疗者主持的、以集体为对象的心理治疗。治疗者运用各种技术，并利用集体成员间的相互影响，以达到消除患者的症状并改善其人格与行为的目的。

一、集体心理治疗的原理

集体心理治疗究竟如何帮助患者？它发挥作用的机制是什么？这与集体所具有的治疗功能，即集体效能有关。许多研究资料显示，集体治疗可以发挥一些个体治疗无法起到的作用。近年来集体心理治疗家一般认为有以下的治疗机制在起作用。

（一）团体的情感支持

在治疗团体中，个体可以感觉到被他人接纳，在被保护的情境中进行倾诉，发现自己和别人的相同之处，从而建立信心与希望。

（二）群体的相互学习

小组成员间可以交流信息与经验，观察并模仿别人的适应行为，了解及检讨自己在群体中的行为表现。

（三）正性群体体验

个体在治疗小组中还可以享受人与人之间的互助互爱关系，体会到成员间的相互关心，从而形成对人与人之间关系的健康态度。通过提供很多彼此帮助的机会，一方面帮助患者体会到"人人需要互助"的人生道理，肯帮助别人，为别人着想，以便利人利己，求得共同的幸福生活，另一方面，还使患者在这个过程中有机会发现自己对他人的重要作用，这种被他人需要的体验可以促使患者提高自信心。

（四）重复并矫正"原本群体经验"与情感

集体治疗让成员在不知不觉中重复表现他们在原本家庭经验里养成的心理反应及行为表现，让患者去重复面对过去曾遭遇的心理创伤或面对问题的处境，在治疗者的理解与保护下去重复处理，以便能通过应对创伤或处理问题，去纠正和抛弃过去遗留下来的不良感情。

二、集体心理治疗的基本过程

集体心理治疗以聚会的方式进行，每周可1次，每次约1.5~2小时，治疗次数可视患者的问题和具体情况而定，一般在6~10次左右。多数集体治疗工作都必须经历以下四个阶段：

（一）治疗准备阶段

这一阶段主要是治疗前的准备。治疗者根据自己所持的理论确定集体治疗的性质和目的，选择适合参加集体治疗的对象。对于个别成员可以先进行几次个别治疗，对其问题做到心中有数。

（二）关系形成阶段

这一阶段的工作从集体的第一次聚会开始，治疗者的主要任务是使各个成员对彼此的情况有所了解，努力促使大家形成一种适合集体工作发展的关系和气氛，同时使他们对集体的结构和性质有一定的认识。

（三）治疗阶段

这一阶段的工作是整个集体治疗的重心。在这一阶段，各个成员通过集体获取其他成员所提供的接受、支持、希望，以及各种有关信息和资料；发现和体验到自己与他人的共同点；在互助的气氛中去帮助别人，通过与其他成员的相互反馈来进行彼此的仿效与学习。同时，各个成员更可以获得感情上的净化，能够有机会彻底处理自己人生的一些创伤；加上实际经验和感受到在集体各成员之间的凝聚力，成员们就会在这种互助的过程中取得治疗改善。

（四）结束阶段

在集体治疗即将结束前，治疗者要和集体成员一起总结集体工作，组织讨论通过集体治疗每一位患者都有哪些收获，原来不适应的情绪或行为有哪些改善，人际交往的能力是否得到提高，还存在哪些未解决的问题。这种总结式的讨论往往能强化患者在治疗中所获得的积极的集体经验，并帮助患者在治疗后能够更好地适应现实生活。

第九节 其他心理治疗方法

一、生物反馈治疗

生物反馈治疗（biofeedback therapy）是利用现代电子仪器，将反映患者生理状态的生理信息，如皮肤电阻、肌电、皮肤温度、血压、脉搏等，转化为声、光等反馈信号呈现给患者，让患者根据这些反馈信号来学习调节自己体内自主神经支配的内脏及其他躯体功能，达到防治疾病的目的。

（一）基本原理

机体的内脏活动和某些躯体活动是受自主神经系统支配的，不受意识的随意控制，如心血管活动、血糖、皮肤温度等就不受人的意识控制。生物反馈训练就是运用操作条件反射的原理，在仪器的帮助下，训练个体用意识来控制这些不随意活动，这种能将个体的生物信息转换为物理信号并反馈给本人的电子仪器叫做生物反馈仪。

生物反馈仪通过电极与机体各部位接触，来获得机体活动的信息，然后将这些生物信息转为信号，最终使这些电信号转换成容易为患者所理解和辨别的信号——通常是听觉的或视觉的信号，反馈给患者。通常以连续、高频、强度大的声音表示紧张，低频、强度小的声音作为放松信号。常见的生物反馈仪有肌电反馈仪、皮肤温度反馈仪、皮电反馈仪、脑电反馈仪及血压脉搏反馈仪等。

机体在应激状态下，由于自主神经系统的作用，常常会出现肌肉的紧张性增强、心率加快、血压升高、皮肤温度降低，尤其是四肢末端的皮温降低，由于出汗（内含电解质）使皮肤电阻降低等。患者通过生物反馈训练，就能使上述生理指标发生相反方向的改变，最终实现不依赖生物反馈仪，在一定的范围内随意调节上述生理指标，达到自我放松。

（二）临床应用

生物反馈训练在应用时，往往与多种放松训练结合起来，互相配合，取长补短，以获得更大的疗效。在做放松训练时，患者有时越想放松却越放松不下来，甚至反而更紧张。利用生物反馈仪可以很好地解决这一问题。生物反馈训练常用于治疗焦虑症、恐惧症及与精神紧张有关的心身疾病，如高血压、心律不齐、偏头痛、消化性溃疡、哮喘病、糖尿病等。

二、森田疗法

森田认为发生神经质的人都有疑病素质。他们对身体和心理方面的不适极为敏感。而过敏的感觉又会促使他们进一步注意体验某种感觉。这样一来，感觉和注意就出现一种交互作用。森田称这一现象为"精神交互作用"，认为它是神经质产生的基本机制。

森田疗法的基本治疗原则就是"顺其自然"。顺其自然就是接受和服从事物运行的客观法则，它能最终打破神经质患者的精神交互作用。要做到顺其自然就要求患者在这一态度的指导下正视消极体验，接受出现的各种症状，把心思放在应该去做的事情上。这样，患者内心的动机冲突就排除了，他的痛苦就减轻了。

森田疗法主要的适应证是"神经质"。大致包括当今分类中的焦虑症、恐怖症、强迫症、疑病症、神经症性睡眠障碍等。

该疗法分门诊治疗和住院治疗两种。症状较轻的可让当事人阅读森田疗法的自助读物，坚持记日记，并定期到门诊接受医生的指导；症状较重的则需住院。住院生活分四个时期：

1. 绝对卧床期，四天到一周。要求患者卧床休息，禁止做任何事情，患者会有无聊的感觉，总想做点什么。

2. 轻微工作期，三天到一周。此间除可轻微劳动外仍然不能做其他事情，但开始让患者写日记。

3. 普通工作期，三天到一周。患者可开始读书，让他努力去工作，以体验全心投入工作以及完成工作后的喜悦。

4. 生活训练期，一到两周。为出院准备期，患者可进入一些复杂的实际生活。

三、绘画治疗

绘画治疗是表达性艺术治疗的方法之一。方法是让绘画者透过绘画的创作过程，利用非语言工具，将混乱、不解的感受导入清晰、有趣的状态。可将潜意识内压抑的感情与冲突呈现出来，并且在绘画的过程中获得舒解与满足，从而达到诊断与治疗的效果。在有限的空间（纸张）呈现完整的表现，画者可以客观地欣赏自己的作品。适合成人及儿童。

（一）绘画疗法的原理

1. 绘画是潜意识的表达。
2. 绘画应用的是投射技术。
3. 绘画的语言丰富，内容清晰。

（二）绘画疗法的适用范围

1. 既可以用于群体测试，又可以用于个体测试。
2. 可以作为有关精神健康的普查筛选工具，以此筛选出群体中的心理状态不良者。
3. 可以用于门诊临床以及住院患者的心理诊断，为心理咨询提供有关人格方面的信息。
4. 可用于调解夫妻关系、亲子关系、人际沟通，治疗和矫正青少年的不良行为。
5. 促进精神患者的康复。

（三）适应证

1. 不善言谈的患者或疾病情况，如自闭症、失聪、迟钝、大脑损伤、妄想。
2. 对言语治疗有阻抗的人或情况，如对谈话疗法有抵触情绪，而其他方法均无疗效时。
3. 怀疑自己口语能力的人，以及害怕治疗师"玩他们的心理"的人。
4. 可以治疗的心理问题有：饮食障碍（如食欲减退、贪食症、冲动性饮食过量）、物质滥用（如酗酒、吸毒）、性虐待受害者等。

（四）绘画疗法的优点

人类是先创造图画再创造文字的，幼儿也是先会画图再学文字的。用图画传递出的信息自然要比语言更丰富，一幅图画胜似千言万语。读图是最简单、最直接了解人的内心世界的方法，可以读出画者的性格、情绪状态、智力、人格特点、人际交往能力，图画是最有效的直达人内心的工具之一，可以通过这个方法打开内心。

画者的任何一个涂鸦、画幅的大小、用笔的轻重、空间配置、颜色、涂抹等都有着特定的代表意义，都在传递着他的个体信息，通过绘画是可以了解一个人的内心世界的。

四、音乐治疗

（一）音乐治疗的含义

音乐治疗　是以音乐的实用性功能为基础，按照系统的治疗程序，应用音乐或音乐相关体验作为手段治疗疾病或促进身心健康的方法。只要是系统地、有计划地、有目的地应用音乐手段，从而达到促进人类身心健康的目的的治疗方法和治疗活动，都应属于音乐治疗的范畴。音乐治疗学的基本要素：一个有明确治疗需求的患者、一位受过训练的音乐治疗师、一段有目标导向的音乐历程、音乐素材，以及一份有关治疗效果的评估。

（二）音乐治疗的原则

音乐治疗是心理治疗的一种方法手段，因此它应遵守与一般心理治疗相同的一些治疗原则，如保密原则，交友原则等。除此之外，音乐治疗还有一些特殊的治疗原则。

1. **循序渐进原则**　音乐治疗要根据来访者的心理特点，循序渐进地播放音乐。从音乐的选择的角度来看，要循序渐进。如引导悲伤情绪的音乐有轻度、中度和重度之分。选择音乐是一般从轻度悲伤音乐开始，逐渐过渡到中度悲伤音乐。从播放音量角度来看，音量也要逐渐增大，让来访者逐渐适应。

2. 学习与启发原则　是指在进行音乐治疗时，对不懂音乐的来访者进行教育和引导，向来访者介绍有关音乐创作的背景和音乐家所要表达的意境。可以在治疗前，先尝试让来访者听一段音乐，用心体验音乐的意境。如果来访者听不懂音乐的意境，心理治疗师应作一些解释，帮助来访者理解音乐含义。

3. 体验原则　治疗中让来访者根据音乐所营造的氛围，用心体验自己的情绪或感受。

（吴玉琴）

思考题

1. 各种心理治疗产生疗效的共同要素是什么？心理治疗关系的特点是什么？
2. 支持性心理治疗的技术和应用。
3. 精神分析治疗的理论和方法。
4. 个人中心疗法的理论和技术。
5. 行为治疗的理论和常用技术。
6. 认知治疗的理论和主要技术。
7. 家庭治疗的模式。
8. 生物反馈治疗的理论、方法和应用。

第八章 康复心理与医患关系

学习目标
1. 健康与疾病的概念。
2. 求医行为与遵医行为。
3. 病人角色及其权利和义务。
4. 医患关系及其影响因素。
5. 康复过程中的治疗关系的特点。
6. 治疗师的团队心理。

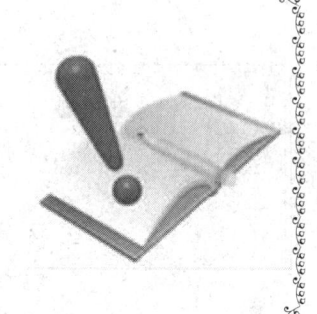

当今世界的医学模式使人们对健康与疾病的理解逐渐变得越来越全面和深刻。求医是解除病痛最行之有效、最科学的途径，求医行为受知识水平、经济状况、个性特征等因素的影响，良好的医患关系是医疗工作开展的前提。康复中的治疗关系（医患关系）有更加鲜明的特殊性，因而心理康复的实施对治疗师的职业素养和医患沟通都有一定的要求，在了解各种治疗手段在康复治疗中的功能和作用的同时，还要理解这些治疗手段对患者造成的心理影响以及接受这些治疗的患者的心理变化；而治疗师作为一个团队成员同时也应当关注团队的自身协作。

第一节 求医行为与病人角色

一、健康与疾病

单纯生物学观点认为，疾病（disease）是指人体的组织器官出现器质性的损害和病灶，并有体格检查、实验室检查及其他仪器检查的阳性发现，而健康就是没有"疾病"。这一观点只是把人看成单纯生物性的人，过分强调客观证据，忽视了人的主观感受对疾病的提示作用，忽视了心理社会因素对健康的影响，局限了人们对疾病的理解，难以反映健康的全部内涵，而且从疾病的角度看健康，也忽视了个体维持自身健康的积极力量。有许多临床现象用这一观点难以解释，例如：很多神经症病人，自己有明显的患病的痛苦体验，但体格检查和实验室检查往往没有阳性发现；相反，大多数疾病在早期没有症状，一般常规检查也不易查出，但病人会有一些尚未引起主观重视的不适感觉。

随着当今世界的医学模式向生物-心理-社会医学模式转变，人们对健康与疾病的理解逐渐变得越来越全面和深刻。人们认识到，人类的健康和疾病不仅受生物学因素的影响，还与心理社会因素密切相关。用这种观点来看待疾病，就不会只注意到生病的人身体上发生的生物学改变，还将关注到患病的整体的人，其心理感受和社会功能会因疾病发生改变。

（一）从生物、心理、社会三方面考虑，疾病的三层含义

（1）躯体上患有疾病（disease），即人体的组织器官受到损害或出现病灶，体格检查能发现阳性体征，实验室检查和其他仪器检查有明显异常指标和结果。

（2）个体主观上有生理心理上不适的感觉，即病感（illness），感觉到自己患了疾病。

（3）社会功能因为疾病受到损害，如不能正常工作学习，生活需人照顾等，被别人称为病患（sickness）。

（二）健康的定义

世界卫生组织（WHO）把健康定义为：健康不仅是身体没有疾病和异常，而且要生理、心理、社会功能和道德方面都保持完好或最佳状态。

（三）健康-疾病的连续过程

而且，人们还发现，健康与疾病并不是相互对立的两个概念，个体的生理、心理与环境相互作用，其结果是一个连续的过程，绝对的健康和疾病只是这个连续过程的两极，个体适应环境变化，就处于健康状态，如不能适应，就处于非健康状态，在健康与疾病这两极之间，存在着逐渐过渡的中间状态（图8-1）。

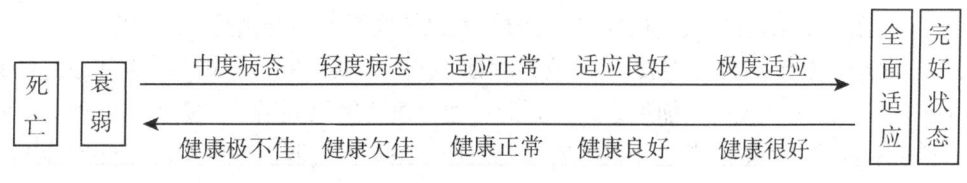

图8-1 健康-疾病的连续过程

二、求医行为与遵医行为

（一）求医行为及影响因素

1. 求医行为　即人们寻求医务人员帮助的行为。它是解除病痛最行之有效、最科学的途径，但由于知识水平、经济状况、个性特征等因素的影响，人们可能不去求医，而采取自行服药、忍耐，甚至求助于巫神等不恰当的、有害的行为，导致延误病情。另外，有些疑病症、神经症病人则可能过多地求医，造成医疗资源的浪费。

求医行为有主动求医和被动求医两类。主动的求医行为是病人主动地采取求助于医务人员帮助治疗疾病的行为，多数病人会主动求医。被动求医行为是病人在他人的要求或强迫下寻求医疗帮助。造成被动求医行为的原因有两种：一种是个体有病感和求医能力，但对疾病的严重程度认识不足，或因社会经济等方面的原因没有产生求医行为；另一种是病人处于昏迷、休克或严重精神异常中，自主意识丧失而丧失求医能力。

2. 影响病人求医行为的因素

（1）动机：多数患者以疾病诊治和保健检查为目的，也有的有非医疗目的如法律纠纷方面的动机。

（2）对疾病的认知程度：对疾病严重程度和后果的认识、是否有一定的医疗常识等。

（3）经济因素：是否有可靠的医疗费用的来源。

(4) 求医条件：与医院距离、交通条件及当地医疗水平高低等。

(5) 心理因素：对疾病或某些医疗手段过于恐惧或害怕，由于求医经验而对医院产生的心理定式等。

(6) 社会文化因素：社会习俗、文化背景、宗教信仰等。

(二) 病人的依从性及影响因素

1. **病人的依从性** 病人在求医过程中对医嘱的遵从程度即病人的依从性。依从性好的病人为了预防、治疗疾病会与医嘱保持一致，即采取遵医行为。

2. **不遵医行为** 与遵医行为相反的就是不遵医行为，不遵医行为不仅会降低疗效，而且可能损害健康。据国外有关调查，有20%到82%的病人不按处方服药，其中35%的病人因不遵医嘱使得健康受到损害。

不遵医行为产生的原因主要有以下几个方面：

(1) 医患关系不良，病人对医生缺乏信任。

(2) 病人不能很好地理解医嘱。

(3) 治疗效果不好，病人对治疗失去信心。

(4) 病人缺乏医药知识，对不遵医行为的后果认识不足。

(5) 由于以往不良经验或对治疗的偏见。

(6) 由于病人的继发性获益、医疗费用等方面的原因而拒绝治疗。

3. **提高病人的依从性** 需要医院、病人和社会多方面共同努力。其中病人和医院是两个主要因素。作为医院，应切实加强医患双方的沟通，改善医患关系，加强医院管理，使医务人员有精湛的技术、和蔼的态度，赢得病人的信任。医务人员开医嘱时应尽量简明扼要、简单易懂，并向病人解释说明，使病人理解医嘱，主动执行医嘱。作为病人，可以通过学习了解有关医药卫生知识，正确认识健康与疾病，加强对遵医行为重要性的理解，提高治疗疾病的责任感，并及时与医务人员交流思想，消除对治疗的顾虑或偏见。另外，从社会的角度，健全医疗保健制度，加强健康教育等因素都可起到提高社会成员遵医行为的作用。

三、病人角色

20世纪30年代美国社会学家米德将戏剧术语"角色"一词引入社会心理学领域，认为每一个人就是所扮演的各种社会角色的总和。社会角色包括一整套行为模式及相应的权利、义务。人们对特定角色的人的行为有特定的期望，担当某一角色的人应该符合他人和群体对该角色的期待，否则就会被认为是不合适、不恰当的。例如医生作为一种社会角色，应该履行救死扶伤、治病救人等责任和义务，并享有诊断、治疗疾病的权利，其行为应该符合医生角色的行为规范。

病人角色是许多社会角色中较为特殊的一种，反映了社会期待的病人行为模式。人们体验到病感，通过求医行为，经过医生检查确定患有某种疾病，即获得了病人角色。病人通过取得病人角色，可以享受病人的权利，也要承担病人的义务。

(一) 病人的主要权利

1. **被尊重的权利** 病人由于患病而成为弱者，不得不依赖于社会、家庭和医务人员。但是，患病非个人意愿所能控制，更不是病人的过错，所以病人理应得到全社会的尊重、理解和同情，得到医务人员的帮助。

2. 减轻或免除通常的社会责任的权利　病人有权根据病情性质和严重程度的不同而减轻或免除原先承担的社会责任，无所顾虑地休息养病。

3. 享受医疗服务的权利　患病后享受良好的医疗待遇，得到全面有效的诊治，是每个人的基本权利，社会和家庭有责任为病人提供完善的医疗保障，医务人员更有责任为病人提供良好的医疗服务。

4. 了解诊断治疗方案并作出决定的权利　即病人或病人的代理人有权向医生了解有关诊断、治疗及预后的全部信息，并有权作出决定。医生只能说服病人接受诊断治疗方案，不能强迫。对于人体试验，病人有知情同意的权利。

5. 保守个人秘密的权利　医护人员因诊治需要所获得的病人的全部资料，都应作为病人的隐私加以尊重，病人有权要求保密。

（二）病人的义务

病人除了享有一定的权利，同时也要承担一定的义务。

1. 积极寻求有效的医疗帮助　病人在感到自己可能患病或已经患病时，有义务尽早就医，以便能早期预防、早期发现、早期治疗，以利于及早康复。如果患的是传染性疾病，早期发现、早期隔离，还可以防止疾病的蔓延，有利于人群的健康。

2. 使自己尽快好转的内在动机　积极的信念、强烈的好转动机是治疗过程中必不可少的内因，可使治疗措施发挥最大的疗效，促进疾病的康复；反之，悲观失望，或满足于疾病带来的利益，即"继发性获益"，都可能使疾病迁延难愈。

3. 同医务人员合作　在充分了解了诊断和治疗的有关信息后，病人应尊重医务人员的专业立场，认真同医务人员合作，以保证诊治过程的顺利进行，不至于耽误病情。

4. 康复后重新承担以往的社会责任　全面的康复应包括身体的康复和社会功能的康复，在疾病的恢复阶段，病人就应该开始考虑如何摆脱病人角色，重归社会，继续承担以往的社会责任，这样才能促进疾病的全面康复。

（三）病人角色的认同

1. 病人角色认同过程　是指患病者自己对病人角色的认识和接受过程。病人完成这一转变一般要经历三个阶段：第一个阶段是不承认，病人对患病的事实持怀疑、不承认、不相信的态度；第二个阶段是不安，病人内心充满冲突，不得不承认患病这一事实；第三个阶段是认同，病人在承认事实的基础上开始认真思考对策，逐步接受和适应病人角色及其行为模式。多数人患病后能顺利地完成向病人角色的转变，但也有部分病人会出现角色认同不良，不能适应病人角色。

2. 病人角色认同不良

（1）角色行为冲突：因患病需要休息治疗而与原有社会角色之间的矛盾使病人发生心理冲突，病人不愿放弃原来社会角色的权利和义务，不能顺利地向病人角色转化。病人会感到茫然、愤怒、烦躁，所患疾病的轻重、正常角色的重要性及个性特征等因素都会影响冲突的激烈程度。

（2）角色行为缺如：病人不能意识到或根本不愿承认自己有病，不能由原来的社会角色转化为病人角色。这常由于病人使用否认的心理防御机制，以视而不见来减轻心理压力，或客观环境中其他重要因素的影响使病人不能接受病人角色。这类病人常缺乏主动与医护人员合作的动机。

(3) 角色行为减退：由于环境、家庭、工作及正常社会角色所承担责任与义务的需要，可使病人过早地走出病人角色去承担其正常角色的责任和义务。

(4) 角色行为强化：随着疾病好转，病人角色行为也应向正常角色行为转化，即在躯体康复的同时，恢复社会功能。如果这种转化发生障碍，病人过分地对自我能力感到怀疑、失望和忧虑，行为上表现出较强的退缩和依赖性，就属于病人角色行为强化。不愿放弃病人角色所能享受的治疗、护理、营养、休息、抚慰等多种权利，及惧怕现实角色中的矛盾和挫折等原因，都可以使病人采取退化机制来应对心理上的不平衡，从而导致病人角色行为强化。

(5) 角色行为异常：病人无法承受患病，特别是患有不治之症的压力和挫折，出现心理障碍，表现出悲观、绝望、冷漠等。这些异常现象需要及时处理，否则不仅对病情不利，严重的还可能引起自杀等意外情况。

第二节 医患关系及其影响因素

一、医患关系

(一) 医患关系的重要性

医患关系（doctor-patient relationship）是指病人与医师、护士之间的相互作用，是在临床诊疗过程中形成和建立的人际关系。医患关系十分重要：一方面，良好的医患关系是医疗工作开展的前提。为了对病人作出正确的诊断和实施相应的治疗措施，医务人员需要病人提供详尽的病史资料，并在治疗过程中及时地反馈信息；医疗过程中诊断、检查和治疗都必须由医患双方合作完成，病人需要正确地领会并执行医务人员的医嘱，及时完成诊疗计划。所以，医患之间相互信任、相互尊重、相互配合，有利于诊断和治疗措施的实行。另一方面，信任合作的医患关系是对病人的一种心理支持。药物治疗和心理治疗的效果与医患关系有着密切的关系，临床实践表明，知识和技能相仿的医生在诊治同类病人时疗效会有较大的差异，医患关系良好者病人的依从性好，对医生信任度高，诊疗过程中心情放松愉快，疗效常优于医患关系不良者。

(二) 医患关系模式

通常医患关系有三种模式（表8-1）。在医疗过程中，医患关系的模式可随病人的病情和医患之间的愿望而发生变化，从一种模式转向另一种模式。

表8-1 医患关系的模式

类型	医生地位	病人地位	适用对象
主动-被动	主动支配	被动	昏迷、手术、婴幼儿及精神病人
指导-合作	权威指导	主动配合	急性疾病、外科手术恢复期
共同参与	适当指导	积极主动	慢性病、心身疾病

1. 主动-被动型（active-passive mode） 这类模式中医生处于主动支配地位，病人则完全处于被动状态，此时医生的责任感、敬业精神就显得更为重要，医生的工作态度和状态对病人的安危影响很大。常见于重症昏迷病人、手术中的病人、婴幼儿或精神分裂症病人的诊疗过程中。

2. 指导-合作型（guidance-cooperation mode） 这是临床工作中最常见的医患关系模式。医生处于医学上的权威地位，病人在医生的指导下积极配合并执行医嘱。主要见于急性疾病和外科手术恢复期。在这种模式中，如果医生以恩赐者自居，或者病人对医生过度依赖，都对医患关系有负面影响，而致延缓康复过程。

3. 共同参与型（mutual participation mode） 在这种模式中医患双方以平等关系为基础，共同参与诊疗过程。病人在诊疗过程中体现出更多的主动性和参与性。在慢性病、心身疾病的诊疗和心理治疗过程中更多地见到这种模式。随着慢性病和心身疾病的增加，医患关系的模式更多地采用共同参与模式。

（三）医患关系中常见的问题

1. 医患之间的冲突 引起医患冲突的常见原因有两种。一种是由于医务人员或病人在诊疗过程中角色定位不当所致。有的病人缺乏一般的医学常识，对诊疗过程不理解，提出不符合医学规律的要求，或对医务人员的服务过于挑剔，在其不合理需求不能满足时便与医务人员发生争执。另一种是有的医务人员对病人缺乏关注，对病人不信任，忽视病人的个性，以简单支配的方式向病人交代诊疗方案，伤害到病人的自尊心，也会引发医患冲突。

医患冲突会引起病人对医疗机构的不满，使病人不积极遵从医嘱；有些病人和家属的过激行为，也影响了医院的工作秩序，挫伤了医务人员的工作热情和责任感。医患冲突实际上直接影响了医疗质量和病家的利益。

2. 医患交往的阻抗 医患交往中的阻抗，会影响医患关系的广度和深度，使医患间交流的信息量过少，不利于疾病的诊治和病人的康复。医患交往阻抗的原因有：

（1）医务人员对病人关心不够，态度敷衍，缺乏热情，或病人对医生抱有成见，医患双方缺乏相互信任的交往基础。

（2）医务人员自身存在心理问题，或病人有心理问题，如不良个性或因疾病出现不良情绪，医患双方缺乏建立良好关系的个性能力。

（3）医生未摆脱单一生物医学的思维模式，缺乏良好的人际沟通和医学会谈的基本技能，使医患交往停留在技术水平而缺乏心理交流。

二、康复过程中的治疗关系

康复训练治疗时间长，训练过程中也常常有身体的接触，且医务人员态度温和、亲切，这种密切的、特殊的治疗关系，内心的情感交流比其他的医患关系更深，持续时间更长，所以，康复中的治疗关系也就有更加鲜明的特殊性。

（一）具有代表性的关系

1. 促进发展 在治疗关系中治疗师对患者的训练既有权利，又有专业和法律的责任。治疗师利用专业技能、心理学知识及个人品质，与患者共同努力，帮助患者产生内省，以达到认知、情绪和行为方面的改变。治疗关系的最终目的是促进发展，发展的主体不仅是指治疗对象，而且也包括治疗师本身；发展的任务包括躯体、心理及社会功能的全面发展。

2. 移情　有着焦虑、抑郁、愤怒体验的康复患者，往往将帮助自己一起向功能恢复迈进的治疗师、照顾自己日常生活的护理人员，当作自己生命中的与父母、子女、配偶一样重要的人物，投入自己真正的感情，这种现象被称为移情。对于医务人员可表现为对父亲般的尊重、对母亲样的依恋，也可表现为像对待不讲理的子女那样愤怒，这种移情对康复治疗有促进作用，也有抑制作用。例如，一位脊髓损伤的青春期患者，对于他的治疗师，有着像对自己死去的父亲一样的崇拜，因此，在康复训练中非常配合和主动，治疗的依从性很好；但是，对护理人员，则投射了一贯对自己母亲的负性情绪，发泄着各种各样的不满。

3. 共情　在治疗关系中，通过接触，医患之间不仅相互了解和认识，而且，治疗师在了解患者痛苦时，还有感情的触动，使治疗师能在不同程度上设身处地理解患者。治疗关系的变化与发展，取决于医患双方间需要的满足程度，并形成一定的感情关系。从治疗关系来讲，理解、同情患者这一点很重要，也就是说，既要将感情移至患者，及时发现并解决他们的心理问题，同时又要调整好自己的情绪。无视患者的焦虑、抑郁状态，或者在患者愤怒时自己也发怒，都将导致治疗关系的恶化；但是也不能因为患者焦虑、抑郁的情绪而引起自己烦恼，导致精神上的疲劳。

4. 尊重患者　把每一个治疗对象当成为独特的个体。每个个体之间既有相同的部分，也有不同的部分，这个不同的部分就是个体的独特性。一个人的观念、思维方式、对人的态度、处理事情的方法，受家庭条件、文化背景、受教育程度等诸多因素的影响，而任何两个人都不会在这方面完全相同。因此，治疗师必须了解和接受患者的个人特点，在不与治疗计划发生矛盾的情况下，允许存在个人习惯。良好的治疗关系在很大程度上取决于治疗师与患者之间的互相尊重，并接受各自不同的人格特征。

5. 保密　疾病意味着患者在生理、心理及社会功能方面出现了一定程度的损害，给患者带来了许多不利和问题。这时，患者往往表现为既需要得到帮助，但是又不愿意把自己的不利处境和问题过多地公开；另一方面，治疗师在与患者的交往过程中，或多或少地了解一些患者病前或病中的隐私，因而患者难免对这一问题有所担忧。严重的担忧增加了患者的心理负担，可表现为情绪变化剧烈，不配合训练，甚至拒绝治疗等等。因此，治疗师应该以自己崇高的职业道德和良好的行为规范，在和患者的交往中得到患者的信任，如涉及患者敏感的个人隐私，则应明确表示一定为其保密而让患者放心，以减轻其心理压力。保守患者的个人隐私会在提供支持和帮助的同时带来心理安抚作用，否则可能在无意中给患者造成伤害。

6. 互相信任　治疗师与患者之间互相信任、尊敬和接受的关系不是一开始就存在的，而是在交往中逐渐建立和发展起来的。治疗关系开始时，双方是陌生的，面对治疗师的计划，患者可能有抵触情绪，原因很多：①他们可能没有意识到自己需要帮助；②害怕暴露和面对自己的感受；③担心改变问题行为模式会带来不快；④害怕治疗师认识问题的方法与自己不同，而显得自己的方法不适当等等。

（二）良好的医患关系建立过程

患者有可能表现出试探性行为，他们会检查治疗师对他们的兴趣和态度，也要搞明白治疗师对他们是否有耐心和时间，如果治疗师的行为能表达出关怀患者的态度、真诚的兴趣和过硬的业务能力，患者就会减少抵触性情绪和试探性行为。只有当他们意识到治疗师有兴趣、有耐心、有能力帮助他们，又能尊重和理解他们的价值观，同时，确信治疗师尊重他们的隐私权时，才能对治疗师暴露情感或敏感问题，才能懂得治疗关系的重要性以及自己在此关系中的角色，并决定参与康复计划的制定。

三、建立良好的治疗关系

（一）换位思考

站在残疾的立场与患者一起思考。患者具有怎样的残疾体验，与其个体的生活经历、社会背景有着密切的关系。对于患者来说，残疾意味着其生活可能以协助治疗、维护健康为主题，长期受残疾和需要他人照顾的阴影笼罩，大部分残疾者都有焦虑、抑郁、沮丧等反应。对于他们来说，障碍的克服过程也是重新考虑自己人生的机会。良好的治疗关系是指医务人员与残疾者共同面对残疾的人生，针对患者的负性情绪，给予理解和疏导，帮助他们自强、自立，挖掘潜能，积极康复。

（二）交流

在与残疾者交流的过程中，要掌握谈话的技巧，情绪愤怒或焦虑的患者对医务人员的语言很敏感。医务人员，要处理好言语的和非言语的交流方法，明确患者的心情，充分利用共情。要根据患者的残疾程度、年龄、性格等选择适当的语言。治疗师在与患者交流的过程中，应当做到以下方面。

(1) 尊重患者。
(2) 认真积极地倾听。
(3) 避免批评性的评价。
(4) 表达理解时表露出热情与耐心。
(5) 帮助患者识别自身的资源。
(6) 提供鼓励、支持和适当的挑战。

四、影响治疗关系的因素

治疗关系既有一般人际关系的某些特点，又有其独特的方面，并受多种因素的影响。治疗师与患者的文化背景、价值观念、对健康的认识、角色的认同、受教育水平、人格、残疾的程度、对康复结果的期待等等都会在不同程度上影响治疗关系。

（一）文化和价值观的差异

不同的国家、地区和民族有不同的文化背景，有些文化习惯直接影响健康。对待具有影响健康的特殊文化习惯的患者，治疗师当然要进行宣教，首先使他们了解有关知识和自己行为习惯的后果，但不能以强加于人的态度和方式对待患者，否则会影响治疗关系，而达不到预想的目的。

具有类似文化背景的人也可能有不同的价值观念，有些价值观念和人的健康紧密相连。如有人过分强调休息的作用，伤残后或术后本该早日开始康复训练，但他们担心活动会影响伤口的愈合，或认为病残后身体虚弱，需要充分休息加以补偿。如果在这种情况下要求他们做康复训练，有的患者和家属会认为治疗师缺乏同情心，不关心和体贴患者。面对这种情况，治疗师首先应该站在患者的角度去理解这些价值观念和行为习惯的含义以及它们对患者的重要作用，客观地提供有关的科学道理，让患者在理解的前提下改变自己的行为。

（二）患者及家属对康复治疗的期待

患者及家属带着种种不同的期待来寻求康复治疗，如果期待过高，现有条件不能达到，他们会感到很失望，或认为治疗师的业务水平不够，也可能认为治疗师对他们不够尽心尽力，进而导致对治疗师的信任程度下降。

治疗师在开始接触患者及家属时，就要向他们介绍自己的工作责任，让他们知道治疗师能为他们做什么，这样能使他们在最大程度上利用医疗资源，同时有助于患者及家属对治疗师建立客观的期待，更能促进信任的治疗关系，避免由于过高的期待造成失落、不信任等反应。当然，还必须防止因期望过低导致的悲观失望和对参与制定康复训练计划无动机等问题。治疗师与患者的沟通绝对不能敷衍，不能为给患者带来暂时的安慰说些不符合实际的话。肤浅的安慰是不负责任的，还会误导患者产生过高的期待。治疗师应该引导患者谈出最困扰他的、他最关心的问题，根据自己所了解的具体情况，再对患者实行有针对性的帮助。

（三）人格差异

治疗师和患者都不可避免地带着自己的人格色彩进入治疗关系中，人格的差异会使他们的处事、对人的态度及方法有所不同，甚至到互相误解的地步。一个性格内向的患者面对残疾，可能表现得寡言少语，外表冷淡，对治疗师的帮助反应不明显，如治疗师不了解他的人格特征，不能站在患者的角度去理解他，则会误认为患者对自己的努力不感兴趣或不信任自己；更严重者会以同样的态度去冷淡患者，不再积极地关心患者，这样会形成治疗关系中的恶性循环。

治疗师进入工作状态后，应在最大程度上保持理性，有能力认识自己和服务对象的人格特征，在复杂的情况下有能力把自己的认知和情绪分开，这样才能较准确地评估和理解患者。

第三节 康复治疗与康复心理

康复医学强调采用综合措施，针对患者或残疾者的功能障碍进行以改善、适应、代偿和替代为主要特征的治疗，达到培养独立生活能力和回归社会的目标。康复治疗学主要的支柱是物理治疗、作业治疗和言语治疗。作为治疗师，不仅要了解这些治疗手段在康复治疗中的功能和作用，还要理解这些治疗手段对患者造成的心理影响以及接受这些治疗的患者的心理变化。只有全面地了解患者，才能真正明确患者的需要，使患者通过康复治疗，达到全面康复的目的；同时，医患双方都能获得心理上的满足。

一、理学疗法与心理

物理治疗（physical therapy）包括运动治疗和理疗，是康复治疗最早开展的治疗方法，也是目前应用最多的康复治疗方法。例如各种主动和被动运动（有氧训练、肌力训练、关节活动训练、平衡训练、转移训练等）和声、光、电、热、磁等物理因子治疗。主要目标是针对各种临床疾病，达到消炎、止痛、改善躯体功能等目标。

（一）理学疗法对象的临床特征

大部分理学疗法的对象因为躯体的残疾导致运动能力的降低，特别是日常生活活动能力（ADL）的低下使得患者回归家庭和社会发生困难。经过康复训练后，改善了日常生活活动能力，最终回归社会的患者也很多。然而作为后遗症仍有一些残余的心身障碍存在，日常生活的重新适应，活动能力的再学习，心理社会方面的失落感等等，极其容易导致一系列的心理问题发生。

1. 失落感和躯体功能的残缺　个体一旦发生了残疾，而又必须面对由残疾带来的身体功能障碍，这种失落感，不仅仅是躯体的某个功能的减退或缺失，还包括社会层面的工作丢失，家庭责任不能承担，使得心理问题出现并且加重。因此，治疗师在制定治疗计划时，要充分理解患者的这种失落感，在实施康复计划的同时，积极调整患者的悲哀情绪，并针对患者残疾的实际情况，从现实出发，共同制定康复目标。

持有这种失落感的患者本人往往并不认可残疾的现实，这是一种无意识的自我防御机制。虽然这种自我防御机制可以发生在任何个体，但是不能将此仅仅当成一种社会的不适应现象，这可能使患者陷入不能面对现实、不能积极康复的悲哀之中。但是，原本就有严重的身体功能障碍，如脊髓损伤后的四肢瘫痪、脑卒中后的偏瘫等，在日常生活中活动困难或者需要使用轮椅等情况，非常容易使得患者的社会功能丧失，出现否认、回避现实或退行的过度的防御行为，从而拒绝进行理学疗法的训练，作为治疗师，应将这些患者视为"问题患者"。

还有些患者经历了比较漫长的康复治疗后虽然功能逐渐恢复，仍然回避现实，拒绝社会再适应，拒绝出院，希望继续康复训练，所以出现了新的适应障碍。这类患者一方面是没有继续执行新的康复计划的愿望，另一方面也丢弃了自我价值。这种"拒绝"和"绝望"将影响理学疗法的进程，阻碍患者回归社会。

2. 残疾的适应　残疾的适应过程要经历几个阶段，理解各阶段的过程对理学疗法有深刻的意义。功能障碍或临床症状相似的患者，其社会背景和心理特点各有差异，对残疾应对的方式也不尽相同，在适应过程中也就有各不相同的表现。作为治疗师必须耐心地针对每一个患者的个体差异进行治疗，也就是说，对于残疾的适应，理学疗法的任务不仅是帮助患者机体功能的恢复或使用轮椅，而且要认真考虑到每一个康复对象的特点，针对他们的心理状况，提出合适的训练计划。

（二）理学疗法中治疗关系的特殊性

1. 身体的、心理的接触

（1）身体的零距离接触：理学疗法的治疗手段大部分是徒手接触的运动疗法，患者有时还需要治疗师的肢体帮助进行被动运动，所以患者容易对治疗师产生特殊的亲近感。

（2）特定的治疗对象：一般情况下，理学疗法过程中，治疗师与患者都是相对固定的，并且每天都接触（作业疗法、言语疗法也同样）。这种长时间的相对固定的治疗关系也增加了患者与治疗师之间的亲密度。

（3）患者的心理依赖：在治疗过程中，患者长时间地依赖治疗师完成一系列的康复训练计划，有时可能助长了患者"疾病获益"的心理，延缓了患者的自立。

2. 信赖关系和移情　心理依赖并非是出现心理障碍的主要原因，治疗过程中的这种心理依赖对于建立良好的治疗关系也有一定的作用。

但是，残疾者因为长期住院与社会隔离，交流范围明显缩小，人际交流仅局限在与治疗师的接触中，可能出现感情的转移，这种转移往往是患者对自己的亲人的感情的另一种投射。过度的移情会出现治疗关系的混乱，它不仅是对治疗师的好感、愤怒、厌恶等负性情绪投射的情况也经常出现，甚至发生攻击性的行为。无论这种移情是良性的还是恶性的，作为治疗师应该认识到它的存在。

3. 康复团队各专业之间的关系　康复医学是以多种专业组成的团队为基础的，因此在各专业之间的信息交流时很容易产生一些特殊问题。临床检验资料和患者的病情在病房医师和护士之间的沟通是比较通畅的，但是由于地理位置的关系，理学疗法师和作业疗法师以及言语治疗师对患者信息和训练状况的了解则相对较困难。

其次，在康复治疗场所和在其他场所如病房、家庭见到的患者的日常生活活动能力（ADL）是不一样的。这叫做"能够 ADL"和"知道 ADL"的分离现象。例如"知道 ADL"是指患者可以做到但是不愿去做，这是一种负性情绪。对于这种现象，治疗师和护士要加强沟通，了解患者的真实情况和负性情绪，及时采取对应措施。

另外，作为一个治疗团队来说，不仅有医生、护士和治疗师，患者的亲友如父母、配偶、友人等也应加入其中。这就是说治疗关系不仅仅是医和患的关系，还可能是"教师 - 学生"或者"援助者 - 障碍者"的关系。治疗者和治疗对象双方都要了解各自在治疗过程中的职责并相互监督。总之，康复医疗是一个多专业结合团队，各专业之间要相互了解，及时沟通。

4. 理学疗法师的其他作用　作为理学疗法师还必须承担一定的心理治疗任务，指导残疾者运动再学习，也就是说，运用行为治疗的方法帮助残疾者适应社会，例如奖惩法、操作行为强化等可以纠正患者"疾病获益"的适应不良行为，刺激患者主动积极地参与康复训练。

理学疗法技术建立在人际关系的基础上，作为理学疗法师必须有这样的职业意识，即在帮助患者身体功能康复的同时，充分了解患者的心理状态。为此，还必须适当与精神科医师和心理科医师保持交流，认识自我，更好地理解患者，以保证训练计划的实施。

（三）其他问题

在理学疗法的训练中，常常看到"问题患者"还存在着其他特征性的临床症状。

1. 疼痛行为　理学疗法的对象，大多伴有各种各样的疼痛。对于由明确的器质性病变引起的急性疼痛患者，临床上有各种治疗手段。对于慢性的原因不明的疼痛，患者常常反复求医、转诊，长期盲目进行物理治疗。事实上，这种慢性疼痛最好的治疗方法是从心因方面去理解，驱除引起疼痛的心理社会因素和适应不良行为，运用认知行为治疗更为恰当。

2. 脑功能障碍　患者合并有脑高级功能障碍时，康复训练的难度更大。对于患者来说，认知的改变和适应性行为的再学习难以进行，理学疗法等康复计划实施延迟，回归社会困难。为此，必须帮助他们获得社会生活中必要的技能，医疗机构和社会团体都要提供必要的援助。

3. 转换性障碍　基本原因是心因性的功能障碍，可出现在躯体障碍之前，常常反复地依赖于理学疗法。这些症状是表演性的，症状与表演往往自相矛盾，疑病或诈病的情况也经常见到，并易发生负性情绪。在这种情况下，仅仅靠对症处理改善症状是困难的，患者常常由新的功能障碍来替换原有的症状。同时，患者往往存在不同程度的人格障碍，有"疾病获益"和逃避家庭、社会职责的倾向。这类患者有必要进行心理治疗的干预，治疗师应充分地认识到这一点，理解患者的心因性问题，帮助患者重建认知。

4. 创伤后应激障碍　指由异乎寻常的威胁性或灾难性心理创伤，导致延迟出现和长期持续的精神障碍，使得患者对残疾适应延迟，容易对理学疗法产生阻抗，回归社会困难。对于这类患者，应及时地给予心理咨询或心理治疗，治疗师要耐心倾听患者的倾诉，并表示同情和理解，鼓励患者与患者之间的交流，集体心理治疗也适合于这类患者。

二、作业疗法与心理

作业治疗（occupational therapy）是针对身体和精神障碍的患者为了恢复其主要的生活能力，采用促进功能恢复、维持和提高的作业活动方式，包括木工、金工、各种工艺劳动（编织、陶艺、绘画），日常生活功能（衣食住行和个人卫生）的基本技能等，进行治疗训练、指导和援助。作业治疗诞生的基础是强调患者生活独立和回归社会，在措施上特别注重患者独立生存能力的训练，是康复医学中发展非常活跃的领域。

作业疗法的适应证是多种多样的，主要包括身体障碍、精神障碍、发育障碍、老年期障碍等；作业治疗的人群覆盖广，患者的年龄范围从幼儿到老年。其重要作用是帮助患者获得生活技能。对于个体而言，生活技能是各种各样的，包括日常生活活动中的进食、更衣、排泄、入浴等，教育活动、工作、文化娱乐、社区生活等所有人类可以进行的活动。因此，作业疗法的治疗目标也是多样的，必须根据患者的立场、所承担的各种职责及个人价值观来设立。根据患者的志向设计个性化的、开发创新思维的作业疗法流程。

（一）作业疗法过程与心理问题

实施作业疗法（OT）训练包括评估、找出关键问题、目标设定、训练计划制定以及训练实施等一系列连续的过程。根据不同的身体障碍，会出现各种各样的相对应的心理问题。

1. 评估中的心理问题　在治疗计划实施前要把握患者的整体功能状况，包括脑高级功能、日常生活的应用动作能力、生活环境和职业活动中的社会适应能力等。为了收集这些信息，需要对患者进行观察、交谈、检查、测定。

（1）身体功能评估：在由医师通过手眼直接给患者进行检查而获取患者的基本情况时，患者会获得一定的安全感，但是患者往往会有很多主诉。为了获得真实的评估结果，抓住主要问题，需要患者的理解和配合。然而，一旦患者真实地意识到自己的残疾现状后可能会陷入抑郁状态而难以合作。

（2）脑高级功能：脑高级功能的评估包括从失语、失认、失用，乃至注意、记忆、计算能力等多种多样的评估。与身体运动功能障碍相比较，无论是患者本人还是家属对这些障碍的认识都不够。因此，在检查的过程中患者往往出现阻抗，并对此没有康复的意识。如果强行检查，会使患者对OT训练产生不信任感和厌恶感，甚至拒绝接受训练。

（3）ADL评估：ADL评估是为了了解身体的功能状况和康复的预后，在这过程中患者往往既担心自己的残疾状况，又对康复的目标寄与过高的期望而看不到问题的存在，所以要注意患者的期待和不安同时存在的现象。

作为整体评估，要正确理解患者的状况，就必须进行包括神经心理学在内的各种检查及信息的收集。对于评估的结果不仅要医务人员清楚，也要考虑到患者自身是否能够接受，要关注评估后患者的心理状况，评估是确定训练目标的依据，只有患者有康复的欲念，才能使康复训练顺利进行。

2. 目标设定时的心理问题　患者残疾后，既存在着对残疾的紧张和焦虑，又有对康复的期待，而且往往将康复目标设定过高，一旦感到困难，即出现消极为难情绪。因此，治疗师要帮助患者面对现实，设定切实可行的康复目标，遵守治疗合同，共同努力。

3. 康复计划制定时的心理问题　作业活动是治疗的媒介，作业种类的选择必须与患者的能力相符合，使得患者能够完成而获得满足感。另一方面，康复训练使得能力获得需要一定的时间，为了不使患者对治疗丧失信心，在制定训练计划时不仅要考虑到患者的症状，还应考虑到患者的价值观和心理社会背景，这一点非常重要。

4. 训练实施中的心理问题

（1）身体功能训练：身体功能的训练大多数是由治疗师的徒手直接与患者接触，患者能比较明确地意识到是在接受治疗还是已终止治疗。像这样治疗师的手接触到患者，患者就意识到开始接受治疗，即使患者不主动做一些活动，治疗仍在进行，促进了患者被动接受治疗的意识，必须加以注意。

相反，对一些非徒手接触的治疗，如手工艺的作业活动，只要看一下，就会有有趣的游戏样的感觉，与一般的"康复"语义略有些不一样。但是一个一个的活动，包含了各种各样的身体的和精神的要素，OT就是同时融合了心理和社会的因素，将这些活动所必须的能力与现实生活中患者的实际能力相对照。

作业活动的心理效应体现如下：①患者发病前的兴趣，或者最喜爱的活动可使得动机提高，注意力集中，作业活动的耐力提高；②通过活动增多与其他患者交流的机会，可使社会性得以维持；③通过活动，将心理矛盾表露出来，并不断地得到改善、升华；④活动使患者的自身能力得以再体现，并能够客观地面对而作出努力。作业活动是康复自立的主要目标，训练时必须注意到这一点。

（2）脑高级功能训练：对于记忆、计算能力、动作顺序、颜色和形状的知觉训练，常采用的治疗手段有玩具和游戏，但是有的患者可能会认为这是幼稚的、"骗小孩"的。这种认识是患者的现有能力和患者发病前能力的差距所造成的。在训练中，要针对这些情况，对患者进行耐心的解释和探讨，纠正患者的认识偏差，明确指出患者残疾后的能力明显低于自己想象中的能力；但是患者往往不能接受这种解释，并有治疗关系恶化持续的可能，特别是在脑高级功能障碍的情况下，所以要考虑到患者对自己目前的障碍情况认识困难、心理承受能力差的特征。患者的家属也可能出现同样的情况，对于脑高级功能障碍的认识要比各种各样的身体功能障碍困难得多。有的家属认为患者"脑子有毛病"，故常常忽略了患者的残存功能，而放弃脑功能的康复训练。

（3）ADL训练：日常生活动作必然是每天要进行的生活当中不可缺少的活动。这就使得患者每天要面对自己的残疾，容易产生心理问题。特别是在ADL训练的过程中，要完成平时健康时意识不到的日常细小动作也很困难，需要其他人的帮助，容易出现自尊心的受伤。作为身体功能训练的直接治疗手段，ADL训练本来就是"为了恢复能力的康复"。随着ADL训练的进行，患者尽最大的能力进行各种各样的作业训练，逐渐意识到了身体功能的恢复是有一定限度的，这使他们不得不重新认识自身的残疾，因而也出现各种各样的心理反应。治疗师在训练时要及时认清患者的这些心理反应，为减轻患者的心理负担、增强患者康复的信心，提供良好的环境和生活辅助器具，帮助患者最大程度地发挥残存功能，促使他们日常生活活动的自理。

5. 出院时的心理问题　随着出院的临近，患者及其家属一般会感到紧张和不安。由于残疾后的医院生活及身体障碍的缘故，使得患者脱离了原来的生活环境，特别是在障碍残存的情况下，很难适应与残疾前不同的生活方式和不同的社会角色，对回归社会没有信心。另一方面，即使通过训练在医院里面ADL能力已经能够自理，但是出院后环境的不同以及照顾的方法不一样，患者自己会预想出现许多困难，因此在ADL训练中要尽可能考虑到患者的家庭环境，尽可能在出院前试行家庭生活。根据情况，治疗者还可以做适当的家庭访问，进行实地指导，为患者回归家庭提供有效的帮助。

在住院期间若能采取新的手段进行训练并能够获得日常生活活动能力则最好；若不能，在出院前需要重点指导护理人员，患者回归家庭后由他们去帮助患者继续训练。对于那些至今并没有接触过残疾人的家庭成员，常常会对瘫痪的肢体产生恐惧感，在出院前要帮助患者家属消除顾虑，教会家属回家后的训练方法和护理方法，使患者和家属能够安心出院，实现家庭的回归。另外，患者本人的积极参与、社会支持的充分利用也是减轻家属负担的必要手段。

相反，发病前患者和家属之间的关系以及家庭的生活环境对患者的出院也有一定的影响。如果对治疗师过分依赖会导致患者对回归家庭的紧张感，甚至希望继续治疗、转院直至出院失败。OT治疗师为防止这种状况的出现，要帮助家属理解患者的病状，并提供适当的信息。另外，在住院早期和训练过程中有意识地让家属参与协作，学习适当的护理方法。

（二）人际关系问题

1. 患者与作业治疗师　患者与作业治疗师的关系随着治疗的进展出现的变化较大。良好的治疗关系能够保证康复训练的顺利进行；治疗关系不良，患者会出现不信任感和愤怒情绪；相反，关系过度亲密，也影响治疗师对患者的客观评估和治疗，给其他的治疗措施造成不良影响。

特别是在理学疗法、作业疗法和言语疗法同时进行的场合，由于治疗时期较长，容易发生移情和反移情。治疗师必须充分认识到移情和反移情对治疗结果的影响，如果出现妨碍治疗效果的情况，应该寻求其他相关治疗者的帮助。治疗师要能够客观地接受这个现实，并认识到这种做法对医患双方的利与害。

2. 家属和作业治疗师　家庭中一旦出现残疾人，家庭其他成员也会出现各种各样的心理问题。对残疾的否认、家庭成员角色的变化、经济问题、住房环境等都是应激源。作业治疗师了解家属所可能出现的这些问题，在制订治疗方案时要考虑这些因素，给予家属心理方面的支持。

另一方面，在早期治疗中就要让家属参与康复训练计划，尽可能地提供患者状况的信息和家庭生活环境的具体印象。为了使家属熟悉护理，治疗师要给予必要的帮助和指导。在整个康复训练过程中，要以患者和家属为中心，家属对残疾的理解和对治疗的协助是康复训练顺利进行的前提。

3. 治疗者之间　康复治疗不仅要求患者身体的康复，还包括心理的康复。为此，治疗者之间信息的沟通是重要的，由于治疗场合的不同，患者所表现出来的行为也有差异。例如，进行 ADL 训练的患者在病房内和在实际生活中对护士或家属有着较强的依赖性，就可能出现不能完成一些动作的情况，因而使得治疗者之间对患者的功能状态的认识出现差异。此外，对于康复治疗方案，各治疗者之间所设定的目标有差异，患者对治疗者的感性认识和实际作用也有差异。为了防止医疗纠纷，应与患者及其家属密切联系，各部门之间经常互相沟通，明确团队的治疗目标，营造稳定的治疗环境。

三、言语治疗中的心理问题

言语治疗（speech therapy）对因听觉障碍所造成的言语障碍，构音器官的异常、脑血管意外或颅脑外伤所致的失语症、口吃等进行治疗，以尽可能恢复患者的听、说、理解能力。这类患者因为言语障碍而与人沟通困难，心理问题也较复杂。言语治疗师的职责是了解患者在想什么，"听懂"他们在说什么，帮助他们表达自己的思想、需要及情感等。

（一）言语治疗与人

1. 初诊患者的问题　失语症的患者常一边用手指着自己的嘴，一边拼命地想说但说不出。当言语说不出时患者本人真的想表达什么？

对于言语障碍的患者，可以试着进行言语训练，让他们尽可能说着试试。患者听－说－读－写各个方面语言能力是怎样一种状态，障碍的程度如何，这些都必须加以评估和检查。由于理解障碍，治疗师有必要学习诸如大脑病理学，或知觉、认知、学习的心理学，或语言学等等，并尽可能将所学到的东西应用于治疗中，这样言语治疗或言语病理学就发展起来了。

2. 无法表达　一些患者顺利地进入了言语治疗的流程，但是，有些患者在训练过程中拒绝治疗，也有些患者不能接受治疗的终结而希望继续治疗，另有一些患者缺乏积极治疗愿望。完成训练计划困难的两个因素：一是他们只是接受机械的训练，缺乏主观能动性；还有是对疗程的结束不能接受，有些患者不直接对治疗师表明，而是回到家庭对家属进行发泄，在家属不能理解他们想说的内容时甚至出现暴力行为。

训练时应尽量考虑患者的愿望，当知道无法进一步改善患者的言语功能时要尽早地让患者知道并能接受这一点。由于检查和训练是客观的东西，治疗师会认为自己的想法与此无关。但是愿望和内心想法是主观的东西，如何看待、如何处理为好，实际上有时是没有办法真实面对的现状。

言语治疗在治疗师和患者两人之间进行，语言作为交流的手段，在这种场合患者对治疗师要说的东西往往不能用言语表达。有经验的治疗师可以理解患者的感叹、愿望，患者即使是收到了一定训练效果，也需要治疗师帮助他们面对现实，接受残疾的状态。所以，同情言语障碍患者的痛苦体验，理解他们的失落感，也是言语治疗的重要部分。

（二）言语障碍患者的心理

1. 失语症患者究竟丧失了什么　　不管在什么时期，能够说话都是人际关系结构中的重要部分。人本身存在着内在一致性，说话是内在感觉的一种表达。失语症等后天的言语障碍患者在对人的关系上存在着无奈和自卑，他们的内在一致性和自信受到了沉重的打击。

失语症的发生常常是突发的、偶然的，某一天突然出现这种状态时患者发现自己已经躺在病床上了，因此本人很难相信。甚至感到这是不现实的和不可思议的，像做了一场恶梦一样。既然不认可，就根本没有考虑到要改变现状。当将病情告知本人后，不管怎么说，对患者本人而言，人际关系的世界、内在同一性的感觉都在自身持续着，有的患者一想到工作或家里的事就无法平静，无论是否是重度失语症者都会要求对话联系。但是，他们想请护士帮助却无法表达，遭受到打击。不能说话也就心情不好，随着时间的推移，残疾带来的心理负担更重，患者自己内心持续感到紧张和不安。

前面所说的失语症的患者的主诉和他们所出现的状况以及障碍的时期存在着个体差异。在这种心理状况的基础上，不安的患者甚至希望能够让周围的人知道他已经失去了生的欲望并真的在企图自杀。

2. 病理心理　　缺乏营造人际关系的能力是痛苦的，患者由于害怕挫折而寻找安全，将自己与人群隔离开来，封闭自我，失去了各种人际交流的活动。言语治疗室是对失语患者提供训练和帮助的场所，因此对于失语症患者来说，他们认为治疗室是不安全的，就会拒绝训练、依赖于病床和家庭。相反，如果他们认为治疗室是安全的，也可能会认为家庭没有安全感，而在治疗结束时变得难以接受。如果在任何地方都找不到安全感的话，就会失去镇静，出现被害妄想、夜间谵妄等各种精神症状，或出现行为异常。

失语症患者随着现实体验的积累，自己过去曾经"有活力的世界"不再持续了，而且以发病为界限。他们头脑里持续存在着病前的经历，无法把过去的自我与现在的自我联系起来。"有活力的世界"与眼前的现实出现分裂。

言语治疗师根据个体的状态，要考虑言语训练对他们意味着什么。在某些场合，患者在言语训练时采取过于积极的姿态，回避现实，拼命试图恢复到病前状况；在另一些场合，患者面对必须接受训练的现实感到痛苦和无能，也可能出现严重的挫折感和抑郁状态；此外，患者也可能在与治疗师一起训练时就有安全感，而不去考虑训练的结果。

3. 听的重要性　　医疗关系中，患者一方因为生理方面的因素，态度或举动都受他过去的影响，难以感受到"有活力的世界"；而医务人员却很难理解这一点，对他们而言只不过是多了一个前来接受治疗的患者而已。

但是在言语治疗中，患者具有怎样的痛苦和不安，本来是怎样的人，残疾对他来说意味着什么，作为言语治疗的特点就是要能够"倾听"患者。如果能做到这一点，就能够消除患者的不安，帮助他们摆脱孤独感、无助感。

（三）作为言语矫正的治疗师

1. 内部和外部的一致性　人类通过身体的动作、言语的声音等等将自身的知觉、感受、想象、希望、思考等等内在的东西表现出来，如果外在的表现和内心的想法发生冲突就应该考虑出现了"心理问题"。心理治疗和咨询就是要调整这种心理冲突，将内心想法直接过渡到外部的表现。在这种言语矫正的训练中，绘画和盆景等造型的训练有特殊的作用。也就是说，言语治疗师的任务不只是帮助患者用言语的声音来表达内心的想法，而且要训练他们用躯体语言和各种能够表达自己内心想法的方式来与人沟通和交流，尽可能实现内部和外部的一致性。

失语症患者的内部世界和外部现实的分离是由脑损伤等突发事件造成的，大部分患者会回想自己某一个最得意的时期，甚至像做梦一样想象与已故的双亲对话，不管怎么说，这种回想或想象是对过去的怀念和再体验。但是，这种过去的经历没有积极的动力，只能引发强烈的消极被动感，失语症患者无法将这种内在的体验自由地用言语表达出来，因为他认为没有人能够接受他的表达方式，所以就只能陷入回想和想象中，而不能面对现实，于是加重不安和挫折感。

2. 从过去过渡到现在　能够"倾听"患者想法的治疗师，要从患者极少的言语和身体动作中想象出他们想表达的内容，并给予适当的反馈。能够把自己的内心想法努力表达出来与治疗师分享是失语症患者"说话"的开始，这样可以增加他们的自发性语言，在内心与治疗师建立某种默契，这样治疗师就比较容易理解患者并不完整的语言，而和患者进行交流。

这种"倾听"言语障碍患者的内心想法的治疗价值是无法估计的，对患者而言，治疗师就是他的"听众"，自己的苦恼可以通过语言和身体动作表达出来，将这种孤独的内在想法变为现实的体验，即使是片言只语也是有意义的。通过对现实中的治疗师设法讲述失去了的"有活力的世界"，使得说话成为一种从过去通向现在的桥梁，由此看到了患者接受自己客观上的残疾状态的初端。

治疗师最初并不太清楚各种言语治疗的技法中哪一种更适合某一患者，须经过两三次的反复检查和训练，才能找出适合该患者的治疗方法。所谓言语自由，是以把自己内心的想法用言语向他人说出来作为基础的，当患者体验不到与言语治疗师自由交流的感觉时，言语治疗只不过是一种形式而已，这种情况是非常危险的。

（四）对残疾的认可

在康复医学领域中，接受残疾这件事已经再三强调，但是具体到每个患者，常缺乏临床观察和接受残疾的体验。在治疗场合，常常是治疗师一个人作决定，将患者被动地放到治疗对象的位置上，当患者表示不能接受治疗或不能认可治疗结束时，治疗师会出现愤怒和不安，出现这种情况，是因为不了解患者的意向和心理状态。认可意味着治疗师要排除先入为主的观念，逐步地将患者引导到自己的训练计划中来，如果考虑不到各种实施困难的因素，结果是治疗师的治疗措施不能贯彻，患者则会出现挫折感和愤怒，自信心和自尊心大受伤害。

"倾听"言语障碍者说话的过程也是帮助患者接受残疾的过程,治疗师要采用各种各样的想象、语言、共鸣来理解和倾听患者的各种各样的叹息、对过去的惋惜和怀念,以达到与患者同一化。但是,治疗师有必要坚持自己的立场,在治疗室内外的场所和有治疗背景的场合中倾听患者的叙说,让他们了解自己在这种场所中的现实体验,对患者而言是非常重要的。经历过这种情况的患者,其言语能力本身即使不发生很大的变化,也已经有了恢复"说话"的欲望。虽然过去的"有生命力的世界"已经没有了,但是他们已经开始明白根据自己的情况可以这样"说话"。这虽然是一种无奈的结果,然而是不可逃避的。同时为了使患者认可残疾,作为治疗师认同患者感叹也是有必要的。

(贺丹军　林枫)

思考题

1. 健康与疾病的概念。
2. 病人求医行为的影响因素。
3. 医患关系及其影响因素。
4. 康复过程中治疗关系的特点。
5. 结合康复心理学,思考如何建立好的治疗关系。

第九章 康复科常见的心理学问题

学习目标
1. 病残后的心理过程及应对方式。
2. 影响康复对象的主要心理因素。
3. 康复过程中的常见的心理障碍及处理原则。

病残改变了人的生理、心理及社会状况，患者们的心理问题表现是复杂而多样的，需要患者逐渐接受残疾的现实，并考虑从生理上、心理上等方面去适应。因此，必须掌握康复对象的心理过程及应对方式；同时也要运用医学心理学的理论，去判断康复对象的心理障碍，并给予及时、正确的处理。

第一节 病残后的心理过程及应对方式

康复医学的主要研究对象是残疾人、老年人和各种慢性病患者，其目的是使他们丧失或受损的心身功能得到最大程度的恢复，重建或代偿。

康复心理学认为，病损、躯体残疾及心理行为三者之间有一定的联系，这三者之间的联系不是简单的因果关系，而是相互作用、相互影响的交叉因果关系。马丁普（Martinp，1980）将这三者之间的关系用简单的模式表示（图9-1），说明很多心理行为问题可以是一些病损或伤残的原因，在这里前者是因，后者是果；病损或伤残也常常可能给个体造成各种各样的心理行为问题，这时，因果关系就发生了颠倒。例如，情绪波动、精神刺激、不良行为方式诱发高血压患者发生脑血管意外，这样一个大脑病损的患者既可以出现肢体运动功能障碍，又可以出现恐惧、抑郁、焦虑等心理行为方面的问题。在这里心理行为因素可以导致病损的发生，而病损和躯体残疾又可以直接影响病人的情绪，使得某些心理问题继续存在或出现新的心理问题；这些心理问题又可以在一定程度上影响病人全面康复，甚至中断康复或引起新的病损。一个长期卧床的残疾人会出现一系列的疾病行为反应，如呻吟和痛苦表情、忧郁、淡漠、活动减少，缺乏康复的主动性和积极性，由于康复的延迟可能造成关节挛缩畸形、肌肉废用性萎缩等。

病残改变了病人的生理、心理及社会状况，其心理问题表现是复杂而多样的。伤残的突然发生使人毫无心理准备，更不可能立即适应，一般经过一定时间，患者才可以逐渐接受残疾的现实，并考虑从生理上、心理上等方面去适应。

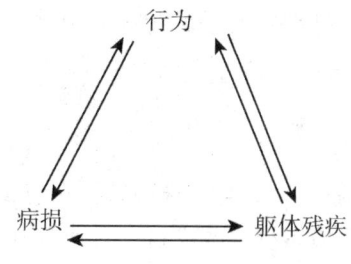

图 9-1 行为与病伤残疾的关系

一、残疾后的心理过程

（一）心理休克

心理休克是一种心理防御反应。突然发生的伤残使得病人来不及应对，表现为麻木、惊呆，出乎意外地镇静与冷淡，表情淡漠，答语简短；对伤残及治疗反应平淡，甚至无动于衷；有时思维混乱、意识可处于朦胧状态；有时也可能出现某个负性情绪并固着，而后发展为适应不良行为。

（二）否认

病人的意识恢复后，往往陷入严重的恐惧和焦虑状态，他们无法面对这个残酷的现实，认为"这不会是我"、"这不可能"。在预后上确信"自己只要好好接受治疗，就能恢复到以前那样"。这个时期里，患者毫无针对残疾去进行康复的愿望和动力，即使能够被动地参与康复治疗，在长期康复训练中也容易出现阻抗。

（三）愤怒

当病人意识到残疾已经不可避免或将病残看成是不公正的人祸时，便会产生愤怒情绪。可表现为焦虑烦躁，对自己或他人产生无名怨恨情绪，对亲友和医护人员冷漠、敌视，严重者不能控制自己的情绪，发生毁物、打人以及自伤、自残行为。

（四）抑郁

凡躯体病残者均存在抑郁，其程度从轻度、悲观至自杀。抑郁的程度往往不是决定于病残的性质和程度，而是决定于病残者的个性和残疾对个体的特殊意义。可表现为不愉快、自我贬低，对周围环境缺乏兴趣。严重者则长时间、持久地闷闷不乐，自信心丧失，悲观失望，对生活失去兴趣，甚至出现自杀行为。

（五）自卑和自责

残疾人可能由于社会角色的改变，生活、家庭、事业等方面的损失，病损的长期折磨，以及各种生理功能障碍等因素的影响，产生自卑心理；同时，他们因为感到自己给亲人和家庭带来了不幸和累赘而自责，敏感、多疑，对生活失去热情。

（六）退化

心理危机的冲击过后，有的人可在心理行为上出现退化反应，这也是正常的适应性防御反应。成人表现为自我中心，要求多，不配合治疗，嗜睡；而在儿童，则表现为类似婴儿的行为，不合作、遗尿等。

（七）适应

大部分残疾人经过一系列的心理变化和抗争，最终可以接受残疾的现实，在认知、情感和行为上逐渐适应。他们会重新评价自我，挖掘自己的潜能，寻找并抓住康复的机会，积极主动地配合治疗。

二、应对方式

应对（Coping）是人们为应付心理压力或挫折，有意识地作出的认知性和行为性努力。应对可以通过调整自身的价值系统、改变自己对挫折的认知和情绪反应，藉以减少精神痛苦，维护自尊心，求得内心之平衡。它受个体的认知评价、生活经历、个性特征及社会支持等诸多因素的影响。由于残疾后心理变化的特殊性，其相应的应对方式如表9-1所表示。

表9-1 残疾后的应对方式

表现方式	说　　明
压抑（repression）	把意识中对立的或不能接受的冲动、欲望、想法、情感或痛苦经历，不知不觉地压抑到潜意识中去
退行（regression）	在适应困难的情况下，产生生理年龄与心理年龄不相符合的表现，以不成熟、幼稚的行为方式应付现实
否认（denial）	拒不承认已经发生的挫折和不愉快情境，从根本上认为它从没发生过，以避免心理上的不安和痛苦
投射（projection）	将自己所不喜欢的、不能接受的欲望冲动和感受归于他人，以此来避免心理上的不安
补偿（compensation）	为弥补生理上或心理上的某种缺陷，或所追求的理想、目标受到挫折时，转而努力发展或从事其他活动予以替代，以减轻心理上的不适感。
转换（displacement）	将限于各种因素而不能释放的情绪反应转嫁给无辜的人或物，以发泄内心的不满
合理化（rationalization）	以个人自己能接受的理由来解释自己不符合社会价值标准的行为或未达到所追求的目标
反向形成（reaction formation）	将潜意识中的欲望、冲动、情感等，以截然相反的活动与行为表现出来，使个体行为更易被社会所接受
升华（sublimation）	把本能欲望导向那些比较崇高、为社会所接受的方向，以社会较可接受的形式表现出来
认同（identification）	在潜意识中个体力图等同于某一对象，甚至以他人自居

在现实生活中，心理防御机制普遍存在于每一个人的心理活动中。遭遇残疾的个体，为了避免或减轻因这一应激事件而产生的内心痛苦，保持内心平衡，常有意或无意、自觉或不自觉地用自己较能接受的方式，来解释和处理所遭遇的残疾，以减轻内心的不安和烦恼，调整心理环境，保持心情安宁，避免更大的精神或躯体疾病的发生。

第二节 影响康复患者心理状况的主要因素

康复对象的心理状况除了与他们的个性密切相关以外，还受多种因素的影响。了解这些影响因素可以更好地掌握病人的心理状况，及时、有效地帮他们解决问题。

一、生物因素

（一）残疾的类型与程度

康复患者的心理状况受所患疾病的类型、躯体残疾的程度影响很大。若属于急性事件致残，常突然发生，出乎意料，患者缺乏思想准备，就更难接受和适应现实；久病后的残疾状况一般就较容易适应。当然，残疾对躯体功能、工作能力、社会功能影响的程度不同，也会引起不同的心理反应。病损的预后对患者心理状况的影响更需要重视。功能无法恢复的残障、癌症等"不治之症"者，长期被负性情绪所控制。某些特殊功能的损伤，如性功能的损伤或性器官的切除等对康复患者心理状况的影响也不可忽视。

（二）残疾者的年龄

1. 残疾儿童因发生残疾的时间较早，受社会环境和教育的影响，其个性、认知、情感及智能方面的发展都受到不同程度的障碍。

2. 青年是人生最有特色、发展最为迅速、问题最为复杂、心态最为矛盾、行为最为混乱的阶段；中年人是社会的中坚，他们同时扮演多种社会角色。因此，青中年患者一旦发生残疾，恋爱、婚姻、职业都将受到较大的影响，其心理变化也最为多样、复杂。

3. 老年病人因其生理功能明显衰退、社会地位发生变化以及各种生活事件的影响等，其心理问题也有独特的一面。

（三）残疾的病程

漫长的康复治疗过程，是影响患者心理状况的重要因素之一，患者常常因此出现以下一些心理障碍。

1. 外向投射　一些慢性病人面对自己不愿接受的现实时，将原因完全推于他人，怨天怨地，以自我为中心，敏感，多疑爱挑剔，易激怒，常提出过高的治疗及护理要求，常责怪医护人员和家属，人际关系紧张。

2. 内向投射　是慢性病人的另一类型，多见于心理内倾者。这类病人自我压制，压抑不能接受的现实，并常常感到自己给家庭及他人带来了负担，对康复失去信心，消极厌世。常表现出抑郁、自卑、自责，甚至有自杀行为。

3. 病人角色强化　慢性病人原来的社会身份被病人身份取代，进入病人角色之后，便习惯于依赖他人的关心和照料，同时，也会因为解除了某些责任或约束而得到某些利益，这种"继发性获益"更加强化了病人在心理上对疾病的习惯化，如长期依赖于医护人员的治疗和他人的照料，病人角色则会成为巨大的障碍，而不利于康复。

二、心理因素

（一）个性

内向的人对残疾的现实会默默忍受；外向的人可能会因此而烦躁不安、愤怒怨恨。有人乐于以患者身份自居，以有病来博取同情；有些人有病却不告诉别人，尽量隐瞒；有人一有病痛就立即四处求医，吃药打针；有人却讳疾忌医，得过且过。残疾是慢性的过程，或是某些疾病的后遗症、并发症，患者的个性不同，对待残疾的态度也会不同。

（二）人生观与价值观

人生观与价值观不同，对各种事物的看法和态度就不同，对自身的残疾也不例外。有的人可因有残疾而心理崩溃，一蹶不振，只在自己的小圈子里打转，变得自私自利或自暴自弃；有的人却不被残疾和困难所压倒，变得更加坚强，努力干出一番事业，对社会做出贡献。

（三）个人文化修养

个人的文化修养不同，对待残疾的态度也会不同。一般来说，文化程度较高的，对残疾较能理解，较能正确对待；而文化程度较低的则容易责怪他人。当然，也有些文化程度较高的人对残疾一知半解，会以自我为中心而向医务人员提出不恰当的要求；有些文化程度较低者却认为只能如此而无所要求。

三、社会因素

（一）家庭成员对残疾人的态度

父母、配偶、子女是最亲近的人，他们的态度对病残人有举足轻重的影响，对残疾人的康复有决定性的作用。

患病后工作和生活能力都受到影响，严重者还会丧失工作、生活能力。病残者的自尊心、自信心受挫，常常会感到焦虑、抑郁、孤独、悲观、依赖感增强等，这时最需要社会支持，需要亲人的关怀和帮助。如果家人缺乏同情、关心、爱护、体贴和帮助，对康复失去信心、耐心，缺乏应有的照料、关心和经济上的支持，甚至把家庭的一切不幸都怪罪于病人和残疾人，会给治疗和生活带来很大的困难，患者便可能伤心、抑郁、悲观、绝望，对治疗和康复失去信心和耐心，不能配合治疗，对康复极为不利。

医务人员一方面应帮助残疾人树立信心，以积极乐观的态度，依靠自己的力量战胜伤病，自己能做的事情尽量自己做，不要过多地依赖别人，努力搞好同亲属的关系。另一方面要说服、教育患者的家属体谅、理解、关心、照料伤病人，帮助残疾人克服困难，战胜困难，尽快康复。

（二）工作单位对残疾人的态度

如果工作单位对病残人缺乏同情、关心，视病残人为累赘、负担，对他们因患病而造成的各种困难，尤其是经济上的困难不予解决，会给病残人的生活造成许多困难，使之难以顺利康复。

（三）社会对残疾人的态度

如果社会对病人和残疾人采取不闻不问的态度，甚至厌恶、嫌弃、嘲弄、侮辱他们，会使病人和残疾人感到愤懑、屈辱、自怜、悲观、抑郁、恐惧等，不利于病人和残疾人的康复。

（四）社会支持系统和社会保障系统

残疾人和病人生活、就业能力差，非常需要社会向他们提供生活必需品和基本的医疗条件以维持生存。如果没有基本的社会保障，就会使残疾人和病人处于十分艰难的境地，感到悲观、抑郁、恐惧，对前途丧失信心，失去生活的勇气。应建立和健全社会支持系统和社会保障系统，保障残疾人和病人的基本生活条件和医疗条件。建立社会保险、福利和康复医疗机构，培养大量的、训练有素的康复医学家、康复心理学家、社会工作者以及为残疾人和病人服务的志愿人员，对残疾人和病人进行康复训练和职业训练，鼓励他们做一些力所能及的事，以增强谋生能力，动员全社会的人给残疾人和病人以有利的支援。

（五）医源性因素

在治疗和康复的过程中，各种医源性因素必然会对病残人的心理产生影响。

1. 医务人员的心理品质　如果医务人员工作认真负责、尊重病人，同情和理解，视病人如亲人，就会对病人的心理产生积极的影响，有利于病人的康复；反之则会对病人的心理产生消极的影响，不利于病人的康复。

2. 医务人员的言语　医务人员的语言必须准确规范，不能存在语法、语音和语义上的错误，口齿要清楚，语言要通俗易懂，以免使病人听不懂而产生疑惑、误解，引起焦虑、恐慌、悲观等消极情绪。要避免使用伤害性语言，有时医务人员有意无意的言语引起了病人的消极情绪，这通常是消极的暗示作用所致。要避免医务人员之间、医务人员和病人之间或病人和病人之间通过语言而互相产生消极的暗示。医护人员要避免在病人面前窃窃私语，以免引起或加重病人的猜疑，给病人带来痛苦或其他不良后果。

3. 医疗操作水平　医务人员在临床的各种医疗操作中，如果能做到认真负责、精益求精、沉着冷静、机警、果断、轻柔，以严肃的态度、严明的纪律对待工作，就会使病人感到放心，有安全感，感到温暖，产生积极良好的情绪。如果医务人员在医疗操作中粗暴、草率、不认真、不熟练，给病人增加了许多本来可以避免的痛苦和伤害，就会使病人对各种医疗操作产生恐惧和厌恶，惧怕康复训练，在康复过程中形成心理阻力，不利于病人的康复。

4. 治疗的程序过于复杂、费时，副作用太大　如果所用的治疗程序过于繁琐、复杂、耗费的时间太长，给病人造成的痛苦和副作用太大，就容易使病人产生厌烦和疲劳感，使病人不愿意坚持治疗，从而中途退出治疗。

5. 治疗费用过高　医疗费用过高，会给病人造成很大的经济压力和心理压力。高昂的医疗费用还会给病人的家庭和亲属造成沉重的负担，使病人产生内疚和自责。有时过高的医疗费用会使病人放弃康复治疗，并产生悲观、绝望的情绪。

第三节　患者的心理康复

全面康复的一个重要内容就是心理康复，目的是为了帮助患者更好地适应现实，促进机体功能康复，尽快地回归家庭，回归社会，提高生活质量。心理康复一般包括心理测评和心理治疗两个方面。

一、心理测评

心理测评也称评估，是依据心理学的理论和方法对康复对象的心理品质及水平作出鉴定。心理测验在心理评估中占有十分重要的地位。在康复心理学中，心理测评就是对康复对象的各种心理障碍，包括认知障碍、情感障碍、人格障碍、社交障碍等，用各种心理测验（包括智力测验、人格测验、神经心理测验以及精神症状评定）进行测评。评定病人心理障碍的性质和程度，可以为制定心理康复计划提供科学依据，同时，还可以观察心理治疗的效果，判断心理康复的疗效。

二、心理治疗

心理治疗是运用各种心理学技术和方法，使康复对象的心理功能得到不同程度的补偿，减轻或消除症状，改善情绪，调整心理状态，达到全面康复的目标。心理治疗的种类和方法有很多，在心理康复中常用的有以下几种。

（一）支持心理疗法

所有心理治疗都给予病人某种形式和某种程度上的精神支持。支持心理疗法通过给病人解释、鼓励、保证、指导以及促进环境的改善等五个阶段的治疗，了解病人心理问题的症结所在，及时对问题作出透彻的分析和适当的解释，帮助病人克服残疾后的负性情绪，缓解心理危机，充分发挥病人的潜能，顺利完成康复计划。

（二）认知治疗

认知治疗可以改变适应不良性认知，以促使心理障碍解除为目标。在康复心理学中认知治疗用于消除康复对象的自觉症状和慢性疼痛，改善他们的社会交往和生活障碍，使他们对康复采取积极配合的态度。认知治疗的基本过程为：

1. 建立治疗关系　治疗者与康复对象要形成密切合作的关系，并努力使这种关系贯穿于整个治疗过程。

2. 确立治疗目标　根本目标就是帮助康复对象发现并纠正错误观念及其赖以形成的认知过程，使康复对象回到正确的认知方式上来。

3. 客观化　让康复对象通过学习，调整自己的认识，挖掘自己的潜能来解决问题，并要求他们采取较为客观的态度对待自己和外部世界。

（三）行为治疗

根据学习心理学的理论和心理学实验确立的原则，对个体反复训练，以矫正适应不良的行为。在康复心理学中系统性脱敏疗法、交互抑制疗法、厌恶疗法、快速暴露法或满灌法、操作性行为改造、标记奖励疗法及放松训练均较常用。

（四）生物反馈疗法

作为一种非药物治疗手段，可以使康复对象积极主动地学习矫治自己的疾病。利用生物反馈仪帮助患者认识到各种心理因素与躯体变化的关系，客观地了解心身变化与环境因素，如紧张与放松的关系，提高他们自己对应激反应的认识，增强随意控制和调节生理变化的能力。

（五）人本主义疗法

设身处地地理解患者的独特世界观，鼓励患者完全地自我接纳、充分地自信，使患者认识到自身的各种潜能和需要，调动出积极性。

（六）集体心理治疗

治疗者运用各种技术并利用集体成员间的相互影响，给康复对象提供帮助别人、与人交流的机会，使他们敞开心扉，倾吐苦恼，有助于克服孤独感和隔离感，彼此相互鼓励，增强康复的信心。同时还可改善人际关系，培养社会生活能力，达到消除症状并改善人格与行为的目的。

（七）家庭心理治疗

调整康复对象的家庭成员面对家庭内突然出现了残疾人所带来的心理问题，取得家庭成员在康复过程中的协作，保证康复的顺利进行。

第四节　康复治疗中的心理障碍及处理对策

康复几乎是与伤病的发生同时进行的，心理干预也应该贯穿于康复的全过程，针对患者的各种心理变化及心理问题，及时地给予处理，才能保证康复治疗的顺利进行。

一、错误认知对康复的阻碍与纠正

认知心理学认为，发生在刺激和反应之间的认知过程在决定人的情绪、动机和行为方面起着非常重要的作用。患者的个人经历、适应能力、文化背景不同，对残疾的认识也就不同。对躯体残疾的错误认知将阻碍康复的进程。康复过程中常见的错误认知包括：

（一）否认

否认是常见的一种心理防御反应，但是过度否认导致个体不能准确地了解和以正确态度接受现实。这时，患者对残疾的反应可表现为轻度抑郁或心境较为平缓，甚至具有使人难以理解的欣快，虽可进行康复训练，但进展往往不大；当否认无效时，则出现明显的情绪紊乱现象，可导致急性抑郁或严重焦虑，甚至不得不暂时终止康复训练。

对于部分或较为含蓄的否认，治疗者应把它看成是对抗情绪紊乱的防御手段，给患者更多的关怀和支持，并对患者的身体状况和治疗计划进行公开讨论。采取这些措施可帮助患者控制情绪，而按医嘱执行康复计划。在患者的情绪极不稳定时，可应用安定剂。对于完全性否认的病例，治疗重点是针对病残，鼓励患者尽力参加持久性的康复训练，避免一味纠正其否认。

(二) 认同延迟

残疾突然发生后，患者不但立即失去了过去的工作和地位，同时也失去了许多能带给他（她）愉快的行为能力，而且还要立刻开始接受不良刺激，如疼痛和各种躯体不适、感觉缺失和功能丧失，短期内很难适应；另外，有时康复治疗同样也能够带来痛楚，患者很可能会把残疾和随后与其有关的康复治疗都看成是不良刺激，以回避他认为是惩罚的各种活动，而不愿参加康复治疗，这种现象叫做认同延迟。认同延迟的患者往往采取逃避的方式，可能拒绝治疗或总是迟到，也可能由于愤怒和反抗而仓促自动离院。

一般情况下，严重残疾者的逃避行为经过一段时间后会逐渐减少，这时应当尽早地开始康复训练，康复医师应将康复任务按计划分段布置，循序渐进地增加训练内容并找出积极的强化刺激，以减少治疗中病人的负性情绪，提高康复的积极性。遇有不良情绪和行为时，应给予积极的疏导，并动员和帮助其亲属参加或了解康复计划，以便对康复起到积极的推动作用。

(三) 失能评价

躯体残疾会使患者丧失机体的某些功能，如丧失行走能力、不能从事某些自己感兴趣的活动或丧失某些功能（如性功能或女性第二性征）等，有些患者甚至终生需要他人照顾。因此，在躯体病残的急性期过后，患者几乎无一例外地会发生失能评价，从而导致抑郁、失望，甚至自杀，临床上可表现为拒食、拒治、攻击行为等。

对于躯体病残后机体功能的丧失程度，大多数患者及其家属并不完全了解，也不具备这方面的医学知识，因此，他们的失能评价往往是不正确的，存在过分看轻、夸大或曲解失能程度的问题，由此将严重影响到对病残的适应以及对康复计划的执行。对于失能评价的处理对策有：

1. 医护人员应肯定躯体病残后的部分失能，以免患者产生"残疾只是暂时的"这种不现实的幻想或否认躯体病残。

2. 可以与患者公开探讨病残的失能程度和可以恢复的程度，以明确康复的目标，激发患者的康复主动性。

3. 行为疗法如示范法、条件操作法等可充分展示康复成功的案例，以纠正患者的不良认知。将科学、客观、正确的康复知识介绍给患者，促进其改变不良认知。

4. 对严重情绪紊乱者试用抗抑郁、抗焦虑药物。

(四) 其他不合理信念

由于社会文化背景的差异，可导致患者对某些躯体病残的不合理信念，如某些截瘫患者也许从未想到过性功能的康复。由于不合理信念会导致不良情绪和不适应行为，继之影响康复的进程和效果，同时也严重影响病人的生活质量。

在诸多不合理信念中，病残者的性功能障碍或丧失是常常是导致严重焦虑和抑郁的原因。从医学上讲，运动和感觉同时受损者与仅有运动缺损而保留感觉的截瘫患者其性欲感受是不同的，康复的目标也应有所区别。女性生殖器官的手术也只可能是部分影响到性欲功能和性生活的质量，不过据报道，许多夫妻在女性切除子宫和卵巢后自动放弃了性要求和性生活。另外，在我国受到传统观念的影响，肾病或肾移植手术后的患者或被迫或自动放弃性生活，严重影响了夫妻感情和生活质量。另据报道，大多数并无解剖和生理功能缺陷的病残者也往往有性功能障碍，其原因也是心理问题，如虚荣心、自尊和自卑心理。

对不合理信念的处理措施包括：

1. 告诉患者人类的性行为取决于生物和心理两种因素，性问题除了是一种生物现象之外，还是一种微妙的情绪体验。生物学方面的损伤，往往可以通过情绪体验得到补偿，只要在正确的知识指导下，通过夫妻双方的努力，还是能够使性生活达到一定质量的。

2. 消除性问题所致的羞愧、焦虑情绪，告诉患者对性功能的康复要求应当同对感觉、运动功能的康复要求一样，是正常的、正当的。

3. 对患者及其伴侣提供医学咨询和服务，采取某些医学措施完善其性生活。

二、不良情绪对康复的阻碍与纠正

残疾最终可能导致患者外观上的改变及家庭经济情况、个人社会角色的改变，如患者不能从事某些活动或终生需要他人照顾，所有这一切都将损害患者原有的自尊，最终导致不良情绪。不良情绪将影响康复的进程。康复过程中常见的不良情绪及纠正措施包括：

（一）焦虑

1. 焦虑的产生　可以肯定地说，每个躯体病残者都存在焦虑。患者可因垂体－肾上腺轴、交感神经功能亢进，出现如心悸、潮热、多汗、憋气、便秘等症状，也可由于网状上行激动系统激活而出现警觉性升高、敏感、多疑、失眠，还可因锥体束活化而有紧张的姿势，肩痛、背痛、手足不停或语言形成中断、僵化或抑制，进而影响康复。当焦虑不能忍受时，患者会采用各种防御机制以减轻痛苦，如出现强迫观念和行为、癔症症状，这些将使康复计划不能实施。

2. 采取的对策

（1）帮助患者正确认识伤残程度及经康复治疗后可能达到的恢复程度，使其积极配合治疗。争取家庭成员和社会的帮助，创造良好的环境，为患者提供感情支持，消除孤独感。

（2）积极暗示，让经过康复治疗恢复良好的人现身示范，使患者解除焦虑。

（3）运用放松训练、生物反馈疗法等使患者消除紧张情绪。

（4）必要时可使用抗焦虑药物。

（二）愤怒

1. 愤怒的产生　当患者意识到残疾已经不可避免，或将自身的病残看作不公正的人祸时，便会产生愤怒情绪。可表现为焦虑烦躁，对亲友和医护人员冷漠、敌视、易激惹，严重者不能控制情绪，发生毁物、打人甚至自伤、自残行为。当患者的愤怒情绪以敌意和攻击形式出现时，会使治疗更为费时和困难。有的患者还可能把康复过程中不可避免出现的疼痛看作是惩罚，从而对医护人员进行报复，使康复计划难以实施；有的患者对一般性护理和自我照料等措施漠然置之。

2. 采取的对策

（1）精神分析疗法：可以给患者提供发泄愤怒和敌意的机会，从而使患者恢复自如，变得现实与合作。

（2）认知治疗：可帮助患者纠正错误认知和错误的思维方式而面对现实，多给患者以支持和理解，改善他们的社会交往和生活障碍，使他们采取积极的态度配合康复。

（3）人本主义疗法：治疗者要心胸宽广，待人以善，待人以宽，结合实际尽力帮助患者发挥潜能而得到自我实现，从而使康复按计划循序渐进地实施。

（4）个别患者的愤怒和敌意与病前性格特征有关，则需心理治疗和有关的镇静剂治疗。

（三）抑郁

1. 抑郁的产生　凡躯体病残者均存在抑郁，其程度从轻度、悲观直至自杀。抑郁的程度往往主要不决定于病残的性质和程度，而决定于病残者的个性和病残对个体的特殊意义。可表现为不愉快、自我贬低，对周围环境缺乏兴趣。严重者则长时间、持久地闷闷不乐，丧失自信心，悲观失望，对生活失去兴趣，甚至出现自杀行为。个别患者可假装愉快、洋洋自得，常使人误解，应注意区别。

2. 采取的对策

（1）认知疗法：有些患者的抑郁来自特殊的观念和错误的信念，应给予纠正。

（2）支持疗法：用安慰、鼓励、保证、积极暗示的语言消除抑郁的原因。早期发现有自杀企图的抑郁患者，对有自杀观念的患者，应请精神科会诊，出现下列情况应引起医务人员的高度重视：①精神病性质的抑郁；②本人以往有自杀企图或严重抑郁史者；③持久性自杀威胁；④体重显著下降、失眠、淡漠，全身动作迟滞不能用疾病和残疾解释；⑤突然整理衣服、物品或书写告别信件。

（3）适当使用抗抑郁药物：可选用三环类抗抑郁药和选择性5-羟色胺再摄取抑制剂。使用抗抑郁药物治疗的过程中，必须充分了解其作用与副作用，给予病人耐心的解释和及时的处理，提高病人药物治疗的依从性。

（四）过分依赖

1. 过分依赖的产生　在正常和健康情况下，人们在成长过程中，要抛弃孩童时期的许多依赖性，逐渐走向成熟和独立，而躯体性病残往往能剥夺人的众多成熟技能，使人退缩到依赖状态。人的依赖性通常指躯体性依赖、社会性依赖和情绪依赖。病人在康复过程中除了躯体病残造成的依赖外，往往存在较严重的情绪依赖倾向，表现为过分无助和脆弱，对许多事情都要询问医护人员或周围的人，要求给自己很多的关心，并指使他们做这做那，反复不断地诉说其症状，对医护人员或家属的照顾深感不满。由于无限制的要求导致他人失去耐心时，患者可能出现不良情绪。康复目标直接与这些依赖相矛盾，过分依赖导致对康复计划无动机，因此，处理不当会导致康复过程缓慢，影响康复的实施。也有一些患者表面上似乎有很强的欲望参加康复训练，但在真正需要做训练时却拒绝帮助或长时间停滞于某一康复阶段中。

2. 采取的对策

（1）支持疗法：如给予患者以同情，满足其需要，安慰、鼓励等。

（2）人本主义疗法：使患者认识其各种潜能、需要，调动其积极性，自我实现以逐步消除其依赖性。若患者为依赖型人格，则处理时需多注意，应避免因处理不当使其永远不能满足或由于拒绝其要求而使其产生不满和敌意。

三、不良行为对康复的影响与纠正

在影响康复的心理问题中不良行为是较为重要的一方面,对康复的阻碍也是不言而喻的。不但有损于健康,还会阻碍康复的顺利进行。

(一) 造成适应不良行为的原因

1. 神经系统病理变化或生化代谢紊乱而引起的症状,这些行为常由生物功能变化导致。
2. 由于错误的学习所形成,如吸烟、酗酒、药物依赖等。
3. 一些神经症(焦虑症、恐怖症、强迫症等)、人格障碍的适应不良性行为,不良行为方式(C型行为、A型行为)、精神分裂症等病人获得性适应不良性行为及精神发育不良、心身疾病造成的不良行为。
4. 其他获得性适应不良性习惯如口吃、拔毛、拔甲、夜尿等,还有饮食行为异常(如暴饮、暴食或厌食等)、肥胖等。

(二) 适应不良对康复的阻碍作用

这些不良行为对康复的阻碍作用是多方面的,既可直接阻碍康复过程,也可通过其他方式间接影响康复过程。如吸烟这种不良行为,除了烟草中的有害毒物直接作用于人体造成冠心病、肺癌及其他呼吸道疾病外,还间接影响康复过程。很多康复对象遇到挫折和困难时常通过吸烟缓解压力,而不是积极寻求帮助;再如酗酒也可直接损害机体多个器官,造成酒精依赖等精神疾患,同时也阻碍康复过程的顺利进行。另外,已有研究表明"A型行为"和"C型行为"分别为冠心病和肿瘤的易感因素,患者的性格当然会影响康复过程。

(三) 采取的对策

人类行为中既有本能行为如饮食行为、性行为、母性行为等,又有社会行为如社会认知、人际吸引、人际交往等行为。这些行为的产生是多方面的,而影响这些行为的因素也是多方面的。动机、需要、情绪等社会心理的因素与生物的因素均可影响行为,而在心理康复中,各种不良行为的阻碍作用又各不相同,应视具体情况具体分析。

行为疗法被认为是比较多的应用,对于不良行为的矫正如系统性脱敏疗法,交互抑制疗法,厌恶疗法,快速暴露法或满灌法、操作性行为改造,标记奖励疗法等均为常用,如在改变吸烟、酗酒的不良行为中就有不少用厌恶疗法的研究报道,有些效果还是比较显著的。总之,不良行为通过多种方式阻碍康复,应设法尽早纠正。

四、不健全人格对康复的阻碍与处理对策

个体对疾病的认识及采取的相应态度,都会对康复过程产生很大的影响,而不同人格类型的人,对同一疾病可能会产生不同的认识,进而采取不同的应对方式。人格不健全的人,由于其在人格的发展和结构上已经明显偏离正常,对正常的生活已经出现适应困难,因此,当其患病或面临残疾时更易产生不正确的认识,也会相应地采取不正确的态度对待疾病,同时会出现不良的情绪及行为方式,从而影响康复。

国内外对心身疾病患者的个性特征进行过许多研究,发现不同的疾病具有不同的个性

特征,这种差异可能为疾病本身的病因、发生和发展所引起,也可能是罹患某种疾病承受不同程度的精神刺激所引起,但无论起因如何,这种个性的差异对病人的康复发生着重要的影响。各种不同的不健全人格,会对康复产生不同的影响:

(一) 不健全的人格对康复的影响

1. 偏执型人格　由于该类人有敏感、多疑、固执、心胸狭窄、自傲等特点,在遇到挫折、患病或伤残时容易责怪别人,在康复过程中常会视别人的好意为动机不良,甚至会怀疑医生的治疗,从而严重地阻碍了康复的进程。医务人员应该在充分了解病人人格特点的基础上,耐心细致地做好科学的解释工作,消除病人的多疑心理,帮他们正确对待自己的疾患,尽快康复。

2. 情感型人格　病人表现为情绪高涨型、情绪低落型和两者交替的循环型。病人在情绪高涨时表现得乐观,精神振奋,好交往,精力充沛,对康复有充足的信心;而在情绪低落时表现为心情抑郁,精力不支,做事感到困难重重和无能为力,过分担心。康复治疗师要充分利用病人的情绪高涨期,肯定病人的情绪,并尽量延长这一时期,让病人在此期内得到充分的康复;在情绪低落期,应该采用支持疗法等相应的心理治疗手段,稳定和改善病人的情绪,使其尽快地投入到康复治疗中去。

3. 分裂样人格　病人观念及行为奇特、人际关系有缺陷,并且情感冷淡、性格内向、行为孤独,很少与人交往,对周围环境不感兴趣。一方面对自己的疾病不很关心,对康复的态度不积极,不与医务人员配合;另一方面在其内心深处,又极度担心自己的康复效果。康复治疗师应该主动、真心地关心他们,了解他们的心理变化,调动其康复的积极性。

4. 强迫型人格　对自己要求过分严格,小心谨慎,力求完善,常表现出焦虑和紧张,对别人的要求过于苛刻,对别人的工作吹毛求疵。因此,该类型的病人常对自己的病情过分担心,对医护人员过分挑剔,甚至不近人情,以至于常抱怨医护水平太差,同时他们非常担心自己的康复情况,常不厌其烦地询问自己的病情,甚至提出过分的要求。对此类病人,医护人员应该细心地对待,认真耐心地回答他们所关心的问题,科学而详细地解释其疾病及康复的情况,缓解病人的焦虑和紧张,以利于康复。

5. 癔病型病态人格　此类病人情感不稳,行为过分夸张,富于幻想,常以自我为中心,并具有高度暗示性。在情感低落时,可能过于悲观,情绪低沉,从而会影响到康复的进程。康复治疗师应该充分利用病人的暗示性高这一特点,通过良性的暗示,并加以科学的解释,有望取得事半功倍的效果。

6. 冲动型人格　行为和情绪具有明显的冲动性,在情绪激动时常不能控制自己的情绪,但其间歇期是正常的。对于这类病人我们应该尽量减少对他的刺激,以保持病人情绪的平稳,避免因情绪冲动而发生不利于康复的行为。

7. 其他类型人格障碍　其他如反社会型人格障碍的人、病理性赌博的人,都具有各自的特点,医护人员应该针对病人的心理特点,给于有针对性的心理治疗及护理,从而让病人尽早尽快地康复。

(二) 患病后的人格不健全对疾病康复的影响

1. 癌症病人的不健全人格对康复的影响　研究发现各种癌症病人在患病后都有不同

程度的人格改变，通过 Minnesota 多相人格调查表（MMPI）测验提示：①早期患者人格特征常表现为优柔寡断，敏感易怒，依赖性强，在人际交往中与他人在感情上总是保持一定的距离，从不过分亲近，更不与人深交。这样，由于缺乏与他人的有意义的交往，增大了绝望感和无价值感，这种负性情绪，会使病人不愿接受有效的治疗，对康复无疑是很不利的。②中期病人经过一段时间的治疗后，进入缓解期，常常可表现积极、乐观、自信、自我控制、顺应治疗等个性特征。病人可能表现为忽视医生的诊断，重视自己战胜疾病的信心和能力，并可以主动克制自己的焦虑和抑郁情绪，以期望早日康复。③晚期病人多表现为对治疗丧失信心，有濒死感。自身病情的变化或病友的死亡，会导致病人易激惹，与人争吵，甚至发展成为攻击、自伤、自杀等行为，直到临终前的无能为力，高度抑郁，只能听天由命顺从治疗。此时病人的情绪会严重妨碍康复效果。我们应该针对不同时期病人的心理特点，消除不利因素，扩大其积极的一方面，使病人的心理向有利于康复的方向发展。

2. 心脑血管病人的不健全人格对康复的影响　经全面的人格问卷调查，心脑血管病人一般呈现的是性格内向和高心理紧张状态，表现为：焦虑、抑郁、寂寞、恐惧，这些特点是心脑血管病人反复发作且不易康复的关键因素。针对这些特点，应提高个体对紧张性生活事件的应激能力，改变应对方式，增加有益的社会活动和亲朋好友之间的交往，争取更多的理解与支持，从而使病人情绪稳定，降低心脑血管疾病发生的危险。

3. 消化性溃疡病人的不健全人格对康复的影响　此类的调查多采用 EPQ，结果多显示病人易激动和情绪不稳定，提示性格内倾和情绪不稳定可能是消化性溃疡病人的易感人格，他们可能对各种刺激反应都过于强烈，易产生焦虑、紧张、愤怒，一旦被激发后又很难平复下来。对此，应尽量让病人活泼开朗、心情愉快，使其性格外向、情绪稳定，这样才会有利于康复。

（贺丹军　林枫）

思考题

1. 残疾的心理过程。
2. 残疾后的一般应对方式。
3. 错误认知在康复过程中的具体表现及干预对策。
4. 适应不良行为的原因及对策。

第十章 慢性疼痛

学习目标
1. 疼痛的概念、特点及意义。
2. 影响疼痛的心理社会因素。
3. 慢性疼痛的概念、临床特征及处理原则。

疼痛是一种极其普遍又非常复杂的心理生理现象,其感知和情绪反应密不可分。一般而言,急性疼痛是一种症状,慢性疼痛则是一种疾病,也是预示身心可能出现健康危机的"警报器"。慢性疼痛是医生面临的临床工作中最难处理的问题之一,所以,医学生必须遵从生物-心理-社会医学的模式全面处理疼痛这一复杂问题。

第一节 概 述

一、疼痛的定义

国际疼痛研究会(IASP)给出的定义为:"疼痛是与实际和潜在的组织损伤相联系的,或者用类似的损伤进行描述的一种不愉快的感觉和情绪体验。"

疼痛是临床各科患者最常见的主诉之一。人们常常将疼痛视为一种躯体症状,认为它与损伤的程度呈正比。临床工作中我们却发现有些人损伤很大,但感受的疼痛却很轻,甚至不诉说疼痛。另一些人损伤很轻,但觉得疼痛剧烈。即使同样的刺激强度,不同的人所感受的疼痛体验不同;即使是同一个人,不同的时候疼痛体验也不一样。

二、疼痛的特点

疼痛是一种比普通感觉更为复杂的主观知觉体验,和视、听感觉比较,它有一些不同的特点。

(一)疼痛的多样性

疼痛的体验多种多样,如隐痛、刺痛、烧灼痛、电击痛、浅表性痛、内脏性痛、牵涉性痛等,而且常常与其他感觉如冷、压、温觉等并存而构成复合的感觉。引起疼痛的刺激范围也很广,不像其他感觉刺激那样专一,物理的挤压、刺割、烧灼、冷冻,化学的酸碱,毒素的刺激等都能引起疼痛。

(二) 疼痛的成分

疼痛有两种成分,即痛知觉(pain perception)和痛反应(pain reaction)。痛知觉是个体对疼痛的感知,与其说它依赖于刺激的性质和强度,不如说它在更大程度上依赖于大脑皮质对它的译释,并可能为过去获得的经验所改变。痛反应常表现有回缩、逃避、反抗等行为以及相应的生理变化,往往与不愉快的情绪发生联系。因为痛知觉和痛反应的关联,就使得个体对疼痛的反应可能比预期的、与刺激相应的程度更为强烈。

(三) 疼痛的主观性

疼痛是主观的、高度个体化的经验,不能被其他人验证。正因为如此,疼痛才被视为一种心理反应。要疼痛患者向别人描述疼痛是很困难的。当一个患者试图对医生叙述他的头痛时,往往很难表述清楚,就是因为疼痛是复杂的个体经验,它的出现及强度与个体的心理状态紧密相关。有时,疼痛的出现和加强不是躯体的损伤,而是由于情绪的变化。

三、疼痛的意义

(一) 损伤报警

疼痛是一种有益的警告。它告知人们机体正受到伤害,是人体组织损伤的一种信号,从疼痛的生物学价值来说,具有保护性的积极意义。这种意义在很大程度上与其他感知觉相同。没有饥渴感,人将不知道吃喝,很快死亡;没有冷热感,个体会遭受冻伤或烫伤。同样,如果没有疼痛的警告,我们就不了解内在的疾病,不知道回避伤害性的刺激,也就不能防止外伤。这种保护性意义在先天性无痛症的病例得到了明确的证明。先天性无痛症患者没有感受疼痛的能力,进食时咬破了自己的舌头,行走时足部受到刺伤都不知道,所以很容易被烫伤和碰破,对一些危险的伤害甚至可能引起死亡的外伤和疾病都不能体察,他们往往死于疾病或体表损伤并发的大面积感染。正是由于疼痛的警告信号,人们才得以及时发现疾病。但是,疼痛过分严重或持续过久,便会成为对人体的折磨,使工作、学习、睡眠、饮食等活动受限,长期持续则失去报警意义,成为破坏身心健康的恶性刺激。这时疼痛就没有积极意义,需要采取措施对其进行治疗了。

(二) 信息交往

这种意义超出了疼痛存在的本身,它成为人们交往的一种信息。例如,疼痛可以使人感到恐惧,也可以是一种求助的信号,促使患者寻找医生帮助或取得别人的支持。诉说疼痛也常见于对手术或穿刺感到恐惧的患者以及情绪紧张、焦虑的患者,疼痛也可能是个体愤怒的表现或间接地表达其他情绪的需要。在临床上,焦虑症、抑郁症等神经症和情感障碍的患者也往往以疼痛作为主诉。如果单纯地把疼痛看成与组织损伤有关,就不能理解心理因素引起的各种疼痛,甚至会造成诊治的错误。

疼痛是令人不愉快的,它的出现要求人们立即注意,停止其他的行为或思考,似乎是简单的、急迫的和原始的。一方面,疼痛驱使我们避开各种伤害性的刺激,驱使我们就医,保护机体免受伤害,及时防止残疾的发生;另一方面,害怕疼痛可能延误治疗或手术时机,如果疼痛剧烈持续,就成为一种痛苦的体验和折磨,影响工作和学习,甚至导致消极自杀。

四、疼痛的相关概念

(一) 痛阈

痛阈 (pain threshold) 指引起疼痛所需的刺激的最低强度。不同的个体，痛阈可以有很大差异，即使同一个体在不同情况下痛阈也有变化，也就使得个体对疼痛感受的程度有差异。例如，女性痛阈低于男性，对疼痛刺激更敏感；而抑制大脑皮质活动的若干因素如某些镇静药物、酒精或处于休克与一般性衰弱情况下痛阈可能提高，患者对疼痛的感受减弱；炎症、邻近组织损伤、疲劳和其他各种刺激减少时可使痛阈降低；夜间由于各种刺激减少，痛阈下降，患者对疼痛的感受明显增强。

(二) 耐痛阈

耐痛阈 (pain tolerance) 指机体能够耐受的最高疼痛刺激强度。与痛阈相似，它也有很大的变异。一般来说痛阈与生理状况的关系比较密切，那么，耐痛阈与心理因素的高度相关性更是显而易见。有些儿童在父母面前跌了一跤，他会马上诉说疼痛并大声哭泣；但是，在幼儿园等其他场所游戏时发生类似的情况，他们可能不以为然，或者虽感疼痛，仍照常嬉戏，甚至为了显示自己的坚强，能够忍受较剧烈的疼痛。这些都清楚地表明，心理社会因素对疼痛的耐受程度有极大影响。

第二节 影响疼痛的心理社会因素

疼痛并不完全由身体损伤刺激所决定，对疼痛的知觉、反应强度、行为变化以及对疼痛的耐受程度受个体的心理社会因素的影响。

一、影响疼痛的心理因素

(一) 早期经验

儿童时期疼痛的经验影响到以后对疼痛的感知和耐受性，而儿童对疼痛的体验深受其父母态度的影响。有些父母或家庭成员对儿童寻常的轻伤大惊小怪；而有些父母或家庭对儿童的严重伤害处之泰然。儿童经过日积月累的观察，依据父母对疼痛的态度，自幼获得对疼痛的感受，并影响他持续到成年阶段的疼痛体验。因此，疼痛体验受到环境和教育的很大影响。

(二) 注意

对疼痛的感觉与个体的注意力密切相关，临床发现，把注意力集中在自己疼痛的部位，疼痛就会更加剧烈，而剧烈的疼痛又可进一步使个体将注意力集中在疼痛的部位上，而形成恶性循环；反之，大多数能引起强烈和持久的注意的场合都能减低或消除痛觉，如果将个体的注意力转移到娱乐等其他活动上，即可分散个体对疼痛的注意力而减轻疼痛。如夜间各种刺激减少，牙痛的强度会增强，而白天由于忙于各种事务，牙痛反而较轻；拳击手和足球运动员在比赛场上能忍受严重损害，不感到伤痛。战士在战斗剧烈时，往往不知道自己受伤；但是比赛或战斗结束时，疼痛就开始出现，甚至是无法忍受的程度。

（三）情境

人类对于产生疼痛的情境赋予的意义或认知评价，极大地影响人们对疼痛感受的程度。情境的意义对疼痛感受的影响有不少熟悉的事例。例如：儿童在玩耍时，有人在背后拍他一下，他会装作不知或引起笑声；但是，如果儿童犯了错误，为了惩罚而给他同样的一拍，他会放声大哭，好像很痛似的。一个人在无人帮助时，疼痛会觉得难以忍受；但如果有人给予他安慰与鼓励，说明疼痛将被解除时，疼痛就会很快减轻。

疼痛与情境相联系的意义在巴甫洛夫（Pavlov）的条件反射实验中表现得特别清楚。当给狗爪以强电击时，它们的反应通常是激烈的。然而，如果在每次电击后都给狗以食物，则狗会表现出一种新的反应：在电击之后，会立即流涎、摇尾，并奔向食盘。电击已不能引起任何表现疼痛的反应，而转变成将得到食物的信号。当巴甫洛夫增加电击强度时，甚至当他用烧灼或损伤狗的皮肤作为补充刺激时，狗的条件性行为仍然继续保留。

（四）暗示或催眠

暗示是指以某种信息如语言、手势、动作、文字、药物等来影响他人心理活动的特殊方式。暗示对痛觉的影响很大，这一点可用安慰剂的功效来说明。从疼痛这个领域来看，外科手术后的疼痛有35%可被安慰剂止痛，而大剂量的吗啡也只能使75%的患者手术后疼痛减轻。所谓"安慰剂"是指无任何特殊治疗作用的物质或方法，常用于药物疗效的对照研究，以除外心理因素对药物疗效的影响。之所以强调对照研究，就在于安慰剂效应极为重要而且普遍。但是，不要误以为安慰剂有效的病例没有真正的疼痛，没有人否认手术后或残疾引起疼痛的事实。它只是证明了心理因素对疼痛的作用。自我暗示可以影响痛阈。Wolbb让患者自我暗示"我不感到痛"时，痛阈可上升7%～20%，以此来减轻焦虑从而提高痛阈，也可直接控制疼痛。若结合催眠或肌肉松弛训练，效果则更好。

催眠状态是一种精神恍惚状态，在这种状态中，被催眠者的注意力高度集中在施术者的身上，而对其他刺激的注意力则明显地减弱了。临床研究证明，人类进入催眠状态时，其意识活动限制于狭窄范围，可持续出现痛觉缺失、木僵状态、幻觉等行为变化，这也许是催眠暗示能提高对疼痛的耐受性的机制之一。

（五）情绪

任何感知都与情绪相关联。疼痛是一种感觉，并总是与消极的、不愉快的情绪相联系，情绪能明显影响人对疼痛的感觉，这是一个众所周知的事实。心理生理学研究发现，恐惧、焦虑、失望、不耐烦，可使痛阈降低；而愉快、兴奋、有信心，可使痛阈提高。临床实验证明，仅仅是对痛的"期待"就能够提高焦虑的程度，从而提高了痛觉的强度。伤残引起的疼痛，其强度仍然受到情绪影响。悲伤、怨恨、抑郁可使疼痛加剧，而改善这类消极情绪也可使疼痛减轻。因为疼痛而产生的恐惧情绪、疑病观念又能反过来加重疼痛，如腹痛疑有癌症、胸痛疑患冠心病，从而焦虑不安，情绪低落，而焦虑、抑郁又加强了对疼痛的感受，如此出现恶性循环。实验研究发现，焦虑时脑内网状结构上行激动系统活化，从而提高大脑皮质的觉醒程度和对痛觉的敏感性。此外，焦虑时伴有脑内去甲肾上腺素递质释放的增加，后者可使痛觉系统活动加强而降低痛阈。

情绪不但可以影响疼痛的强度，有些不良情绪本身还可以引起疼痛，尤其是焦虑和抑郁。由心理因素导致的疼痛，被称为心因性疼痛（psychogenic pain），并非由器质性损伤所引起。神经症或情感障碍的患者诉说疼痛远比其他人为多，如不注意消除不良情绪或心理问题，这种疼痛可能迁延不愈。

（六）人格

不同人格的人，对疼痛的反应也有差异，而且对痛的表达方式或行为反应也不相同。外向性格的人的痛阈要高于内向性格的人；自尊心较强者不愿轻易诉说疼痛，常常表现出较强的耐痛性；而有些胆小、容易紧张的患者则对疼痛过分敏感，倾向于过多诉说疼痛。具有歇斯底里性格特点的人，易受暗示，痛阈变化较大，他们或者以生动的面部表情或言语表达其疼痛体验以吸引他人注意，博取别人的同情，或者在暗示的影响下对针刺或其他刺激疼痛加以否认。

二、影响疼痛的社会因素

（一）文化

在我国的文化中，人们认为分娩可能危及母亲的生命，女孩子们在成长过程中就可能懂得分娩是可怕的，分娩的体验被广泛地认为是一种痛苦。然而，人类学家 Kroeber 发现，有的社会，妇女在分娩中实际上并不表现出痛苦，而当妇女分娩时，倒是丈夫在卧床呻吟，好像他是处在极大的痛苦之中。这个事例表明，分娩痛的产生，一部分是由于社会文化不同所造成的，因为认为"分娩是痛苦的"观念已经成了我们社会文化的一部分，要消除分娩的痛苦就非常困难了。文化对疼痛耐受性的影响可能与宣传、教育对人的认知评价疼痛的影响有关。

（二）宗教与信仰

宗教对个体的疼痛的耐受性有极大的影响。众所周知，宗教信徒在一些宗教仪式上，能在燃烧着的煤炭上行走，平静地忍受着十分剧烈的疼痛刺激。佛教徒剃度烧戒时，能忍受香火烧灼头部的剧痛。宗教可能通过暗示或意志转化而起镇痛作用。

（三）民族

不同种族对疼痛的耐受性也有差异。Woodrow（1972）的研究发现，白人比黑人对疼痛的耐受性高，而黑人又比亚洲人对疼痛的耐受性强。犹太人倾向于关心疼痛的意义，意大利人则希望迅速解除痛苦。不同民族对疼痛的耐受力不同，原因复杂，可能与遗传、文化、宗教、观念等有关。

第三节 慢性疼痛的临床特征及其干预

凡是疼痛持续或间歇性地发作 3 个月以上者均称为慢性疼痛。慢性疼痛它常伴随不愉快的情绪体验和躯体反应，并且与应激和抑郁状态显著相关。这些生理、心理和社会方面的混合因素使得对慢性疼痛患者的处理变得复杂。慢性疼痛是持续很长时间的疼痛，并伴有现存在的或潜在的组织、神经损伤而产生的生理与心理因素复杂结合的主观感受。大多数医生从实用出发，认为持续超过 6 个月的疼痛才是慢性疼痛。这类疼痛常常在一定的期间（数月至数年）内反复发作或者时轻时重，迁延不愈。

DSM-Ⅲ曾列出"心因性疼痛"的诊断名称，"心因性疼痛"指疼痛的原发病因是心理因素。其实，大多数慢性疼痛常有生理、心理、社会因素的相互作用，并不能用单纯的"心理因素"来说明。至于"非器质性疼痛"的命名也存在着将器质性与功能性区分的困难，而且目前没有查出器质性病变，绝不意味着以后也不能查出。因此，这些患者的诊断与治疗问题日益受到临床医师的重视。

一、慢性疼痛的临床特征

（一）焦虑性疼痛（pain due to anxiety）

焦虑是一种紧张不安及带有恐惧和不愉快的情绪体验，伴随有自主神经系统功能激活的各种临床表现，其中之一即是躯体的各部位肌肉紧张收缩而造成的疼痛。

1. 常见类型

（1）紧张性头痛：焦虑是常见的原因，引起头颈部的肌肉收缩。一种头部的紧束、受压或钝痛感，更典型的是具有束带感。作为一过性障碍，紧张性头痛多与日常生活中的应激有关，但如持续存在，则可能是焦虑症或抑郁症的特征性症状之一。

（2）心前区疼痛或背痛：有心前区疼痛者常怀疑自己患有心脏病，因为疼痛时常常伴有胸闷、心悸和出汗。大多数患者因此就诊于心脏内科，并反复地进行各种有关心脏器质性疾病的检查。

2. 特点　焦虑性疼痛特点除以头颈、心前区等部位多见外，还有以下特点：

（1）情绪焦虑紧张，有莫名的恐惧和不安。

（2）检查可见如肢端震颤、腱反射活跃、心动过速和瞳孔扩大等紧张的体征。

（3）急性焦虑发作（惊恐障碍）时可有过度换气，进而引起头晕、头痛、手足发麻、胸闷、心前区不适、胸痛等；惊恐发作常有窒息感、濒死感，每次发作15~30分钟，且患者此后常回避类似的引起发作的情境。

（4）焦虑性疼痛患者的亲属中可能有人患重病曾因类似症状而死亡，从而促使患者焦虑加剧并寻求帮助。

（二）抑郁性疼痛（depression pain）

抑郁障碍是一种持久的心境低落状态，多伴有焦虑、躯体不适感和睡眠障碍，并常伴发各种各样的疼痛，如头痛、胸痛、腹痛、背痛、关节痛、肢端疼痛等。但是，值得注意的是，由于疼痛症状突出，可能将抑郁症疏漏，尤其是隐匿性抑郁症常被漏诊。另一方面，患者还可能根据疼痛的部位，自己无端地猜疑患有某种疾病，反复地就诊于相应的专科。

抑郁性疼痛的特点在于除各种疼痛的申诉外还有情绪低落、愉快感丧失、睡眠障碍、食欲下降、体重下降、精力减退以及抑郁性认知、消极自杀的观念或行为等。止痛剂治疗无效，抗抑郁剂却有良好的效应。

（三）躯体化障碍（somatization disorder）

主要特征为多种多样、反复出现、时时变化的躯体症状，常为非系统性的。最常见的为各种疼痛，如头部、腹部、肩背、四肢、关节、胸部等疼痛；可有胃肠道疼痛、打嗝、皮肤刺痛、烧灼感，以及性和月经方面的主诉。症状可以涉及身体的任何系统或器官。

躯体化障碍患者的病程有慢性波动性特点，多有人际、家庭、社会方面长期存在的障碍。患者因这些症状反复就医，尽管未发现任何躯体病变，各种医学检查阴性，但仍不相信医生关于其症状没有躯体病变的解释与保证。或者，即使存在有关的躯体情况，躯体主诉或所导致的社交职业的损害超过了从病史、体检或实验室检查发现的程度，医生的解释无法打消患者的疑虑。虽然症状的发生和持续与不愉快的生活事件、心理冲突等有密切关系，但患者常否认心理因素的存在。患者常存在心理上的症状，包括抑郁、焦虑、自杀企图以及物质滥用等。

（四）疑病性疼痛（hypochondriac pain）

疑病症患者可诉说胸痛、腹痛，担心患重病，虽经各种检查显示正常和医师的解释保证，其疑虑仍不能消除。疑病性疼痛患者常常同时有抑郁情绪存在。

（五）幻觉妄想性疼痛（delusional pain）

幻觉妄想性疼痛是指精神分裂症患者或癔症患者的疼痛，这种疼痛可能与幻觉或妄想有关。例如，患者说胸痛，然后他声称从一个熟人处发出的电波正在刺激自己的胸部，甚至认为其思维和身体也受到电波的控制。有些患者诉说疼痛的原因时，认为是别人给他吃了毒药，把他的身体弄坏了，如果不仔细检查，就有可能不知道这些疼痛的诉说是由于器质性病变还是由于妄想引起的。癔症转换型者常有疼痛、感觉麻木与软弱并存。躯体形式的疼痛则以持续、严重的疼痛为唯一主诉，不能用躯体疾病来解释。疼痛大多不局限于某一神经支配区，不能以神经解剖知识去理解。其性质、强度时时改变，与注意和暗示有密切关系，疼痛主诉明显有夸大的成分，没有器质性损害的证据。此外，在间脑型癫痫中，头痛、腹痛、肢痛可以是癫痫的发作形式，这种疼痛有器质性基础，但也可视为幻觉的一种形式（器质性幻觉），不容易被诊断出来。

有近30%的截肢患者在术后数月感到"幻肢疼痛"，有将近5%的患者痛苦地诉说他们感到截除的肢体极度疼痛。甚至，少数的幻肢痛患者在碰触身体的其他部位或情绪扰乱时，也会极大地增加这种疼痛。这种现象目前还不能用现有的生理学知识作出解释。

二、慢性疼痛的干预

慢性疼痛的产生是由生物、心理、社会等多种因素引起的。因此，全面地分析、正确地了解是处理的关键。疼痛是一种主观感觉，且个体差异很大，疼痛的感受、知觉、耐受力、对疼痛意义的评价和疼痛引起的行为变化等更多地受心理社会因素的影响。所以，应该从生物、心理、社会三方面去考虑，运用康复医学中的多种治疗手段解决疼痛问题。

（一）生物学干预

1. **手术** 针对原因进行处理，如通过手术治疗各种创伤。癌症晚期患者，癌细胞浸润造成不可抑制性疼痛，则可通过手术切断或阻断痛觉传导通路的方法止痛，如脊丘束切断术、后根封闭术等。

2. **药物** 使用各类抗生素、抗风湿药物进行消炎、抗风湿；服用解热镇痛药，如阿司匹林可以减少损伤组织产生的致痛化学物质，从而减轻疼痛；中枢镇痛药物，如吗啡、阿片、可待因、杜冷丁等，可兴奋中枢内镇痛系统、抑制痛觉传导系统，而有效镇痛。

3. 物理治疗　即理疗，用天然的或人工的物理因子如电、光、声、磁、热、冷等作用于人体以解除疼痛。如电疗法、红外线疗法、紫外线疗法、一般超声波疗法、磁场疗法等。

4. 针刺　针刺止痛是祖国医学传统的止痛方法，后来发展成针刺麻醉。

（二）心理学干预

1. 建立良好的医患关系　以共情与尊重的态度建立信任、合作的医患关系，耐心倾听患者对疼痛的述说，提供宣泄表达的机会，充分理解患者的心情，了解患者的社会文化背景、家庭、工作、经济等情况，在患者充分信任、接受的基础上，向患者解释其病情、疼痛的原因及规律，帮助患者改变消极的情绪，学会自我调控以减缓疼痛。

2. 精神药物的治疗　躯体妄想性疼痛患者，如精神分裂症患者，应服用抗精神病药物治疗。疑病症患者使用这类药物也有良好的效果。伴有焦虑或抑郁情绪的疼痛，可使用抗抑郁、抗焦虑药物，目前临床常用的有三环类和SSRI类。

3. 认知行为疗法　疼痛往往是因为错误的认知和适应不良性行为所致。疼痛、焦虑、恐惧都是可以通过学习而获得的行为。患者常常通过述说疼痛而"获益"，如回避不愿面对的场面、责任，得到家人和同事的关心和照顾，患者从疼痛中"获益"，并通过强化加强了疼痛性操作条件反射。发现并去掉所有强化患者疼痛行为的因素，对患者忽视疼痛的行为予以奖励，在此基础上，教育患者正确地面对残疾，缓和紧张情绪，消除疼痛的原因并减轻疼痛。

4. 暗示和催眠疗法　几乎所有的应激源，如残疾本身、医院的环境、康复的过程等消极的自我暗示和患者之间的相互暗示，都可能对痛阈、耐痛阈及疼痛的认识发生特殊的影响。因此，积极的暗示和催眠疗法可以减轻或消除疼痛。

5. 生物反馈疗法和各种放松疗法　疼痛患者多伴有肌紧张和皮肤温度降低，放松疗法可以减轻疼痛，生物反馈疗法是一种自我放松训练疗法，可以治疗心理生理性疼痛，如紧张性头痛、腰背痛等。

6. 转移注意力　大部分患者的疼痛都有夜间较白天重、空闲时比忙碌中重的特点，这与注意力的集中密切相关，通过转移注意力的方法，如用看电视、听音乐、谈话、游戏、散步等方式，可以减轻疼痛。

（三）社会因素与疼痛的干预

经济、文化等因素影响患者的疼痛体验、表达和就医行为。临床发现，文化程度高的患者对疼痛的表达多，求助行为强，伴有夸大性表述；文化程度低的患者，求助行为少，不善于表达。因此，要求医务工作者在临床工作中，应注意社会各阶层的就医特点，合理使用镇痛方法。此外，针对不同民族的患者，应充分了解其社会文化背景及风俗习惯，然后予以治疗，对于宗教信徒，在治疗的同时应考虑教规、教义等信仰方面的因素，用以缓解疼痛。

第四节 脊背疼痛的心理康复

慢性脊背疼痛是人类最常见的疾病症状之一。为了治疗这种疾病和护理患有该病的患者，国民经济为此付出了巨大的支出。从方法上医学界把脊背疼痛的治疗分成三个阶段：第一阶段，急性脊背疼痛的防治；第二阶段，慢性脊背疼痛的防治；第三阶段，慢性脊背疼痛患者的康复。从中可以看出，治疗脊背疼痛的重点是预防，预防可以在工作岗位上进行，也可以在出现急性脊背疼痛找医生看门诊时进行，早期诊断一定要把重点放在环境心理的诱发因素上，同时还要注重早期治疗、心理维护和慢性病变。不论哪种类型的脊背疼痛都要考虑患者的社会环境（工作和家庭），最终要达到的目的就是阻止看上去已经没有希望的慢性脊背疼痛的发展，通过这些努力还可以使患者找回一部分已经丢失的职业地位和与此紧密相关的个人尊严。

一、流行病学

根据国外的研究统计，各种类型的急性或慢性脊背疼痛是人类最常见的疾病症状之一，其频繁程度占所有疾病症状的三分之一。大多数患有急性或亚急性甚至慢性脊背疼痛的患者几乎不去找医生看病，只有很少部分的慢性脊背疼痛的患者长期和医生保持治疗关系。但是，就是这极少数的患者已经为此支出了巨大的费用。因此，治疗慢性脊背疼痛的目标，应当是对那些给健康事业带来巨大费用支出的慢性脊背疼痛疾病的形成和发展给予及时的干预。慢性脊背疼痛是一种心理、社会和生物等多方面的综合因素所致的疾患，只有把这些因素都纳入诊断范围中去才能够形成正确的治疗方案。

在查明慢性脊背疼痛患者的发病原因时，经常会遇到这样的实际情况：患者的工作、社会生活和教育背景等因素都会对疾病产生影响。躯体疾患和身体功能不足并不能完全说明一个人的工作能力、康复结果和舒适程度。从总体上来讲，心理因素对疼痛性疾病的慢性化发展的影响要远远大于躯体因素。透视检查出来的器官病象和患者主观感受到的疼痛经常是很不一致的，但是在临床上，常常可以看到有些医生是根据检查来给患者开止痛药，而不是根据患者的主诉。

二、慢性脊背疼痛的生理心理障碍特征

（一）发病原因

几十年前国外就有研究证明，紧张的情绪和心理压力会直接造成背部肌肉群的肌肉张力的变化。这种认识促进了对椎间盘病、复发性慢性脊背疼痛的认识，日常语言中经常用到的一些表达方式，如"不堪重负"，"被沉重的负担压弯了腰"等等，也都在生理上说明了一些问题。但是，要注意的是不能把急性疼痛和疼痛疾病二者混淆起来：前者是一时出现的损伤或有可能造成损伤时所表现出来的警报方式；后者则是一种表现为疼痛的疾病，它的成因是多种多样的。简单地讲，脊背可以被看作是情绪的晴雨表，正因为如此，它经常是躯体化障碍的表现部位。

(二) 易患人群

要想了解什么样的人容易患上慢性脊背疼痛，在查明患者的既往病史的同时，还要对他们的社会心理情况作一番了解。国际疼痛研究协会（IASP）制定了一个表格（表10-1），可以在治疗过程中对照检查。

表10-1　慢性脊背疼痛的鉴别

生理部分	社会部分	心理部分
是否经过相应的治疗后仍有持续3个月甚至更长时间的疼痛？	患者是否正在被解雇过程中？	其他家庭成员是否也患有慢性脊背疼痛？
是否患有慢性进行性疾病？	患者是否得到退休金或补偿金？	是否有明显的忧郁性情绪障碍？
是否对医生和医疗人员有不现实的期望？	患者是在疼痛开始的时候被录用的吗？	疼痛开始前是否存在强烈的紧张压力源？
是否对建议的治疗方案有不现实的期望？	患者是否经常更换职业或工作岗位？	是否有婚姻和家庭冲突？
是否对以往的治疗表述过抱怨或不满？		是否有因为疼痛而不得不放弃的活动？
有无药物依赖病史？		是否打算重新开始已经放弃的活动计划？
是否有某种具体的疼痛表现征象？		
是否移动僵硬或小心谨慎？		

1. 易患人群的特点　研究表明，慢性疼痛患者，尤其是慢性脊背疼痛患者在人格、生活背景和认知行为模式上往往有着一些相似的方面。

(1) 慢性脊背疼痛的患者在性格上有某些相同的地方。通过对患者既往生活经历的研究，常常可以发现他们有歇斯底里或自恋的性格特征，对躯体能力和功能的过分评价，躯体功能障碍等。

(2) 许多脊背疼痛症患者和疼痛症患者一样，受教育程度普遍较低，在家庭和社会中感到孤独、被排斥。此外，这类患者在他们以往的生活经历中在疼痛方面有过不良的经历，还有异常的心理、语言、性以及暴力等因素的影响。

(3) 许多患者不仅在病史中，即使在目前状态中也可以查出沉重的环境心理压力因素，这很有可能是往昔环境心理反应的一种复发，对他们的疼痛症就要放在生活经历的大环境中去理解。就患者自身来讲，突发的脊背疼痛是否有可能发展成慢性疼痛疾病实际上早就已经定局了。只要那种压力经历再次出现，或者只要再次回忆起那个受挫折的经历，疾病就具备了朝慢性化发展的基础。也就是说，往昔的冲突被激活了，而这种被激活的冲突很有可能朝向脊背疼痛的躯体化发展。实际研究也与此大体相符，几乎没有什么患者最后查明是装病的。

(4) 还有一个值得一提的危险因素是年龄。慢性脊背疼痛形成的年龄多在40~56岁之间以及60岁以上。显然其他一些心理因素也在起作用，如孩子长大成人、妇女绝经或职业问题，这些问题以前在身体状况良好、工作能力良好，在同年轻同事进行竞争的过程中因得到了补偿而没有表现出来。随着年龄的增长，越来越多的退行性损伤通过各种症状表现了出来，这就有可能在即使只受到轻微创伤的情况下也能演化成真正的疾病。

关于病前引发疾病的条件，还要提到在疾病流行学方面同以后疾病的慢性化发展有关的因素，它们是同早期职业工作相关联的疼痛经历，如伴随急性疼痛经历的假性脊神经根症状，导致长期害怕从事会引发疼痛的活动。此外，在这种疾病的关联中，还可以发现较高的社会心理压力成分。

2. 慢性脊背疼痛的层次　综合起来看，慢性疼痛症有多个层次：

（1）认知层次：即将相当部分的注意力放在自己的身体上。

（2）情感层次：从表面的孤立无助到相应的心理忧郁。

（3）行为举止层次：具体表现为爱护性举止，这种行为举止的后果是给社会带来影响并造成社会问题。

（三）慢性脊背疼痛的后果

慢性脊背疼痛多影响生活质量，导致患者自我价值感障碍，日常活动能力和工作能力受阻及明显的情绪紊乱。

（四）疾患的行为模式

需要注意的是：患者自己都采取了哪些自我治疗的措施，其中包括药物，其他治疗手段，如按摩、针灸等；同时还要看患者是否因此养成了酗酒的恶习。患者会经常去看医生，或许可以这样理解，患者在绝望地寻找一个能理解他们脊背疼痛背后的心理冲突的人。但是，由于医生并没有真正理解患者，所以患者会觉得自己被误解。这种情况也从另一个方面助长了疾病朝慢性化方向发展。应当避免患者把医生关于疾病的解释，或者外科医生关于手术后可以解除疼痛的允诺，理解成是一种奖赏，因为这样就等于是给疾病的慢性化发展打开了大门。

（五）疾病获益

如果患上了慢性脊背疼痛，这会给患者带来什么样的好处？表面上看，这个说法有些怪异，健康的人可能很难理解为什么疼痛会给人带来没有疼痛的人所得不到的好处。关于如何理解这种现象，弗洛伊德在他的首批歇斯底里研究论文中，以及半个世纪以后，穆赞等在他们的研究中都给出了说法。通过分析各种综合心理活动过程得出了结论：患者面对眼前的冲突状态，与其面对痛苦的回忆，不如忍受肉体的痛苦，从这个角度我们可以理解一部分脊背疼痛患者，他们以自己的疼痛为代价设计了一种能够排遣痛苦回忆的活动过程，这对周围的人和自身虽然会带来一定的烦恼，但是就环境心理发展来讲这是一个事实，可以说他们自身的条件促使他们这样去做。

这种分析包含了心理自身平衡和生理心理联系方面的思考。对自身注意力的改变也有可能成为疾病变化的原因。

三、治疗

慢性脊背疼痛是一种新型的文明流行病，正因为如此，仅靠躯体诊断是无法解释脊背疼痛的，传统的治疗慢性脊背疼痛的方法只能作为一种附加手段使用，对待这种疾病应当在开始时、诊断时和治疗时都加入心理治疗。

提高医务人员自身的心理社会能力可以在患者疾病一开始的时候就改善他们的心理状况，并且能够阻止疾病的慢性化发展。除了物理疗法、运动疗法、心理疗法和药物治疗措施以外，还要考虑到治疗关系和行为治疗。表10-2是总结性的心理社会治疗方案。

表10-2　慢性脊背疼痛的心理社会治疗方案

第一阶段	第二阶段	第三阶段
1. 脊背卫生指导	1. 短暂的不活动（如卧床等）	1. 了解病前素质
2. 了解危险性格因素	2. 理疗	2. 迅速重新进入工作环境
3. 了解工作环境和个人心理环境方面的危险因素	3. 脊背卫生	3. 建立不依赖于症状的护理方案，定期随访
4. 以行为举止为核心的心理防治方案	4. 相应的疼痛治疗，迅速解除疼痛	4. 建立社会关系网
5. 改变集体行为（家庭、职业环境等）	5. 同雇主协商（具体情况具体分析）	5. 改善疾病源
		6. 退休前重新进入工作环境

关于选择什么样的药物治疗，有必要探讨一下主要的选择标准，在计划以行为为核心的治疗方案时，必须考虑放松疗法和生物反馈疗法的用处。然而作为患者来说，有他们自己认可的有效治疗方法（表10-3）。

表10-3　患者眼中脊背疼痛的有效治疗方式

治疗方式	有效率（%）
止痛药	35
患部热敷/按摩/药膏	30
推拿/运动/理疗	20
卧床	14

（一）环境心理引导

这种引导包含多种成分。治疗师自身的社会心理能力对治疗脊背疼痛是十分重要的。医务人员在这方面的能力在和患者的第一次接触中就可以表现出来。如果医务人员没有表现出这方面的能力，那么在短时间内便会出现将导致患者的病情走进死胡同的"躯体"和"心理"的两极分化。

谨慎的医务人员常常不得不为了诊断而进行一系列的常规检查（如发炎程度、放射线检查等），由于患者多半不了解社会心理方面的情况而容易朝躯体症状方面想，所以医务人员的这种做法很容易进一步巩固患者自己对躯体疾病的理解，以后即使诊断表明完全不是那么回事，医务人员也很难使患者理解他目前的脊背疼痛同躯体疾病的病理没有什么关系。于是，患者往往会开始寻找一位新的"更好"的医生，这就为病情的慢性化发展和患者对医务人员的一再误解奠定了基础。只要医务人员不排斥心理疗法，在自己的诊断中加入心理诊断，像关心患者的躯体情况那样时时刻刻关心患者的社会心理情况，那么无论对医务人员来讲还是对患者来讲，心理治疗都是一种简便易行且行之有效的治疗手段。

（二）药物治疗

关于药物治疗有几点原则。控制疼痛的最好途径是使用乙酰水杨酸和非类固醇抗炎药，个别情况下还可以使用阿片类似物。类固醇和吗啡的情况不是很明了，作为器官病理的止痛药应有所保留（如椎间盘病、炎症疾病等），作为支持药物也可以使用镇静药（夜间使用）和肌肉松弛药，它们可以帮助患者有一个良好的睡眠，缩短疼痛时间。

（三）物理疗法

还有一点不可忽视的是，在开始的时候就注重脊背的锻炼、脊背卫生和有经验的物理治疗师的指导，在这种治疗中患者往往会把在通常和医务人员的交往中不愿意表露的内心烦恼倾诉出来。从物理疗法角度看，积极的放松运动和有选择的肌肉活动训练对背部肌肉的治疗效果是无可争议的。作为医务人员一开始就应当使患者明白，只有保持活动才能保证疾病不再进一步恶化。以上方法还有一个好处：即使不能让患者完全免除痛苦，至少也能让患者比较容易地接受通过自己的身体活动进行心理治疗（如以躯体为核心的心理治疗、生物反馈疗法、行为疗法等）。

（四）治疗原则小结

总而言之，脊背疼痛的治疗原则应该是：①心理治疗应在第一次门诊时就开始。②纳入治疗对象的不应当只有患者一人，还应当包括他周围的人。③疼痛治疗和帮助患者重新进入社会的过程中，活动是最重要的。

（贺丹军　王昊飞）

思考题

1. 简述疼痛的意义。
2. 简述影响疼痛的心理及社会因素。
3. 什么是慢性疼痛？怎么治疗？
4. 简述慢性脊背疼痛的心理康复原则。

第十一章 常见残疾的心理康复

学习目标
1. 脑血管意外后的心理康复。
2. 脊髓损伤后的心理康复。
3. 截肢后的心理康复。
4. 高血压、冠心病及糖尿病的心理康复。
5. 烧伤后的心理康复。

运动功能障碍和慢性病康复是现代康复的常见课题,随着心脑血管疾病及生活方式疾病的高发,其康复的需求更是备受关注。在其康复过程中各种心理障碍的出现是心理康复的主要内容。脑器质性损伤与各种脏器病变所伴发的情感障碍、神经症更需要心理康复的干预。

第一节 肢体功能障碍的心理康复

肢体功能障碍的原因很多,疾病、外伤等所致的脑性瘫痪、截肢及神经肌肉损伤等均可导致肢体功能障碍。由于肢体残疾可以发生在人生的任何阶段,因此,可导致复杂多样的心理障碍。在躯体残疾发生的急性阶段,患者往往会出现情绪休克或精神紊乱,常漠视原来熟悉的人,或无法控制情绪,甚至出现短暂的智力低下;残疾者生理的缺陷还可能使心理适应发生障碍,患者不愿与人交往、孤僻,个别家庭由于过度保护而导致患者与社会隔离;由于世俗的偏见和强烈的自卑而影响患者求学、就业和恋爱,加重了其孤独感和自卑感,也严重影响其生活质量。

一、脑血管意外后的心理康复

脑血管意外(cerebrovascular accident,CVA)又称脑卒中(stroke),是指脑动脉系统病变引起的血管痉挛、闭塞或破裂,造成急性发展的脑局部循环障碍和以偏瘫为主的肢体功能损害。

脑血管意外的发病率、死亡率和致残率均很高,中国城乡的发病率约为 120~180/10 万,年死亡率约 60~120/10 万,致残率约 86.5%。近年来,随着对脑血管意外早期诊治技术水平的提高,特别是急性期的及时处理能力的提高,降低了死亡率。同时,康复医学的早期介入,使得各种后遗症的恢复率和 10 年存活率均有明显提高。然而,脑血管意外患者死亡率的降低，就意味着有待康复治疗的患者大量增加，脑血管意外本身作为一个生活事件，可使患者处于应激状态，而在康复过程中患者还将面对残疾和康复治疗所带来的各种各样的心理问题，这是康复心理学所面临的课题。

(一) 生物-心理-社会因素及临床表现

脑卒中后可引起多种多样的功能障碍，障碍的部位及严重程度与脑血管的损伤部位有关。除了功能障碍外，脑卒中的发作具有病死率高、致残率高、再发率高、恢复期长的特点，极易引起特殊的心理压力，患者恐惧、猜疑、焦虑不安、悲观抑郁。

1. 抑郁　抑郁是脑卒中后较常见的症状。脑卒中后抑郁障碍的发病机制目前尚无定论，除外心理社会因素致病，有学者倾向于用生物学解释，认为脑卒中后的抑郁障碍可能是因为脑卒中损害了去甲肾上腺素能神经元和5-羟色胺能神经元及其通路，使这两种神经递质的合成降低，从而导致抑郁障碍。另一方面，患者病前的性格、应对方式也常常与抑郁的发生有关。

患者表现为：

(1) 情感基调低沉、灰暗，轻者仅有心情不佳、心烦意乱、苦恼，高兴不起来；重者可有悲观绝望，常诉说生活没有意思，心情沉重。

(2) 常可出现睡眠障碍（失眠或早醒），食欲减退和体重减轻。

(3) 思考问题困难，思维内容多消极悲观，过分贬低自己，总以批判的眼光、消极否定的态度看待自己，严重的自责自罪可产生自杀意念和行为。抑郁症患者自杀率为一般人群的20倍，长期追踪研究发现约有15%~25%的抑郁症患者自杀身亡。

2. 焦虑　导致患者焦虑的原因有以下几个方面：①估计肢体功能障碍可能永久存在；②对再次发作的不安和对死亡的恐惧；③经济负担加重；④对自己瘫痪的躯体感到自卑；⑤家庭职责和社会地位的改变；⑥给家人带来负担和麻烦。

患者感到恐惧、紧张伴有自主神经功能激活的表现，如心悸、出汗、头晕等。主要表现为：

(1) 紧张不安，终日心烦意乱、忧心忡忡，惶恐，对外界刺激易出现惊跳反应，难以入睡，多梦易惊，易激惹。

(2) 坐立不安，来回走动，搓手顿足，面容紧张、眉头紧锁；可见眼睑、面肌或手指震颤，肌肉紧张，有时疼痛抽动，经常感到疲乏。

(3) 自主神经功能亢进，常见心悸、气促、呼吸不畅、头昏头晕、多汗、口干、面部发红或苍白、胃肠不适或尿频，有的患者可有阳痿、早泄、月经紊乱、性欲缺乏等性功能障碍。

(二) 脑卒中的心理干预

脑卒中患者的康复是通过功能训练，努力促进各种功能的恢复，这就要求将治疗师与患者的关系建立在相互信任的基础上。因此，在康复过程中，治疗师不仅要了解患者的身体状况，还要对患者病前的性格、生活经历、职业情况、家庭状况、社会适应状态及经济问题等有一个多层次的全面分析，以便及时发现和解决患者的心理问题，帮助患者回归家庭和社会。

1. 热情地接待患者　解除患者和家属对康复的过高期待和不安所致的焦虑，入院时共同制定康复计划，在康复训练开始后，客观正确地判断功能恢复的预后，并作具体说明。

2. 宽容地对待患者　漫长的康复训练伴随的苦痛、对功能恢复的迫切期望以及肢体活动的障碍足以使患者较长时间地处于紧张和不安之中，还可能出现愤怒的情绪，甚至对治疗师发生攻击性的行为。治疗师应理解患者这种情绪反应，并帮助、鼓励他们克服不良情绪。

3. 耐心倾听　长期被残疾折磨的患者有各种各样的苦恼和抱怨，需要倾诉和疏导。治疗师应向他们提供这种条件，使自己成为患者的倾诉对象和心理疏导师。

4. 康复过程中出现的神经症和精神症状　及时发现患者在康复过程中出现的精神症状，并仔细分析这些症状的背景，与个性、家庭、社会的联系，检讨是否与治疗师本人或治疗方案有关，针对具体原因给予解决。必要时可以请精神科医生会诊，使用抗抑郁/焦虑药物治疗。

5. 家庭社会关系及居住环境的调整　如果患者在发病前就存在对家庭或职业场所的不满，那么在康复期间尽量作适当的调整，以解除患者的不安和忧虑。针对患者的功能障碍，对患者的家居环境进行适当的改造，以方便患者的日常生活。

6. 出院前的指导　使患者及其照顾人员都明白，尽可能地发挥和利用患者残存的功能，明确患者在家庭和职业场所的作用和应承担的职责。另一方面，为了防止肢体功能的废用，应当向患者及其家属介绍与康复有关的措施。

二、脊髓损伤后的心理康复

脊髓损伤常导致严重残疾，并且延续终生，残疾所致的心理障碍也是漫长和多样的，这类患者也是心理康复的主要对象。

(一) 心理特征

一般来说，脊髓损伤后患者将面对两个问题：一个是自己的身体从现在开始与以前完全不一样；另一个是自己的身体与他人不一样。这两个问题可能改变认知、情绪和行为，将严重地影响患者的康复。

1. 终生残疾导致的心理障碍　多数患者在受伤后短时间内无法承受终生残疾的现实，不能认可自己的身体状况，拒绝康复或辅助器具的使用。随着时间的推移，患者逐渐认识了自身的残疾后，便出现愤怒、抑郁的情绪，严重者甚至发生自杀行为。另外，为缓解终生残疾所致的不安、睡眠障碍、疼痛等，患者长期使用镇静剂和镇痛药物，极易导致药物依赖。

2. 并发症导致的心理障碍

(1) 长期缺乏活动后由于肌肉纵向萎缩和肌腱弹力纤维的缩短，常导致关节挛缩，甚至骨关节畸形，关节活动限制而影响日常生活活动，致使患者易出现焦虑、烦躁。

(2) 失神经支配性膀胱功能障碍严重影响患者日常生活护理，大小便失禁给患者带来沉重的心理压力，影响社交和日常活动，致使患者自卑、自闭、抑郁。

(3) 脊髓损伤后的疼痛很常见，原因复杂，主要为中枢性和躯体性疼痛，影响患者的生活质量，也会导致严重的心理障碍。

3. 婚姻及生育问题导致的心理障碍　脊髓损伤患者多数有不同程度的性功能和生育功能障碍，这些更加影响患者的心理和生活质量。

（二）心理康复

几乎所有脊髓损伤患者在伤后均有严重的心理障碍，包括极度压抑或忧郁、烦躁，甚至发生精神分裂症。因此康复治疗时必须向患者进行耐心细致的心理工作，以达到真正的回归家庭，回归社会。

1. 支持性心理治疗　对患者的问题给予鼓励性的回答，帮助患者建立信心，挖掘自己的潜能，积极参加康复训练。家庭和社会都要给予理解和支持，帮助患者学习和掌握一定的生活技能，给予患者自立的机会。

2. 认知行为治疗　对于多数脊髓损伤的患者来说，不同程度的性功能和生育功能障碍，是影响患者的心理和生活质量的主要原因。帮助他们解决这些问题，是改善其情绪，促进主动康复，提高生活质量的重要措施。

体格残缺和性功能的改变对个体的自尊心和个性特征有明显的影响。性欲、性行为和性感觉是性功能体验不可分割的组成部分。性欲是一种原始的欲望，可以被身体的不适、疼痛、焦虑和疾病、残疾所压抑。性行为需要多种活动能力协调，才能产生欣快感。性感觉是性欲通过性行为在自我认知情况下的一种表现。这种自我认知可以受过去所学的知识、自我感觉以及其他人的关系的影响。脊髓损伤的患者在这几方面都产生了原发性或继发性的功能障碍。原发性的性功能障碍有器质性的成分，如瘫痪、阳痿、失去感觉，或者激素自稳态发生改变；继发性的性功能障碍是非器质性的，当患者的态度和焦虑影响其性生活的满意时，便发生继发性的改变。

痉挛和挛缩可影响性活动，大小便失禁可能会损坏性欲。这些通常可以通过性交前的适当准备而避免。害怕性交过程失败或害怕不能使对方满意，可能会使性交双方都受到抑制，身体能胜任的一方也可能会害怕伤害脊髓损伤的性伙伴。教育和积极的鼓励，通常会促使患者去试验并获得性生活的快感。

3. 回归家庭和社会　脊髓损伤的患者可以根据脊髓损伤平面的不同，通过利用自助器具或轮椅，尽量达到 ADL 的自理，扩大生活活动的范围，回归家庭和社会。应针对各个患者的功能障碍给予相应的指导，同时要指导家属的护理和家庭环境的调整，制订周密的出院计划。

通过心理康复，给予心理上的援助，使患者在完全依赖、被他人照顾的"病人角色"之外，发挥自己最大的潜能，掌握独立生活的能力以及一定的专业知识、技能，承担力所能及的家庭责任和社会义务。

三、截肢后的心理康复

康复医学的发展与进步，使大部分截肢的患者有可能参加社会工作，有自己的职业，像正常人一样生活。但是，肢体残障的外观，常常使患者受到社会的歧视，甚至在有些小说中，往往以这些肢体残障者作为凶残的海盗船船长等"坏人"来描述。

由于上述的原因，很多肢体残障者（包括已经装有假肢者）常常有意隐藏自己残缺的肢体或假肢，回避健康的人群和社会活动。由此可见，对于肢体残疾者来说，疾病或事故给他们带来的不仅是肢体的残缺，也是心理的残缺，人际交往的残缺。因此，肢体残障者康复的过程就是重新确立人生观和价值观的过程，在这个过程中，治疗师应充分了解患者的心理状态，为患者的心理康复过程提供切实可行的计划。

(一) 影响肢体残障者心理状态的因素

1. 截肢的部位　截肢的部位、范围的影响主要体现在患者生活的不便和对工作的限制方面，其次还有外观。如食指切断的影响就比小指切断的影响要大得多，左右手、上下肢因为功能不同，截肢后对患者心理的影响更不同。

2. 个体情况　个体情况具体指年龄、性别、职业、人格等。就同一个部位来说，爱好运动的少年和卧床的老人的心理状态不一样；女性较男性更注重切断部位对外观的影响，而直接影响其心理状态；不同的职业对肢体的功能有不同的要求，如果肢体的截断将影响患者的工作，甚至永久地失去这个工作，就会加重患者的失落感。残疾前的性格也决定着患者截肢后的心理状况。

3. 截肢的原因　截肢的原因是多样的，如意外事故、疾病、自杀或自残等，由于原因不同，患者即可能出现悲伤或愤怒的情绪。突发意外事件引起的截肢，患者可能出现愤怒的情绪或攻击性行为；疾病所致的截肢，患者可能非常悲伤和抑郁；而自杀自残者，则有可能发生再次的自杀自残行为。

(二) 肢体残障者的精神症状

1. 抑郁　国外有学者在20世纪80年代初根据DSM－Ⅲ对65名截肢者进行的精神病学诊断，符合抑郁症诊断标准的占35%，合并有抑郁状态的女性为50%，男性为30%，其中存在酒依赖倾向者非常多。另外，因外伤所致的截肢患者伴有抑郁、焦虑的占60%。

2. 幻肢　幻肢是指截肢后的患者感觉现实中已经缺如的肢体存在于自己的躯体中的现象。约有70%的患者有幻肢感，有时还有逐渐短缩、扭转等异样感。部分患者的幻肢有烧灼样、切割样疼痛，称为幻肢痛。这些症状从截肢后很快出现，持续数月或数年，逐渐淡化，但也有少数患者可能终身存在，治疗十分困难。目前，幻肢的原因并不明了。

3. 创伤后应激综合征（PTSD）　创伤后应激障碍因能够造成严重个体影响和社会负担，是一种严重的精神障碍，主要表现为不安、紧张等。这些症状可以随外界环境的刺激而出现，也可能在睡眠中惊醒时发生，多见于截肢发生后和出院前。这些症状可能导致患者害怕外出，不能独处等，严重地影响着他们的日常生活。

(三) 截肢患者康复中的心理干预

1. 接受并适应截肢　现实问题使截肢者的心理状态不同于健康人，现实地降低生活和工作要求，甚至重新调整生活目标的过程需要治疗师的帮助。治疗师首先需要理解患者的各种不良情绪和行为，提供适当的环境，帮助患者消除愤怒的情绪，克服适应不良的行为，适应肢体残缺的自我，发挥最大的潜能，充分利用残存的功能，力争回归社会。

治疗师应帮助截肢者面对并适应日常生活中的肢体功能障碍和身体外观的改变，主要包括以下几个方面。

(1) 身体功能：截肢者在面对要求肢体活动的场合，可能采取这样的应对方式：①回避这些活动；②不能很好地利用残存的功能；③不使用假肢等等。这些问题限制了患者的很多日常活动，使患者出现欲求不满的体验。

（2）美容：患者对周围人的目光非常敏感，残缺的肢体、假肢或人工关节的响声都会使患者感到不快，因而回避人群，甚至出现愤怒或攻击性行为。

（3）能量的消耗：使用假肢的患者体力消耗很大，甚至是健康人的2倍；而另一方面，他们还要顾及周围人的目光，不愿给他人增加麻烦，也容易出现心理的疲劳。一旦外出或参加一些活动，在体力上和心理上消耗的能量都远远超过健康人。

（4）假肢：假肢的安装可能使患者产生异物感和压迫感，并影响出汗和伴有疼痛，这些都可让患者不快和抑郁。训练过程中，多次的失败动作可能使患者产生烦恼和不安，往往操之过急。

（5）经济问题：患者在截肢前都有自己的职业，截肢往往需要他们改变以前熟悉的职种，可能影响经济收入；截肢的现实限制了他们选择职业的范围，不能与健康的同事竞争，也会影响其情绪。

2. 家属的心理干预　截肢者的家属因截肢的发生也将出现一系列的心理变化，他们同样需要接受和适应家庭成员截肢的现实，同时，还要给予患者生活上和心理上的援助。因此治疗师还必须关注家属的心理问题，并与家属一起，为患者创造一个安定的康复环境，共同制订回归家庭、回归社会的计划。

第二节　脏器功能损伤的心理康复

一、高血压病的心理康复

高血压病是指由于动脉血管硬化以及血管运动中枢调节异常所造成的动脉血压持续性增高的一种疾病，又称为原发性高血压。交感神经系统的过度兴奋和血管肾上腺素能受体的高敏状态是主要的病理生理基础。长期高血压可以导致心脏肥大、眼底动脉硬化和视力障碍、肾动脉硬化和肾功能障碍、脑动脉硬化、高血脂、高血糖、肥胖、冠心病，甚至心肌梗死和脑血管意外。

作为一种世界上发病率很高的心身疾病，高血压病的治疗措施为药物治疗与心理治疗、运动疗法相结合。康复治疗是高血压病治疗的必要组成部分，对于轻症患者可以单纯用康复治疗使血压得到控制；心理治疗可以消除心理社会刺激的因素，改善情绪状态。治疗的目标是协助降低血压，减少药物用量及靶器官损害，提高体力活动能力和生活质量，帮助建立有效的社会支持体系。

（一）病因与心理社会因素

高血压的病因目前尚不十分清楚。多种因素可以导致持续高血压。遗传因素的影响很明显，约有36%~67%动脉血压变异的病人可以追查出家族高血压史。与原发性高血压的发生有关的另外两个因素是饮食中钠盐含量和体重，流行病学调查材料可以看到饮食中含食盐过量的群体血压偏高；体重与高血压有关系，高血压患者大多是肥胖的，早年就过度肥胖是高血压的先兆。许多研究资料还证明环境和心理社会因素也是原发性高血压的发病因素，高血压的发生，既涉及到心理素质方面，也涉及到环境方面。

1. 心理冲突　愤怒情绪如果被压抑，造成心理冲突，对原发性高血压的发生有很大影响。汉克逊（Hokanson）对于在怎样的愤怒状态下发生高血压进行了一系列的试验研究。他们对被试都给于同等强度的激怒，一组允许他们发泄自己的愤怒，另一组不准他们发泄自己的愤怒。结果，那些被强力压抑而具有敌意的人发生高血压。另外有一个类似的研究：将两个被试安置在一个房间内，里面有开关，只要按一下开关，就能给对方一次电击。当被试允许给对方以报复性电击时，血压不升高；而不准许他给对方以电击时，血压升高。持续这样的试验，被试升高的血压不再下降。看来，被压抑的敌意所造成的心理冲突，是影响高血压的因素之一。

2. 环境与文化因素　世界上不是所有的人群的高血压发病率都相同，也不是所有的人的血压都随着年龄而升高。有人提出，差别的比例归因于文化不同和所受到的压力不同。血压较低的人群多半过着较少"心理紧张"（stress）的生活，保持着稳定的传统的社会生活。如住在较原始的乡村里的人的血压比城市人的血压低。程氏（Tseng1967）报告，台湾渔民患高血压者比附近的农民多见，虽然这两组人群都过着传统的生活，有相同的膳食习惯，但渔民生活在拥挤的市镇，而农民们生活在农村。

移民是从自己的祖藉迁移到另外一个国家的人群。语言、文化、经济、风俗习惯、人际关系甚至气候、居住、工作等环境都会发生巨变。紧张、不安全感、再适应困难都会促进高血压的发生。

不同的工作环境和工作性质造成不同程度的心理紧张，那些持续性的心理社会紧张刺激，在原发性高血压的发生上有一定的意义。

3. 人格特征　关于高血压病人的人格特征是有争论的，日本石川中认为高血压病人具有被压抑的敌意，攻击性和依赖性之间的矛盾，焦虑乃至抑郁，高血压是多型性的。换言之，原发性高血压病人的个性特征并非是特异的，可以发生在各种个性特征的人，但经常焦虑和易于发生心理冲突的人易于发生高血压病，主要表现为对事物敏感、性情急躁、不安全感、长期压抑自己的愤怒与敌意。另有资料显示，高血压病与A型行为模式有关。

（二）临床特征与心理障碍

1. 身体活动能力下降　高血压病患者由于活动时过分忧虑，甚至限制活动，导致心肺功能和骨骼肌功能损害，运动耐力下降。这一问题不能用药物治疗解决。

2. 血管疾病发作危险性增大　高血压病是脑血管意外、心肌梗死、肾功能障碍等严重并发症的常见诱因或病理基础。这些并发症往往导致严重残疾。从一级预防的角度应该控制高血压。缺乏运动是这些并发症的共性问题。

3. 长期药物治疗的困难　尽管高血压病一般都可以用药物有效地控制，但脉压差很小的舒张期高血压，药物治疗效果不佳；药物长期使用难免有副作用，也会带来经济压力；同时单纯药物治疗不能主动纠正由于缺乏运动导致的整体功能减弱。

4. 心理情绪变化　高血压病发生后，患者常常出现烦躁、易怒、记忆力减退等心理症状，并常伴有头痛、头晕、耳鸣、眼花、心悸、倦怠等躯体不适，少数患者甚至可能有意识障碍、兴奋、躁动、忧郁、妄想、幻觉等较严重的精神症状。

（三）原发性高血压的心理治疗

目前抗高血压的药物已经生产出几十种，但是单纯用药物治疗常常只有一时性效果。

近年来主张配合行为疗法，这方面的研究已经取得了经验和成果。在行为治疗研究工作中，有心血管反应性的控制和血压的随意性控制。在行为疗法中，近年来发展比较快的是以生物反馈和松弛随意控制为基础的治疗方法。研究工作证实，心理的或行为的方法确能使血压下降。Patel 和 North 把高血压病人分为观察组和对照组，观察组进行 12 次松弛（relaxation）和入静（meditation）训练，每天 1~2 次，每次 30 分钟。在这段研究的时间里，医生逐个指导病人，按规定程序，把他们的身体每一个部分尽量放松；对照组只让自己松弛，而不给他们特殊的辅导。实验结果表明，两组血压都下降。但是经过松弛训练指导后，收缩压和舒张压下降幅度显著增大。两个月之后，把对照组转为治疗组进行治疗，他们的血压也明显下降，从前的治疗组的疗效仍然保持。

单纯的自我松弛训练比较单调，且意识活动不易控制，而加入音乐和指导语则效果更好。音乐能使人产生欣赏反应，出现灵感的幻想本身就能使人减少躯体动作，进入轻松状态，又易于掌握和训练，因此，综合治疗更有利于高血压病的康复。

二、冠心病的心理康复

冠心病是冠状动脉粥样硬化性心脏病的简称。它是由于各种原因致使冠状动脉发生粥样硬化，引起心肌缺血性改变，所以亦称为缺血性心脏病。临床上可表现为隐性冠心病、心绞痛、心肌梗死、猝死等，它是中老年人最常见的心身疾病之一。随着发病率的上升，世界上冠心病等心血管疾病已成为第一死亡原因，是近代社会严重威胁人类健康的心身疾病。

冠心病康复是指综合采用主动积极的身体、心理、行为和社会活动的训练与再训练，帮助患者缓解症状，改善心血管功能，在生理、心理、社会、职业和娱乐等方面达到理想状态，提高生活质量。同时强调积极干预冠心病的危险因素，阻止或延缓疾病的发展过程，减轻残疾和减少再次发作的危险。冠心病康复治疗措施会影响其周围人群对冠心病风险因素的认识，从而有利于尚未患冠心病的人改变不良的生活方式，达到防止疾病发生的目的，所以冠心病康复的措施可扩展到尚未发病的人群。

（一）与冠心病有关的心理社会因素

冠心病的病因是多源性的，生物学因素如遗传倾向、年龄、性别、体重、饮食结构不合理、高脂血症、高血压、糖尿病等，心理社会因素如心理应激、不良生活方式和习惯、性格、行为类型等。

1. 生活事件应激　研究表明心理社会紧张刺激与冠心病有着密切的关系。人际关系紧张、职业变化、恋爱挫折、婚姻不幸福、亲人死亡等均可导致冠心病的发生。鲁塞克（Russek）和佐曼（Zohman）对 100 名冠心病患者的调查发现，病人的工作、饮食、生活习惯和生活方式与 100 名健康人的主要差异是紧张的生活体验，91% 的患者在症状出现前，都曾经从事负担过重、长时期的紧张工作。有人通过临床观察发现，心脏病患者在紧张情绪下易于发生不规则的心跳，甚至猝死。有人对伦敦 21,000 名男性职工进行的调查发现，汽车司机患冠心病的人比售票员多；报务员患冠心病的人比邮递员多。汽车司机和报务员之所以患冠心病的人多，也许因为他们注意力高度集中，加上坐位工作而且缺少运动的缘故。

2. 行为模式　A型行为模式在冠心病病因中十分重要，也是心理社会因素在冠心病病因中研究最广泛的内容。据弗雷德曼（Friedman）等研究发现A型性格人群中冠心病发病率是B型的三倍。从A型行为模式的形成过程来看，它是以个体原有的个性特征为基础，在社会生活环境的影响下形成的。因此，在个体的心理与行为活动中都体现着A型行为模式的基调，这些心理活动的结果与生理上的反应密切相关，从而为机体的生理病理的改变提供了基础。

（二）心理行为干预

由于A型行为模式与冠心病有着密切的关系，心理治疗中以行为治疗来矫正A型行为模式就有重要作用。研究表明，改变患者精神状态和行为方式可预防冠心病发作和改善预后。

三、糖尿病的心理康复

糖尿病是一组常见的内分泌疾病，是以持续高血糖为基本生化特征的综合征，各种原因造成胰岛素绝对或相对缺乏以及不同程度的胰岛素抵抗，从而引起碳水化合物、蛋白质和脂肪等代谢紊乱。随着病程的延长，可出现广泛的微血管及大血管病变，导致双目失明、肢端坏疽、肾功能衰竭、心血管及脑血管病变等，严重威胁病人生命。如能及早防治，严格而持久控制高血糖，可明显减少慢性并发症，降低致残率和死亡率。

（一）糖尿病的病因

糖尿病的病因尚未完全明了，一般认为有遗传、高热量饮食、体力活动过少、肥胖、病毒感染、自身免疫功能紊乱及环境、心理、社会方面的因素等。这里主要讨论环境、心理、社会方面的因素。

1. 应激　临床观察和研究发现，强烈的生理应激和精神创伤，可以通过下丘脑－垂体－肾上腺轴系统，使肝糖原分解、糖原异生，或延缓体内碳水化合物的处理，致使血糖升高，出现或加重糖尿病。已经发现，心理应激可以使正常人显示糖尿病的某些症状，如糖耐量减低、血糖升高、尿中糖和酮体含量增多。与糖尿病人不同的是，正常人在应激解除后很快恢复正常，而糖尿病人则很难做到。

动物实验发现，在应激状态下，生长激素、皮质类固醇、肾上腺素、去甲肾上腺素和高血糖素被释放出来，抑制胰岛素的作用，阻止了血中的葡萄糖转化为脂肪，使血糖增高，易于产生糖尿病。

2. 生活环境　许多研究发现，生活变化与糖尿病发病及病情有一定的关系。Rahe（1969）的调查表明，在指定的时期里生活变化单位分数越大，糖尿病人的病情就越严重。其他研究证实，安定、良好的情绪状态可使病情缓解，而紧张、抑郁和悲愤等常常导致病情加剧或恶化。

3. 人格　早期有调查发现，糖尿病人性格不成熟、被动依赖、做事优柔寡断、缺乏自信，常有不安全感，有受虐狂的某些特征，但后来的一些研究表明，这些人格特征并不仅见于糖尿病人，也可见于其他人。

（二）心理反应

糖尿病是一种极易复发的终身慢性疾病。因为饮食控制影响其每日的生活、并发症较多且可能致残等原因，常常导致很多心理行为问题，而这些都与患者的血糖控制密切相关。然而，遗憾的是很多糖尿病患者的血糖在医学上没有令人满意的控制方法，使得患者对医疗建议有所忽视和不够理解，难以适应对糖尿病护理的诸多要求，这就会带来多方面的心理社会问题。

1. 心理反应　糖尿病患者的心理状态与病情容易波动密切相关，患者的应对和预防措施不总是与病情的变化呈正比，就会使患者容易丧失信心、丧失生活乐趣。

（1）内向投射：患者自我压抑，压抑不能接受的意念、情感和冲动，并认为疾病给家庭和他人带来了各方面的负担，对疾病的治疗和康复失去信心，从而产生消极厌世的意念，伴有抑郁、自卑、退缩，并有自私的行为。

（2）外向投射：在糖尿病的康复过程中易激怒、任性、好挑剔，人际关系紧张，对躯体方面的微小变化非常敏感，常提出过高的治疗和康复要求，责怪医务人员未精心治疗，责怪家人照顾不够，经常与医务人员或家属发生矛盾。

2. 认知功能损害　由于糖尿病患者的饮食要求较高，不得不改变原有的饮食习惯，因此常常担心营养摄入不足，更多的是因为不能与正常人一样地生活，所以情绪沮丧、压抑。另一方面，由于血糖的波动可使部分患者的情绪不稳定，注意力、记忆力和思维能力下降；如合并有心、肾、脑、神经血管等多系统并发症，会导致患者疑病、抑郁、智力下降；严重者可能出现意识障碍或幻觉、妄想。

3. 人格变化　糖尿病青少年患者表现出恐惧、多疑、敏感，减少了与同龄人的交往，容易形成性格孤僻和不成熟的人格。有些患者也可能因为糖尿病长期依赖于治疗及他人的照顾，安心地休养下去，从而逐渐习惯了"病人角色"，这种心态成为阻碍康复的巨大障碍。

（三）糖尿病的心理干预

心理干预的目标是改善情绪，帮助建立有效的社会支持系统，提高治疗的依从性和康复的主动性，从而提高生活质量。

1. 支持性心理治疗　通过支持、解释、疏导、鼓励，帮助患者树立生活和治疗的信心，科学地安排生活、饮食和体力活动，针对患者的各种不良情绪，做好应对指导工作。由于糖尿病的患病人群大，其治疗过程漫长甚至是终身，所以只有通过糖尿病的康复教育，把疾病的防治知识教给患者，充分发挥患者的主观能动性，积极配合医护人员，进行自我管理，自觉地执行康复治疗方案，才能有效地预防和控制并发症的发生和发展，节省目前尚不富裕的医疗资源，减轻病人的经济负担。

2. 认知行为治疗　通过对糖尿病患者及其家属的宣传教育，使患者通过自己和家属的共同努力，改变不健康的生活习惯（如吸烟、酗酒、摄盐过多、过于肥胖、体力活动太少等），通过自身行为的改变，控制危险因素和疾病的进一步发展。

3. 放松疗法　生物反馈训练有助于血糖水平的下降，还可以改善糖耐量，增加外周血流量，改善微循环。

第三节 其他残疾的心理康复

一、烧伤后的心理康复

烧伤是热力（火焰，灼热的气体、液体或固体等）、电能、化学物质、放射线等引起的组织损伤。烧伤平均每年发生率为总人口的5‰～10‰，其中以热烧伤最为多见，占烧伤总人数的85%～90%以上。且以头颈、四肢等部位居多。目前烧伤总的治愈率已超过95%以上，但伤后致残率极高，因此烧伤的康复成为康复医学的重要内容。

（一）烧伤患者的生理变化及心理障碍

烧伤后由于组织器官的损害、长期制动带来的影响、并发症的出现，患者几乎无一例外地发生心理行为的改变，并因此严重影响功能恢复，如不及时处理或处理不当，将会造成新的或更严重的功能障碍。烧伤患者的心理反应除了有一般的创伤后应激障碍的表现外，还因为损伤的特殊性而带来了特殊的心理问题。

1. 瘢痕 Ⅱ度以上烧伤的创面必须通过肉芽组织的形式得到修复。肉芽组织存在丰富的成纤维细胞和细胞外基质，胶原纤维增生，排列紊乱，产生大量瘢痕。这一阶段要延续到伤后数月甚至两年。

患者由于身体毁容和畸形，会认为自己丑陋，与他人不同，因而产生自卑的心理，情绪低落，回避人际交往。

2. 关节挛缩和活动障碍 烧伤后伤口收缩是愈合的重要步骤，最大可使伤口缩小达40%，更进一步导致皮肤张力增高，关节活动受限。在伤后的卧床阶段，患者由于疼痛的原因通常会不自主地采取舒适体位，即躯干屈曲。严重烧伤的病人由于创面需要植皮，不可避免地要进行制动，而长期维持舒适体位或制动时间过长，均会出现关节内外纤维组织的挛缩或瘢痕粘连，进一步加重肢体活动障碍。

活动障碍使患者在多数时候需要他人的照顾，不能按照自己的意愿行动，人际交往受限。因此，他们感到孤独、无助，并常常自责、有罪恶感，出现抑郁症状。患者自尊心、自信心都会受到一定的损害，常会对生活丧失信心，有很强的依赖心理，无法坚持日常生活和工作。

（二）康复中的心理干预

烧伤后，患者由于疼痛、隔离、生活不能自理、损伤时的惊恐场面等原因感到极度痛苦，产生强烈的情绪反应。而后，又因为躯体外貌的改变、活动障碍、经济压力、家庭矛盾及职业问题，出现一系列的心理障碍。因此，烧伤患者的心理康复是在患者康复的各个阶段针对性地进行心理干预。

1. 早期康复阶段 由于突然的不良刺激，使患者产生焦虑、恐惧等情绪，支持性心理治疗可以稳定患者的情绪，使患者及家人了解烧伤康复的有关知识，鼓励患者面对残疾，树立对康复治疗的信心，积极配合治疗。

2. 制动阶段 患者经过急性期激烈的心理反应后，逐渐接受了残疾的现实。但是，面对烧伤所致的外貌改变和活动障碍，可能出现心理不平衡和情绪紊乱。治疗师应及时发现并理解患者的心理变化，采取相应的措施。认知行为治疗可以改变患者错误的认知，矫正适应不良性行为，鼓励患者战胜伤痛，积极主动地进行功能训练。

3. 愈合成熟阶段　康复的目的是控制瘢痕增生，恢复躯体功能，促进患者回归家庭和社会。长期的住院生活可以使患者对治疗师的帮助和他人的照顾产生依赖，不能正确地评价自己的肢体功能，对出院后的生活和工作寄予过高的期望，或者缺乏独立生活和返回工作岗位的信心，甚至对此有恐惧心理。治疗师应帮助患者正确地评价躯体功能状况，与患者及其家属共同制订出院后的康复计划及生活目标，鼓励患者坚持长期锻炼，使肢体功能获得最佳恢复，早日重返社会。

二、肥胖症的心理康复

肥胖症（obesity）是一种能量过剩状态的代谢性疾病，多余热量以脂肪形式储存于体内，超过正常生理需要量而逐渐演变为肥胖。单纯性肥胖是最常见的一种，是严重危害健康的因子，如糖尿病、冠心病、脑血管疾病、高血压、高血脂症等，在其发病中起着或为病因、或为诱因、或为加重因素、或兼而有之的作用。综合康复措施包括饮食疗法、运动疗法、行为治疗等，皆有明显的疗效。

（一）肥胖者的心理特征

1. 认知错误　有些肥胖者对减肥抱有不切实际的幻想，大多数人在治疗时对减去百分之十的体重不接受，希望减得越多越好。因此，在减肥时往往操之过急，强制参加运动与减少进食，但是经不起时间的考验，不久又贪食，前功尽弃，反而容易发生焦虑、抑郁。

2. 不良生活习惯　运动不足，吃饭不定时，身边常放有食物，零嘴不停，吃饭太快，喜吃干食等都是导致肥胖的因素。

（二）肥胖者的心理干预

1. 认知重建　改变患者不符合实际的目标和不正确的想法。帮助患者正确认识自己体重，主动地改变自己的内心期望后，使自己的想法更接近实际。

2. 应对应激处理　应激主要与反弹和过多摄入有关，可触发不健康的饮食行为。应激处理是教会患者识别和应付应激和紧张。减压在治疗中是有效的，应激处理的手段包括全身放松、运动、膈肌呼吸、仔细思考等，这些方法有助于患者减轻紧张，减弱交感神经兴奋，从应激环境中转移出来。应激处理可以有效地帮助患者应付高危环境，避免过多摄入。

3. 行为治疗　行为治疗是帮助肥胖者改变不良的生活习惯，建立健康的饮食和运动习惯，达到减轻体重，成功维持体形的治疗方法。行为治疗的方法包括自我监测、刺激控制、应激处理等。这些干预对肥胖者短期减轻体重疗效较好，但对长期保持较低体重的效果略差。因为肥胖是一个不易治愈的慢性状态，所以行为干预一方面需要覆盖面广，包括生存质量、良好的心理素质、较低的心血管危险因素等，另一方面需要持久的干预，而非短暂的、限时的治疗模式，否则很难收到长期的疗效。行为治疗可以帮助肥胖者控制体重，改善整体形象以及解决与饮食和运动有关的长期问题，正确地使用行为治疗技术是减肥成功的保障。

（1）自我监测：指行为模式以及行为反馈的观察和记录。具体方法是观察和记录自己每天的行动，包括总热卡、运动日记、每天的体重变化日记等。记录的目的并不只是为了回顾具体的数值，而是要使肥胖者更多地注意自己的行为与改变这些行为后所获得结果之间的关系，增强治疗的信心。自我监测是非常有效的行为干预，应积极鼓励患者使用这种方法。

（2）刺激控制：指识别与不良生活方式有关的环境因素。帮助肥胖者改善这些因素有利于成功地控制体重，也称控制刺激。具体地说，如患者诉说工作忙无时间运动，就应该帮助患者寻找时间，或早起，或步行上班等，养成习惯后部分患者就能坚持下去。

（3）厌恶疗法：使肥胖者产生厌恶肥胖的感觉，避免过食。可将体态臃肿的照片挂在就餐间，每次就餐就能感受到讨厌的刺激，以抑制食欲。

4. 社会支持　个人的生活是无法脱离社会环境而独立存在的，减肥虽属个人行为，但离不开家庭成员、朋友及同事的支持，否则减肥不易成功，即使成功也无法持久。

三、癌症患者的心理康复

癌症是导致死亡的主要原因之一。康复医学针对癌症所导致的原发性或继发性残疾，通过医学、教育、心理、职业等综合手段，使癌症致残者尽可能改善或恢复功能，提高生活和生存质量。

（一）癌症与心理社会因素

在大多数国家，癌症的发病率和死亡率正在逐年增加，甚至已取代心脏疾病，成为最常见的死因。目前研究结果显示，癌症病因学仍未十分明了，除了生物学因素以外，心理社会因素在癌症发生中起到一定的作用。更为重要的是，癌症病人的不良心理反应和应对方式对其病情的发展和生存期有严重影响。

1. 负性生活事件与癌症　目前国内外研究已经证实，某些种类的癌症病人发病前经历的负性生活事件频率显著增高，其中尤以家庭不幸等方面的事件，例如丧偶、近亲死亡、离婚等更为显著。在一组接受心理治疗的癌症患者中，大多数病人在发病前半年到8年期间曾经历过亲人（配偶、父母、子女）丧亡的打击，而对照组要少得多。较多的动物实验结果也证实，某些应激性刺激（限制活动、电击等）可以促使某些动物的肿瘤发生率显著增加，或者使动物接种某些癌细胞成功率显著提高。这些都证明，负性生活事件通过应激的途径与某些种类的癌症的发生有密切的联系。

2. 负性情绪和癌症　一般情况下，负性情绪如抑郁、焦虑等是机体处于应激状态的一种反应，因而与生活事件有直接的关系。有研究结果提示，那些不善于宣泄生活事件造成的负性情绪者，其癌症发生率较高。

3. 个性行为特征与癌症　国外有学者对个性特征和癌症关系的有关研究结果作了总结，认为易患癌症的个性特征主要有内向、不善与人交往；另有一些学者认为某些个性特征如过分谨慎、忍让、追求完美、情绪不稳而又不善于疏泄负性情绪等等，往往使个体不能正确地应对一些生活事件，在相似的不幸事件中也容易产生更多的抑郁、沮丧、无助等情绪体验。这些个性特征与癌症的发生有一定的联系。近年来，某些肿瘤行为学家把上述个性特征概括为"C型行为",其核心特征是不善于表达自己,高度顺从社会等,C型行为被认为与癌症的发生有关。

(二)癌症患者常见的心理变化

随着当前医学知识的普及和人们对癌症警觉性的提高,癌症的确诊率也越来越高,一旦患者得知癌症的诊断消息后,其心理反应大致分为四期。

1. 休克-恐惧期　情绪休克反应多见于突然得知自己患癌消息的病人。此时病人反应剧烈,表现为惊恐、心慌、眩晕、昏厥,甚至出现木僵状态;逐渐意识到自己患癌消息的病人,最常见的心理反应是恐惧。

2. 否认-怀疑期　当患者从剧烈的情绪震荡中冷静下来,常借助于否认机制来应对由癌症诊断所带来的紧张与痛苦。为此,开始怀疑医师诊断是否正确,甚至希望有奇迹发生。

3. 愤怒-沮丧期　当患者感到自己的癌症诊断已无法改变时,情绪会变得激动、心烦、愤怒,有时会出现攻击行为。同时,悲哀和沮丧的情绪随之而生,感到绝望,常想到死亡即将到来,甚至有轻生的念头和自杀行为。

4. 接受-适应期　不管患者是否愿意,接受并适应患癌事实是最终的选择,但大多数病人难以恢复到病前的心境,常进入慢性的抑郁和痛苦之中。病人进入治疗后,情绪随病情变化而波动,手术所带来的痛苦和化疗的副作用常常使病人陷入"趋-避"冲突之中,加剧病人的心理应激,某些病人会感到绝望,少数病人会出现精神病性症状,如幻觉、妄想等,甚至出现人格的变化。

(三)癌症患者的心理干预

1. 告诉癌症患者真实信息　一旦患者的癌症诊断明确无误,医务人员和病人家属立即面临的是,应不应当将诊断告诉患者及如何告诉患者。现在,国内外大多数学者主张在恰当的时机给癌症病人提供诊断和治疗计划的真实信息。这样,既有利于病人了解自己的病情,接受癌症诊断的事实,及时进入角色适应,建立良好的治疗关系和治愈疾病的信心;又有利于病人配合治疗,对治疗中的各种副作用、并发症及预后有心理准备,主动参与各种治疗。当然,告诉病人诊治情况时,应根据病人的人格特征及病情,灵活地选择时机和方式。

2. 及时纠正患者对癌症的错误认识　患者的许多消极心理反应均来自于"癌症等于死亡"的错误认识。因此,应帮助患者建立对癌症的科学认识,一方面承认癌症的严重危害性,另一方面要让患者相信积极的治疗、良好的心态是可以战胜癌症的。积极运用支持性心理治疗等手段,保护和增进患者的期望和信心,对每个患者都十分重要。

3. 情绪问题的处理　大多数癌症患者有情绪问题,而身心的交互影响会导致进一步的恶性循环。得知癌症诊断,出现消极情绪反应,影响生理功能,使症状加重,从而情绪更为恶化。阻断这种恶性循环的关键在于解决患者的情绪问题。对于否认-怀疑期的患者,应允许他们在一段时间内采用否认、合理化等防御机制,逐渐接受严酷的事实。但是,时间长而强烈的否认则可能延误治疗,应加以引导。有些癌症患者,只不过是有意识地克制自己的情绪,外表上看上去无所谓,却不愿涉及自己的真实情感,这种压抑往往加重患者的心理负担,引起更复杂的消极反应。支持性心理治疗、疏泄性心理指导或者利用转移机制，可帮助患者宣泄压抑的情绪，减轻紧张和痛苦。

由于对死亡、疼痛及残疾等后果的担心，癌症患者难免产生焦虑和恐惧，可采用认知疗法纠正病人"癌症等于死亡"的歪曲观念，结合支持性心理治疗、放松技术、音乐疗法等心理治疗及正确应对技巧，有助于降低焦虑恐惧情绪。对于伴有严重焦虑恐惧的病人，可适当使用抗焦虑剂。

（贺丹军　江钟立）

思考题
1. 脑血管意外后的常见情绪表现及干预措施。
2. 冠心病患者的心理特征。
3. 糖尿病患者的心理干预。
4. 截肢患者的心理特征及幻肢痛的处置要点。
5. 烧伤患者的心理康复。

第十二章 老年病人的心理康复

学习目标
1. 老年期的心理特点及其影响因素。
2. 老年病人的心理危机及其影响因素。
3. 老年病人的心理康复。
4. 老年痴呆患者的情绪表现及干预。

人的老化是一个贯穿生命全过程的过程，人从一生下来就开始老化。人的老化是心身变化过程的一个典型模式，在这个过程中，躯体、心理、社会等各个方面在交互作用，相互不可分离。认识老年期的生理心理特点，真正从生理、心理及社会三方面去关注这些特点，是老年病康复的基础。

第一节 老年人的生理心理特点及其影响因素

一般将60岁以上的个体称为老年人，世界卫生组织近来又把60~74岁的老人称为少老人，75~90岁的老人称为中老人，90岁以上的老人称为长寿老人。目前，银色浪潮席卷全球，这是社会发展、科技进步的必然趋势。据统计，我国60岁以上的老年人口近一亿，约占全世界老年人口的22%，占亚洲老年人口的50%，而且还在快速增长。人口平均寿命的增长，是该国家政治安定、经济繁荣、医疗水平提高的重要标志；但同时也不能否认，老年人口比例的不断增加，给社会、家庭带来了许多新问题。

一、老年期的生理特点

人的生存有赖于机体各器官正常的生理功能，各器官衰老是人类不可抗拒的自然规律。人的须发由黑变白直至脱落，颜面部皱纹增多，皮肤松弛及色素沉着，眼睑下垂，耳聋眼花，牙齿脱落，脊柱弯曲，步态缓慢，反应迟钝等，表现为整体水平的衰老。器官的衰老，则表现为组织的萎缩，实质细胞数量减少，许多重要的酶的活力减弱，代谢缓慢，储备能力下降，以及某些微量元素的缺乏或过高等，导致其生理功能发生改变。

（一）神经系统的衰退

老年人随着年龄的增长，神经系统逐渐走向衰退，在解剖生理上都会发生逐渐明显的改变。脑、脊髓、自主神经及周围神经都可发生体积上的萎缩性变化，细胞数量减少及神经纤维数量减少，影响其生理功能，而使其神经精神上的生理协调与平衡遭到破坏。

（二）五官的衰退

五官包括眼、耳、鼻、咽、喉。随着人的整体各部位组织与器官逐渐走向衰退、老化，40岁以后人的五官由衰退走向老化，形态、解剖、生理功能发生渐进性变化，老年人的视、听、嗅觉生理功能都有不同程度的下降。

（三）心血管系统的衰退

心脏的内膜及瓣膜增厚、变硬和钙化。心肌细胞间质内出现纤维组织变性或淀粉样变。营养心脏的冠状动脉发生硬化和管腔狭窄，导致心肌的血液灌注量减少。

血管（其中主要是动脉的结构和功能）也逐渐发生变化，称为"动脉粥样硬化"性病变。心脏、脑部、肾脏的血管如果发生动脉粥样硬化会产生严重后果。

（四）呼吸系统的衰退

老年人肺脏萎缩，重量减轻，体积缩小，肺泡壁薄弱，肺泡扩大。支气管黏膜亦有萎缩，纤毛的活动减弱。呼吸道防御功能降低，对外界气候变化抵抗能力减弱，易患呼吸系统疾病。

（五）运动系统的衰退

肌力随年龄增高而下降，且肌肉韧带萎缩，弹性消失变硬。老年人骨骼逐渐萎缩，骨骼钙质丢失，有机质的合成减少，脆性增加，容易发生骨折和骨裂。椎骨椎体受椎间盘的压迫而形成凹陷，脊柱弯曲畸形，驼背，或发生病理性骨折。此外，老年人还经常出现老年性腰痛和类似坐骨神经痛。骨质疏松是骨骼生理功能衰老的主要表现，其发生原因是多方面的，与老年人性激素分泌低下，膳食中钙的摄入量不足有密切关系。据统计，1/3的老年人有不同程度的骨质疏松，容易发生颈椎病及椎间盘突出症。

（六）消化系统的衰退

消化系统广义来说应包括口腔、咽、食道、胃、肠、肝、胆、脾、胰。老年人较突出的表现为牙龈萎缩，牙齿松动或脱落，牙槽骨吸收、消失。老年人对食物在口腔内的搅拌功能低下，吞咽功能欠佳，贲门括约肌弛缓；食道排空延迟，食道扩张和食道无推力的收缩增加；胃肠道肌纤维萎缩，蠕动缓慢，故机械消化功能减弱，结肠腺体及肌层组织萎缩，易发生便秘。

（七）泌尿系统的衰退

老年人泌尿生殖系统衰退，随年龄增长而加重。老年人的肾脏储备能力减少，仅能维持机体的内环境平衡。大脑排尿中枢功能衰退，可使膀胱收缩失调。男性老年人常伴有前列腺肥大，而使排尿困难。

二、老年期的心理特点

传统的观点认为，老年期是心理衰退的加速期，且认为这种心理衰退是难以控制、不可逆转的。20世纪70年代以来，欧美一些国家提出"毕生发展观"，认为人的整个一生都处于发展之中。我们就依据这种"毕生发展"的观点，介绍老年人的心理发展特点。

（一）认知能力的变化

老年人的感知觉功能随年龄的增长而发生退行性变化，表现为视力下降，听力衰退，味觉也减退。记忆力、判断力、注意力减弱，感觉变得迟钝；由于感知觉功能的衰退，加之周围人对他们的老年角色的定位且勤于照顾，使老年人主观体验老化，很容易产生失落感、衰老感。研究发现，老年人的记忆并非全面衰退，他们的初级记忆保持较好，次级记忆减退明显。此外，老年人的"液态智力"，即依赖于生理结构的学习能力（如近记忆力、敏捷性及反应速度等）随年老而逐渐衰退；而"晶态智力"，即与文化知识、经验有关的后天习得的能力，如知识广度、综合判断、推理能力等保持良好，通常认为在70~80岁以后才略有减退。

（二）情绪的改变

老年人的情绪体验往往有增强和不稳定的特点，易兴奋、激动和与人争吵，常表现为：

（1）情绪体验强烈而持久。

（2）易产生消极情绪，如失落感、孤独、抑郁、悲伤等，有时老年人的孤独、抑郁、兴趣索然会被误诊为痴呆。

（3）"丧失"是老年人消极情绪体验的最重要原因，如地位、经济、专业、健康、容貌、体力、配偶等的丧失。

（4）与青年人相反，老年人多在清晨情绪最佳。

（5）研究证实，老年人的积极情绪体验仍是主流，多数老年人具有良好的情绪体验。

（三）人格改变

所谓人格是以性格为核心，包括受先天素质和后天的家庭、教育、社会环境等综合因素影响而初步形成的气质、能力、兴趣、爱好、习惯的心理特征的总和。老年人的性格基本上是稳定不变的，即有较强的对传统习惯、作风的保持性。老年人的人格变化多为主观、敏感、多疑和保守、固执、顽强。在生活中，常表现为容易怀旧、做事周到有条理、处事沉稳、谨慎。虽反应欠灵活、思维较缓慢，但经验丰富，对事物的判断准确。因此，老年人经常表现出沉默或多言。由于自我中心，常常影响人际关系，乃至夫妻感情。

（四）睡眠障碍

大多数老年人睡眠时间减少，经常有失眠、多梦和早醒等主诉。当然，睡眠障碍还常常与其他躯体疾病，如心脑血管病、呼吸系统疾病等共存。

（五）反应与动作迟缓

伴随着感知综合判断能力的减退，老年人对刺激的反应常常表现迟钝，动作缓慢，应变能力较差，容易发生意外事故。

（六）性活动

随着年龄的增长，性功能会减退，但是，性的欲望不会消失。对于老年人来说，性活动是广义的，并非仅仅限于性器官的接触。

（七）生死观的变化

生死观是指一个人对生与死的态度。可以讲，人的一生是生老病死的四步曲，老与病通常是连在一起的，绝大部分老年人害怕患病，恐惧死亡。有资料显示，老年人对不治之症的态度是，81.1%的人认为应不惜一切代价治疗，12.6%的老年人认为应做一般性治疗，只有6.3%的人认为应放弃治疗。另有研究显示，73.1%的人认为应活到70~80岁，可见，老年人的求生欲望极强。一般来说老年人会更多地考虑到死亡，他们常常采用生活方式的改变，讲笑话、用工作或其他方式来取代孤独时所产生的怕死和紧张感。

第二节　老年人的心理危机及其影响因素

人在老化的过程中，身体能力和心理能力会出现明显的下降，视力、听力和运动能力逐渐减退。开始变老的人会发现，自己在上楼梯或快速走路时呼吸会变得急促，男人的性能力开始出现变化或发生障碍，女人则会出现更年期不适，对外界的依赖越来越强，记忆力、辨别方向的能力和控制功能开始下降。如果年轻的时候尚能通过加大工作量和活动量来对付挫折或失败感的话，那么，到了老年期这种平衡补偿能力则大大受到了限制。因此，老年人，特别是老年病人更易发生各种心理危机，而老年人的心理状态也更易受到各种因素的影响。

一、老年人患病的临床特点

（一）多病共存

老年人患病既可表现为一病多症，更多的却是一症多病和多病共存，由于多脏器均在退变，因此常常出现多系统疾病同时存在，大多难以用单一疾病解释，即使一个系统的疾病也常有多种病变，因此临床表现复杂。

（二）起病不典型

疾病常被夸大或被忽略，而较多的是后者。患者常常对疼痛不敏感，例如急性心肌梗死时往往没有胸前区痛，患溃疡病或胆囊炎也因临床表现不典型以至大出血或穿孔后始被确诊。

（三）病程迁延

老年人起病常较为缓慢，症状不显著，往往要经过一段时间才表现出来。老年病常普遍呈慢性化，病程比较长，病程中出现的功能减退往往给老年人带来很大的心理压力。

（四）易发生并发症或多脏器衰竭

老年人患病常较长期卧床休息，故容易发生静脉血管栓塞及坠积性肺炎。老年人轻度腹泻、发热、电解质紊乱时即可出现意识障碍。不少老年人还易于发生体位性低血压（收缩压由卧位至站立位时下降 >20mmHg（2.67kPa））。由于老年人各脏器功能减退和储备能力下降，因此极易出现多脏器功能不全或衰竭，例如心功能衰竭易于诱发肝、肾功能衰竭等。

（五）容易致残

除疾病本身致残外，还可因精神因素、长期卧床等因素致残。由于心理障碍对康复治疗缺乏信心和兴趣等，因此较常人更易造成较重残疾。

（六）用药易产生副反应

因血（贫血）、肝、肾功能不全，使药物动力学发生异常改变，极易出现毒副反应。因此，老年人用药必须慎重，并应定期检查血常规、肝、肾功能等。

有人将精神错乱、易跌倒、大小便失禁、长期卧床或少活动称为老年病中最常见的四大表现。

（七）心理行为反应

（1）对病情的估计多比较悲观，对康复的信心不大，往往易产生或加重老朽感和末日感。

（2）老年人残疾后会加重孤独感和疏离感，如家属或子女不来探望时就会产生被抛弃感。

（3）多年形成的习惯常常易导致固定的生活方式和刻板的行为，一旦因残疾打乱原来的生活秩序，常可引起情绪波动、烦躁、焦虑和抑郁。

二、影响老年人心理的因素

（一）生活事件

老年人有着强烈的安度晚年的愿望和较强的长寿愿望，但同时由于生理衰老和心理脆弱，实际生活中意外刺激难以避免。常见的生活应激事件有：

1. 疾病　疾病本身会使老年人处于紧张焦虑状态，老年肿瘤的患者表现消沉、抑郁、绝望，老年心肌梗死的患者常有悲观、抑郁、恐怖的情绪。老年人大多对各种辅助检查产生恐惧、痛苦、不安的反应。疾病对老年人引起的心理挫折比心理障碍更严重，他们的老朽感和无价值感会因此而生。

2. 丧偶　老伴死亡，自己形影孤单、寂寞难熬，对未来丧失信心，而陷于孤独、抑郁、空虚之中。丧偶后，健在的一方的健康状况会出现暂时的或持续的恶化，特别是老年丧偶的男人，这部分人的死亡率远远高于配偶健在的男人。

3. 家庭不和睦　除了经济原因以外，长、晚辈由于社会价值观、伦理道德观及生活方式等多方面的不一致，彼此之间又缺乏了解和理解，导致各种家庭矛盾，为晚年生活投下了阴影，危害老年人的心身健康。

（二）家庭因素的影响

1. 老年夫妻关系　老年夫妻虽经历了人生的风风雨雨，经受了许多生与死的考验，但也存在着一些问题。有很多因素影响老年夫妻的关系，其中，有生理上更年期的干扰和性生活的不和谐等；有心理上诸如兴趣、爱好及性格的变化等；也有生活中的各种分歧。

2. 再婚　老年人的再婚也存在着许多误区和压力。有来自老年自身心理、观念上的；也有来自社会舆论上的；还有来自子女的阻力等。

（三）社会因素的影响

1. 告别过去　随着年龄的老化，人际交往逐渐减少，亲戚、朋友、生活伙伴的死亡甚至会导致各种关系的消亡。退休意味着人的社会角色发生了重大的变化，人们在这个时候不得不同以往生活经历中的许多工作和任务告别。

丧失工作能力和各种社会关系，告别和永别给人的心理造成极大的压力。如果不能够接受这些事件，那么，继之而来的就是隔绝、孤独、寂寞并最终丧失希望，这种种因素为心身障碍和疾病的发生提供了合适的土壤。

2. "职业死亡"　职业生活的中止也会危害健康乃至生命。国外有学者曾提出"退休崩溃"和"退休死亡"的概念，在退休的第一年一些轻微的疾病，如支气管炎，甚至有可能导致死亡。那些过去忠于职守、克尽职责和义务的人尤其容易出现这种情况。如果对工作以外的事情始终没有什么兴趣，那么角色和职能的丧失就会导致人生意义的丧失。由于在一生的职业生涯中培养出了"工作自我"，那么当职业生涯中止时，自我就会受到危害。

3. 社会角色的转换　老年人离退休以后，生活、学习一下子从紧张有序转向自由松散，子女离家、亲友来往减少、门庭冷落、信息不灵，均易使老年人出现与世隔绝的感觉，感到孤独无助。甚至由于地位变了、原有的权力没有了，心理上产生失落感，感到"人走茶凉"。有的放不下架子，不愿与一般群众交往，自我封闭，导致情绪障碍。

离退休的心理反应与人格有关，在情绪特征上易怒和激愤的人，常不适应退休，他们或者认为社会已将他们抛弃，或者认为自己无能。另外，离退休的心理反应与本人的看法、态度有关，如果把离退休看成退出社会舞台，走向坟墓，必然会有消极的心理行为反应。

4. 回避现实　随着年龄的增长，有必要对过去的经历进行一番回顾，但是要做到这一点并不容易，年龄和岁月毕竟是无情的，我们已经成为了我们该成为的样子，回首过去，掂量未来，要处理那么多的生死离别，要面对那么多的变化，这些对一个人自我的稳定提出了很高的要求，即使经过人生磨难已经变得成熟的老人也不容易做到。如果回避这种挑战，就会出现情绪变化，生活变得无可奈何，出现活力的丧失，人的活动都会变得没有目标和意义。老年人为了保护和稳定自己的人格个性不受自己已经驾驭不了的压力的侵扰，开始转而采用人们非常熟悉的保守方式。

5. 经济与社会保障　一些研究表明，缺乏独立的经济来源或可靠的经济保障，是老年人心理困扰的重要原因。一般来说，由于缺乏经济收入和丧失原有的社会地位，常使老年人产生自卑感和抑郁情绪，部分老年人甚至会产生"一死了之"的念头。

第三节　老年病人的心理康复

老年人有必要进行彻底的身体检查，对不适作出明确的解释，这和心身医学的观点并不存在任何抵触。但是，在症状和功能障碍方面，应该更为重视心身医学的意义，因为是功能障碍造成了不能应付日常生活的状态，而且功能障碍和原本的心理压力存在着直接的联系，这也就更加明确了心理康复对老年病的重要意义。

目前，老年病人心理康复的基础原则已经形成：对患者来讲，医务人员本人就是一剂重要的药物，他们应当和老年病人一道构筑自己的工作关系，这本身对老年病人就已经是一个很大的帮助。在康复过程中具体应提出这样的问题：这个老年人处于一种什么样的危机中？他的日常生活是怎样的？他的生活关系和支撑关系在什么地方？当一个老人出现残疾时，应该通过激发往日的长处、兴趣和能力来帮他康复。患者怎样才能认识自己的价值？在老年人方面，许多潜能和家庭社会的支持还没有发挥。因此，在老年病的心理康复中，治疗关系与心理、药物治疗和家庭社会的支持同样重要。

一、治疗关系

(一) 医务人员的影响力

越来越多的患者指望得到医务人员的帮助，医务人员不仅要承担诊治、训练和护理的任务，在很多情况下，人们还期望医务人员能够给毫无希望的患者带来希望。从这个方面来说，医务人员应当从残疾的表现中仔细"听"出并诊断出患者的生活出现了哪些困难，如果能有一个综合全面的了解，就等于找到了通向老年患者内心的道路。但是，一个医务人员要做到这一点并不是一件容易的事情，许多老年人在大半生中形成了自己的尊严和独立的人格，他们有的时候很难拉下面子为自己身体能力的退化和种种问题求助于医务人员，特别是将伴随他们走向死亡的医务人员。

在这种时候仅仅靠解释和建议是不够的，因为这些老年人会认为医务人员是在哄小孩，是对自己的蔑视。他们希望医务人员和患者的关系之间带有工作关系的特点，相互合作，这就是治疗联盟。只有具备了这个前提，他们才会在和医务人员的交往中感到交流的共鸣。医务人员的温暖、体贴能力、幽默感可以对患者产生积极的影响。

(二) 医务人员的鼓励

鼓励老年患者恢复勇气是医务人员的主要职责。事实上，很多老年人不需要"安安静静地休息"。从这个角度来看，镇静剂、止痛药等恰恰可能起到了相反的作用，药物的镇静作用阻碍了人们去寻找还存在的能量。在多数情况下，人之所以感到累和疲倦，是因为他们主观感觉到了生存的无意义和无目标，没有什么比整天什么都不做更累人的了。人作为一个生命体，其生命曲线有上升的时候，也有下降的时候，而作为一个社会的精神独立体，可以通过不断学习新的知识，积累新的经验，驾驭新的挑战来使自己的生命曲线始终处于上升的势头。鼓励正是给予老年病人以精神上的支持。

二、心理治疗

(一) 认知治疗

认知治疗是通过改变人的认知过程和观念来纠正病人的适应不良的行为或情绪的方法。

1. 改变自己的不合理思考和自我挫败行为　由于情绪来自思考，所以改变情绪或行为要从改变思考着手。老年人有着深刻而丰富的人生体验，形成了许多对人生、对社会的看法，且有稳定、固执的特点。社会、环境甚至文化的变化日新月异，对老年人长期以来形成的观念产生了冲击，所以老年人要学会更新观念。

2. 保持年轻心态　随着年龄的增加，机体功能逐渐衰退，这是不可抗拒的规律，然而人的精神不能松垮，要尽量使自己保持开朗乐观的情绪，饱满的精神状态和规律有序的生活；要善于修饰美化自己，不畏老、不服老，始终充满青春活力，保持心理年龄年轻。

3. 学会调控情绪　老年人并非生活在真空中，他们会有伤病的困扰、经济的压力，也会遭遇到各种生活事件，由此产生各种负性情绪。因此，学会调控情绪显得十分重要。

要正确对待得失，做到"得之淡然，失之泰然"、"宠辱不惊"；还要正确理解差异，做到"知足常乐"。

4. 学点幽默　幽默是有知识、有修养的表现，是一种高雅的风度。老年人要想生活愉快，不妨学点幽默，它可以解脱困境、排除烦恼，打开紧锁的眉头，找到生活的乐趣。

5. 适时释放不良情绪　如在亲友面前诉说、甚至痛哭一场，如此可释放紧张，解除压抑，减轻痛苦，使心情好转。

（二）行为治疗

1. 身体变化（残疾）的适应　适应是个体对自己的行为进行自我调节和自我控制，以保证与所处环境一致的过程。美国心理学家埃里克逊认为，人的一生就是一个适应过程，是学习新的社会角色、掌握新的行为模式，以适应新的生活的过程。随着年龄的增加，生理、心理的衰老是不可避免的。老年人应自觉接受这一不可抗拒的客观规律，合理安排起居，适当体育锻炼，正确对待疾病，学会自我保健，建立积极的死亡观，主动排解不良情绪和孤独感。面对现实、热爱生活，以乐观的态度活好每一天。

2. 纠正不良行为　世界卫生组织曾指出："个人的生活方式，包括饮食、烟草、酒精和药物的消费及运动，是决定个人健康的重要因素。"许多老年疾病，包括心脑血管病、恶性肿瘤、糖尿病等常见病、多发病都与社会因素，特别是不良生活方式和行为有关。不良的生活方式和行为主要是指那些不懂营养、不讲卫生、性格不健全，不会用钱的生活方式和行为。如吸烟、酗酒，高糖、高盐，暴饮暴食，偏食，爱吃零食，嗜好烟熏炭烤的食物等不良饮食行为；不爱运动；性格过于内向、急躁、忧郁、焦虑等；夜生活过度，生活不规律；滥用药物等。因此，老年人应注意纠正不良的行为方式，培养良好的生活习惯。

三、药物治疗

（一）基础疾病的治疗

在老年病的康复中，不能忽视对基础疾病的药物治疗、缓解症状、防止并发症也是老年病康复的主要任务。包括用降压药降血压、用胰岛素控制血糖、用扩血管药防治心脑梗塞等。

（二）精神药物的治疗

对于合并有情感障碍、神经症和精神症状的老年病患者，可适当使用镇静剂、抗抑郁与抗焦虑药物及抗精神病药物治疗，稳定患者的情绪、改变认知、控制精神症状，以提高患者的生活质量。

（三）临床用药的原则

（1）老年人药动力学不同于年轻人，无论是药物的吸收、分布、代谢、排泄，还是与白蛋白的结合能力，都有显著减退，较易产生药物的蓄积中毒。

（2）老年人由于多病，器官功能衰退，受体数目、对药物的亲和力与敏感性都有所改变，因此药物的不良反应发生率较高。

（3）原则上使用最少种类药物的最低有效剂量，尽可能避免多种药物合用，以减少不良反应。

(4) 一般的抗抑郁/焦虑药物起效时间较慢，甚至需要 2～3 周，而见效后更需要长期应用，有必要向患者作适当的说明和解释。

四、家庭支持

家庭人际关系是一种特殊的社会关系，具有自然（性爱、血缘爱）和社会（经济、法律、伦理、道德、心理等）两种属性。家庭是老年人活动的主要场所，是生活的安乐窝。因此，和睦的家庭气氛，良好的家庭关系是老年人拥有良好情绪的保证。研究老年人的婚姻、老年人的夫妻关系与代际关系等，有利于老年人的情绪稳定，生活的丰富与和谐等等。

（一）老年夫妻关系问题

注意老年夫妻关系的调适，其调适原则为：①相互尊重和理解；②相互照顾和关心；③相互协商和公开；④遇到矛盾学会"冷处理"。

（二）老年人的再婚问题

为减少老年人再婚产生的心理卫生问题，应注意：①老年人要解除传统观念的束缚；子女们应尊重老年人再婚的权利，并予以理解和支持。②老年夫妇彼此应承认、接纳性格上的差异，逐步适应和慢慢学会欣赏这种差异，这是再婚后生活稳定的基础。③生活习惯的相互适应，再婚老年人在一起生活时不应总用过去的经验来看待现在的生活，也应注意尽量少向对方描述过去生活上的细节，应把再婚真正地看作是新生活的开始。

（三）老年人的代际关系问题

作为一个社会现象，两代人之间的矛盾问题，已经影响到了老年人的心理卫生。矛盾总是双方面的，因此，两代人之间必须相互理解、相互尊重，平等相处、加强沟通，这是融洽两代人关系的原则。

五、社会支持

（一）帮助适应社会角色

老年人大多数都离开了工作岗位，丧失了一定社会角色，生活空间也明显缩小。同时，在家庭内部也需重新调整和建立新的角色以适应新的离退休生活。因此，离退休前的心理准备，离退休后的兴趣、爱好培养及社会活动的参与非常重要。

（二）加强人际交流

老年人要有知心朋友，要避免孤独，保持心身不老。通过交友，促膝谈心，交流思想，排忧解难，得到真正的友谊和真诚的关心，从而保持愉悦的心境，享受莫大的快乐。

（三）健全社会支持和保障

疗养和提供社区性的支持系统可以激发老年人活跃社会关系的积极性，从而对老年人的心理起到积极的作用。健全的社会保障系统可以为老年人特别是老年病人、老年残疾者提供康复方面的支持和保证，是帮助他们实现心理康复的基本条件。

第四节 老年期痴呆患者的心理康复

老年期痴呆主要指由脑退行性病变和脑血管病变所致的脑病，是由于脑功能障碍而产生的获得性和持续性智能障碍综合征，其中以阿尔茨采默病（Alzheimers Disease）和血管性痴呆（Vascular Dementia）为最常见。国内外资料显示，老年痴呆患病率随年龄增长呈指数增长。随着全球人口的老龄化，痴呆的患病率还将继续上升。由于本病的患病率和致残率高、病程长以及治疗开支大，给病人的家庭和社会都带来了巨大的负担和影响。

痴呆所致的障碍包括知觉、注意和集中、判断以及学习和记忆、言语、问题解决能力、社会能力等。因此，强调身体、心理、社会多方面的综合康复，不仅要考虑痴呆的记忆障碍，更要重视伴随的精神症状和 ADL 的低下以及社会适应障碍，痴呆患者往往合并有多种身体疾患和功能障碍。所以，护理人员的心理问题也是值得关注的。为此，痴呆患者的康复，是一个躯体的、心理的、家庭关系的、社区支持和社会保障的多方面的综合问题。

一、发病原因

老年期痴呆的病因迄今并不很清楚，一般认为与以下因素有关。

（一）退性行病变

如老年性痴呆、Alzheimer 病、Pick 病、Huntington 舞蹈症、Parkinson 症、多发性硬化等。

（二）脑血管疾病

脑血流障碍可致脑组织缺血、缺氧。常见的主要原因有颈－颅血管的改变，特别是动脉粥样硬化。目前认为，血管性痴呆的主要原因是皮质下动脉硬化性脑病。以缺血性为多见。

（三）遗传因素

约10%的患者有明确的家族史，在发病机制方面考虑与神经递质障碍有关。

（四）其他

脑外伤、颅内占位性病变、感染、中毒、长期维生素缺乏以及代谢性疾病等等。

二、临床表现

老年期痴呆患者通常有记忆障碍、认知障碍、智能减退、人格改变、情感障碍及幻觉、妄想等临床症状，病程发展缓慢；伴有躯体疾病或社会环境改变时，其症状加重。大部分患者临床疗效差，病程不可逆。

（一）记忆障碍

多为隐匿起病，早期易被本人及家属忽略。表现为逐渐发生的记忆障碍，如不能记住当天发生的事、记不起刚刚做过的事或说过的话，忘记物品放置在何处，词汇量减少；逐渐出现远记忆力也受损，无内省力，影响日常生活。

（二）认知障碍

社交能力、掌握如何运用新知识的能力下降，并随着时间的推移而加重，逐渐出现言语功能障碍，不能讲完整的句子，口语量减少，阅读理解能力受损，交谈能力减退，最后完全失语。计算能力障碍，常表现为算错账、付错钱，到后来不能进行简单的计算。严重时出现时空定向力障碍，不会穿衣、不认家门或迷路、不会使用常用的生活物品（如筷子、勺子等），但仍可保留运动的肌力和协调能力。

（三）思维障碍

多表现为思维迟缓，内容贫乏，持续、重复言语，命名性言语障碍和概念、语法错误，判断力受损，易产生被害观念。晚期则出现思维破裂，自言自语或大声说话，甚至失语。

（四）精神障碍

多见于行为和情感障碍，这往往是患者就诊的原因。包括抑郁、情感淡漠或失控、焦躁不安、兴奋和欣快等，患者注意力涣散，主动性减少。部分患者出现片段妄想幻觉和攻击倾向，有的怀疑配偶有外遇、子女要加害自己等，可忽略进食或贪食。多数患者有失眠或夜间谵妄。

（五）其他

整体意志缺乏，坐立不安，易激动，不修边幅，个人卫生不佳；行走时步态死板，步伐小，速度慢；严重者生活自理能力减弱，社会适应困难，甚至大小便失禁，生活完全不能自理。

三、康复过程中的医患心理问题及其处理

（一）治疗场面的控制

在康复过程中，医务人员往往受治疗场面的影响而产生负面情绪，这些负面情绪表现为："患者和我没有关系"、"我不喜欢患者"、"不想看到患者的面孔"等等，并感到疲劳和无力，这些情绪反过来又伤害了患者的感情和他们的自尊心。患者对治疗师的各种努力都不能理解，不但不能够协作康复治疗，反而埋怨或辱骂医务人员，不听医务人员讲话，有意弄脏衣物，甚至出现暴力行为。因此，治疗场面的氛围很重要，过分压制可能加重患者的回避及抵触情绪。对于情绪激动或有暴力倾向的患者可以适当地使用镇静剂。

（二）治疗关系的建立

为了训练和护理的顺利施行，医务人员和患者之间必须有感情交流。然而，痴呆患者由于记忆力和注意力低下无法理解训练和护理措施，也无法理解医务人员为他们付出的努力。因此，这种治疗关系中的交流手段应该采用非语言的方式（表情、身体的动作等）和共感的（微笑、点头、善意的目光等），给予适当的刺激，促使患者残存的记忆和对以往工作、家事的回忆，激发其活力和康复的动力。

（三）理解患者

伴随痴呆可能出现心理和行为的异常，兴奋、亢进、妄想等。在这种情况下，训斥和不适当的使用药物可能使患者发生混乱和恶性循环。因此，治疗师应了解异常心理和行为产生的背景，冷静对应，和家属一起接受这些异常心理和行为，帮助患者改善。

（四）处理问题

痴呆患者由于注意力的低下和长时间训练的痛苦、环境的变化和训练内容的变更都会

引起高度的不安和混乱。为避免认知能力和短期记忆能力低下的影响，治疗师应大声、明确地说明训练方法，并可作适当的书面提示；另一方面，痴呆患者不清楚自己的健康状况，甚至无法感受到自己的病痛，治疗师要密切观察患者的身体变化，早期发现和预防继发性残疾。

（五）对照顾人员的援助

在家庭中照顾痴呆患者的人员大多有较重的心理负担，他们不得不整天面对一个思维和能力各方面都很低下，甚至伴有妄想的患者，这使得这些照顾人员变得心身疲劳、不安和焦虑，有人会不时地训斥患者，强行禁止他们的行动，甚至对患者出现虐待和暴力行为。因此，医务人员还要给予这些照顾人员适当的援助，理解和体谅他们的各种情绪，及时提供精神上的支持。

（1）帮助家属和照顾人员了解与痴呆患者病症有关的知识，根据痴呆的临床特征给予针对性的护理。如有感知障碍的患者常常不认识家门，找不到床位，因此要在家门口、病室内设置醒目易懂的标志，如他们自己熟悉的、经常使用的物品等；还可在厕所、餐厅及台阶处设置标志或生活活动计划牌，这样有助于现实定向，改善行为，培养患者独立生活的能力。

（2）对有妄想的患者，家属和照顾人员应做正面的抚慰保证，不与患者争辩，通过转移注意使妄想淡化。

（3）为防止患者夜间游逛、外出发生意外或干扰他人，要注意看护，确保门窗安全。

（贺丹军　江钟立）

思考题

1. 老年人的心理特点及其影响因素。
2. 老年病人的心理危机及其影响因素。
3. 老年病人心理康复中治疗关系的特点及常用方法。
4. 老年痴呆患者的情绪表现及临床处置。

第十三章 残疾儿童的心理康复

学习目标
1. 残疾儿童的心理特征及影响因素。
2. 残疾儿童家长的心理变化过程。
3. 残疾儿童及其家长的残疾心理行为表现。
4. 对患儿家长的心理援助。
5. 行为矫正与塑造原理。

儿童期个体的生理和心理尚处于快速发育阶段,由于大脑结构和相关功能的发展正在完善之中,大脑缺乏对自主神经和情绪活动的有效调节,极易受到体内外各种因素的影响导致心身疾病。残疾儿童有着较健康儿童更敏感、更脆弱的心理世界,其生活经历也更坎坷、挫折更多,甚至不能像健康儿童那样正常生活和学习,因此心理障碍的发生率更高。残疾儿童的心理康复固然重要,其家长的心理援助及心理干预也不可忽视。

第一节 残疾儿童的心理特征及其影响因素

2006年第二次全国残疾人抽样调查主要数据显示,我国0~14岁的残疾人口为387万人,占全部残疾人口的4.66%;6~14岁学龄残疾儿童为246万人,占全部残疾人口的2.96%。其中视力残疾儿童13万人,听力残疾儿童11万人,言语残疾儿童17万人,肢体残疾儿童48万人,智力残疾儿童76万人,精神残疾儿童6万人,多重残疾儿童75万人。残疾儿童按活动能力分类:能上街行走者占63.14%,只能在室内活动者占33.96%,完全不能走动者占2.9%,生活自理者占54.45%,部分生活自理者占39.54%,完全不能自理者占6.01%。由此可见,残疾儿童的康复是极为重要的。

一、正常儿童的心理变化

(一)婴儿时期

婴儿的注意和记忆基本上是不随意的,思维是一种低级的,还离不开动作。婴儿的情绪进一步分化,社会性情感增多,有了羞耻感、同情感、忌妒心,3岁末还有了责任感的萌芽。对周围的事物和活动兴趣增强,常常表现出自作主张的愿望,即显示出"心理断乳"现象。

（二）幼儿时期

幼儿期是一生中词汇量增长最快的时期，能较好地用言语控制自己的行为。情绪体验丰富，但缺乏控制；思维具有形象性，出现了简单的逻辑思维和判断推理，想象丰富而且具有创造性。幼儿的记忆主要是不随意记忆；3~4岁时自我意识的发展出现了一个高峰期，出现了与成人的对抗、不合作行为，被称为心理发展的"第一反抗期"。幼儿到5岁时已有稳定的性别角色；其性格的形成开始从兴趣方面表现出来，但尚未定型。总之，幼儿期是智力、情感、意志、性格发展的重要时期，俗话说"三岁看大，七岁看老"，可见幼儿的心身健康将影响人的一生。

（三）童年时期

童年期的儿童独白语言迅速发展，书面语也开始发展，到了童年中后期，大多数儿童能进行独立写作。童年末期，儿童的色觉辨别力、言语听觉敏感度已基本接近成人。这一时期，记忆能力迅速发展，形象思维向抽象思维过渡，有人称其为形象抽象思维阶段。童年期儿童高级的社会情感有了较大的发展，主要表现为理智感、荣誉感、友谊感、美感、责任感等方面；道德感也有了一定的发展，但认识与行为常出现脱节。从小学高年级开始能逐渐从个性品质上评定别人的行为。

二、残疾儿童的心理特征

对于残疾儿童来说，病残本身就是应激源，防御机制也许伴随着他们的生长发育过程。在这个生长发育过程中，除了正常的心理发展变化以外，还可能出现各类心理障碍，这是在康复治疗中必须注意的问题。

（一）智能

一般残疾儿童因为躯体的残疾，身体活动受限，行动不自由。与同龄的健康儿童相比较，生活环境局限，与外面的世界接触少，人际交流也少，影响了感知和脑功能活动。

残疾儿童中智能障碍严重的是脑瘫儿，他们主要的临床表现是肢体功能障碍，但同时伴有智能障碍的占70%，这与他们的生活环境和受教育的机会有密切的关系。

（二）思考和概念的形成

思考的发育过程可以分为感觉运动期、前操作期、具体操作期以及形式操作期等阶段。感觉运动期结束后可以见到象征性的游戏等成为幼儿行动的表象。这种表象有共同性并相互联系，被系统化之后形成概念。按照一定的规则去操作这些概念和知识就是思考。语言的使用和日常生活经历的积累形成了思考和概念。

国外学者的研究表明，脑瘫儿童的抽象能力和概念的形成发生障碍，与健康儿童相比，不但表现为数量上的差异，更主要的是质的不同。这些差异主要是因为生活经验不同造成的。

（三）知觉和认知

残疾的种类是多种多样的，有中枢性和外周性，先天的和后天的，残疾的程度也各不相同等等，这些对知觉和认知都有影响。但是，对肢体残疾的儿童来说，一个共同的主要因素就是生活经验，特别是不能坐、不会站、不能步行的儿童，他们的知觉和认知的发育会严重地受到影响。

对脑瘫儿童的视知觉的研究表明，他们对图形的形态辨别、方向知觉、地形知觉等表现出劣势。同样，他们对图形构成要素的分解和组合，整体和部分的位置关系，地图和实际地理位置的关系的抽象化理解、具体操作和再生的认知都明显滞后。

（四）运动和行为

学习与发育成熟有着重要的相关性。历来的研究结果表明，手脚及其他部位残疾的儿童在成长过程中大多数场合期待不到正常的发育顺序，例如脑瘫儿童就不能在正常发育时期内获得相应的动作和行为能力，如坐、站立与行走。从心理学的角度可以将动作看成是人的有意识的意图的外在表现，因而肢体残疾儿童的运动发育缺陷会导致其心理行为的发育障碍。

（五）自身形象

多数脑瘫儿童对自身的形象有着错误的认识，例如不能区分自己身体的前后、左右及大小等，否定自己身体的某一部分，或对缺损的肢体仍然感到其存在而不能认可肢体残缺的现实，这些都会导致各种各样的心理冲突。

三、影响因素

（一）年龄特点

儿童心理发展所处阶段的不同与疾病的易感性有关。幼儿常常在受惊后得病，而年长儿童则往往因残疾或与家庭、学校环境发生矛盾而得病。儿童逐渐形成的后天获得性习惯，实际上是一种联系，这些联系在幼儿还不巩固，都可受到心理的或感染中毒等外界因素的影响，以致可能在一段时间内功能削弱。

（二）人格因素

EPQ调查发现，神经质得分高的患儿可能存在情绪不稳定、多愁善感、对刺激易发生强烈的情感反应。好胜心强，容易在情绪上处于紧张状态，愿望一旦未能实现就会发生愤怒、敌对、愤慨、抑郁、羞愧等负性情绪。

（三）社会因素

幼儿期身体的残疾和慢性疾病所致的心理障碍与自我的不成熟是相关的。患有慢性疾病的儿童有一种被社会遗弃的孤立感，同时由于不能预期完成学业，顺利地按自己的愿望升学，他们对自己今后的前途和生活有着强烈的不安感。即使是在家庭环境中，由于来自亲戚朋友的歧视、惧怕丧失双亲的关爱，有时具有强烈的罪恶感。因此，常常出现以自我为中心或过分依赖的退行性行为，以及自主性和社会性明显欠缺的倾向。

（四）长期康复治疗的影响

由于残疾，患儿往往长期住院康复，造成与亲人的分离，可致活动性缺乏，反应性低下，人际关系障碍和社会适应性欠缺等。入院早期不适应，患儿的情绪波动较大，焦虑明显；随着住院时间的延长，长期与家庭、社会隔离，同时还由于对自己前途的担忧，就可能导致抑郁。

第二节 康复过程中的亲子关系

在儿童康复治疗实施的过程中,针对心身发育的特点给予家庭及社会的援助,建立以家庭为中心的康复环境是十分必要的。

一、亲子关系基本知识

亲子关系是人们最早体验到的、无法选择的人际关系,也是一种长期维持的、带有强烈的感情色彩的持久关系。父母亲作为养育者具有义务和责任培养儿童成长,应当将家庭作为儿童体现自我、学习社会生活的场所。

出生后不久,婴儿的人际关系的主要形式是哺乳,这不仅仅是营养的补充,而且是通过母亲的作用促进婴儿的多种功能发育,同时使婴儿获得快感,体验与母亲的感情交流,是亲子关系的重要一环。幼儿期一边接受身边周围人各种各样的照顾,同时学习步行、排泄,这些训练作为生存所必要的基本习惯,作为今后成人的基础,这一时期双亲的作用是非常重要的。进入幼儿园和学校之后,生活自理能力不断增强,而且随着生活空间不断扩大、与同学和老师关系的发生和发展,逐渐进入社会化的亲子关系阶段。双亲对儿童的行为有所限制,儿童的自发行为又要求父母认可,进入了相互关系的良好发展。

残疾儿童的亲子关系是一个特殊问题,其焦点在于家长对患儿残疾的态度以及对患儿的适应不良性行为的态度。这种态度一般有三种类型:①接受儿童的残疾,给予关注和爱,稳定患儿的情绪;②溺爱的态度;③拒绝的态度。对于残疾儿的家长来说,常常多见于溺爱、过分干涉或放纵。

二、家长对残疾儿的适应

适应残疾,是康复医学常见的课题之一。然而,对于残疾儿童,不仅其本人能够适应,也需要他们的家长适应,必须面对自己孩子残疾的现实,并随时应对残疾儿童在日常生活、学习、交友中以及将来成长后所遇到的各种生活事件。

面对一个残疾儿童,家长需要一个心理上接受和适应的过程。国外学者的研究认为,残疾儿童家长的心理变化如表13-1所示一般经过五个阶段。表现为由休克到否认、悲伤和愤怒,经过一定时间之后才逐渐适应,但各阶段必然会出现反复,特别是第三阶段的悲伤和愤怒。需要重视的是,第1~3阶段属于负性情绪,第4~5阶段属于正性情绪。

表13-1 残疾儿童家长的心理变化过程

变化的五个阶段	心理变化的表现
休克	家长得知自己的孩子残疾时,被现实击垮、愕然
否认	对自己孩子的残疾不予认可
悲伤和愤怒	逐步认可了自己孩子的残疾,变得悲伤和愤怒
适应	愤怒和悲伤逐渐平静以后,慢慢接受了孩子的现状
认知	重建和孩子一起面对今后人生的信念,积极康复

除此之外，作为残疾儿童的家长，从抚养、培育孩子方面考虑，他们会经常与其他家长交流，看到其他孩子的就学环境和成长过程，会出现羡慕、妒忌，甚至悔恨、敌对的不平衡心理。因此，只有在康复过程中掌握好残疾儿童家长的心理反应及情绪变化，才能使他们积极地配合治疗。

三、对患儿家长的心理援助

要针对残疾儿童的家长在接受孩子残疾的过程中出现的各种心理反应，给予及时、适当的援助。

一般来说，残疾儿的家长大多没有康复专业知识，对自己的孩子残疾这一事实是不容易认可的，当得知医生对孩子的诊断后，很多家长可能出现心理上的休克。例如，一个重度脑瘫儿童的家长，可能会不停地带孩子转院、求神拜佛或者是不接受现实，什么也不做，每天都痛苦地度过。也有一些残疾儿童的母亲因为生育了这个残疾孩子而抱有一种罪恶感，这种罪恶感不仅对孩子有，还对自己的丈夫有，甚至回避现实，脱离社会，处于自我封闭的状态。因此，在给予残疾儿童家长的心理援助时，要注意两方面的问题。

（一）会谈环境与方法

为了解决残疾儿童及其家长心身两方面的各种问题，心理咨询机构、教育部门等要有相应的措施。会谈咨询的场所应相对安静，使来访者感到放松，可以安心地交谈，咨询师要给予比较充裕的时间，温和地接待他们，并认真地倾听，启发他们暴露出问题，在给予解释和分析时，要注意语气，避免出现阻抗。

（二）咨询内容与计划

会谈咨询应设立目标，制订计划。一般情况下，首先帮助家长接受并适应自己孩子残疾的现实，给予心理上的支持，处理常见的一些心理问题，如焦虑、抑郁等等；其次要帮助他们维护正常的家庭生活和社会生活；再次要帮助解决他们在残疾儿童的教育方面出现的各种各样的问题。这些问题不可能一朝一夕就得到解决。也就是说，不可能全部解决现在至将来的所有问题，只能针对生活中出现的问题加以解决，只是在可能的范围内实施心理援助。

四、各自的行为问题

（一）残疾儿童的行为问题

肢体残疾的儿童不具备基本的生活技能，在没有他人照顾的情况下常常无法生活，而使他们一直像婴幼儿那样被人照顾，缺乏独立生活的行为能力，依赖性强。

（二）家长的行为问题

家长的情绪和态度对患儿的康复治疗有很大的影响，他们常常不放心让患儿单独训练，当患儿不能很好地完成某一训练动作时，家长往往会不自觉地给予过多的帮助。长此以往，便剥夺了患儿的自立和自信，使患儿不会控制自己的行为，依赖性增强。

五、训练过程中的亲子关系

动作训练是一种有目的的活动，不只是为了娱乐，而且是为了获得各种功能和技能。

对儿童而言，训练是一种艰苦的、没有随意性的活动，而且必须达到所设定的目标。在训练过程中，与家长的分离、与治疗师的治疗关系的建立、自己面对各种"危机"的场合等等，都需要患儿自己去适应。

动作训练中，患儿常常会在训练场所哭闹，不愿与家长分开；也可表现为抵触、反抗和攻击性行为。这些表现都是患儿家庭中的亲子关系在训练场所的再现。

第三节　残疾儿童的教育及社会支持

残疾儿童较健康儿童更易出现心理障碍，造成对社会的不适应。正因为他们处于这种状况，周围的人特别是家长会给予更多的保护，造成了他们的依赖性、消极性及非协调、非现实的性格，并有一种劣等感，常常有情绪不稳定的倾向。根据残疾的种类和程度的不同，对残疾儿童设定的生活目标也不一样，努力实现这些目标就是训练课题。

一、游戏治疗

残疾儿童的游戏治疗可以与家长的心理咨询同时进行，游戏治疗是一种适合于3~13岁幼儿的心理治疗。

对于孩子来说，游戏在他们的成长过程中起着重要的作用。通过游戏，可以使孩子快乐地掌握成长过程中所需要的知识，发挥他们的自主性和想象力；游戏是孩子的最自然的自我表现方式，它意味着孩子的理解能力、言语能力达到了一定的程度，在心理疗法中有着不可替代的作用。

通常孩子在游戏中，可能出现紧张或不满、焦虑、恐怖、攻击性、依赖性等情感表现。障碍儿童通常对游戏疗法接受困难，多数孩子无法展开自身的想象力，即在头脑中无法想象游戏玩具和游戏环境，不能应对游戏场面，因而表现出对游戏的紧张、恐惧乃至逃避行为。

游戏可以根据设定的课题不同，分为个人游戏和集体游戏。个人游戏根据儿童的发育水平而设计，应该采取自然诱导的方法激发孩子对游戏的兴趣，而不是采用强制性的手段实施游戏。尤其是对障碍儿童，由于其认知功能的发育差异，没有空间位置概念和想象力，因此应当安排一些容易实施的游戏，提高他们的参与积极性，在游戏中理解周围的人和事，理解空间位置关系。集体游戏是儿童与伙伴们共同参与的活动，不仅可以体验伙伴之间的感情，而且可以学着遵守游戏规则，培养集体意识，养成团队协作的习惯。

脑瘫儿童的动作训练，可以不采用游戏的道具，而是使用身体的部位如手和脚、身体的其他部位作为教具，通过自身的玩耍和接触，学会探索身体的要领，由此接触外部世界，将自身完全置于外部世界之中。考虑到障碍儿童的想象力和表现手段的缺乏，游戏和训练可以结合为一体，在游戏中患儿能够不知不觉地提高认知能力，学会日常生活动作的操作要领。

二、教育

(一) 教育目标

肢体不自由儿童的教育目标与一般正常儿童没有两样,即基本人格的形成,但是必须考虑到肢体功能障碍给儿童认知、情绪、身体活动都带来了制约等不利的影响,因此在教育内容上要有所选择。在特殊教育学校,除了传授一些必要的知识和技术外,还侧重于教育患儿克服残疾所带来的困难,以积极向上的态度面对未来的人生。

(二) 教育课程

一般小学和中学教育课程的结构分为三个部分:必修和选修知识课、道德教育、特别活动。对肢体障碍儿童还要外加"养育和训练"。

养育和训练是考虑到心身障碍的改善和克服障碍的特别指导课程,其目的是促进心身各种功能的协调发育,教学内容包含心身适应、感觉功能的提高、运动功能的提高、个人意思的表达四个方面。

由于肢体障碍儿童障碍程度不同,还往往合并多种功能障碍,导致了病情的重症化、重复化、多样化,采用统一的教育和指导方法是显然不行的,应该根据每个孩子的特点,组合成个性化的教育课程,使得孩子能够适应教学,达到康复的目的。

三、行为矫正与塑造原理的应用

(一) 联合注意训练

联合注意(Joint Attention)是指在一个社会情境中,一个人能够在物体和人之间协调转移注意力的能力(Adamson&McArthur,1995)。联合注意力一般发生在两个人之间,要求双方能够观察确定对方的注意力是否在有关物体或者对象之上。例如,联合注意力的一种表现形式是"回应":当大人在孩子面前指着一个玩具的时候,孩子往往会顺着大人的手势与眼神去看那个玩具;不仅如此,孩子还会扭过脸来看大人,从而发生眼神的交流。联合注意力的另外一种表现形式是"发起":当大人在场时,孩子往往会把自己喜欢的东西给大人看,这种动作或者发音不是向大人要求什么东西,而是与大人分享兴趣与心情。

联合注意是儿童最基本的,也是最重要的交流行为,联合注意障碍不仅影响患儿语言和行为的模仿学习,而且影响儿童的社会交流学习和发展。联合注意行为塑造训练包括对视、对视中的情绪交流、看着别人说话或做动作、自己说话或做动作且看着别人,在与人交流的过程中保持眼神交流(表13-2)。

表13-2 联合注意力分级评估

第一级	与人眼神能对视
第二级	与人对视有眼神、表情的交流
第三级	别人与他说话或做动作有眼神交流
第四级	他与别人说话或做动作有眼神交流
第五级	与人连续对话或做动作能保持相互的眼神交流

联合注意力的训练步骤：

1. 选择合适的强化物　对孩子进行强化刺激喜好评估后，选择最简单、强化效果最好的强化刺激。有孩子喜欢多种强化刺激，训练时可以组合、交替使用。训练过程中要随时关注目标行为的强化效果，如果感到孩子不配合或者目标行为的动机不强，要及时更换强化刺激。

2. 建立良好的治疗关系　在进行联合注意训练前要与孩子建立良好的、服从性的、积极的合作关系。治疗师要了解儿童的行为特点和喜好，利用行为塑造原理，从儿童感兴趣的行为或活动开始训练，通过训练让儿童慢慢了解服从治疗师的行为与自己想要得到的强化刺激之间的关系，从而建立良好的信任、合作和服从的关系。

3. 选择合适的目标行为　对儿童的联合注意进行评估，确定联合注意障碍的级别，然后将该联合注意作为目标行为的训练内容。当该级别的联合注意训练有进步后，再进行下一个级别的训练。

4. 活动和交流中的联合注意训练　结合儿童感趣的活动，将联合注意的训练内容与活动结合起来，强化儿童联合注意行为。同时，治疗师在训练过程中还要关注儿童的动机需求行为，在满足动机需求行为之前要帮助儿童完成眼神和表情的交流行为。

5. 日常生活中的联合注意训练　治疗师要对儿童家长进行行为指导，要求家人在日常生活中积极帮助儿童完成联合注意活动和行为；同时，对儿童表现出来的联合注意行为要特别地予以关注，尽量不要在没有眼神交流的情况下满足他们的需求。

（二）服从行为训练

服从行为是指儿童能按照别人的指令去完成某一行为或活动。服从行为是儿童进行社会学习的基础，服从行为差的儿童不仅不能完成训练计划，而且也很难遵守社会规范。因此，服从行为训练是儿童行为训练早期一项重要的内容。服从行为可分语言行为的服从和动作行为的服从。服从行为的记录，可按百分率计算，如让儿童完成 5 次或 10 次行为，记录他能完成的次数。

儿童的服从行为可分为五个层次，训练时可按由低到高的顺序进行。

第一层次：不懂大人所说的任何话或单字。

第二层次：只能在一定的背景下理解服从简单的指令如"该穿衣服了"等。

第三层次：能理解服从大人指令而做些要求的动作以及摸拿不同的物体等。

第四层次：能根据指令要求而区别性地做出至少 25 个有细微差别的不同动作。

第五层次：能够遵照大人指令而做至少 100 个涉及到不同物体、行为、人物的不同动作。

（三）模仿行为训练

模仿行为是指个体观察和仿效其他个体的行为。模仿是一个人改进自身技能和学会新技能的一种学习类型。心理学认为，模仿是动物界一种最基本的学习方式，也是人类的一种重要学习方式。模仿行为能力差将影响儿童智能、语言和社会行为的发展。

行为模仿训练的目的在于教育残疾儿童去模仿他人的行为，因为模仿他人的行为不仅是学习其他动作技能的基础，同时也能增强患儿对周围环境的理解，从而与外界接触交流。模仿行为训练应该根据行为塑造的原理，从比较大的或显眼的动作开始，然后逐渐过渡到较为细微的动作。

(四) 言语及言语交流行为训练

言语及言语交流行为是一个人最重要的社会生活能力之一，儿童言语和言语交流能力障碍不仅影响智力发展，而且也影响正常的适应性行为的发展。因此，利用行为强化和塑造原理帮助早期患儿发展言语和言语交流能力，也是儿童心理行为康复中的重要内容。

发展有言语障碍儿童的言语能力是一项长期艰巨的任务。有研究表明，行为强化塑造训练是发展言语和言语交流障碍儿童言语能力的有效方法之一。

对于没有言语或者言语很少的儿童，可采取言语模仿行为训练的步骤：强化患儿无意识发音→无意识发音+老师模仿患儿发音→老师发这个音+患儿模仿→老师发另一个音+患儿模仿→老师发第三个音+患儿模仿→重复训练这三个音直到患儿能发出（语言模仿行为塑造基本成功）→再训练发其他音。

(五) 认知及智力的训练

认知和智力发育落后也是许多残疾患儿常见的心理问题，由于许多认知和智力发育落后的儿童往往伴有一定程度的行为问题或障碍，需要在控制行为问题的基础上才能有效完成认知和智力训练的内容。因些，残疾儿童的认知和智力问题，不仅是特殊教育老师的重要工作内容，同时也是儿童心理工作者的一项重要工作内容。最基本认知和智力训练的内容包括认识颜色、形状、数的概念、社会认知、人物关系、钱币、钟表、分析理解能力等。主要的训练方法有模仿与示范、任务分析法、多感官协同训练法、讲解法等等。训练的内容不同，方法也比较灵活。

智力及认知训练内容庞杂、相关的准备技能很多，应在一个时期内有重点地、按单元选取一两个目标进行主题单元训练教学，要相对稳定，主题突出，如可选择认识颜色、认识钱币、认识固体和液体、认识四季（与实际季节相符合）等主题。选取时要注意与实际生活紧密联系。

(六) 日常生活能力的训练

日常生活能力的训练是一个人适应社会生活的最基本、最重要的技能，其主要任务是教残疾儿童学会自己吃饭、穿衣、入厕、睡觉、娱乐及养成生活习惯等基本的生存技能，目的是培养残疾儿童适应社会生活或自食其力。训练时常用的方法是行为任务分析法，可用逆序链锁式教法，即从最后一步学起，一步步往前教。

(七) 问题行为的矫正训练

问题行为是指残疾儿童经常表现出来的、违反常规和道德准则的或者严重影响与人交往和学习活动的行为。残疾儿童受智力损伤和肢体功能障碍程度的影响，其问题行为的表现也有不同。主要有过动行为、破坏行为、抵制或有意逃避锻炼与学习的各种行为、攻击或自伤的行为等。

问题行为矫正的过程就是通过发现和改变不利的环境条件，采取一定的教育、强化和训练等措施，即通过后天的有系统的学习过程，改变、矫正或治疗人的不良或不正常行为，达到适应环境的目的。

儿童问题行为矫正治疗的原则：首先，是及时制止并以良好行为替代。制止不仅包括日常中的口头提示、眼神暗示、周围人的批评等做法，而且包括遇到危险情况下的快速制止策略。有时问题行为发生了，来不及分析原因，根据尽可能把不良影响控制在最小的原则，应立即采取应急措施。其次是要分析成因，在几种情况中准确判断其真正原因并对症下药。特别注意了解儿童行为背后的真正动机，避免无效甚至起反作用的处理方式。如有的残疾儿童在家长与他人交谈时会躺在地上打滚，是因为希望引起家长的注意和过多的关注。第三可以提供身边的范例，或示范指导残疾儿童，帮助他们学会、掌握正确的行为方式，并在患儿学习的过程中给予即时强化。第四是应避免体罚，改用"限制"策略，并逐渐减少"限制"的应用。"限制"包括动作限制、活动限制等，如儿童犯错误后就在一定时间内限制其活动范围。使用"限制"时有负面影响，应注意限度；同时适时适度应用惩罚也不失为一种教育措施，但其目的一定是为塑造良好行为，应从根本上杜绝为解气而惩罚儿童的现象，残疾儿童尤其是智力残疾儿童的问题行为，只要分析并理解他们的动因，就会找到并且采取积极措施。

（刘松怀　贺丹军）

思考题
1. 残疾儿童的心理特征及影响因素。
2. 残疾儿童家长的心理变化过程。
3. 残疾儿童及其家长的残疾心理行为表现。
4. 如何对患儿家长进行心理援助？
5. 行为矫正与塑造原理在残疾儿童康复中的运用。

第十四章 精神疾病的康复

> **学习目标**
> 1. 精神康复的概念和原则。
> 2. 医学康复、心理康复、社会康复、职业康复的内容。
> 3. 医院康复和社区康复的内容。
> 4. 精神障碍的三级预防。

精神康复（psychiatric Rehabilitation）是针对长期患精神疾病个体的一种系统计划，以增强他们持家、职业、社会化和个体成长的能力和技巧，尽可能地恢复社会功能，使患者能在社会中自立，最大限度地改善生活质量。精神康复的主要内容包括医学康复、心理康复、社会康复和职业康复；按照康复地点不同可分为医院康复和社区康复两部分，发展社区康复是主要趋势。

第一节 概 述

一、精神康复发展简史

精神康复运动始于20世纪40年代末期至50年代初期，当时的计划主要为长期住院的慢性精神疾病患者提供服务，存在许多不足和错误，直到70年代"非住院化运动"的蓬勃发展，新的精神康复计划得以建立，内容包括医院康复和社区康复两部分，社区康复模式将是精神康复发展的主要方向。精神康复机构将提供连续性的系列服务，包括病情评价、治疗计划、社区日常生活技能训练、职业训练、社会化训练、个体咨询、家庭支持咨询以及病案管理等。因此，精神康复具有多学科性、连续性、广泛性和社会性，体现了生物-心理-社会医学模式的观点。

二、精神康复的重要性

精神疾病是人类常见病、多发病，疾病负担非常重，往往一人患病累及家庭和集体，严重影响劳动生产，有些病人会给社会增添长期负担，甚至造成直接危害。目前，相当多的精神疾病的病因和发病机制尚未阐明，精神疾病急性期治疗是短暂的，精神康复是要持续终生的，治疗精神疾病不仅仅是消除阳性症状，最终目的应该是让病人回归社会。精神康复旨在帮助患者减轻或消除疾病所致的残疾，对于巩固长期疗效、减轻疾病造成的危害、提高患者的生活质量、减少社会负担具有重要意义。医患和社会对于精神康复的重视程度亟待提高。

三、精神康复的原则

精神康复的核心是促进个体的功能恢复，而不是指疾病本身，旨在帮助个体通过应付技能和环境支持代偿精神疾病所致的残疾。这些技能包括自理个人卫生、家务、街头回避危险、公共交通使用、社交、解决问题、职业前技术和精神疾病影响个体生活的各个方面，被整合进入参加者正常生活的活动越多，干预越有效。

另一个精神康复的核心概念是要授予精神疾病患者一定的权利。精神疾病患者大多数体验是没有权利的，被标上精神疾病数年后，绝望和无助的感觉是常见的结局，在精神康复中，个体必须学会作出决定、对行为承担责任，通过授权的过程，个体开始重建正常的生活。

精神康复的原则具体如下：
（1）树立即使非常严重残疾者也有成长和发挥潜力的信念。
（2）精神康复的重点是整个人，而不是病。
（3）干预的重点是行为和功能，而不是症状。
（4）减少康复者与患者及其家人之间的距离，增强工作伙伴关系。
（5）精神康复计划个体化，切合实际，满足个人的日常需要。
（6）尊重患者及其家人的决定，努力使他们成为计划的积极参与者。
（7）培训和发展应付技能是一个主要目的。
（8）努力发展有支持作用的社区网络。
（9）为患者提供机会去参与正常角色和关系的社区活动。
（10）避免不必要的住院。

第二节　精神障碍的心理康复

精神康复通过培训个体新的技能、应付技巧和营造建设性环境，帮助精神疾病患者减轻或消除疾病所致的残疾，其主要内容包括医学康复、心理康复、社会康复和职业康复；按照康复地点的不同又分为医院康复和社区康复两部分。值得注意的是长期坚持服药是该类病人的特殊性治疗。

一、医学康复

（一）药物维持治疗，防止复发

抗精神病药的应用使精神疾病的治疗效果大为改观，提高了疗效，缩短了疗程，但这种治疗很大程度上是对症的，而非病因治疗，在急性期治疗后，还需要进行较长时间的维持和巩固,以使病情稳定和减少复发,研究也证实药物维持治疗对于减少复发非常重要。药物维持治疗的要求:①在精神科专业医师指导下进行,定期复诊。②经常向患者解释维持治疗的必要性,培养其按时按量服药的自觉性。③家人协助保管好药物,督促和检查患者的服药情况。

(二) 服药的自我管理技能训练

应使患者及其家人了解药物治疗对预防病情复发、恶化的重要意义,自觉接受药物治疗和自我管理的训练:①学习有关精神药物的知识,对药物作用、不良反应等有所了解。②学会安全用药的技巧,每次用药应查对标签。③治疗中如发生不良反应,应立即报告医生,服从医生的处理意见。

(三) 学习求助医生的技能训练

学会在需要时能找到和寻求医生的及时帮助;能向医生正确地提出问题和要求;能有效地描述自己所存在的问题和症状。

二、心理康复

精神疾病康复治疗中,心理康复越来越显出它的重要性和必要性。精神病恢复期,患者基本能正确评价客观现实,各种矛盾心理比较突出,往往对自己所患疾病的预后深感不安,既想出院又怕面对复杂的社会环境,担心被另眼看待、被讥笑,担心婚姻家庭的稳定,担心对子女前途的影响,各种忧虑成了患者沉重的心理负担。耻病感对患者及其家庭来说,也会成为持续的应激源,患者常感到自己被社会孤立、被朋友和邻居疏远。就业机会减少、社会的偏见与歧视等因素都在不同程度上影响了精神疾病的康复,结果导致精神分裂症的复发率和住院率增加。这种社会心理应激导致的反复住进医院的现象,在西方国家被称为旋转门综合征。因此,应根据患者各自不同的心理问题、心理状态以及心理承受能力因人而异地给予心理干预和康复指导,方法包括个别和集体心理治疗、认知治疗、行为矫正等。

(一) 建立良好的医患关系

医护人员应该具备良好的心理品质和医德医风,具有全面的知识结构,尊重和理解患者,取得病人的信任,建立良好的医患关系,这是心理康复的前提。

(二) 掌握病人的心理状态

考虑到处于恢复期的病人,对自己的疾病具有一定的分析能力,出现复杂的心理矛盾和思想负担,所以应结合具体的发病原因和病人的心理状态,有针对性地与之进行交谈。主要是鼓励病人自尊自强,启发和引导他们缩短与社会的距离,这样才可能减少病人的精神刺激和心理矛盾,帮助病人认识和处理各种矛盾,提高对外界环境刺激的适应能力。

(三) 客观地认识疾病

帮助精神疾病患者及其家人客观地认识精神疾病有利于精神康复的顺利进行。精神病人在精神症状的影响下,会有一些别人无法理解的幻觉、想法和行为,多数病人只是精神活动的某一部分偏离了正常,但仍然保留着与正常人一样的自尊、需要和情感。精神病人也是人,是一个与正常人一样的有社会价值的人,应该受到家属、社会的理解、接纳和尊重。精神疾病的表现多种多样，并不是"疯打疯闹"的才是精神病，情感淡漠、孤僻、整日不声不响、低头沉思、生活懒散等也是精神症状，应注意发现和治疗。确诊精神疾病就需要严格按照规范进行以药物为主的长期治疗。

（四）理解复发危害，学会识别复发

应使患者及其家人了解：精神疾病有复发的可能性，每次复发都可能导致病情进一步恶化，加重患者的脑部损伤，使治疗难度增加，社会功能衰退和精神残疾程度加重；多次复发，反复住院，不仅给病人带来巨大痛苦，给家庭和社会也带来沉重的负担。有效地预防精神分裂症复发的方法包括：坚持按医嘱服药、坚持定期门诊复查、及时发现复发先兆。复发先兆有：注意力不集中、猜疑、奇怪想法等认知变化，抑郁、焦虑、易激惹或淡漠等情感变化，说话离谱、无故发脾气、发呆、无精打采、睡眠障碍、食欲改变等行为变化。

（五）面对社会偏见，提高心理承受能力

学会对各种歧视现象有充分的思想准备，在生活和工作中找到自己适当的位置，不盲目乐观，也不要自暴自弃，主动关心、帮助别人，从事力所能及的工作，用行动证明自身价值，消除别人的歧视，如果出现心理困扰，不能自行排解，及时向家人倾诉，或找医生咨询。

（六）纠正性格缺陷和行为偏差

不良的性格和行为模式是精神疾病发病或复发的内因之一，性格和行为矫正治疗是有效的、重要的精神康复治疗内容。由于性格缺陷和不良行为因人、因病而异，所以家属应在医生指导下有针对性地帮助患者进行长期矫正，例如：单纯型精神分裂症患者多具有内向孤僻、不善交际、思维片面离奇的性格和生活懒散随便、工作消极被动、不理家务、不愿劳动的行为，对此，家庭成员应主动带病人去参加一些社交活动，注意培养病人的自信心，适当安排家务事和简单的体力劳动让病人去做，承担力所能及的家庭责任和社会义务；偏执型精神分裂症患者多具有敏感多疑、倔强固执的性格，出院回到工作单位，容易怀疑同事议论、歧视、嘲笑，继而怕见人、不愿上班、不肯出门，对此，家庭成员应适当做好病情保密工作，给病人以关心和帮助，不要当面或私下议论病人，鼓励病人多与人沟通、参加社交活动，提醒患者注意改变自己性格上的弱点，更多地相信别人、尊重别人，谦虚一些、灵活一些，克服思维习惯中的片面性。

（七）个人治疗和集体治疗

个人心理治疗有利于建立良好的医患关系，详细了解病情，针对性地给予咨询，找出解决问题的具体措施；集体治疗有小组治疗和心理学习班等形式，病人与病人之间可以互相借鉴成功经验，取长补短，利于提高战胜疾病的信心，提高治疗效果。

（八）家庭治疗

家庭成员的态度对精神病人的影响是直接的，如果是以爱护、关心的态度，支持、启发的方式，积极处理病人日常生活中出现的问题，正确引导病人，培养病人参加社会活动的能力，预后就好，复发率就低；与此相反，若指责、隔离、讥笑谩骂、忽视社会功能康复等就会使病情加重，复发率就高，预后就差。家庭治疗要求患者家属积极参与，正确认识疾病，正确对待患者，及早发现复发前兆，及时求治；在病人集中的地方，可以建立病人家庭网络，通过许多个家庭的相互支持，减少耻辱感，鼓励恢复期病人走向社会，为病人的家属提供更多的学习机会。

三、社会康复

（一）生活技能训练

主要针对慢性衰退性精神病患者，此类病人临床表现为生活懒散、情感淡漠、意志衰退；严重者生活不能自理，完全由他人照料。训练的重点是培养个人卫生习惯和生活自理能力，如洗漱、穿衣、大小便等活动。

（二）社会交往技能训练

精神病患者由于住院而与社会隔绝，严重削弱其社交能力，慢性长期住院患者甚至丧失这些能力。社会交往技能训练的目的在于帮助病人提高社会交往能力，包括人际交往、解决问题和应付技能等。例如：在人际交往技能培训中教会病人会谈技巧，目光对视、声音大小、语调变化、倾听、姿势动作、面部表情以及正确表达自己的感受等。社会交往技能训练可改善临床预后，降低复发率。

（三）文体娱乐活动训练

培养精神疾病患者参与集体活动的能力与兴趣，扩大交往范围，培养兴趣爱好，促进精神康复。训练内容根据病人的兴趣和病情严重程度而选择：从一般观赏与游乐活动，如组织郊游、参观博物馆、听音乐等，到带有竞技性和学习性的活动，如歌咏、舞蹈、体育、书画比赛等。训练项目的安排遵循从易到难、循序渐进的方式。

四、职业康复

职业康复旨在训练病人的职业功能，促进其获得就业机会。职业康复有效性的评价是非常复杂的，不仅受病人康复程度的影响，同时也明显地受社会因素的影响。严重精神疾病患者的就业率是非常低的。

（一）简单作业训练

训练劳动作业方面的技能，又称为工疗。这种作业训练工序简单，技术要求低，内容比较单一，适合多数患者，如粘贴信封或纸盒、分拣整理物品、组装简单玩具等。

（二）手工制作训练

这类训练有较高的技术要求，主要适用于精神障碍残疾程度较轻者。训练患者手工的艺术性操作方式有：编织、服装裁剪与缝纫、工艺美术作品制作等。由于工艺制作可激发患者的创造力，增加才智，培养兴趣，稳定情绪，对患者的心理社会康复非常有利。

（三）职业性劳动训练

训练的主要目的是为回归社会就业做准备，训练的内容尽可能与将要从事的职业相似，同时还注意训练与工作有关的其他行为能力，如人际关系、与他人协作、应付技巧等。

五、医院康复

（一）技能训练

住院的精神疾病患者应尽早进行各种适合的康复训练，为重返家庭做准备。技能训练包括训练日常生活技能、学习修饰个人仪表、集中注意解决问题、改善人际交往、提高学习和工作能力等。具体分如下步骤：①训练前评估，包括目前的社交能力和交往的行为方式等。②治疗师与病人共同探讨，制定训练目标，包括用药管理、症状自我处置、休闲娱乐活动、会话交往和自我生活照料、认知功能训练等。③训练操作、再评估、调整目标、角色扮演等。④实际运用，例如进行设置困难和解决困难的训练。⑤在角色训练后让病人回到实际生活中去，并解决实际问题。

（二）工娱治疗

工娱治疗（occupational and recreational treatment）是通过工作和娱乐促使疾病康复、防止精神衰退、提高适应环境能力的一种辅助治疗方法，目前在精神专科医院中广泛开展，其作用包括：陶冶情操，促进新陈代谢，调动主观能动性，转移对疾病的过分关注，减轻病态体验，减少精神症状的不良影响，缓解不良情绪，改善认知功能，增强集体观念及竞争意识，锻炼意志，减少孤独和想家情绪，激发兴趣等。工娱治疗的种类包括：音乐治疗、绘画、体育活动、舞蹈治疗、阅读、欣赏电影电视、集体劳动、竞技性娱乐、参观游览等。工娱治疗的选择应因人而异，例如对于兴奋的病人，选用节奏较快或强度较大的劳动，可使病人安静；对于抑郁和淡漠的病人，选用有刺激性、色彩鲜明、操作简单的流水作业活动激发病人的积极性。工娱治疗的原则是耐心指导和做示范，注意观察病人精神状态的变化，管理好器材和危险物品，做好交接，防止自伤和走失。

六、社区康复

社区康复（community-based rehabilitation）是指启用和开发社区的资源，将残疾人及其家庭和社区视为一个整体，对残疾的康复与预防所采取的一系列措施。精神疾病的传统管理模式越来越暴露出一些弊端：由于精神疾病病程长，复发率高，治愈率低，患者人数逐年增加，精神科的床位虽不断增加，仍不能满足需要；住院费用昂贵，消耗大量人力财力；长期住院使病人与社会隔绝，导致精神衰退。实践证明，大部分精神疾病患者在急性期症状控制后，回到社区并给予相应的康复服务，参加适当的职业劳动，能够提高疗效，降低复发率，促进心理社会的全面康复，促进病人适应正常社会生活，社区康复模式将是精神康复发展的主要方向。

（一）社区精神康复的重要性

据WHO（1995年）统计，全世界有5亿精神疾病患者，其中精神分裂症患者约5000万；估计我国目前有精神分裂症患者400~700万，全国的精神科床位总数只有10万张左右，99%的精神分裂症患者必须生活在社区。我国人口众多，各类精神疾病的绝对数都比较高，精神病专科医院数、床位数及专业人员数都远不能满足需要。所以，利用现有社区卫生服务机构的力量和资源能让更多的病人得到诊疗和帮助，是对精神病院服务的重要补充；同时，社区精神康复服务成本相对较低，如能规范地开展，可以有效减轻国家、社会和患者家庭的经济负担。社区康复的优势在于：更贴近家庭和社会、更能促使患者建立正常的生活规律、能够增加患者的社会交往机会、花费相对低廉。

（二）社区精神康复的形式

1. **三级网络** 在大中型城市实行市-区-街道三级精神疾病康复预防防治网络，分别建立由卫生、民政、公安和残联等系统组成的精神疾病防治管理领导小组，规划、协调和推动社区精神疾病防治和康复工作。市级精神病院是全市精神病的医疗、教学、科研和康复预防的中心，负责规划、培训和指导精神病防治和康复的实施。民政系统的精神病院收治的主要收治社会上"三无"的精神病人。公安系统的精神病院主要对象是触犯刑法的精神病患者。

2. 其他形式

（1）基层精神专科：由初级医疗保健机构的医务人员，经过短期的专业培训，在基层开展防治康复工作。

（2）日间医院：是一种作为回归社会过渡形式的部分住院，让经过住院治疗好转的病人，白天来专业机构中设立的日间医院继续接受治疗和康复训练，晚上回家。

（3）夜间医院：也属于部分住院形式，病人白天在社区，晚上回医院，主要适合那些家庭暂时无法或不愿意接受或者是无家可归且病情稳定的患者。

（4）长期看护所：主要收治慢性精神分裂症等康复期的慢性精神疾病患者。

（5）精神卫生工疗站：由街道、工厂或民政福利部门主办，属于福利性企业，接纳闲散在社区中无固定职业、病情部分缓解或基本稳定且有一定劳动能力的精神病患者，病人白天来工疗站工作，晚上回家，根据患者的劳动情况给予一定报酬。

（6）家庭病床：精神科家庭病床是指精神障碍的患者在家庭中接受医疗与护理，并进行康复训练。家庭病床主要适用于病情虽重但能够在院外接受治疗，或由于种种原因不能住院以及新近出院需要连续医疗与康复服务的患者。有明显危险行为包括冲动、自伤、自杀行为的患者必须住院治疗，以防意外的发生。

（7）群众性看护网：这是一种群众性自助组织。在精神卫生机构的指导下，建立群众性看护小组，对社区内不能参加康复训练的精神病患者给予关心和帮助。看护小组由社区干部、基层卫生人员、志愿者、邻居及患者家属等组成。

（8）家属联谊会：这是近年来发展起来的，由社区中精神疾病患者家属等所组成的自助团体，邀请专业人员定期为他们讲授精神卫生的基本知识和治疗康复等方面的知识，以帮助病人康复，降低复发和肇事率。通过相互学习、相互交流、相互帮助与相互鼓励，可减轻家属的心理负担。

（三）社区精神康复的内容

1. 社区精神康复机构部分住院　社区精神康复机构设立少量床位，可供精神疾病患者短期住院，控制急性症状。部分住院康复是病人暂时与家人分开，病人尽量自理生活，由精神科医护人员定期随访指导，然后过渡到回归家庭。这是介于门诊和住院之间的一种服务形式，使病人既可以接受充分的治疗和康复服务，又不脱离社区生活。过渡性康复措施可减少各种不良因素，有利于病人康复。其中的日间医院以职业康复、社会交往能力康复为主，对病人目前遇到的问题，积极开展社会心理治疗，病人在白天到医院接受治疗护理，参加各种工娱治疗，这样一方面可以减少病人与家庭成员面对面的情绪冲突，另一方面可以继续接受一些医疗护理，并且可以使医护人员对病人及其亲属进行家庭心理治疗，在日间医院要指导病人处理家庭的关系，再逐步帮助病人回归家庭。

2. 社区门诊　社区门诊的任务是为病情稳定的病人进行动态评估、解答咨询、处方药物、电话随访和家庭探访等，督促患者维持药物治疗、训练服药的自我管理技能、防止复发，帮助患者及其家人客观认识疾病、面对社会偏见、理解复发危害、学会识别复发等。例如在基层设立专科门诊，开设家庭病床，负责本社区中康复期病人的诊疗与病情记录，制订干预对策，指导志愿者和家属，开展精神疾病的防治和康复的科普宣教，收集本社区精神障碍的流行病学资料，与相应的指导性医疗机构制定因人而异、因病而异的康复方案等。家庭病床的好处是能够充分利用家庭和社会的各种有利因素，促进病情好转，特别是在提高患者的社会适应能力、消除自卑心理方面。群众性看护网主要工作内容包括：①定期随访、观察和记录病情。②督促病人遵医嘱按时按量服药。③关心病人的思想和生活，帮助病人解决实际问题和困难。④帮助病人提高自我解决问题的能力。⑤指导家属如何观察、护理和照料患者。⑥及时发现病情变化的先兆，及时与专科医务人员联系。⑦对社区群众进行精神卫生知识的科普宣传。⑧对处于发病期的病人及时监护，防止或减少因病肇事或意外。

3. 精神康复的心理评估　评定精神康复效果为的是制定不同的康复措施，除了目前正在使用的精神症状量表、社会功能缺陷评定量表和阴性阳性症状等量表外，还有一些量表用于精神康复研究：①家庭负担会谈量表：用于评定患者对家庭的影响和因照料患者造成的家庭负担；②家庭会谈量表：评定家属情感表达水平，了解家属对患者的看法和家庭存在的问题，可用于精神分裂症的家庭教育；③慢性精神病标准化症状量表：目前已用于社区精神疾病康复的研究。

4. 危机干预　精神疾病患者对压力十分敏感，病情容易恶化，社区应有急救服务，紧急处理症状突然加重或出现严重药物副作用的病人。急救人员必须有能力迅速对病情性质和严重程度作出评估，判断患者的行为能力，制定应对策略。有时需要限制患者的行为，但必须充分尊重病人的权益和保证安全。

5. 社区职业康复　社区康复多以集体治疗的形式对患者进行独立生活、社会交往、娱乐休闲、学习工作等技能的训练，其中参加工作、融入社会是精神康复的最终目标。职业康复训练的第一步是在福利工厂中从事低压力、非竞争性的工作，从而学习工作技能；第二步是过渡性就业，由社区或康复机构与企业签订协议，经过训练的患者可以轮流上岗，不能完成的工作可由员工代替；第三步是辅助性就业，患者在精神卫生服务者的评估、协调和支持下，以正常雇员的身份参加工作并获得薪水；最后一步是独立就业。以上这种逐级进行的职业康复服务在我国仍处于探索阶段，尚需国家、企业和社区康复机构的共同支持。

（四）小结

理想的社区康复应具有多部门协作性、综合性和连续性，国外社区精神康复开展较早，为保证病人康复的连续性，广泛开展"个案管理"（case management）和"主动式社区治疗"（assertive community treatment，ACT），努力建立一个"病人可以在各级康复机构之间自由流动"的服务体系，防止病人在多种服务项目中陷入无人照顾的裂缝之中，值得借鉴。

第三节 精神障碍的预防

精神疾病的预防日益受到各国政府和医学专家的重视,预防精神病学是精神病学范畴的延伸和重要组成部分。迄今为止,由于绝大多数精神疾病的病因未明,精神疾病的预防工作还处于探索阶段,因此尚无完善的预防措施。Caplan 于 1964 年首先倡导对精神疾病预防的重视,并提出了三级预防模式,对精神病学产生了巨大的影响。

一、一级预防

一级预防(primary prevention)旨在消除或减少病因或致病因素,防止或减少精神障碍的发生。这是预防精神病学努力的方向,也是其根本目标。然而,大多数精神障碍病因未明,目前只能对那些病因已经明确的精神障碍,针对病因采取预防措施,最终消灭和根除这些精神障碍;而对那些病因未明的精神障碍,根据目前现有知识,采取积极的措施,努力降低其发病率。

(一)某些病因已清楚的精神障碍

针对病因采取果断预防措施,最终消灭和根除这些精神障碍。如在解放前在我国一度猖獗蔓延的鸦片烟毒和麻痹性痴呆,解放后政府采取果断措施,使鸦片成瘾达到有效的控制,麻痹性痴呆几乎绝迹。对于烟酒依赖,许多国家提高税收,从经济上限制其消费,限制厂商做任何广告宣传,同时广泛宣传其有害性,使人们自觉地远离它们,从而达到减少或消除烟酒引起的精神障碍。对于病因已明确的精神发育迟滞,如克汀病(地方性呆小症),在高发地区采取食盐加碘等措施,显著降低了发病率。

(二)某些与遗传有关的精神障碍和精神发育迟滞

制订相关法律,禁止近亲婚配,限制具有遗传性精神障碍患者的生育。同时积极开展遗传咨询、产前检查和诊断,对于确诊为遗传性疾病的胎儿,可及时终止妊娠。做好孕妇的保健工作,避免各种有害因素,坚持常规产前检查,预防难产。对婴幼儿坚持预防接种,防止传染病的侵袭,尤其是防止中枢神经系统的感染,可降低此类精神疾病的发生。

(三)培养健全的个性以增强承受能力

精神科临床实践表明,许多精神疾病与病前不良的个性特征密切相关,儿童早期的个性发展对以后性格的形成和定型起着非常重要的作用,因此,预防精神疾病必须从儿童抓起,重视家庭教育,开设幼儿心理卫生课程,培养儿童健康、健全的性格。

(四)对重大灾难性事件的受害者及时给予心理疏导和心理治疗

避免受害者精神崩溃,导致精神障碍。我国已开始重视这方面的工作,如空难事件发生后,迅速派心理治疗师给受难者家属进行心理治疗,起到了很好的效果。

(五)加强精神卫生知识的普及与宣教

社会在发展,竞争在加剧,生活节奏增快,人际关系变得更为复杂,这些不可避免地造成各种应激事件的增多。加强精神卫生知识的普及与宣教,及时提供正确的心理卫生服务，提高人们的精神健康水平，有效地抵御外界各种有害因素的侵扰，以减少与各种应激相关的精神障碍的发生。加强心理咨询服务，针对个体不同的发育阶段，给予相应的精神卫生服务，提高个体的社会适应能力和应激事件的应付技能。在我国从小学到高等院校逐步开展的心理咨询服务，收到了良好的效果，这些成功的经验将会推广到社会各阶层。

（六）加强精神医学的基础理论研究

精神障碍的病因学研究是精神医学领域中的一个关键问题，需下大力气深入研究各种精神障碍的病因和发病机制。只有在弄清精神障碍的病因和发病机制的基础上，才能从根本上预防精神障碍的发生。

（七）定期开展精神障碍的流行病学调查

研究精神障碍在人群中的发病率、发病规律、影响因素及分布情况，为政府有关部门制订规划、进行决策提供依据，从宏观上预防精神障碍的发生。

二、二级预防

二级预防（secondary prevention）的目标是早期发现、早期诊断、早期干预，争取完全缓解和良好的愈后，并防止复发。目前大多数精神障碍的病因与发病机制不明，还不能通过一级预防措施来防止精神障碍的发生，因此要特别重视二级预防，否则会延误病情，错过治疗的最佳时机，导致精神障碍慢性化或反复发作。

（一）加强宣教

加强对社区居民宣教精神卫生防治知识，提高人们早期识别精神障碍的能力，做到早期发现。改善和消除社会对精神障碍患者的偏见，使家属能尽快送患者至专业机构进行系统、正规的治疗，将疾病控制在萌芽或初发阶段，改善愈后。定期对社区居民进行精神健康检查，以发现早期精神障碍患者，并给予早期干预。

（二）彻底治疗

对已经发作的精神障碍患者，尤其是首次发作的患者，应系统、彻底地治疗，力争达到完全缓解，尽可能不残留任何症状，同时积极维持巩固治疗，减少病情波动或复发。

（三）心理治疗和康复训练

对病情已好转的病人，应给予多种形式的心理治疗和康复训练，除适当介绍一些精神卫生知识外，还要指导患者正确地认识所患疾病，认识自己个性中的某些缺陷，不断锤炼和健全自己的性格，树立正确的价值观，以便正确地应付各种社会心理因素和生活事件。

（四）定期随访

对痊愈出院的病人，应建立长期的随访制度，使病人能定期受到医疗指导和医疗服务，及时解决各种心理卫生方面的问题；另外还能及时发现病情变化，及时给予干预和治疗。指导和帮助家属如何正确地护理患者，如何准确地观察病情变化，请他们及时与专业人员联系，以减少精神障碍的复发率。

（五）综合性医院设立心理咨询门诊或精神科

对各级医院的卫生从业人员大力普及精神疾病的知识，定期举行培训班，系统地介绍精神疾病的主要常见症状，常见精神障碍的诊断要点，常用的治疗方法，以及药物不良反应的识别与处理，使分散在其他各科就诊的精神障碍患者得到及时的诊断与治疗。

（六）重视心理社会因素

关心并适当满足精神障碍患者的合理要求，重视心理社会环境因素对疾病波动和复发的作用，做好病人出院后的各种合理安排，避免不必要的精神刺激，尊重病人的人格。

三、三级预防

三级预防（tertiary prevention）的目标是促进精神残疾者的康复，尽可能减少功能障碍，最大限度地促进社会功能的恢复。

（一）全社会关心和同情

积极呼吁全社会对精神障碍患者的关心和同情，尤其要谋求各级政府部门对精神卫生工作的重视与支持，成立由卫生、民政、公安和残联等部门组成的精神障碍康复与防治领导工作小组，指导和协调辖区内精神障碍的康复与防治工作，逐步形成政府相关部门主持、相关系统协作的立体精神障碍康复与防治体系；建立全面系统的康复与防治机构，如基层专科、工疗站、家庭病床、日间医院、长期看护所等，满足各种精神障碍患者的需要。实践证明，这一体系对巩固治疗效果，降低复发率，减少精神残疾，减少患者肇事，减轻社会医疗负担，提高病人和家属的生活质量和生活满意度，具有积极的作用。

（二）重视住院康复

住院治疗是精神康复工作的开始，在住院期间积极开展生活技能训练、社会交往技能训练和职业技能训练等，促使患者顺利地从医院环境过渡到社区环境。

（三）加强社区康复

社区康复是精神障碍患者康复的主要方式，因为病人绝大多数时间生活在社区中，所以社区对精神障碍患者的康复起到重要作用。

（四）家属配合

动员家庭成员支持和参与精神障碍患者的康复工作，家属积极投入，细心照顾，正确对待患者，对病程和康复有明显的影响。近年来，国内许多地区组织精神障碍患者家属联谊会，定期邀请专业人员给他们讲授精神卫生知识，讲授精神障碍的本质、如何正确护理及对待病人、如何减轻患者的精神压力、如何促进病人康复等基础理论知识。同时，家属可相互交流成功经验、相互鼓励、树立信心，可以减轻精神负担。实践证明，这是一种十分有效的康复、防治方式。

（五）回归社会

精神康复的最终目标是使患者能够回归社会，在社会劳动或家务劳动中发挥作用，成为自食其力者。因此，要尽可能妥善安排已康复的精神障碍患者以及有部分劳动能力的精神残疾者就业，使者能够融入社会大环境中进行锻炼，参与社会生活，避免社会隔绝，这对患者的康复具有重要意义。这项工作的具体实施难度较大，需要相关的法律、法规与政策作为保障，同时还需要舆论的大力支持，才能得到社会各界的理解与参与。

（李勇　谢世平）

 **思考题**

1. 精神康复的概念和原则是什么？
2. 精神康复的内容包括哪些？
3. 精神障碍三级预防的目标和内容。

第十五章 康复心理咨询

> **学习目标**
> 1. 心理咨询的目标。
> 2. 心理咨询者应具备的条件。
> 3. 康复心理对治疗师角色的要求。
> 4. 康复心理咨询的内容及形式。

康复心理咨询既有心理咨询的内容，又包括针对康复对象及其家属等在康复过程中出现的各种心理问题进行的分析和讨论，并给予解释、启发及引导，共同协商解决问题的办法。一方面解除这些人由于缺乏医学知识而产生的心理困惑，另一方面向康复对象及其家属提供有关康复的政策和法令，让他们了解国家在教育、劳动、就业、福利及法律责任等方面对残疾人权利的保障。

第一节 概 述

一、基本概念

"咨询"一词源于拉丁语"consultatio"，意为商讨、协商。"咨询（counsel）"是指商讨、劝告、质疑。心理咨询（psychological counseling）又称心理辅导，是心理学中的一个分支。《朗格曼心理学和精神医学词典》指出，"心理咨询是专业人员采用指导、劝告、讨论、测验、解释等技术，对情绪、职业、婚姻、教育、康复、退休和其他个人问题等的处理提供专业的帮助"。一般将带着问题来征求意见或建议者称为来询者，针对问题提出建议或解决办法者称为咨询者。顾名思义，心理咨询是一个过程，在这个过程中，一位受过专业训练的心理咨询员，通过语言、文字等媒介，致力于与来访者建立一个具有治疗功能的关系，来协助对方认识自己、接纳自己，进而欣赏自己，以克服成长的障碍，充分发挥个人的潜能，达到自我实现的目的。

康复心理咨询为康复病人、家属等提供心理咨询，是康复心理学的主要内容之一。其做法是针对康复对象及其家属等人在康复过程中出现的各种心理问题进行分析和讨论，给予解释、启发及引导，共同协商解决问题的办法；其目的是帮助他们缓解心理危机，改善不良情绪，矫正适应不良性行为，挖掘潜能，促进全面康复。

二、心理咨询的目标

了解心理咨询的目标对其实践有一定的指导作用。心理咨询的目标一般分为三个层次。

（一）直接目标

心理咨询的直接目标是解决来访者遇到的问题和困扰，主要是一些具体的生活事件如工作学习困难、人际关系紧张、意外事故、家庭不和睦及疾病折磨等。对于康复医学这个专科来说，有关残疾的评定、功能评估等涉及康复过程及预后的各类问题都直接影响着残疾人及其家属的心态，需要通过康复心理咨询来解决。

（二）中间目标

心理咨询的中间目标是通过处理具体困难，对自己进行反思，达到自我认识、自我接纳、塑造良好的自我形象，树立健康的人生观的目的，并形成适当的生活方式。其中包括认识到接纳自己和欣赏自己的重要性，学会客观地对待成绩与过失；培养独立思考的能力；学会人际沟通的方法和技巧，加强自我表达能力等。

（三）自我实现

自我实现即达到充分发挥个人的聪明才智，取得与自己能力相称的成就。这是马斯洛提出的人类需要层次中的最高层次。

三、心理咨询者应具备的条件

（一）心理咨询人员自身的修养和素质

心理咨询人员自身的修养和素质对医患关系的建立及咨询的成功起着决定性的作用。作为心理咨询人员，无论采取哪一种理论和方法，其思想、态度甚至一言一行都会对来访者产生影响。所以，在成功的心理咨询中，理论和技巧不是首要因素，最有影响力的因素是咨询员本人。若咨询员具备充分的自我认识，对人生充满信心和热情，那么他会在心理咨询过程中对来访者产生积极的影响。成功的心理咨询员的素质可以归纳为三个方面。

1. **善待他人的品格** 对处理来访者的问题既有信心又有能力；可以信赖，给人以充实感和安全感；与人为善，以来访者的利益为重；有积极的人生态度、求实的作风和进取精神。

2. **善待自己的品格** 能与别人认同，意识到自己是社会的一员，与别人相处得好；有能力处理好自己的问题，也能帮助别人处理问题；能正确认识自我价值，做到自尊自爱；对自己充满信心，相信自己能充分发挥潜能去帮助别人。

3. **乐于助人的精神** 帮助来访者开放自己；在关注他人的同时也关注自己，但目标是为了帮助别人解决问题；乐于同他人分享，能接纳自己；全心全意地投入到帮助别人的过程中，与来访者建立融洽的关系；鼓励和促进积极参与，着眼于来访者的转变过程而非结果。

（二）心理咨询人员的品质培养

1. **认识自我** 治疗师对患者从生理、心理、社会各方面给予关怀并满足患者的需要，帮助患者及其家属应对残疾带来的各种情绪反应。治疗关系建立的目标是真诚的、开放的人际间的沟通。治疗师面对的是有广泛的人生经历的患者，所以必须有能力检查个人的感受、行为与反应，学习怎样去应对焦虑、抑郁、愤怒、悲伤与快乐。对自己有肯定性的理解并自我接受，才可能接受患者的不同理念及个体的独特性。

客观地认识自我是一件极不容易的事情，特别是当发现客观的自我与理想中的自我相冲突时，会产生很不愉快的感觉。然而，与许多痛苦的经历一样，认识自我的过程是极富挑战性的，它意味着在接受自我局限性的同时，还要努力改变强化个体局限性的行为或认知方式。

2. 澄清个人价值观　一个人的价值观体系是家庭环境、朋友、文化教育、工作经历和娱乐等影响的综合结果。它既有积极的意义，也有消极的意义。它揭示的是：对一个人来说什么是有价值的，什么是有意义的。价值观也为人们日常行为决策提供理论框架。澄清自己的价值观有助于防止将自己的价值观强加于别人。只有在意识到自己价值观的时候，治疗师才能辨别与自己价值观冲突的状况。在很多情况下，治疗关系能够验证治疗师的价值观。治疗师应该有能力问自己："什么对我最重要？"能够回答这一问题的治疗师可以避免不遵守伦理标准地利用患者，以满足个人需要。

一个具有成熟人格的人，他的价值观体系应该具有以下特点：

(1) 是动态的和灵活的，不断地在实际环境中学习、丰富和强化自己。

(2) 在不同的时间与环境里，价值观具有高水平的区分性。

(3) 每个人的经历都传递了一定价值标准的信息，虽然免不了受外界事物的影响，但主观反应更重要，心理健康的成年人能够相信和运用个人智慧。

(4) 在形成价值观念的过程中，个人价值观很容易受直接经历的影响，应尽力去感觉和澄清其复杂的含义。

3. 了解自己的感受　正式的治疗关系是强烈的双向影响的过程，治疗师的作用是充当患者的行为榜样。多种研究证明，榜样的作用是获得社会性适应和适应不良行为的重要因素。因此，治疗师有责任形成适应的和成熟的行为，将这些行为贯穿于个人生活中，同时也体现在工作中，这样，才能为患者适应行为的发展起到榜样的作用，从而提高对患者关怀的质量。

4. 利他精神　在治疗工作中，利他精神反映的是以患者为中心的指导思想，也就是说，把患者的需求放在首位。心理学角度的利他精神是对别人利益的关注，并不是说利他的人不应该期待适当的补偿和承认而必然自我牺牲。带有个人牺牲色彩的极端利他主义从心理学的原则上说是有潜在危险的，只有当个人需要适当满足时，治疗师才能在最大程度上发挥治疗作用。在治疗关系中，尽管是治疗师在为患者服务，但同时治疗师也得到了经济补偿，得到了工作上的成就感和自我的满足感。在治疗关系中，治疗师的利他境界建立在对人类的兴趣和博爱的基础上。

利他精神还可以运用于更广泛的社会支持和改变动机方面，人类需要人与人之间各种各样的帮助，并因此去关注社会的变化，以满足人类自身的福利需要。所有帮助人的专业都应本着服务于人类与促进社会发展的目标。因此，治疗师的角色是努力促进残疾者回归社会的重要帮助者。

四、康复心理对治疗师角色的要求

在治疗关系中,治疗师扮演着多种角色,除了直接指导、帮助患者进行康复训练外,还担当引导患者,使其在认知、情绪或行为方面发生变化的角色。

(一) 关怀者和照顾者角色

治疗师的工作是直接与患者接触,但治疗工作绝对不能简单到纯技术和专业知识的程度;关怀是治疗计划实施的基础,也是治疗师必备的技艺。关怀和照顾包括治疗师能够敏锐地体察到对某一具体患者来说什么是重要的。治疗师要对患者重要事情表示理解和提供支持,通过态度和行为来表达对患者利益的关心,把患者作为一个人,而不是当作机器去对待。

(二) 教师角色

医疗工作不仅仅是重视治疗,而且是包括预防和康复在内的系统工程。社会的进步和文化素质的提高,使人们对自己健康的关注方式也在发生变化,人们迫切需要了解有关促进健康和维护健康的知识,残疾人更想了解康复的知识。医疗体系中赋予医务人员的一个突出任务,就是包括对残疾者在内的全民健康教育,治疗师需要掌握教与学的原理和方法,在治疗关系中起到教师的作用。

(三) 咨询师角色

治疗师对患者的要求作出反应,不仅要对他们的躯体残疾提供治疗性服务,还要进行有关健康和残疾的知识咨询,更要帮助他们识别和应对心理应激和社会问题,包括提供情感和认知方面的心理咨询和服务。治疗师应鼓励和帮助患者分析不同行为,明确自己的选择,以获得对自己行为的控制感。

(四) 患者辩护人角色

治疗师作为患者的辩护者,应促进对患者有益的东西,保证患者的需求得到满足,充分保护患者的权利。

第二节 康复心理咨询的内容和技能

一、心理咨询的范围

现在,心理咨询的工作范围已涉及到人们工作、生活的各个方面,可以归纳为以下几个方面:

(一) 医学心理咨询

医学心理咨询主要处理以下几种问题:
(1) 各种神经症。
(2) 心身障碍。
(3) 心理因素相关的生理障碍,包括进食障碍、睡眠障碍和性功能障碍。
(4) 躯体疾病伴发的心理反应。

(5) 重性精神病的康复期。

(6) 早期精神病患者，需鉴别并劝说家属转专科医院就诊时。

(二) 婚姻、恋爱和家庭等方面的咨询

包括配偶的选择、家庭中成员如何相处、性心理问题、计划生育、儿童教养及矫正家庭成员中的不良行为等。

(三) 学习和学校生活的咨询

解决师生的心理问题；帮助学生适应学校环境，处理好人际关系，改善学习方法，提高学习效率，指导选择报考的学校、专业和课程等。

(四) 职业咨询

帮助待业者了解为获得某种职业应具备什么样的心理素质，从而选择适合自己的职业，纠正不适应该项职业的人格特征和行为，并重建新的行为；指导在业者克服职业环境导致的疲劳、厌倦及其他心理障碍；对企业或公司的管理者搞好管理工作，处理好各种人际关系，加强内部的凝聚力，提高工作效率提出建议。

(五) 心理卫生知识咨询

介绍各种心理卫生知识，如不同年龄期的心理卫生，用脑卫生，睡眠和饮食卫生以及弱智儿童、缺陷（聋、哑、盲、残废）病人的心理卫生；对来询者进行个性、智力、情绪等心理测试，让其了解自身的人格、个性，指导人们进行心理调适，提高社会适应能力，保持心理健康。

二、康复心理咨询的对象

(一) 康复对象

几乎所有的康复对象在面对残疾时以及在康复过程中均可能出现各种不同的心理问题，他们需要理解、同情、安慰和支持，需要心理治疗师帮助渡过心理危机并解决康复过程中出现的各种心理问题，才能完成康复计划。

(二) 康复对象的家属和亲友

残疾不仅对本人产生巨大的打击，还同时给家庭成员（父母、配偶、子女）及亲友造成心理负担。面对自己亲人的不幸和家庭结构变化这样的生活事件，他们同样需要求助于心理治疗师。

(三) 康复对象的单位领导和同事

在我国个体的残疾常常得到单位领导及同事的关心和帮助，这些相关人员有必要了解康复对象的心理状况，在关心、帮助他们时，给予心理上的援助。

(四) 医护人员

包括从事康复治疗的各种技术人员，如物理治疗师（士）、作业治疗师（士）、言语治疗师（士）、支具治疗师（士）等。他们在病人的康复过程中起着非常重要的作用，其态度、言行、工作作风以及业务水平都会影响康复对象的心理状况和治疗效果，所以也需要获得心理支持。

(五) 各级基层保健人员和社区工作人员

随着三级基层康复工作网（包括城乡社区服务网、医疗预防保健网及社区康复管理

网）的日趋规范，其各类工作人员的专业知识也应逐步完善，他们需要了解康复对象的心理状况，并有必要掌握一般的处理方法。

三、康复心理咨询的内容

（一）危机干预

康复对象在突然面对残疾，受到了心、身双重打击时，往往容易失去心理平衡，处于精神崩溃的边缘；另一方面，有些人在漫长的康复过程中，由于自身的残疾、个体性格特征及各种生活事件的影响造成较严重的抑郁状态，易出现自杀的念头。危机干预可以及时帮助处于危机境遇中的康复对象恢复心理平衡，帮助企图自杀者避免自杀的危险，正视现实，适应环境。

（二）解决康复对象及其家庭成员的心理问题

这项工作的重点是理解、同情和安慰康复对象及其家庭成员，帮助他们改善焦虑、抑郁等不良情绪，认可残疾的现实，调整心态，让康复对象尽早地实施康复计划，积极、主动地投入康复训练，并使其家庭成员配合医护人员，共同帮助康复对象达到全面康复。

（三）指导各类参与康复计划实施的相关人员

教育康复对象的家庭成员、亲友、单位领导及同事以正确的心态面对病人，使他们认识到家庭社会因素对康复的重要作用。指导各级基层保健人员和社区工作人员针对病人在康复过程中的心理状况，采取必要的措施，给予及时、适当的调整。

（四）防止医源性影响

医务人员在医疗操作中粗暴、草率、不认真、不熟练，会给康复对象增加许多本来可以避免的痛苦和伤害，使病人对各种康复训练产生恐惧和厌恶；康复程序过于繁琐、复杂、耗费的时间太长，会使病人产生厌烦和疲劳，而不愿意坚持治疗，甚至中途退出；医疗费用过高，也容易给病人造成经济压力和心理压力。这些问题可能在康复对象心理咨询时反映出来，要给予适当的解释，并及时与相关部门联系，尽可能解决问题，将负面影响减到最小程度。

（五）提供康复治疗的信息

帮助康复对象了解残疾的性质，正确对待残疾的程度和预后，及时提供康复治疗的信息，解除他们由于缺乏医学知识而产生的心理困惑，避免因为对残疾的错误认识而出现的心理问题，激发他们康复的欲望。

（六）介绍有关康复的政策和法令

向康复对象及其家属提供有关康复的政策和法令，让他们了解国家在教育、劳动、就业、福利及法律责任等方面对残疾人权利的保障，以获得一些解决困难的方法和渠道，使他们感受到社会的关怀和温暖，增加回归社会的信心。

四、康复心理咨询的基本技能

（一）治疗师的人格特点

在治疗关系中，要成为一个有效的帮助者，治疗师当然应具备基本的康复医学知识、技能和心理学知识。此外，还应具备特殊的人格特点，即热情、通情和真诚，因为它们是产生积极治疗效果所必备的。

1. **热情** 指表露出适度的情感与友谊，让患者在治疗过程中切实感受到来自治疗师的温暖与关怀，以此消除因为残疾和医院环境、训练方式带来的孤独、不安和恐惧的心理。

2. **通情** 治疗师把个人的价值观、信仰、文化观点、行为标准，也包括个人偏见暂时忘掉，以中性的态度、开放的思想进入患者的情感世界，与患者一起感受他的经历，但同时又能意识到自己不在患者的经历之中，保持专业人员的理智，其目的是理解患者而又不被患者同化。

3. **真诚** 意味着治疗师与不同的患者接触时，应该表现为一视同仁；不过分强调自己专业人员的角色，表现自然而不失控；思想开放，尊重事实，即便感到自我形象受到威胁时也不作出自我防御行为；在价值观与行为之间或在想法与词语之间，保持一致，避免脱节，只要对患者有帮助，就愿意与患者分享感受。

(二) 具有良好的咨询技能

1. **掌握心理学、神经病学、精神病学的基本知识和技能** 来诊者的求询原因可能涉及心理问题、心理障碍、精神疾病或躯体疾病，为此，心理咨询医生必须具备心理学、医学，特别是神经病学、精神病学的基本知识和技能，并接受过专业的培训，这样，才能在咨询中应用心理治疗的技巧，解决来询者的心理困扰，并识别不适宜咨询的躯体疾病和精神病患者，以免延误诊治。

2. **广博的知识和丰富的人生阅历** 来询者来自社会的各个阶层，对这些习俗不同、各行各业的人员开展咨询时，如果咨询者知识广博，具备人文科学、自然科学知识和一定的生活阅历，充分了解他们的社会习俗和环境，就能较快地建立良好的医患关系，营造一种相互悦纳、相互理解，使来询者愿意接受咨询的氛围。

3. **准确的"共情"，无条件的积极关注** 咨询者应善于倾听来询者的诉述，能深入到来询者内心去体验对方的思想和情感，理解他人心理问题的实质，并把自己的理解向来询者表露，使来询者感到自己的情感被理解、接纳。

4. **娴熟的晤谈技巧和表述能力，确切地表达自己的想法和见解** 晤谈中咨询者所讲的内容应严肃，使用的指导语要有针对性；语言宜生动、活泼、风趣，措辞要准确，比喻要贴切，引用要有依据；要善于引导来询者认识自我的潜能，克服自卑，鼓励其依靠自己的努力跳出自怨自艾的泥潭，协助找到解决问题的办法；避免学究式说教，切忌夸夸其谈。咨询中还要注意来询者的面部表情、眼神、姿势、声调、举止等非言语性信息，悉知"弦外之音"。

(三) 相关的专业知识

1. **丰富的康复医学知识** 康复对象在残疾后都非常希望了解残疾的性质、程度和预后；在康复过程中往往非常关注康复的进展。作为康复心理咨询医师，应当具备康复医学的知识以帮助他们了解残疾的性质、程度和预后，对康复过程中出现的生理、心理问题给予适当的解释。丰富的康复医学知识，有助于康复心理咨询医师明确康复过程中出现心理问题的症结所在，并及时解决。另一方面，还有利于医患关系的建立，使治疗顺利进行。

2. **掌握临床各科常见疾病的知识** 康复对象，尤其是慢性病患者，其病种往往涉内、外、妇、儿、肿瘤等临床各科，这就需要康复心理咨询医师掌握临床各科常见疾病的知识，明确这些疾病的发生、发展与心理社会因素的关系，更好地处理病人在康复过程中出现的各类心理问题。

3. 高度的爱心和坚强的意志　康复对象较正常人更需要爱，康复心理咨询医师要有高度的爱心，给病人提供倾诉烦恼的机会并耐心倾听，使他们的不良情绪得到释放，以减轻心理压力；为病人着想，尽可能为病人提供各方面的帮助；用爱心唤起病人生活的希望，与病人建立平等、信任的合作关系。同时，要以自己积极向上的生活态度和坚强的意志感染病人，使他们勇敢地面对残疾的现实，重新鼓起生活的勇气，积极、主动地进行康复治疗。

4. 熟悉有关残疾人的政策和法令　在我国，有许多有关保护残疾人权益方面的政策和法规，康复心理咨询医师应当熟悉这些政策和法规，在康复对象的就业、学习、劳动、福利方面给予一定的指导和帮助，减轻他们的心理负担。

第三节　康复心理咨询的形式和方法

一、康复心理咨询的形式

心理咨询的形式可以根据不同的角度进行分类，下面介绍两种常见的分类：

（一）按咨询对象的数量分

1. 个别心理咨询　为最常见的心理咨询方式，指由来询者单独地与咨询人员面对面地谈话，咨询人员给予来访者直接的支持、辅导和帮助。它的优点是保密、安全，来询者顾虑较少，可以较好地倾诉内心的秘密，疏泄自己的喜怒哀乐，因此，针对性强、沟通深入，有利于对来询者进行耐心、细致而深入的帮助。

2. 集体（团体）心理咨询　咨询员把具有同类问题的来访者分为若干组，对他们开展集中咨询。集体咨询的咨询面广，效益高。集体咨询中的氛围和相互交流能产生积极的互动效应，促进每个成员的心理调适。但有些来访者不愿在大庭广众下暴露自己的想法，所以集体咨询不如个别心理咨询交流深入，也有一定的局限性。

（二）按咨询途径分

1. 门诊咨询　门诊咨询是最主要的心理咨询形式，它通过在综合医院、精神卫生中心和卫生保健部门开设心理咨询门诊，由有经验的医生或临床心理学家开展工作。咨询者与来询者直接见面，着重解决来询者所提出的有关心理问题，譬如各年龄期的心理卫生，各种情绪障碍，有关求学、婚恋、优生、职业中不健康行为、性心理变态、临床各科患者伴发于躯体疾病的心理问题等。是一种常见的、有效的心理咨询形式。

2. 信函咨询和专栏咨询　心理咨询机构的专业人员通过信件对求助者提出的问题给予回答。它运用方便，涉及面广，对那些路途遥远或暂时不愿暴露身份的来询者有帮助。但书信包含信息量较少，有时难以准确反映问题，往返周期也比较长，这些都影响了咨询的效果。

3. 宣传咨询 宣传咨询是一种通过广播、电视、报刊、杂志等大众媒介，针对听众、读者、观众等普遍存在的、典型的心理问题进行专题答疑和指导的一种形式。它对普及心理卫生知识有很大的作用，具有预防和治疗双重功能，有其他形式咨询无法比拟的优点。但是，这种咨询不能针对每个人的特殊情况，不能进行深层次的咨询。

4. 现场咨询 咨询者深入到某些生活或工作场所，如学校、部队、企业或家庭等，对来询者的各种问题进行个别或集体心理咨询。现场咨询可以进一步了解来询者的心理社会环境，更好地探知环境应激源的内容及对病人心理健康的影响，以便提出更加准确、中肯而有效的劝导意见。现场咨询也可以作为其他心理咨询的继续。

5. 电话咨询 当来询者出现精神崩溃或自杀企图等心理危机时，可利用咨询机构专门设置的处理心理危机的专线电话，向心理咨询者求援。咨询者及时予以疏导、劝阻，往往可以阻止悲剧的发生。这种咨询的优点是咨询及时、迅速，咨询对象通过电话可立即与咨询者进行沟通，得到关怀、温暖和心理指导。另外，父母外出上班时儿童孤独，发生恋爱婚姻问题、学习困难，及要求提供心理卫生知识等也可以通过电话咨询得到帮助。

二、康复心理咨询的方法

（一）初次会谈

在心理咨询中，初次会谈对来访者和咨询员都十分重要，来访者因心理困扰向陌生的人求助，本身就是一种挑战。咨询员需充满同情地聆听，关注来访者的心理感受，努力引导对方进入心理咨询的过程当中，建立相互信任合作的关系。过分的担忧、同情或态度漠然都会适得其反。第一次会谈中有以下一些重要的谈话结构和内容：

1. 消除戒心 初次会谈可能会因为来访者对新环境和陌生人的戒备心理而影响良好合作关系的建立，咨询员可以通过向来访者表达理解和接纳的心情来解除来访者的心理压力，帮助来访者消除戒心而投入到咨询当中。

2. 进入正题 在不受干扰、舒适雅致的咨询室内，双方进行开放式的谈话，让来访者很自然地谈论自己想谈的话题。咨询员要表示出对来访者所谈内容感兴趣的态度，并且专心聆听。应尽量避免初次谈话中出现冷场，尽量使谈话不断展开。

3. 探索问题 咨询员在初次会谈中应敏锐地判断来访者是否有紧急情况，如有自杀念头、行为失控等，需进一步询问；来访者往往把心理压力的引发事件看成心理压力的来源，对此应仔细了解，但还需探询事件背后的真正问题。不要在还没有充分了解情况时就草率作出判断，应随谈话的深入逐步完成整体上的评估。

4. 了解期望 从来访者的愿望、看法、感受、体验可以了解他们的求助态度，从而侧面了解其基本人格特征。咨询员在接纳、帮助来访者的同时，也要提出来访者在咨询过程中应担当主角的要求。

5. 了解背景 咨询员可以就来访者的家庭情况、学历、经历、文化背景、社交活动、生活氛围、健康情况和童年成长等问题收集有关信息，对来访者进行整体的了解和评估。

6. 结束初谈 初次会谈结束后，根据情况可以进一步确定阶段目标继续咨询，或安排第二次会谈对来访者做进一步的了解。对有些来访者需要转介到其他合适的机构。

（二）评估诊断

咨询员只有全面评估来访者的个人特点、生活环境和要求咨询的问题，才能有的放矢地提供有效的帮助。评估工作从初次会谈就已经开始。咨询员在对来访者进行心理评估的同时，应注意心理诊断的内容和标准，当来访者的咨询问题涉及到心理障碍的范围时，应根据心理障碍的诊断标准进行诊断。一般评估内容分为以下几个方面：

1. **自我功能评估** 所谓自我功能就是来访者的人格结构、情绪状态和应对能力。咨询员可以从来访者以下方面来评估来访者的自我功能情况：对所处环境的适应情况；保持良好人际关系的能力；处事的负责态度、判断能力、独立程度及自我激励能力；了解、接纳和表达自己在受到压力时的愤怒情绪的能力；对挫折的应对能力；维持自尊的能力；客观评价自我的能力等。

2. **问题评估** 评估来访者当前所遇到的问题和所处的困境。着重评估心理困扰的诱发事件和核心问题；问题导致来访者心理失衡的程度和自我功能方面的受损程度。

3. **动机评估** 了解来访者的应变能力、领悟能力、对接受咨询的渴望和期待等。希望通过咨询增强应对困境的能力的来访者具有较强的动机；希望改变环境因素者则相反。

4. **措施评估** 即在整体评估的基础上选择可行的措施。通常可以有短期咨询、环境调适、转介给心理治疗师或精神科医生。

（三）制订方案

根据来访者的问题和要求制订具体的咨询方案，可以选择短期咨询或长期咨询，通常以短期咨询为主。对以往适应良好而目前因某些事件的压力构成心理困扰者，精神有暂时的功能改变但能够正常生活并与咨询员进行交流者，转介到精神科之前需做进一步评估者，都可采取短期咨询的形式。通常来访者都有迅速解决问题的强烈愿望，所以短期咨询一般采用集中紧凑的方式进行，如一共需进行6次谈话，每周3次持续2周的安排比每周1次持续6周效果好。咨询员应严格把握每次的时间和内容，不能随意延长时间或扩展话题内容。

短期咨询能激发来访者以一定的张力状态全力以赴地处理自己面对的问题，但难以深入细致。短期心理咨询成功的关键是找出并明确来访者心理困扰的核心原因，如果来访者表达含糊笼统，或为面临崩溃的情绪所困扰，不能认识心理问题的深层原因，咨询员应努力缓解其不良情绪，并致力于找出问题的核心和潜在因素。

（四）应对问题

应对问题是咨询的关键阶段。在此阶段，咨询员应继续深入了解来访者，进一步分析其心理问题，鼓励来访者进行应对探索。咨询员应成为来访者应对问题的指导者，帮助他自己去面对和处理问题。应对过程通常有以下几个方面：

1. **应对技巧** 咨询员在咨询中的任何反应，包括表情、言谈、举止实际上都是在进行干预。因此，反应和处理需要技巧。常用的技巧有：

（1）询问：通过提问扩展谈话主题，一般采用开放式的问题。

（2）建议：并非给予现成的忠告，而是请他们自己作出选择。

（3）检验：通过检验的方式去澄清来访者与现实脱节的期望和曲解的观念。

（4）诘难：通过诘难使来访者面对现实，了解自己行为的后果，感悟自己的误区。

2. **咨询支持** 咨询中的支持不能只来源于咨询员，需要激发来访者内在的自我支持。支持不等于鼓励和打气，而是咨询员在充分认识来访者的自我结构和功能发挥状态的基础上,帮助来访者面对现实问题并提高其自信心。对不同类型的来访者采用的支持方法也不同,如对沮丧者要多肯定以往成就,对焦虑者则应多一些对最近成功经验的鼓励。

3. 应对阻抗　咨询员遭到拒绝或难以将咨询向深度发展就是出现了阻抗。阻抗的原因有来访者因改变习惯的行为模式而感受到的内在压力;咨询员使来访者感到不安全、有威胁;来访者对咨询员产生移情,对咨询员寄托了过多难以满足的期望等。咨询员对咨询中出现的各种阻抗应有充分的估计,在阻抗出现时及时引导来访者共同面对,并进行深入的探索,分析阻抗的性质,识别阻抗的来源,透过阻抗现象寻找问题的症结,给予有效的干预,以达到良好的咨询效果。

(五) 结束咨询

结束咨询就是来访者根据自己问题解决的程度或咨询员与来访者商议决定终止并解除整个咨询过程中建立起来的关系。咨询员应向来访者提示咨询结束的时间,同时让来访者表达对即将结束咨询的感受。在结束咨询阶段应做好以下几方面的工作:

1. 评估结束咨询的适时性　判断结束咨询是否合适的指标常有:症状消失程度;问题解决程度;来访者对自己心理困扰的症结是否认识;自主程度;自我认同、自我价值感如何。如果来访者主动提出结束咨询,咨询员应分析其要求结束的原因,了解他的想法与愿望,考虑可能出现的感受,认真讨论结束是否适宜。如果来访者在即将结束咨询时又遇到较大的社会生活事件,就需要适当延长咨询时间,具体事宜应双方经过讨论后取得共识。

2. 处理来访者在结束咨询时的反应　咨询员应仔细观察来访者的情绪,既不能明显地表露咨询的结束就是相互关系的结束,也不能使来访者产生强烈的依赖感而不能接受咨询的结束,应让来访者在结束咨询时有充分的自信,乐意与咨询员告别,有信心靠自己的力量去面对现实生活。

第四节　心理咨询的特点和准则

一、心理咨询的特点

(一) 心理咨询不同于心理治疗

虽然心理咨询与心理治疗都以心理动力学、行为主义和人本主义理论为基础,都以帮助来访者认识自我、改变行为、发展个性和促进个人成长为目标,其过程也有许多相似之处,但两者之间又存在区别,主要体现在:

(1) 心理咨询的工作对象是正常人而不是病人。

(2) 发展性指导为其主要工作方式,注重于来访者当前的状态与将来的改变,强调教育和心理支持。

(3) 心理咨询的工作地点是设在社区、学校、工厂、企业等专门的心理咨询机构中,而不只是设在医院。

(二) 心理咨询不同于政治思想工作

一般认为,心理咨询和做政治思想工作都是通过谈话的形式了解对方的思想和态度,提供理解和解释，从而帮助对方解决某些思想问题和实际问题。所以，有些人认为心理咨询就是做人的政治思想工作，这是对心理咨询的一种误解。两者是两个不同的科学领域，两者之间的主要区别有：

（1）范畴不同：心理咨询属于心理学范畴，而思想工作属于政治、哲学范畴。

（2）目标不同：心理咨询以解决个人的心理问题为目标，而思想工作是为了明确和把握人的正确的政治方向。

（3）理论方法不同：心理咨询运用心理学理论和方法对心理问题进行评估和干预以解决来访者的心理问题，实践中强调尊重隐私和保密。政治思想工作以政治理论为基础，以讲道理和灌输政治观点为基本方法，以公开讨论的方式进行。

二、心理咨询的准则

从事心理咨询的专业人员必须遵循专业准则，保密、正确对待测验和转介是最基本和重要的准则。

（一）保密

咨询中病人所倾诉的内容往往涉及隐私，心理测验也可以获得来访者的许多资料，为了尊重来询者的权益，也为了确保他们能提供真实的材料，以进行有针对性的指导，必须严守保密的原则。咨询员必须不把来访者的资料作为个人谈话的话题；在专业训练场合可以谈及某些个人资料，但应隐去其真实姓名，确保来访者得到充分保护；存放好来访者的个人资料，建立正规的资料保存系统，确保保密性，不允许无关人员查看；若危及来访者和其他人的生命安全时，须在尊重来访者利益的前提下有选择地公布部分资料。

（二）解释心理测验结果

通过心理测验可以客观地了解来访者的兴趣、能力、情绪、人格、成就、价值观等特殊信息，但咨询员更要重视来访者在测验过程中的反应，了解其看法、分析思路和感受。咨询员应避免以测验结果为定论，以测验中的某些结果符合自己的预测和判断来显示自己的高明，或迷信测验结果而忽视心理咨询的其他干预技术等不合理的态度和做法。

（三）转介

咨询员一旦发现自己的能力有限，或由于某些外在因素阻碍咨询进程，就应意识到这种状态对来访者不利，不要再勉强应付；应该转介到其他咨询员或机构那里去，让来访者得到进一步的指导和帮助。当然，转介之前还需向来访者征询意见，整理有关转介的资料，物色转介机构和人员，做好联系工作。

（贺丹军）

思考题

1. 心理咨询的概念。
2. 康复心理咨询对治疗师角色的要求。
3. 康复心理咨询的内容和形式。

附录 心理测验量表

一、艾森克人格问卷（EPQ）（成人）

说明：请回答下列问题。回答"是"时，就在"是"上打"√"；回答"否"时就在"否"上打"√"。每个答案无所谓正确与错误。这里没有对你不利的题目。请尽快回答，不要在每道题目上太多思索。回答时不要考虑应该怎样，只回答你平时是怎样的。每题都要回答。

1. 你是否有广泛的业余爱好？ 是 否
2. 在做任何事情之前，你是否都要仔细考虑一番？ 是 否
3. 你的情绪时常波动吗？ 是 否
4. 你曾有明知是别人的功劳而去接受奖励的事吗？ 是 否
5. 欠债会使你不安吗？ 是 否
6. 你是一个健谈的人吗？ 是 否
7. 你曾经无缘无故地觉得自己"可怜"吗？ 是 否
8. 你曾经贪图过份外之物吗？ 是 否
9. 晚上你是否小心地把门锁好？ 是 否
10. 你认为自己比较活泼吗？ 是 否
11. 当你看到小孩（或动物）受折磨时是否感到难受？ 是 否
12. 你是否时常担心你会说出（或做出）不应该说（或做）的事？ 是 否
13. 你喜欢跳降落伞吗？ 是 否
14. 在愉快的聚会中，你是否通常能尽情地享受？ 是 否
15. 你是一位易激动的人吗？ 是 否
16. 你是否曾经将自己的过错推给别人？ 是 否
17. 你喜欢会见陌生人吗？ 是 否
18. 你是否相信参加储蓄是一种好办法？ 是 否
19. 你的感情是否容易受到伤害？ 是 否
20. 你所有的习惯都是好的吗？ 是 否
21. 社交场合你是否总是不愿出头露面？ 是 否
22. 你会服用有奇特效果或是有危险性的药物吗？ 是 否
23. 你常有"厌倦"之感吗？ 是 否
24. 你曾拿过别人的东西（哪怕是一针一线）吗？ 是 否
25. 你喜欢外出（旅行）吗？ 是 否
26. 你以伤害你喜欢的人而感到乐趣吗？ 是 否
27. 你是否常因感到有罪而烦恼？ 是 否
28. 你是否有时候不懂装懂？ 是 否

29. 你是否宁愿看些书,而不想去会见别人?	是 否
30. 有人确实想要伤害你吗?	是 否
31. 你认为自己"神经过敏"吗?	是 否
32. 当你对别人失礼时经常会表示道歉吗?	是 否
33. 你的朋友多吗?	是 否
34. 有时你喜欢讲一些会伤害人的笑话吗?	是 否
35. 你是个忧虑重重的人吗?	是 否
36. 你在儿童时代是否立即听从大人的吩咐而毫无怨言?	是 否
37. 你是一个无忧无虑、逍遥自在的人吗?	是 否
38. 有礼貌、爱整洁对你很重要吗?	是 否
39. 你是否总担心将会发生可怕的事情?	是 否
40. 你曾损害或丢失别人的东西吗?	是 否
41. 在结识新朋友时,通常是你主动吗?	是 否
42. 当别人向你诉苦时,你是否容易理解他们的苦衷?	是 否
43. 你觉得自己紧张得像"拉紧的弦"一样吗?	是 否
44. 没有废纸篓时,你会把废纸扔在地板上吗?	是 否
45. 和别人在一起的时候,你是否不常说话?	是 否
46. 你是否认为结婚制度已经过时,应该废除?	是 否
47. 你有时会感到自己"可怜"吗?	是 否
48. 你有时有点自夸吗?	是 否
49. 你能使一个沉闷的集会活跃起来吗?	是 否
50. 你讨厌那种小心翼翼开车的人吗?	是 否
51. 你为自己的健康担忧吗?	是 否
52. 你曾讲过别人的坏话吗?	是 否
53. 你是否喜欢说笑话和有趣的故事?	是 否
54. 你小时候曾对父母粗暴无理吗?	是 否
55. 你喜欢和别人打成一片吗?	是 否
56. 知道自己工作中有失误你会感到难过吗?	是 否
57. 你失眠吗?	是 否
58. 你饭前必定洗手吗?	是 否
59. 你经常无缘无故感到疲倦和无精打采吗?	是 否
60. 在游戏和打牌时你曾经作弊吗?	是 否
61. 你喜欢紧张的工作吗?	是 否
62. 你母亲是个善良的人吗?	是 否
63. 你时常觉得自己的生活很单调吗?	是 否
64. 你曾经为了自己而利用过别人吗?	是 否
65. 你是否参加的活动太多,超过自己可能分配的时间?	是 否
66. 是否有那么几个人时常躲着你?	是 否
67. 你为自己的容貌而苦恼吗?	是 否

68. 你是否认为人们为保障自己的将来而储蓄和保险所费的时间太多? 是 否
69. 你是否曾经想过去死? 是 否
70. 在确知不会被发现时,你会逃税吗? 是 否
71. 你能使一个联欢会顺利进行吗? 是 否
72. 你能克制自己不对别人无理吗? 是 否
73. 遇到一次令你难堪的事情之后,你是否会烦恼好久? 是 否
74. 你是否"神经过敏"? 是 否
75. 你曾经故意说一些话来伤害别人的感情吗? 是 否
76. 尽管不是你的过错,但你与别人的友谊容易破裂吗? 是 否
77. 你常感到寂寞吗? 是 否
78. 有人对你或你的工作吹毛求疵时,是否容易伤害你的积极性? 是 否
79. 你去赴约会或上班时,曾否迟到? 是 否
80. 你是否喜欢在你的周围有许多热闹和高兴的事? 是 否
81. 你愿意让别人怕你吗? 是 否
82. 你是否有时兴致勃勃,有时却很懒散不想动弹? 是 否
83. 你有时会把今天应做的事拖到明天吗? 是 否
84. 别人是否认为你是生气勃勃的? 是 否
85. 别人是否对你说过许多谎话? 是 否
86. 你是否对有些事情易生气? 是 否
87. 你犯了错误,是否都愿意承认? 是 否
88. 你会为一动物落入圈套被捉拿而感到难过吗? 是 否

二、症状自评量表(SCL-90)

注意:以下表格中列出了有些人可能会有的问题,请仔细地阅读每一条,然后根据最近一星期以内下述情况影响您的实际感觉,在五个方格中选择一格,画一个"√"。

	没有	很轻	中等	偏重	严重
1. 头痛	□	□	□	□	□
2. 神经过敏,心中不踏实	□	□	□	□	□
3. 头脑中有不必要的想法或字句盘旋	□	□	□	□	□
4. 头昏或昏倒	□	□	□	□	□
5. 对异性的兴趣减退	□	□	□	□	□
6. 对旁人责备求全	□	□	□	□	□
7. 感到别人能控制您的思想	□	□	□	□	□
8. 责怪别人制造麻烦	□	□	□	□	□
9. 忘性大	□	□	□	□	□
10. 担心自己衣饰的整齐及仪态的端正	□	□	□	□	□
11. 容易烦恼和激动	□	□	□	□	□
12. 胸痛	□	□	□	□	□

13. 害怕空旷的场所或街道	☐	☐	☐	☐	☐
14. 感到自己的精力下降，活动减慢	☐	☐	☐	☐	☐
15. 想结束自己的生命	☐	☐	☐	☐	☐
16. 听到旁人听不到的声音	☐	☐	☐	☐	☐
17. 发抖	☐	☐	☐	☐	☐
18. 感到大多数人都不可信任	☐	☐	☐	☐	☐
19. 胃口不好	☐	☐	☐	☐	☐
20. 容易哭泣	☐	☐	☐	☐	☐
21. 同异性相处时感到害羞不自在	☐	☐	☐	☐	☐
22. 感到受骗、中了圈套或有人想抓住你	☐	☐	☐	☐	☐
23. 无缘无故地突然感到害怕	☐	☐	☐	☐	☐
24. 自己不能控制地大发脾气	☐	☐	☐	☐	☐
25. 怕单独出门	☐	☐	☐	☐	☐
26. 经常责怪自己	☐	☐	☐	☐	☐
27. 腰痛	☐	☐	☐	☐	☐
28. 感到难以完成任务	☐	☐	☐	☐	☐
29. 感到孤独	☐	☐	☐	☐	☐
30. 感到苦闷	☐	☐	☐	☐	☐
31. 过分担忧	☐	☐	☐	☐	☐
32. 感到害怕	☐	☐	☐	☐	☐
33. 对事物不感兴趣	☐	☐	☐	☐	☐
34. 感情容易受到伤害	☐	☐	☐	☐	☐
35. 旁人能知道您的私下想法	☐	☐	☐	☐	☐
36. 感到别人不理解您、不同情您	☐	☐	☐	☐	☐
37. 感到人们对您不友好，不喜欢您	☐	☐	☐	☐	☐
38. 做事必须做得很慢以保证做得正确	☐	☐	☐	☐	☐
39. 心跳得厉害	☐	☐	☐	☐	☐
40. 恶心或胃部不舒服	☐	☐	☐	☐	☐
41. 肌肉酸痛	☐	☐	☐	☐	☐
42. 感到有人在监视您、谈论您	☐	☐	☐	☐	☐
43. 感到比不上他人	☐	☐	☐	☐	☐
44. 难以入睡	☐	☐	☐	☐	☐
45. 做事必须反复检查	☐	☐	☐	☐	☐
46. 难以作出决定	☐	☐	☐	☐	☐
47. 怕乘电车、公共汽车、地铁或火车	☐	☐	☐	☐	☐
48. 呼吸有困难	☐	☐	☐	☐	☐
49. 一阵阵发冷或发热	☐	☐	☐	☐	☐
50. 因为感到害怕而避开某些东西、场合或活动	☐	☐	☐	☐	☐
51. 脑子变空了	☐	☐	☐	☐	☐

52. 身体发麻或刺痛　□　□　□　□　□
53. 喉咙有梗塞感　□　□　□　□　□
54. 感到前途没有希望　□　□　□　□　□
55. 不能集中注意　□　□　□　□　□
56. 感到身体的某一部分软弱无力　□　□　□　□　□
57. 感到紧张或容易紧张　□　□　□　□　□
58. 感到手或脚发重　□　□　□　□　□
59. 想到死亡的事　□　□　□　□　□
60. 吃得太多　□　□　□　□　□
61. 当别人看着您或谈论您时感到不自在　□　□　□　□　□
62. 有一些不属于您自己的想法　□　□　□　□　□
63. 有想打人或伤害他人的冲动　□　□　□　□　□
64. 醒得太早　□　□　□　□　□
65. 必须反复洗手、点数目或触摸某些东西　□　□　□　□　□
66. 睡得不稳不深　□　□　□　□　□
67. 有想摔坏或破坏东西的冲动　□　□　□　□　□
68. 有一些别人没有的想法或念头　□　□　□　□　□
69. 感到对别人神经过敏　□　□　□　□　□
70. 在商店或电影院等人多的地方感到不自在　□　□　□　□　□
71. 感到做任何事情都很困难　□　□　□　□　□
72. 一阵阵恐惧或惊恐　□　□　□　□　□
73. 感到在公共场合吃东西很不舒服　□　□　□　□　□
74. 经常与人争论　□　□　□　□　□
75. 单独一人时神经很紧张　□　□　□　□　□
76. 别人对您的成绩没有作出恰当的评价　□　□　□　□　□
77. 即使和别人在一起也感到孤单　□　□　□　□　□
78. 感到坐立不安、心神不定　□　□　□　□　□
79. 感到自己没有什么价值　□　□　□　□　□
80. 感到熟悉的东西变得陌生或不像是真的　□　□　□　□　□
81. 大叫或摔东西　□　□　□　□　□
82. 害怕会在公共场合昏倒　□　□　□　□　□
83. 感到别人想占您的便宜　□　□　□　□　□
84. 为一些有关"性"的想法而苦恼　□　□　□　□　□
85. 认为应该因为自己的过错而受到惩罚　□　□　□　□　□
86. 感到要赶快把事情做完　□　□　□　□　□
87. 感到自己的身体有严重问题　□　□　□　□　□
88. 从未感到和其他人很亲近　□　□　□　□　□
89. 感到自己有罪　□　□　□　□　□
90. 感到自己的脑子有毛病　□　□　□　□　□

三、A 型行为问卷

请回答下列问题。凡是符合您的情况的就在"是"字上打个对号；凡是不符合您的情况的就在"否"字上打个对号。每个问题必须回答，答案无所谓对与不对、好与不好。请尽快回答，不要在每道题目上太多思索。回答时不要考虑"应该怎样"，只回答您平时"是怎样的"就行了。

1. 我常常力图说服别人同意我的观点   是   否
2. 即使没有什么要紧事，我走路也很快   是   否
3. 我经常感到应该做的事情很多，有压力   是   否
4. 即使是已经决定了的事，别人也很容易使我改变主意   是   否
5. 我常常因为一些事大发脾气或和人争吵   是   否
6. 遇到买东西排长队时，我宁愿不买   是   否
7. 有些工作我根本安排不过来，只是临时挤时间去做   是   否
8. 我上班或赴约会时，从来不迟到   是   否
9. 当我正在做事时，谁要是打扰我，不管有意无意，我都非常恼火   是   否
10. 我总看不惯那些慢条斯理、不紧不慢的人   是   否
11. 有时我简直忙得透不过气来，因为该做的事情太多了   是   否
12. 即使跟别人合作，我也总想单独完成一些更重要的部分   是   否
13. 有时我真想骂人   是   否
14. 我做事喜欢慢慢来，而且总是思前想后   是   否
15. 排队买东西，要是有人加塞，我就忍不住指责他或出来干涉   是   否
16. 我觉得自己是一个无忧无虑、逍遥自在的人   是   否
17. 有时连我自己都觉得，我所操心的事远远超过我应该操心的范围   是   否
18. 无论做什么事，即使比别人差，我也无所谓   是   否
19. 我总不能像有些人那样，做事不紧不慢   是   否
20. 我从来没有想过要按照自己的想法办事   是   否
21. 每天的事情都使我的神经高度紧张   是   否
22. 在公园里赏花、观鱼等，我总是先看完，等着同来的人   是   否
23. 听到别人发表不正确见解，我总想立即就去纠正他   是   否
24. 在我所认识的人里，个个我都喜欢   是   否
25. 无论做什么事，我都比别人快一些   是   否
26. 对别人的缺点和毛病，我常常不能宽容   是   否
27. 当别人对我无礼时，我会立即以牙还牙   是   否
28. 我觉得我有能力把一切事情办好   是   否
29. 聊天时，我也总是急于说出自己的想法，甚至打断别人的话   是   否
30. 人们认为我是一个相当安静，沉着的人   是   否
31. 我觉得世界上值得我信任的人实在不多   是   否
32. 对未来我有许多想法，并总想一下子都能实现   是   否
33. 有时我也会说人家的闲话   是   否
34. 尽管时间很宽裕，我吃饭也很快   是   否

35. 听人讲话或报告时我常替讲话人着急，我想还不如我来讲哩	是	否
36. 即使有人冤枉了我，我也能够忍受	是	否
37. 我有时会把今天该做的事拖到明天去做	是	否
38. 人们认为我是一个干脆、利落、高效率的人	是	否
39. 有人对我或我的工作吹毛求疵时，很容易挫伤我的积极性	是	否
40. 我常常感到时间晚了，可一看表还早呢	是	否
41. 我觉得我是一个非常敏感的人	是	否
42. 我做事总是匆匆忙忙的，力图用最少的时间办尽量多的事情	是	否
43. 如果犯有错误，我每次全都愿意承认	是	否
44. 做公共汽车时，我总觉得司机开车太慢	是	否
45. 无论做什么事，即使看到别人做不好我也不想拿来替他做	是	否
46. 我常常为工作没做完，一天又过去了而感到忧虑	是	否
47. 很多事情如果由我来负责，情况要比现在好得多	是	否
48. 有时我会想到一些坏得说不出口的事	是	否
49. 即使受工作能力和水平很差的人领导，我也无所谓	是	否
50. 必须等待什么的时候，我总是心急如焚，像"热锅上的蚂蚁"	是	否
51. 当事情不顺利时我就想放弃，因为我觉得自己能力不够	是	否
52. 假如我可以不买票白看电影，而且不会被发觉，我可能会这样做	是	否
53. 别人托我办的事，只要答应了，我从不拖延	是	否
54. 人们认为我做事很有耐性，干什么都不会着急	是	否
55. 约会或乘车、船，我从不迟到，如果对方耽误了，我就恼火	是	否
56. 我每天看电影，不然心里就不舒服	是	否
57. 许多事本来可以大家分担，可我喜欢一个人去干	是	否
58. 我觉得别人对我的话理解太慢，甚至理解不了我的意思似的	是	否
59. 人家说我是个厉害的暴性子的人	是	否
60. 我常常比较容易看到别人的缺点而不容易看到别人的优点	是	否

四、Zung 抑郁自评量表（SDS）

下面有 20 条文字，请仔细阅读每一条，把意思弄明白。然后根据您最近一星期的实际情况，在适当的方格里画一个"√"。

评定项目	很少有	有时有	大部分时间有	绝大部分时间有
1. 我觉得闷闷不乐，情绪低沉	□	□	□	□
2. 我觉得一天之中早晨最好	□	□	□	□
3. 我一阵阵哭出来或觉得想哭	□	□	□	□
4. 我晚上睡眠不好	□	□	□	□
5. 我吃得跟平常一样多	□	□	□	□
6. 我与异性密切接触时和以往一样感到愉快	□	□	□	□
7. 我发觉我的体重在下降	□	□	□	□

8. 我有便秘的苦恼	☐	☐	☐	☐
9. 我的心跳比平时快	☐	☐	☐	☐
10. 我无缘无故地感到疲乏	☐	☐	☐	☐
11. 我的头脑跟平常一样清楚	☐	☐	☐	☐
12. 我觉得经常做的事情并没有困难	☐	☐	☐	☐
13. 我觉得不安而平静不下来	☐	☐	☐	☐
14. 我对将来抱有希望	☐	☐	☐	☐
15. 我比平常容易生气激动	☐	☐	☐	☐
16. 我觉得作出决定是容易的	☐	☐	☐	☐
17. 我觉得自己是个有用的人,有人需要我	☐	☐	☐	☐
18. 我的生活过得很有意思	☐	☐	☐	☐
19. 我认为我死了别人会生活得好些	☐	☐	☐	☐
20. 平常感兴趣的事我仍然照样感兴趣	☐	☐	☐	☐

五、Zung 焦虑自评量表(SAS)

下面有 20 条文字,请仔细阅读每一条,把意思弄明白,然后根据您最近一星期的实际情况,在适当的方格里画一个"√"。

评定项目	很少有	有时有	大部分时间有	绝大部分时间有
1. 我感到比往常更加神经过敏和焦虑	☐	☐	☐	☐
2. 我无缘无故感到担心	☐	☐	☐	☐
3. 我容易心烦意乱或感到恐慌	☐	☐	☐	☐
4. 我觉得我可能将要发疯	☐	☐	☐	☐
5. 我感到事事都很顺利,不会有倒霉的事情发生	☐	☐	☐	☐
6. 我的四肢抖动或震颤	☐	☐	☐	☐
7. 我因头痛、颈痛和背痛而烦恼	☐	☐	☐	☐
8. 我感到无力且容易疲劳	☐	☐	☐	☐
9. 我感到很平静,能安静坐下来	☐	☐	☐	☐
10. 我感到我的心跳较快	☐	☐	☐	☐
11. 我因阵阵的眩晕而不舒服	☐	☐	☐	☐
12. 我有阵阵要昏倒的感觉	☐	☐	☐	☐
13. 我呼吸时进气和出气都不费力	☐	☐	☐	☐
14. 我的手指和脚趾感到麻木和刺痛	☐	☐	☐	☐
15. 我因胃痛和消化不良而苦恼	☐	☐	☐	☐
16. 我时常要小便	☐	☐	☐	☐
17. 我的手总是温暖而干燥	☐	☐	☐	☐
18. 我觉得脸发烧发红	☐	☐	☐	☐
19. 我容易入睡,晚上休息很好	☐	☐	☐	☐
20. 我做恶梦	☐	☐	☐	☐

六、社会支持评定量表

下面的问题用于反映您在社会中所获得的支持，请按各个问题的具体要求，根据实际情况写。

1. 您有多少关系密切，可以得到帮助的朋友？（只选一项）
   （1）一个也没有　　　　　　　　　（2）1~2个
   （3）3~5个　　　　　　　　　　　（4）6个或6个以上

2. 近一年来您（只选一项）
   （1）远离家人，且独居一室
   （2）住处经常变动，多数时间和陌生人住在一起
   （3）和同学、同事或朋友住在一起
   （4）和家人住在一起

3. 您和邻居（只选一项）
   （1）相互之间从不关心，只是点头之交　　（2）遇到困难可能稍微关心
   （3）有些邻居很关心您　　　　　　　　（4）大多数邻居都很关心您

4. 您与同事（只选一项）
   （1）相互之间从不关心，只是点头之交　　（2）遇到困难可能稍微关心
   （3）有些同事很关心您　　　　　　　　（4）大多数同事都很关心您

5. 从家庭成员得到的支持和帮助

	无	极少	一般	全力支持
A. 夫妻（恋人）				
B. 父母				
C. 儿女				
D. 兄弟姐妹				
E. 其他成员（如嫂子）				

6. 过去，在您遇到急难情况下，曾经得到的经济支持或解决实际问题的帮助来源有：
   （1）无任何来源
   （2）下列来源（可选多项）
   A. 配偶；　B. 其他家人；　C. 朋友；　D. 亲戚；　E. 同事；　F. 工作单位；　G. 党团工会等官方或半官方组织；　H. 宗教、社会团体等非官方组织；　I. 其他（请列出）

7. 过去，在您遇到急难情况下，曾经得到的安慰和关心的来源有：
   （1）无任何来源
   （2）下列来源（可选多项）
   A. 配偶；　B. 其他家人；　C. 朋友；　D. 亲戚；　E. 同事；　F. 工作单位；　G. 党团工会等官方或半官方组织；　H. 宗教、社会团体等非官方组织；　I. 其他（请列出）

8. 您遇到烦恼时的倾诉方式（只选一项）
   （1）从不向任何人诉说
   （2）只向关系极为密切的1~2个人诉说
   （3）如果朋友主动询问，您会说出来
   （4）主动诉说自己的烦恼，以获得支持和理解

9. 您遇到烦恼时的求助方式（只选一项）

（1）只靠自己，不接受别人帮助

（2）很少请求别人帮助

（3）有时请求别人帮助

（4）有困难时，经常向家人、亲友、组织求援

10. 对于团体（如党团组织、宗教组织、工会、学生会等）组织活动，您（只选一项）

（1）从不参加　　　　　　　　　　（2）偶尔参加

（3）经常参加　　　　　　　　　　（4）主动参加并积极活动

主要参考文献

1. 车文博. 弗洛伊德文集. 长春：长春出版社，1998
2. 贺丹军，张宁. 医学心理学，第1版. 北京：科学出版社，2002
3. 季建林. 医学心理学. 上海：复旦大学出版社，上海医科大学出版社，2001
4. 姜乾金主编. 医学心理学，第1版. 北京：人民卫生出版社，2000
5. 姜乾金. 医学心理学，第3版. 北京：人民卫生出版社，2002
6. 沈渔村. 精神病学，第5版. 北京：人民卫生出版社，2009
7. 徐俊冕，季建林. 认知心理学. 贵阳：贵州教育出版社，1998
8. 徐韬园. 现代精神医学，第1版. 上海：上海医科大学出版社，2000。
9. 许又新. 心理治疗基础. 贵阳：贵州教育出版社，1998
10. 杨德森. 行为医学，第1版. 长沙：湖南科学技术出版社，1998.
11. 叶浩生. 西方心理学的历史与体系. 北京：人民教育出版社，1998
12. 张宁. 人格结构及其在应激状态下的变化. 北京：医学与哲学，2001，22（4）：58-64
13. 张宁. 医学心理学. 南京：东南大学出版社，2001
14. 中华医学会精神科分会编. 中国精神障碍分类与诊断标准，第3版. 2001
15. 周士枋、范振华. 实用康复医学. 南京：东南大学出版社，1998
16. B. 鲁班-普罗查等. 实用心身医学. 北京：科学出版社，1998
17. 山下功. 障害児の心理と指導. 福岡：九州大学出版社，1991
18. 渡辺俊之，本田哲三. リハビリテーション患者の心理とケア. 東京：医学書院，2000
19. 中村隆一. 入門リハビリテーション概論. 東京：医歯薬出版社，1993
20. 末松弘行. 新版心身医学. 東京：朝倉書店，1994
21. Duan Schultz（李恬译）. 成长心理学. 生活读书新知三联出版社，1988
22. Gerin W, Pickering TG, Glynn L, et al. An historical context for behavioral models of hypertension. Journal Psychosomatic Research，2000，48（4，5）：369-377.
23. Hawton K, Salkovskis P. M. Cognitiv behaviour therapy for psychiatric problom. Oxford：Oxford University Press，1989
24. Judth s. Beck（翟书涛等译）. 认知疗法基础与应用. 北京：中国轻工业出版社，2001
25. Kimball CP. The evolution of the biopsychosocial approach. Baltimore：Williams & Wilkins，1981
26. Michael H. Ebert, Peter T. Loosen, Barry Nurcombe. Current diagnosis & treatment in psychiary. New York：McGrow-Hill Medical Publishing Division，2000。
27. Robert J. Ursano（杨华渝译）. 精神分析治疗指南. 北京：北京出版社，2000
28. Phillip L. Rice. 石林等译. 压力与健康. 北京：中国轻工业出版社，2000
29. Stephen N. Haynes Linda Gannon. Psychosomatic disorders. New York：Praeger Publishers，1981
30. Weiner IB. Clinical methods in psychology. 2nd ed. New York：John Wiley & Sons，1983
31. Beck A. T, Rush A. J. Cognitiv therapy of depression. New York：The Guilford Press，1979
32. Delisa JA. Rehabilitation medicine. principle and practice. 2nd Ed, J. B. Lippincott Co. Philadelphia，1998

33. William R. Breakey. Integrated mental health services. New York: Oxford University Press. 1996

34. Michael Gelder, Dennis Gath, Richard Mayou, et al. Oxford textbook of psychiatry/Ⅲ. New York: Oxford University Press. 1996

35. Kaplan HI, et al. Comprehensive textbook of psychiatry/Ⅴ. Williams&Wilkins. 1989

36. Rabinowitz T: Approach to the patient requiring rehabilitation: The MGH guide to primary care. New York: McGraw – Hill. 1998

37. Prigatano GP: Principles of neuropsychological rehabilitation. New York: Oxford University Press. 1999

38. Richard A. Bryant, Allison G. Harvey. Acute Stress Disorder: A Handbook of Theory, Assessment, and Treatment. New York: American Psychological Association (APA). 2000

39. Etzel Cardena, Kristin Croyle. Acute Reactions To Trauma And Psychotherapy: A Multidisciplinary And International Perspective. New York: Informa Healthcare. 2000

40. Matthew J. Friedman. Post – Traumatic and Acute Stress Disorders, Fifth Edition. New York: Jones & Bartlett Learning. 2010

41. Cheryl D. Conrad, The Handbook of Stress: Neuropsychological Effects on the Brain, 1 edition. New York: Wiley – Blackwell. 2011

42. Hoyle Leigh and Jon Streltzer, Handbook of Consultation – Liaison Psychiatry, 1 edition. New York: Springer. 2008

43. Benjamin J. Sadock, Virginia A. Sadock. Kaplan and Sadock's Concise Textbook of Clinical Psychiatry, Third edition. New York: Lippincott Williams & Wilkins. 2008

44. Robert J. Gatchel and Edward B. Blanchard. Psychophysiological Disorders: Research and Clinical Applications. New York: American Psychological Association (APA). 1998

45. Nalini Vadivelu, Richard D Urman, Roberta L. Hines. Essentials of Pain Management, 1 edition. New York: Springer. 2011

46. Mary E. Lynch, Kenneth D. Craig and Philip W. H. Peng. Clinical Pain Management: A Practical Guide, 1 edition. New York Wiley – Blackwell. 2010